西行の思想史的研究

目崎徳衛著

吉川弘文館刊行

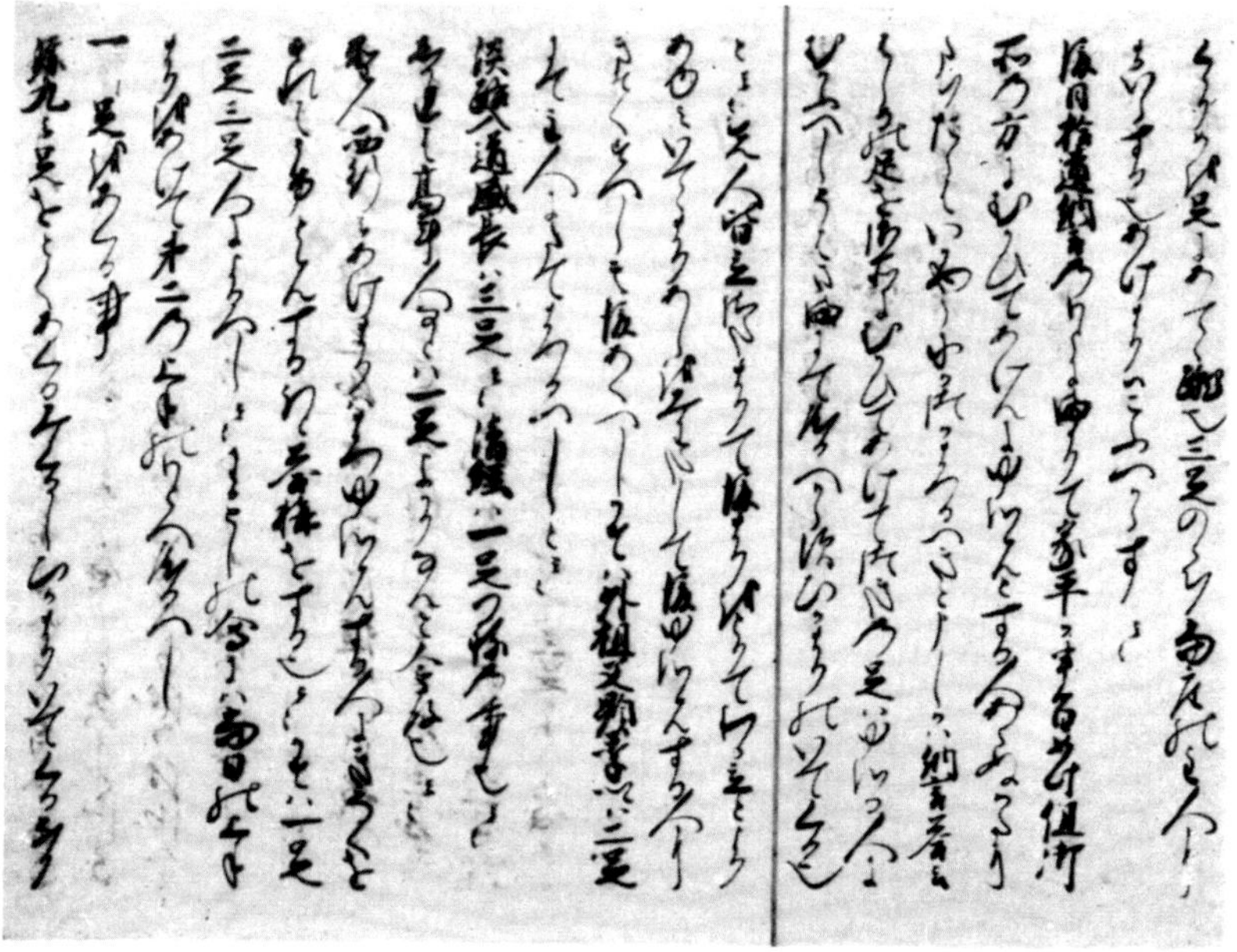

蹴鞠口伝集〈蹴鞠秘抄〉（国会図書館蔵）

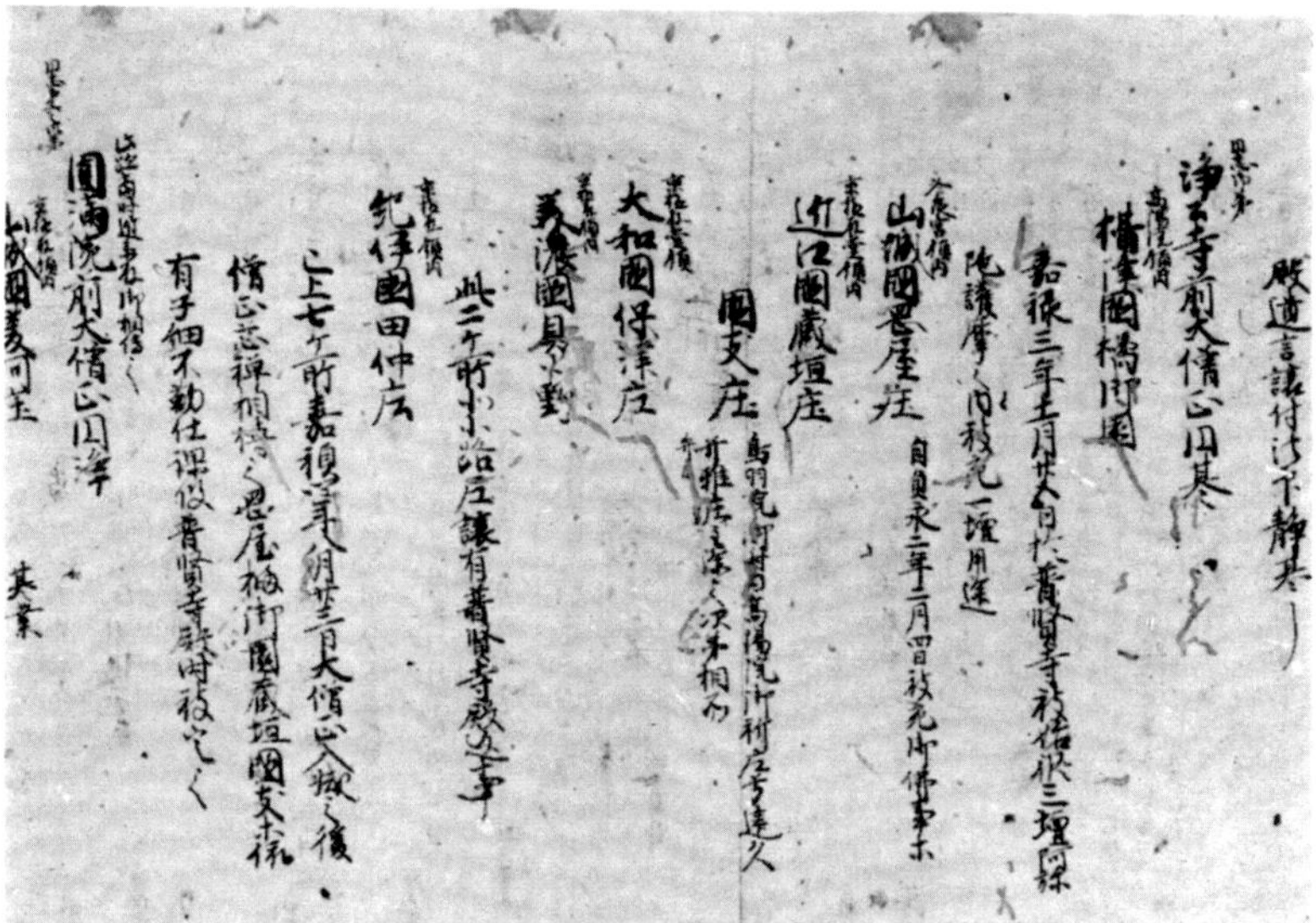

近衛家所領目録〈庄々間事〉（陽明文庫蔵）

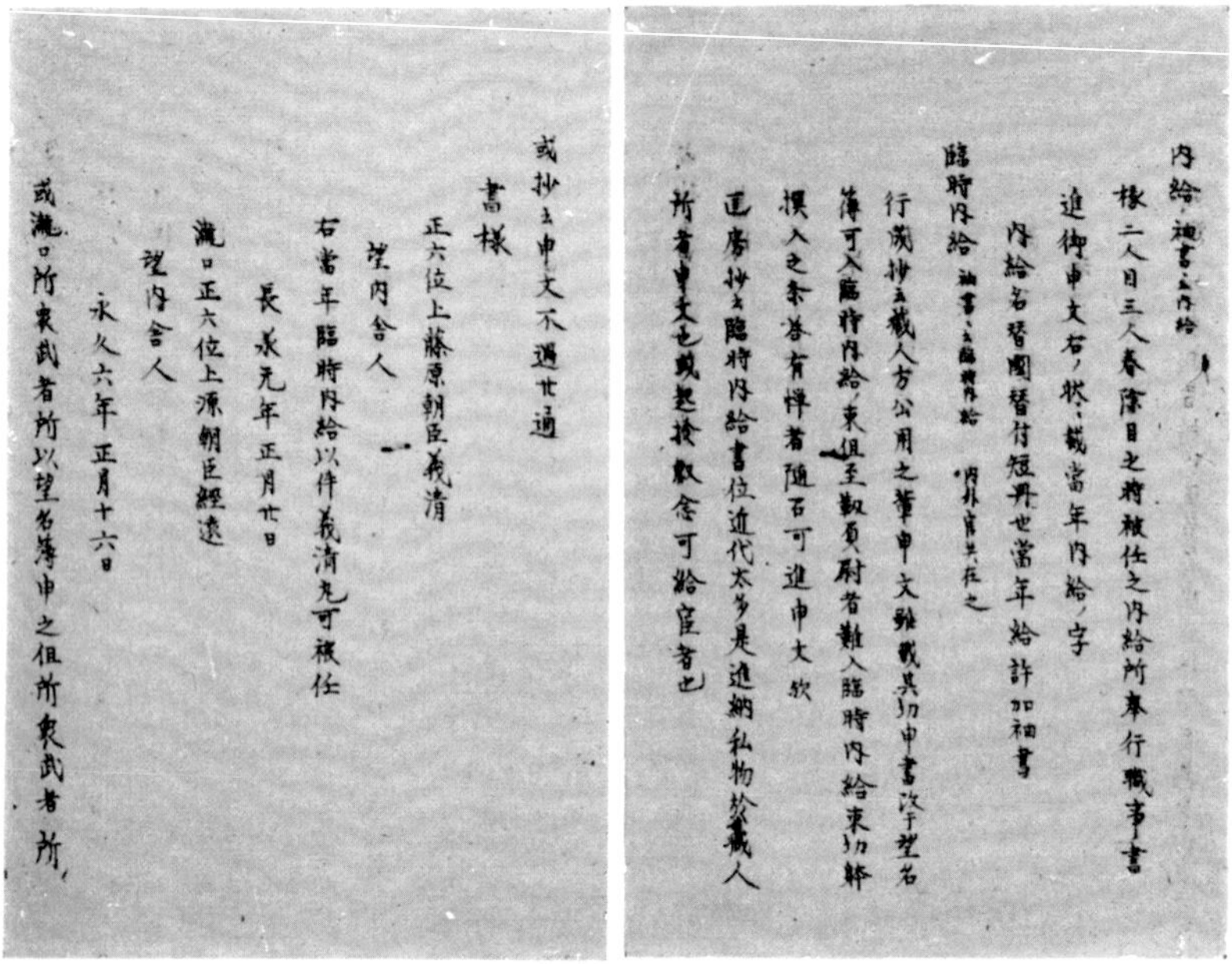
内給 袖書云内給
様 二人目三人春除目之時被任之内給所奉行職事書
進御申文右ノ状ニ載當年内給ノ字
内給名簿闕簡付短冊也當年給許加袖書
臨時内給 袖書云臨時内給 内外官共在之
行蔵抄云蔵人方公用之輩申文雖載其功申書以テ望名
簿可入臨時内給ノ束但至數負紺者雖入臨時内給束功解
模入之条巻有憚者随而可進申文欤
匡房抄云臨時内給書位近代太多是進納私物於蔵人
所者申文也或超拾叙念可給宜者也
或抄云申文不過廿通
書様
正六位上藤原朝臣義清
望内舎人
右當年臨時内給以件義清充可被任
長承元年正月廿日
瀧口正六位上源朝臣經遠
望内舎人
永久六年正月十六日
或瀧口所衆武者所以望名簿申之但所衆武者所

除目申文抄（国立公文書館内閣文庫蔵）

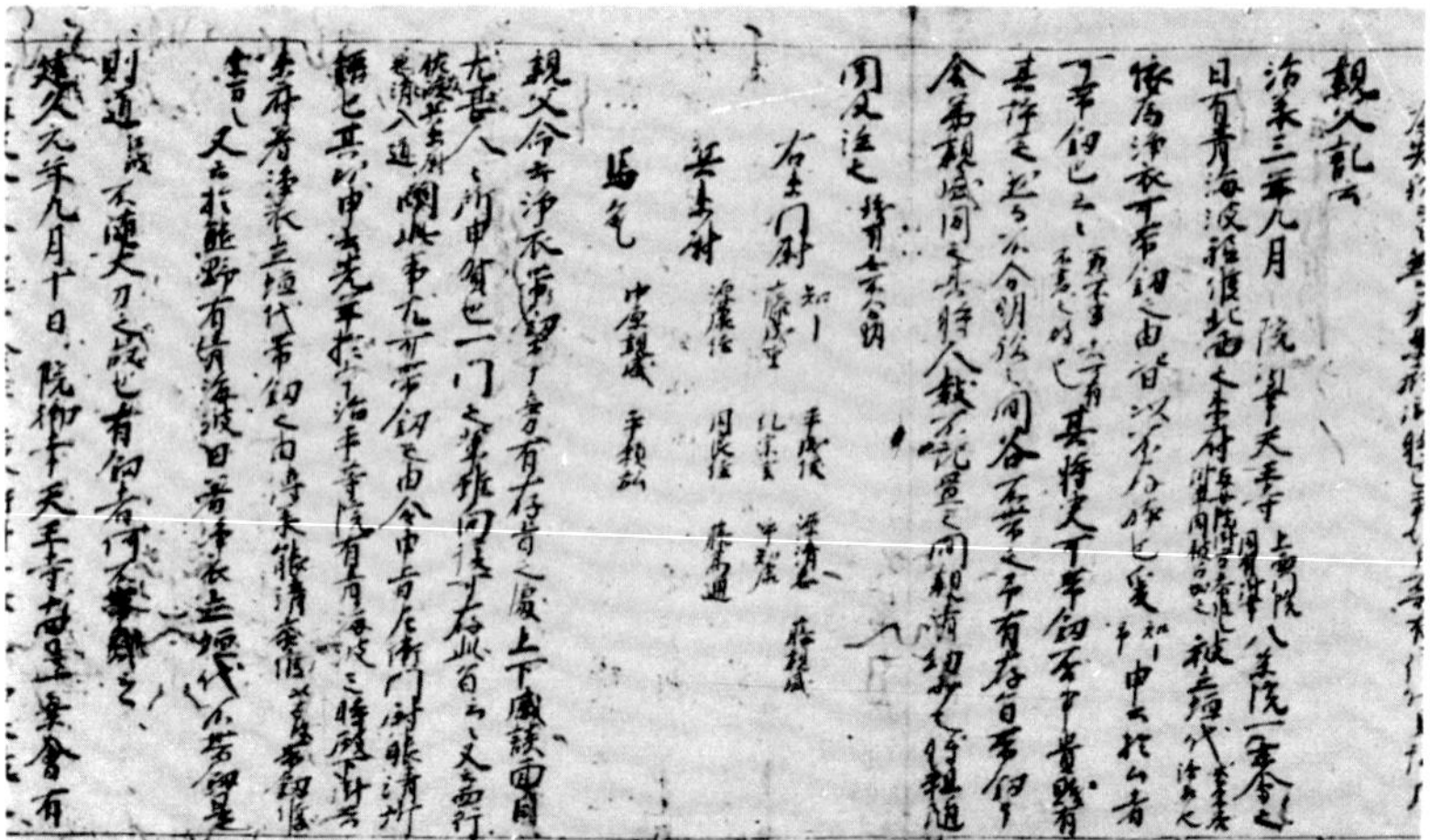

参軍要略抄（宮内庁書陵部蔵）

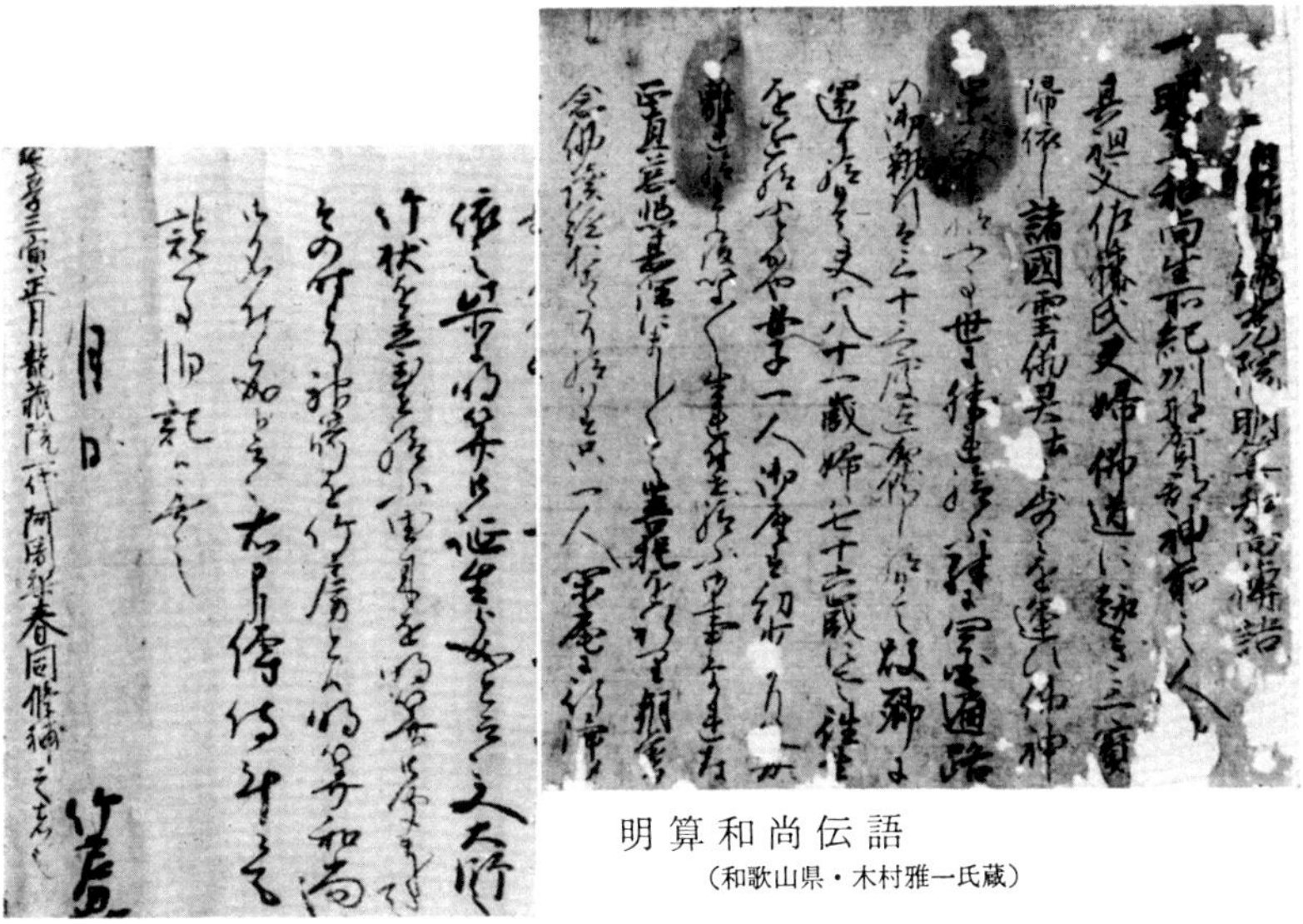
明算和尚伝語
（和歌山県・木村雅一氏蔵）

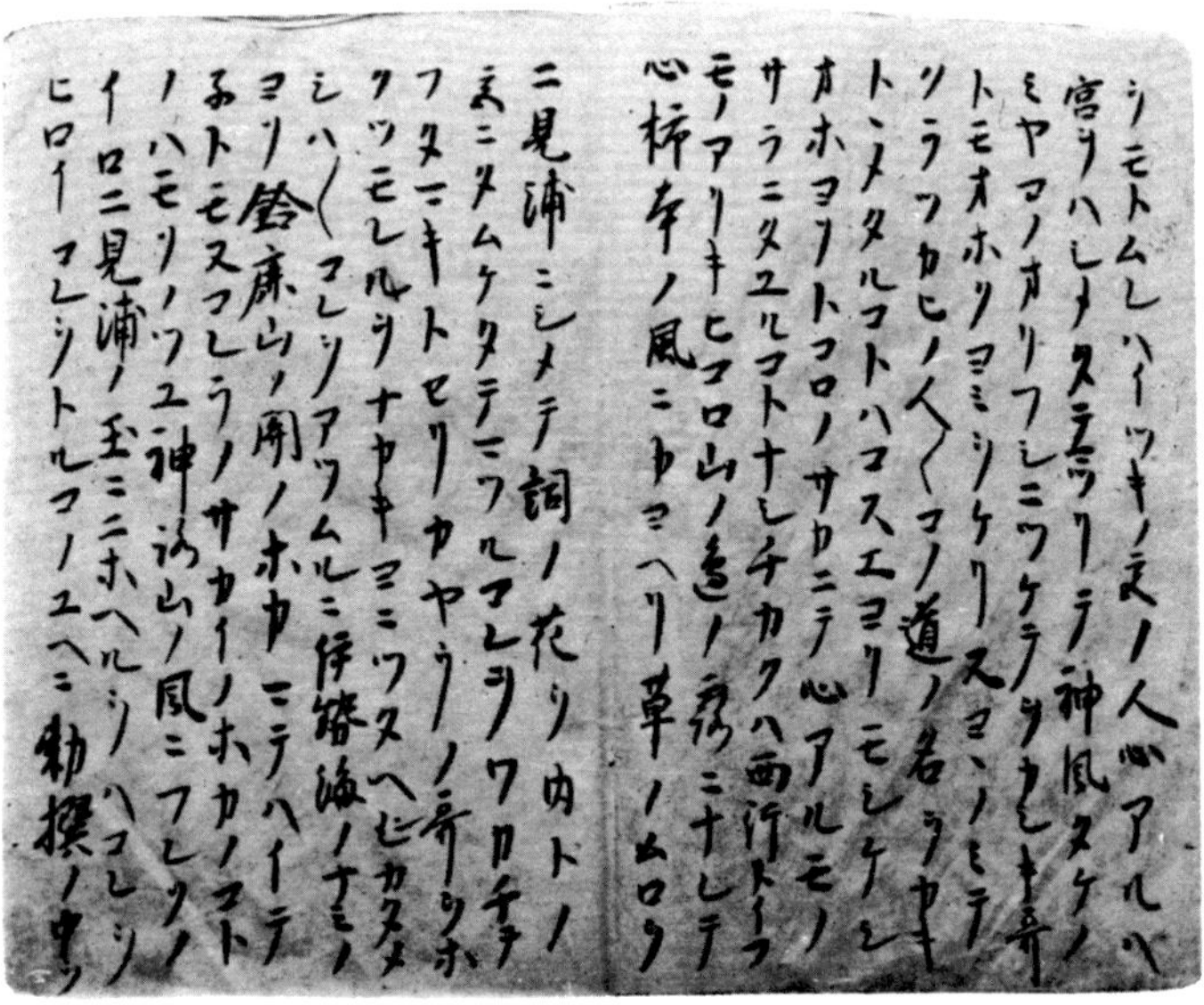
御裳濯和歌集 （神宮文庫蔵）

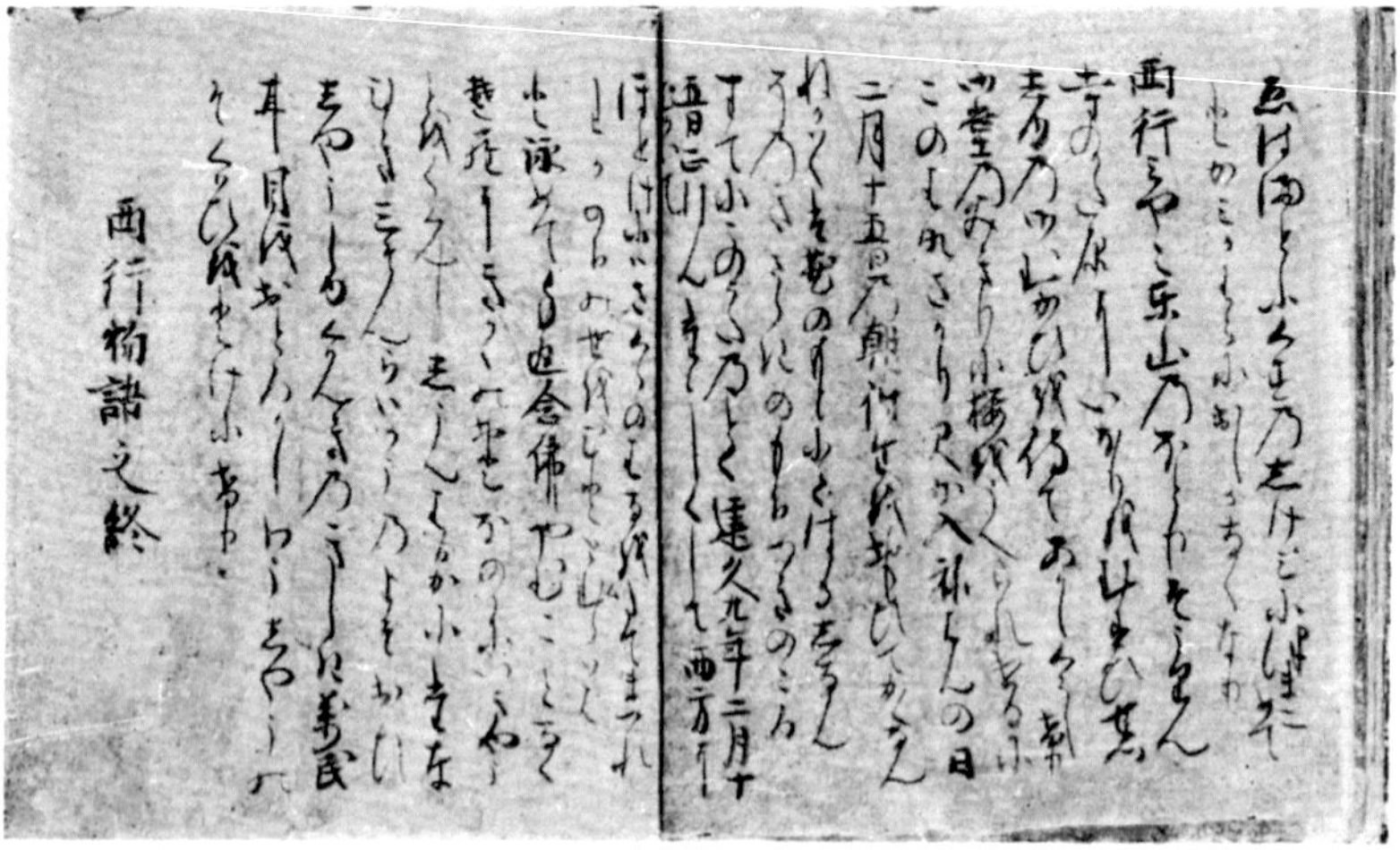

西行物語（静嘉堂文庫蔵）

目次

目　次

目次

序説

たとえば室町時代初頭、東国にながい漂泊生活を送った連歌師梵燈庵は、日光山かとおぼしき「峨々たる霊崛」に詣でて、「むかし西行上人も暫おはしける」と寺僧の物語るのを聞き、「内陣の柱に西行法師と書きたる筆の跡」を見出した。また出羽の象潟を訪れた際にも、霊場の神殿の扉に「西行法師と書たりし」一首を見付けて感動している(『梵燈庵主返答書』続群書類従連歌部)。(1) 日光山も象潟も、西行がここを訪れたという明証はなく、その二首の詠「山高み岩ねをしむる柴の庵に暫しもさらは世を遁れはや」「松島やをしまの磯もなにならすたゝきさ潟の秋のよの月」は『異本山家集』付載の「追而加書西行上人和歌」にみえるけれども、それはおそらく『梵燈庵主返答書』などの資料によって西行歌として認定・収録されたものにすぎまい。梵燈庵が『返答書』中に虚構をなしたものか、あるいは日光・象潟の寺僧あたりの作為か知る由もないが、いずれにせよ中世後期に西行法師廻国修行の伝説が広範に流布しつつあった一例と見るべきであろう。

近代以前に成長した西行伝説は、その担い手がほぼ二種類に区分されるであろう。第一は連歌・俳諧の徒の憧憬・敬慕によるものである。たとえば宗祇が「西行法師宮城野の萩を慈鎮和尚に奉し其種いまに残侍を、草庵にうつしをき侍」(『下草』続群書類従連歌部)云々と書き、宗長が小夜の中山に一宿して、「西行上人、此山にして、ょはひたけたる男行つれて、事ども尋られけるに、(中略)旅のふる小袖などぬぎてやられけると、彼上人の東路の記にあり」(『宗長手記』上、岩波文庫版）と記しているなどより、芭蕉の『野ざらし紀行』『笈の小文』におけるひたむきの西行追跡[2]に至るまで、枚挙に暇がない。自他ともに「今西行」と認めた大淀三千風（『日本行脚文集』帝国文庫）や、河内の弘川寺に西行の墳墓を感得した似雲（『年なみ草』巻十八）[3]などは、ほとんど西行マニアともいうべき人物であろうが、そうした憧憬・敬慕は、『文学界』同人をはじめ近代文学の中にも多くの例証を見ることができる。

第二は、西行が当地に杖をひいたという口碑の津々浦々に遺ることである。『日本伝説名彙』には、二〇県にわたって二六例の西行伝説を採録しているが、内訳が長野県のみ六例、他はほとんど一県一例にすぎないことを以ってしても、この採集が九牛の一毛にすぎないことはいうまでもない。しかも、このわずかな採集例だけを取っても西行法師は弘法大師に次ぐ花形であるが、興味ふかいことに西行には弘法伝説のごとき霊験譚はほとんど無く、村童と問答して遣り込められ、閉口してここから戻ったという類のユーモラスな話が多く見られるのである。この「所謂西行法師閉口の歌」は民俗学では早くから注目され、柳田国男は大正五年十月『郷土研究』に発表された「西行橋」で、「何故に斯く弘く西行法師の話が分布したか」を考察している。[4]氏は「西行戻りの古跡と云ふ地形を比較」し、その発生に「最初から其寺又は社が関与して居た」ことを推定し、「昔の人が峠の口又は橋の詰に於て歌占を聞いた風習の痕跡」を想定し、さらに「橋の袂に仮住をして先づ往来の人に勧進した」聖の存在にも言及している。

私は民俗学についてまったくの門外漢であるから、独自に西行伝説を調査してその全貌を把握することができない。また西行伝説の伝播についても、柳田氏の推定したように高野聖が関与したものかとも思い、あるいは別に伊勢の御師などの役割をも想定すべきものかとも思うが、その考察に立ち入ることができない。しかし、「西行戻り」の「もどる」の語が一処に低徊する「もとほる」の転化[5]か否かなどはさて措き、そこに付随した愛すべく親しみやすい来訪者のイメージは、かの一休さんのイメージ(6)などと共通する特徴であって、数百年間にいかに「西行法師」の旅姿が民衆の中に浸透・定着したかを、如実に語るものであろう。

以上のごとく、便宜上二種類の担い手に区分した西行伝説は、もとより相互に密接な関連をもつものと思われ、またそうした伝説の出発点に『西行物語』『撰集抄』の成立があったことも、事新しく喋々するまでもない。ただし本書の主題とする「西行の思想史的研究」は、如上の伝説的西行法師像形成の核心をなす歴史的実在としての西行について、従来閑却されていた若干の基礎的事実を究明しつつその人間像を考定することを目的とするのであって、その没後の問題は当面の作業範囲ではない。それにもかかわらず西行伝説にまず言及したのは、次の理由による。すなわち明治末期に開始された近代的研究の洗礼(後述)によって、かくも代々の民衆の心に生きつづけて来た西行法師像は容赦なく破壊されてしまうのであるが、それはもとより歴史的必然でありかつ一応の進歩であったとはいえ、果して西行の人間像を単純化し矮小化した憾みはないのであろうか、したがって西行の人間像は中世思想史ないしは文化史上の一事象として、より包括的な立場において再構成さるべきものではないだろうか、という問題意識である。この問題意識の当否を判断するために、以下、簡略ながら学説史を顧りみることとしよう。(7)

明治三十八年(一九〇五)刊行の梅沢和軒の『西行法師伝』は、その凡例で「著者は始め西行物語を土台として法師を論評せんとせるに後其の実譚にあらざるを発見し」たといい、「此の故に著者は伝記の部に於いてはなるべく事実を正確にせんとし撰集抄によりて法師が遊歴にして記行あるものは一々此れを挿入せり」と述べて、『西行物語』の虚構性を指摘している。そして、和軒にはなお信用されていた『撰集抄』も、翌明治三十九年に刊行された藤岡作太郎の『異本山家集附西行論』において、その広略二本ともに「必ずや後世無学の人が古人に託して偽作せるものなるべし」と、推断された。

中世以降、『西行物語』『撰集抄』を基礎としつつ隠遁・漂泊者の典型として民衆に親近されてきた伝統的西行法師像は、ここに学問的には完全に否定された。ことのついでに蓮阿の聞書『西公談抄』のごときも「これもまた信ずるに足らず」とされ、「さらば余輩が西行を見るに当りて用ふべき書は何ぞ、唯山家集の異本、流布本、御裳濯川歌合、宮河歌合、及びその他の著書に散見する和歌あり、これに補ふに信ずべき典籍の中に存するその逸話数箇条あるのみ」と、きびしく限定された。この藤岡氏によって設定された枠によって、以後の西行研究が作品の解釈・鑑賞を主とするに至ったのは必然である。その事はおのずから西行研究を国文学や歌壇の領域にとじこめ、また西行をもっぱら『新古今和歌集』の筆頭歌人として認識させる結果となった。

昭和に入って、佐佐木信綱・伊藤嘉夫氏による『聞書集』『聞書残集』の発見、『西行全集』(昭和十六年)の編纂、および高根政次郎『歌人西行』(昭和八年)・尾山篤二郎『西行法師評伝』(昭和九年)・川田順『西行』(昭和十四年)『西行研究録』(昭和十五年)『西行の伝と歌』(昭和十九年)などの評伝の相次ぐ刊行も、内容的には長足の進歩があったものの、すべて国文学者ないし実作者による業績であって、歌人としての西行を対象とした点に変りはない。この傾向は、戦後における風巻景次郎『西行』(昭和二十二年)・窪田章一郎『西行の研究西行の和歌についての研究』(昭和三十六年)などの諸研究にもつづくのである。

以上の国文学的な歌人研究の盛況に対して、歴史学の側から西行あるいは隠遁思想を取扱った唯一の業績ともいうべきものは、家永三郎氏の『日本思想史における宗教的自然観の展開』(昭和十九年)である。それは「我々の祖先の精神生活の内に自然が、殆ど宗教に於けるそれにも等しい一種の救済者としてのはたらきをなして来た事実に注目し、この独特の、恐らく最も日本的と呼ぶことを許されるであらう心境の由来と展開とを具体的に跡付けてみようとする」（引用は昭和四十八年覆刻版による）試みであった。このいわゆる宗教的自然観の系譜は、まず自然の本来持つ「人間の憂心を消除する力」に発し、中国の隠逸思想や仏教の山林修行方式に媒介されつつ、古代末・中世初頭にかけて、「求道と自然愛との二の動機の渾融」した「山里」の観念として確立する。そしてさらに室町時代の茶室や江戸時代の芭蕉などに新しい形で再生されるというのが、氏の長編の骨格である。この論文の中で、氏は特に西行に注目し、新古今歌人などの多くは世縁を絶って山里に奔ったわけではなく、「和歌の世界の内に幽玄なる別天地を創造する」に止まったが、ひとり西行は山里の隠遁生活を「文字通り勇敢に実践した」のであって、「西行を真に救つたものは如来ではなくて自然であつたと云ふことが出来、この意味で彼は仏徒であるよりもまづ『自然』の信徒であつた」と強調し、「山里もここに至つて其精神的展開の極限に達し、限り無く深く澄み透つた世界となる」と讃美された。

『山里』によつて代表される我が独特の救ひの思想」の意義と、「その思想的完成者とも云ふべき」西行・長明らの地位を明らかにしたこの論文は、中世隠遁思想ならびに西行の研究として戦時下にまれな学問的成果であった。しかし、その後の学界はほとんど完全にこれを閑却し、先駆的というよりはむしろ孤立的業績となった観がある。それは戦後における文化史・思想史の不毛を象徴する事実ともいえよう。もっとも家永氏が「歴史家と云へば記録と古文書を引用するものと決めて来たならはし」を打破しようとした独創性は高く評価しうるとしても、西行の場合に作品以外の諸史料を併用して実生活を究明するに及ばなかった事は、このすぐれた西行論の限界というべきである。

この限界を打破し、西行の遁世生活の具体相を端的に指摘したのは、五来重氏の『高野聖』（昭和四十年）である。氏は古代末期の高野山に集住した念仏聖の実態を、その隠遁性・苦行性・遊行性・呪術性・集団性・世俗性・勧進性など多角的に説明し、なかんずく「これらの諸属性はすべて勧進に結集されて社会化する」との立場において、定誉・教懐・覚鑁以下重源・明遍らを頂点とする多くの高野聖の活動を紹介したが、その第十三章「高野聖・西行」において、西行を「典型的な初期高野聖」と規定された。氏によれば、「その旅は目的のない単なる風雅の旅ではなかった」ので、「その五十年にわたる出家生活の、前十年と後十年をのぞいた円熟の三十年間を高野の聖として隠遁と回国と勧進にすごし、その副産物として多くの作歌をのこした」というのである。そしてこの見解を裏付けるために、左大臣頼長への一品経勧進、高野山蓮花乗院創建の勧進、東大寺再建のための平泉勧進をはじめ一〇例ほどの事例をあげられた。

西行の作品が豊富な詞書をもつにもかかわらず、その遁世生活の実態が意外なほど把握しがたい点に隔靴掻痒の憾みを抱いていた研究者の多くは、五来氏説を驚嘆とともに肯定したようであるが、しかし、彼のすぐれた作品をすべて勧進生活の「副産物」と決めつけられては、これに反撥する文学研究者の出たのも当然である。石田吉貞氏は『隠者の文学――苦悶する美――』(昭和四十三年)の「人間西行――勧進聖説について――」なる論文において、五来氏のあげた例証は主家徳大寺家ゆかりの人々の菩提のための勧進など特殊なものにすぎないのであって、「なるほど西行は、自由奔放なところがあり、頼まれれば勧進に似たことも行なったであろう」が、「しかし普通の世俗的・職業的な勧進聖とは、どうしても考えられない」と、強く反駁された。

五来・石田論争は、対象の実生活を重視する歴史学研究者と、作品・内面を尊重する文学研究者との立場の相違を端的に示すものではあったが、そうした一般論では片付けられない齟齬があったことも否定しえない。この論争に対する私見は第六章「高野山における西行」に詳述するため、ここでは省略するけれども、一般的に現在の歴史・国文両学界にみられる顕著な立場の相違については、本書の方法論と関連があるので、他の例を引いて一言して置きたいと思う。

たとえば中世和歌史の研究者安田章生氏は、その著『西行』の序に、

西行の実人生は、しかし、その伝説的要素を取り除いて明らかにしようとするとき、遠い時代の霧に隔てられつつ、不明の部分を少なからず有している。ただ、ここに、わずかに確実な伝記資料とともに、彼の心の内奥を何ものにもまして自ら語っている二千余首のなつかしい作品が残されている。そして、その作品に深く親しむとき、われわれは、西行の心の姿を味わい、おもい知り、彼の周辺に伝えられている幾多の伝説的部分も、おのずからにして、あるいは確かな手ざわりを見せて浮かびあがり、あるいは単なる影として消えていくのを覚えるのである。

と述べ、「その作品の一首々々について努めて精到な鑑賞をおこなうことに主眼を置いた」という。この抱負は書中みごとに実現され、西行研究の近来の成果となったが、氏はこの序で、作品の味読の中から姿をあらわす西行像の確かさに比べれば「伝記上になお残る不明の点などは、たいした問題ではないように、私には思われる」といい切られた。この立言は、作品鑑賞に面目を賭けた国文学者・実作者としてのいさぎよさには共感されるけれども、なお未開拓ともいうべき伝記的研究の進展が、明治以来の文学的西行像を多少なりと修正・拡張し、ひいては作品鑑賞の上にも若干の貢献をなすのではないかとの異論も出て来るのである。

これに対して、たとえば中世史研究者井上満郎氏は、西行の弟佐藤仲清父子の高野山領荒川庄との相論を扱った論文「鎌倉幕府成立期の武士乱行――紀伊国田仲庄佐藤氏の場合――」(8)の「むすび」において西行にふれ、「西行は世

の流れ、政治の嵐に自己を処しきれずして遁世し、みずから次代の政治をになうべきはずの武士という身分を放棄した」と論じ、兄弟の生き方を比較して、

この仲清と義清（西行）兄弟のどちらが自己に忠実に生き人間としての本性を全うしたかは判断がつかないが、少くとも次代を荷うべきものとして封建国家を想定するとすれば、兄仲清《(マヽ)》のほうに歴史の真実を求めねばならないような気がする。

と述べられた。井上氏の真意は、高野山文書では「乱行」としか扱われていない無秩序・無原則な仲清らの行為が、「大きな歴史の流れ」から見ると実は「大きな役割りを果たした」点を強調するにあった。本書第二章の執筆に当って大きな学恩を蒙った私は、氏の真意を理解するにやぶさかではないけれども、西行の生き方を短絡的にこれと結びつけて軽重を問うた点は、歴史に対するやや武断的な割り切り方であると思う。少なくとも中世は「封建国家」への歩みであったと同時に、宗教的思惟が人間精神を極度に支配した時代でもあった。両者をどのような比重でとらえるかは歴史観によって差異ある所であろうが、後者をまったく無視することは許されまい。故に西行は前者における落伍者ではなく、後者における推進者として把握すべきことはいうまでもない。そして仲清・能清程度の「乱行」は当時いくらもあったのに対して、西行の達成に比肩すべき存在はそうたやすく見出されない所にこそ、両者の史的意義を比較する根拠が求められねばならないであろう。

安田・井上両氏の片言隻句を俎上にのせた非礼は鳴謝するが、国文学・歴史学の立場がいかに相違するかを示すほか他意なきものとして、寛恕を得たいと思う。要するに西行のごとき、万人に愛唱される二千余首の作品を遺しつつも、なお文学史の枠にはまり切れない巨人的存在を対象とする場合、われわれは右のような学問的立場の相違を止揚

することを心懸けなければならないと思う。とともに、歴史学・国文学以外の方法による研究にも学ぶべき点の多いことをも配慮しなければなるまい。たとえば、近時佐藤正英氏は倫理学の立場から『隠遁の思想——西行をめぐって——』という著書を世に問われた。氏はその序章「なぜ隠遁か」において夏目漱石の『行人』を手掛りとして、その主人公長野一郎が直面した絶望的な事態を、近代が「中古における隠遁といったような範型をもっていない」点に求め、そこから出発して、西行の隠遁を現代人の問題として把えようとされた。その内容をここに要約することは省略するが、(9)この鮮明な問題意識の点だけを見ても、哲学・倫理学・仏教学その他の諸科学が中世における隠遁ないしはその典型としての西行に関心を寄せられることは、歴史学にとって有益な他山の石となるであろう。

以上のごとく簡略ながら学説史をかえりみた上で、先に指摘した問題意識に立ち返るならば、直面する思想史的研究の課題はおのずから明らかになるであろう。すなわち、近代以前に形成された伝説的西行像の崩壊後主流となった歌人的西行像の限界を克服して、中世思想史・文化史上における西行の人間像を、包括的かつ実証的に描き出すことである。もとより豊富かつ精緻な和歌史的諸業績の成果は十分に摂取しなければならないが、同時に「月の裏側」のごとく従来眼に触れなかった西行の諸側面を、非文学的史料をも駆使して究明することに留意しなければならない。そして当面もっとも必要なのは、高次元の議論よりも個々の史実を考証し確定する基礎的作業である。この一見迂遠な方法こそ、実は宗教・政治・文学・芸能・故実など中世文化の諸要素に多面的に関わる、自由人の典型ともいうべき西行の人間像の全容を把握する、最善の方法と確信するのである。

注

(1) 小著『漂泊——日本思想史の底流——』二四六頁。

（2）同上二八四頁。
（3）一箭喜美子『今西行似雲法師生涯・歌・文』昭和三十七年、三密堂書院。
（4）柳田国男「西行橋」（『定本柳田国男集』第九巻）。
（5）柳田国男「女性と民間伝承」（『定本柳田国男集』第八巻）三八一頁。
（6）臼田甚五郎「西行の戻橋」（『国文学』二三―四所載「民俗文学へのいざなひ」三五）にも、西行伝説の一休話への転移の例が紹介されている。
（7）昭和十五年、大阪史談会が西行入寂七百五十年に当って刊行した『西行法師文献目録』は網羅的である。
（8）『日本史研究』一一〇。
（9）拙稿「佐藤正英『隠遁の思想』書評」（『史学雑誌』八七―四）参照。

第一章　西行の系累

はじめに

周知のごとく西行は俗名を佐藤義清といい、魚名流藤原氏で、平将門追討に功あった俵藤太秀郷の後裔である（『尊卑分脈』）。兵衛尉・北面の官職を捨てて遁世した西行の人間像に含まれる下級官人的・武門的側面については、『山家集』その他文学資料によって得られる知見は少ないので、究明はもっぱらそれ以外の諸史料を用いなければならない。本章ではまず西行の系累を検討することによってその世俗的環境を明らかにし、ひいては彼の人間像の隠された一面を浮かび上がらせたいと思う。

その際にはまず魚名流藤原氏の系譜を始祖まで遡及し、その武士団の歴史的性格を規定すべきであろう。しかし、源平両氏に関する研究に比し手薄の感があった藤原氏系武士団についても、近年は野口実氏の「秀郷流藤原氏の基礎的考察(1)」のごとき成果もあらわれ始めているから、ここではそれらの所説を参考にしつつ、秀郷流の系譜を略述するに止めたい。

藤原氏系武門としては道綱流と双璧をなす魚名流は、魚名の子藤成以下代々下野国の在地豪族鳥取氏と婚を結び、東国に雄視した。下野掾鹿島の女を母とした秀郷も私営田領主として在地に勢力を張り、濫行によって配流された事実（『日本紀略』延長十六年八月十二日条）の示すように、「将門と同じようなたぐい[2]」、したがって「同じ末路をたどりかねない存在[3]」となっていた。しかし幸いにも将門討伐の側に立ったため、従四位下に叙し功田を与えられ、下野・武蔵守に任じられ（『扶桑略記』天慶三年三月九日条）、源平両氏に先んじて東国に勢力を確立した。源頼朝が秀郷流の故実に強い関心を抱いていたことは後述するが[4]、それはこのような由緒に基づくものであろう。

秀郷の子千晴は父の軍功によって中央に進出する手掛りを得たものと思われるが、その主君源高明の失脚と運命を共にした（『日本紀略』安和二年四月二日条）。しかしその際「下野国可レ加レ教ニ諭故藤原秀郷子孫一官符」（同三日条）の発せられていることを見ても、千晴の隠岐配流にもかかわらず秀郷流の在地における勢力が不動であったことが知られ、後に平泉藤原氏が秀郷流を称して奥六郡に覇を唱える伏線もここにあったと考えられる。千晴の失脚によって「宗主権[5]」を得たらしい千常も在地でしばしば武力を行使し（同安和元年十二月十八日条・天元二年五月二十二日条）、一族は多く「鎮守府将軍」に補任されており（『尊卑分脉』）、その子孫は下野国の小山氏・足利氏をはじめ大小の在地領主として坂東に繁延した。野口氏は、「すなわち、秀郷流藤原氏は千晴の失脚によって一介の地方豪族に没落したのではなく、源平両氏には比肩すべくもないが中央にも一定の位置を保ち、一一世紀前半に至るまでは歴代が鎮守府将軍に任用され、東国における最大の軍事的公権力を担っていたことが知られるのである[6]」と総括している。

源頼信による平忠常の乱鎮定を契機として、秀郷流藤原氏の東国における優位は清和源氏に替られるのであるが、一方、千常の系統は千常（左衛門尉）・文脩（内舎人）・文行（左衛門尉）のごとく代々下級武官に補任され、中央に勤仕していた。文行の子公行（上総介）・公光（相模守）らはなお東国の受領であり、佐藤氏と同じく文行を祖とする後藤・近藤・武藤氏らの系譜にも在地領主化の傾向は強くみられるが、佐藤氏の祖である左衛門尉公清（文行の孫、西行の曾祖父）以下はおそらく東国在地との関係を稀薄にし、もっぱら衛府官人を本官とし、かたわら院・摂関家などに勤仕する道を選んだようである（以上『尊卑分脈』参照）。ただし、佐藤氏といえども、在地における所領の経営と無縁でなかったことは、第二章「佐藤氏と紀伊国田仲庄」に叙述するごとくである。

秀郷流の系譜については、さしあたり以上の概観にとどめ、本章では西行の祖父佐藤季清以下、西行が直接に交渉を持ったと思われる尊属・卑属・配偶者などの系累について検討したいと思う。

注

（1）野口実「秀郷流藤原氏の基礎的考察」（『古代文化』二九―七）。
（2）林陸朗『史実平将門』一九三頁。
（3）野口氏前掲論文二七頁。
（4）第五章「山里と修行」一三三頁。
（5）野口氏前掲論文二九頁。
（6）同三一頁。

一　西行の尊属および兄弟

西行の祖父佐藤季清は、『尊卑分脈』に「使・従五下・左衛尉」とみえている。史料に散見する所では、嘉承元年（一一〇六）七月白河法皇の石清水御幸に検非違使として供奉しており（『永昌記』七月二十七日条）、天仁元年（一一〇八）正月平正盛が源義親の首級を持って上洛した時、これを大路を渡して西獄門樹に懸けた検非違使の中に「六位尉」としてみえ（『中右記』正月二十九日条）、同年四月賀茂祭に供奉し（同四月十七日条）、同年五月藤原佐実を傷つけた犯人の追捕に当った（『殿暦』五月十七日条）。『殿暦』によれば、犯人の源仲正侍を同僚の藤原盛重が搦め取り、検非違使季清は主仲正の身柄を庁に拘禁している。この盛重は『続古事談』（群書類従雑部）に、「下臈ナレドモ心ギハウルセクスクヨカナルモノナリ。カヽレバ次第ノ昇進多クハ別功ノ賞也。盗人射トヾメテ兵衛尉ニナリ、仲正ガ郎等カラメテ大夫尉ニトヾマル。大夫尉三人コノ時ハジマリナリ」とみえる人物で、その活躍は『殿暦』『永昌記』などに散見し、追捕尉として出色の存在であった（『尊卑分脈』良門孫）。

季清には盛重のような派手な追捕活動の形跡はないが、『清獬眼抄』の左の記事が注目される。

一依レ無二六位蔵人一無レ奏例

左藤判官季清記云、嘉承元年六月十九日、午剋許、従二二条一北、従二大炊御門一南、従二西洞院一東、従二室町一ハ西焼亡。但所レ残之小屋十余家許也。依二別当殿小野宿近一先官人未二参集一。大志如レ元。依二別当殿之命一天参奏。（中略）参二蔵人所一擬レ令レ奏之処、六位職事一人不レ被レ候。而蔵人兵部大輔源雅兼被レ候二於蔵人町一。仍一府生有貞可レ有レ奏之由触申ス。還来云、六位職事一人不レ被レ候バ、不レ能レ奏者。各退出歟、於二見参一者退天可レ奏者。随天本道罷出天、右兵衛陣乃前ニ天解二胡籙一、出二春□院一ヲ各分散。

見参官人

左源尉師行　右尉某　左志中原資清　大江行重　右志安倍資清　府生伴有貞　等也。

此書ニ無レ奏天従二殿上口一退出之例依レ不レ見、季清為レ令レ知二子孫一所二記置一也。敢不レ可レ及二他見一。但六位職事等皆所労歟。

佐藤季清は検非違使の故実に練達で、子孫の参考のために「左藤判官季清記」なる記録を遺した。それは『清獬眼抄』に引用されたこの種の典拠としてもっとも古い例に属するようである。私は第三章「佐藤義清の官歴」で、西行が院北面の流鏑馬などの故実に深い関心と高い見識を有したことを指摘したいと思うが、その淵源は祖父季清にすでに存したことが知られる。

季清が叙爵したのは天仁元年十一月の大嘗会の際かと推定されるが(1)、間もなくその子康清に譲って官途を退いた。『除目大成抄』(第八)に、天仁二年の例として、

左兵衛少尉正六位上藤原朝臣康清父季清、以二造尊勝寺行事賞一譲

とみえるのは、その証である。次章に述べるごとく、季清は摂関家を本所とする紀伊国田仲庄の荘務権を持つ預所として富裕だったので、こうした余裕ある進退をなしえたものと思われる。

父康清は『尊卑分脈』に「使・左衛門尉」とみえるが、前述のごとくまず任官したのは左兵衛少尉であった。また元服間もない若輩であったと推定されるが、天永三年(一一一二)二月中納言藤原忠通の春日詣の乗尻一〇人の中にその名がみえる(『中右記』二月六日条)。十六歳の摂関家嫡男の氏神参詣行事とて、「人々装束美麗過差、或錦繍、或画図、或有下着二打指貫一者上、或有レ作二花鳥形一也、各之風流不レ可二勝計一」(同上)と中御門宗忠が評したような盛儀で、白河法皇や摂政忠実も桟敷で見物した(同八日条)。この中で特に熟練を要する乗尻に選ばれたのであるから、康清の馬術は優秀であったと思われる。やがて北面にも召出されたらしいが、天永三年十二月十九日の白河法皇鳥羽殿多宝塔供養の供奉で何か失態があったらしく、本官を解かれた(『殿暦』十二月二十一日条)。

しかし、元永元年（一一一八、この年嫡子義清すなわち西行誕生）正月には検非違使の宣旨を下され、それは「勘二上日一被レ補」れたのであるから（『中右記』正月十九日条）、前年の兵衛尉解官は微罪のためで間もなく復任したものであろう。同年四月十八日の『中右記』には「左衛門尉康清検非違使」とあるので、天永・元永の間に兵衛尉より移っていたらしい。そして斎院御禊・賀茂祭などに勤仕した記事が同記に散見するが、保安元年（一一二〇）六月二十七日条には復任除目の勘文に康清の名がみえる。この前後に格別の失態があった形跡もないから、あるいは父季清が没して服解していたものでもあろうか。山木幸一氏は「右の記載以後、中右記には康清の名は見えない。一時任を解かれていたように見え、右の記載以後に名が現われてこないのは、何かの事情――解任、出家、死亡その他が潜んでいるからであろうか(2)」と推定された。想像にすぎる点はあるけれども、康清が以後史料にみえないのは事実のようである。

山木氏はさらに『愚管抄』にみえる「保清」なる者を佐藤康清かと推測された。これは興味ふかい史料であるから検討を加える。

（白河院）ホリカハノ院ウセ給テケル時ハ、重祚ノ御心ザシモアリヌベカリケルヲ、御出家ノ後ニテ有リケレバ、鳥羽院ヲツケマイラセテ、陣ノ内ニ仙洞ヲシメテ世ヲバヲコナハセ給ニケリ。光信・為義・保清三人ノケビイシヲ朝タニ内裏ノ宿直ヲバツトメサセラレケルニナン。ソノアイダニイミジキ物ガタリドモアレドモ、大事ナラネバカキツケズ。

（巻第四、鳥羽）

赤松俊秀氏（『日本古典文学大系』頭注）はこの保清を「源保清」かといわれたが、『尊卑分脈』にみえる源保清三名・平保清一名は、山木氏のすでに指摘されたように、年代的・官職的にいずれも該当しない。故に『愚管抄』の保清を佐藤康清に比定する余地はあるだろう。ただし康清の検非違使補任は前述のごとく鳥羽践祚よりは十一年も後であるが、『愚管抄』の文意も践祚直後の事実を述べたものと解釈すべき必然性はあるまい。何となれば、光信・為義の年齢を合せ考えると、むしろ該記事は践祚直後の事としてはふさわしくないからである。

光信は『尊卑分脈』の尻付に「鳥羽院四天王其一也、保安元十十一卒六十四」とみえるが『台記』『本朝世紀』ともに卒去を久安元年（一一四五）十月四日条に係け、後者は行年を「五十三」とする。すなわち『本朝世紀』によって逆算すれば、光信の生年は寛治七年（一〇九三）となる。また為義は『尊卑分脈』の尻付に「保安四七廿九任二左衛門尉一召二進叔父義綱一賞 十四載」とみえるが、任官年時は『殿暦』（天仁二年三月十日条）『除目大成抄』（第八）によって天仁二年（一一〇九）とすべく、年齢については『保元物語』（中）に「此為義十四歳のとき、叔父義綱朝敵となりしを、虜たりし勧賞に、左衛門尉になり、十八にて栗籠山より奈良法師追返したりし軍功に、検非違使に補してよりこのかた」云々とある記事が、むしろ信憑性があるようである。しからば為義の生年は永長元年（一〇九六）、その検非違使補任は永久元年（一一一三）となる。

すなわち光信・為義ともに鳥羽天皇践祚の嘉承二年（一一〇七）にはまだ十五歳と十二歳の若年にすぎず、『愚管抄』の伝えるような内裏宿直の重責を負うべき年齢ではない。故に該記事は早くても為義が検非違使となった永久元年以後くらいとすべきであり、それならば、為義に遅れること五年で使の宣旨を受ける康清が両者を追って内裏宿直に召し出されたとしても、さしたる難点はないであろう。

管見のおよぶ限りでは鳥羽天皇在位の間に「ヤスキヨ」と名乗る「検非違使」は康清以外に見当らないので、右の考証の結果を参酌すれば、傍証に欠ける憾みはあるにせよ、『愚管抄』の保清を西行の父康清とみる山木説は一概には否定しえない。もし康清が名だたる光信・為義にも比肩する武勇を白河院に認められていたとすれば、刮目すべきことである。しかしながら、西行三歳の保安元年以後康清は史料にみえなくなるので、西行が十五歳で内舎人を申任している事実(3)と合せ考えると、康清が十分に驥足を伸ばさず夭折したことが推定される。

以上のごとく季清・康清父子について検討した所では、両者とも武官として一かどの者であったようである。義清の官人としての資質・活動は記録・文書などにはほとんど現われないから、右の祖父と父とのそれを以って、せめても類推する以外にはないが、これを義清が蹴鞠・流鏑馬などに長じていた事実(4)と合せみる時、義清も父祖の名をはずかしめない若武者ぶりであったと思われるのである。

衛府官人としての資質を父系から受けた西行は、数奇者としてのそれを母系から恵まれたようである。西行の母は『尊卑分脈』に「母監物源清経女」と記されている。これについて川田順氏(5)は、清和源氏頼光流の「上西門院蔵人頼綱」の子に「蔵人清経」という者がみえるが「これでは、義清の祖父母の父たるには、時代が少しく下り過ぎる乎と思ふ」として、否定された。これに対して風巻景次郎氏(6)は「しかしひそかに考えるに、頼綱を上西門院蔵人とするのがむしろ何かの誤伝であるようだ」とし、「西行母は頼綱の孫、頼光五代の孫女でよいものと考える。時代もほぼそれに合うものと思う。だとすれば、源三位頼政も西行母にとって従兄弟である。けっしてひどく下りすぎはしない」と批判された。しかし『尊卑分脈』の「清和源氏上第二満仲息男頼光頼親頼平頼範等流」を検すると、上西門院蔵人頼綱が三カ所(新訂増補国史大系本㈢一〇八・一四〇・一八二頁)、蔵人清経が二カ所(同上一三九・一四〇頁)に記載される有様で、他の人名にも重複とおぼしきものが多く、この系譜自体厳密な史料批判を必要とするのみならず、風巻説は上西門院蔵人頼綱を全然別人の多田頼綱(頼光の孫で頼政の祖父)と混同されたものであるから論外である。藤平春男氏(7)の指摘のごとく、「監物源清経」は系譜未詳とせざるを得ない。

監物清経について第一に注目すべきことは『梁塵秘抄口伝集』(巻十)の記載である。同書は周知のごとく「そのかみ十余歳の時より今に至るまで、今様を好みて怠る事無」かった後白河法皇が、「四季につけて折を嫌はず、昼は終日に謡ひ暮らし、夜は終夜謡ひ明か」した「六十の春秋」を回顧した異色の自伝であるが、そこに「監物清経」は法皇の今様の師たる乙前の養父として出て来る。すなわち、

①監物清経が尾張へ下り、美濃国に宿した時、青墓の遊君で今様の達者なる目井とその娘分・乙前(当時十二―三歳)を連れて都へ上ったこと、

②清経は目井と同棲し、目井が年老いて死ぬまで夫婦関係を続けたこと、

③乙前もこれと同居し、清経の命によって目井が乙前に今様を伝授したこと、

④乙前の弟子の仞利・初声らに、清経は極度にきびしく今様を修行させたこと、

などの事実が、エピソードも豊かに語られている。

水原一氏(8)はこの記事に注目し、乙前の年齢を考証した結果、西行の生まれた元永元年(一一一八)に「監物清経は四十四歳から五十六歳頃となり、西行母を娘に持つ外祖父として適当な年令といえる」と判断して、今様の名手と西行の外祖父を同一人と断定された。

『中右記』(寛治七年十月十八日条)には、寛治七年(一〇九三)の秋除目の任人として「監物源清経御給一院」の記載がある。これは清経の官歴についてのほとんど唯一の史料であろうが、右の水原考証と矛盾しない。その後、山木幸一・角田文衛両氏(9)が、ともに先行の水原論文に注意することなく『梁塵秘抄口伝集』に言及し、同様な結論に達せられた。た

だし山木氏はさらに、西行母の生母を乙前とされたが、角田氏は「西行の母は、清経の妾・目井ではなく、彼の正妻などを母としてゐたと推量される」とされた。山木説は西行歌中の「数ならぬ身」という卑下的表現からその「遊女階層との親近」を推察し、『西行物語』に出てくる「はしたもの、乙女の前」を乙前に関連させるなど、はなはだしく文学的想像に富むが、そもそも乙前（目井ではなく）が清経の妻妾であった証拠は『梁塵秘抄口伝集』のどこにも無いのだから、氏の臆説に従うことはできない。角田氏の説がまず穏当であろう。

監物清経は右のごとく今様発達史における重要な人物であった。故に、山木氏のごとく乙前までを外祖母とせずとも、水原一氏[10]の説かれたように、清経の「芸道執心の異常なまでの血」はそれだけで十分に「西行の芸術家魂を考える鍵」になるであろう。また清経の豊かな人間性は『梁塵秘抄口伝集』の生彩ある逸話によって推察されるところで、これまた間接ながら西行の人間性を示唆するものであろう。

次に監物清経は蹴鞠の名手でもあった。故堀部正二氏は、藤原頼輔の『蹴鞠口伝集』に西行の説が五カ所引かれている事実を発見して「蹴鞠人としての西行の地位が相当に重く評価されてゐたこと」[11]を明らかにされたが、この論文の中で、氏は清経の説も『蹴鞠口伝集』の数カ所にみえることに言及し「かの監物源清経も蹴鞠の好士として知られた人で（中略）、義清の蹴鞠への愛好はさうした母方の祖父清経の感化を多分に受けてゐたものかも知れないのである」[12]と述べられた。はなはだ興味ふかい説である。

ところで、この論文の中で氏は監物清経を「寮頭入道清経」とも記されたので、戦後の国文学研究書の多くは清経をこの称号で呼びつつ堀部説に従っていたが、角田文衛氏[13]はこれを批判し、「この『寮頭入道（レウノカミニフダウと訓むか）清経』が監物・源清経に同定されるならば、結果は甚だ興味深いであらう。しかし残念ながら両名は、別人である可能性が多いのである」と述べられた。氏の否定理由は、今様の清経が生前単に「監物」と呼ばれていて「入道」「寮頭入道」などとは呼ばれていなかったこと、および十一世紀後半にはたとえば藤原清経という別の官人もいたことの二点である。このうち重要なのは第一点で、この点さえ解決すれば、藤原清経なる者に某寮の頭になったとか入道したとかいう積極的証拠があるわけではないから、角田氏の疑問は氷解するであろう。そのためには何よりも『蹴鞠口伝集』の再検討が必要である。

堀部氏の用いられたのは「予楽院近衛家熙公の手写になる貞享元禄比の書写本二本」の由であるが、私は(A)国立国会図書館蔵『蹴鞠秘抄』(巻頭図版)と(B)宮内庁書陵部蔵伏見宮本『蹴鞠口伝集巻上之本』の二本を寓目した。(A)本も内題は『蹴鞠口伝集』で前雍州刺史藤原頼輔の序も本文も(B)本と相違なく、また堀部氏の引用と対比する限りでは予楽院書写本ともほぼ同文らしい。しかも(A)(B)両本とも書風からして中世の古写本と思われ、(A)には左の奥書がある。

本云

書本奥書云

宝治第二天春三月候、以二師匠御本一書写畢、師匠御物語云、此本是世間未二流布一物也、以二頼輔卿自筆本一書写畢、而件本焼失畢、此相伝之外他家一切所レ無也、随分秘書也、雖レ然於二此道一依二志深一者許レ之云々、更不レ可二外見一云々

堀部氏によれば予楽院本にもこの奥書と同文があり、さらに「文明十五年七月四日書写(中略)按察使藤原朝臣親長六十歳」の奥書があるよし。彼此参照すれば、(A)(B)および陽明文庫所蔵の予楽院本はともに宝治二年本を底本とする同系統で、書写年代からいえば(A)(B)両本の方が古い。ただし(B)は上帖のみの巻子本であり、かつ筆蹟は美しいが正

確度においてはむしろ(A)に劣るので、本書の引用では(A)本を用いることにする。

さて『蹴鞠口伝集』には「清経」または「監物清経」の説が左のごとくみえる。

①一　蹴鞠時節事

（中略）源九云、はるのはしめのまりをあけそむるには、申の日をもちゐる也云々、其後拾遺納言成通宗通子のもとにまかりむかひて、このよしを申に、わらひてたれかいひしとたつねよと侍しかハ、源九かまうてきたりしに申しかは、監物清経か説也、忠資説云々、又此よしを納言に申す、忠資か説ならは資方・景忠きくへし、各さる事いはす、源九かあまりとをいひたせる也、もちゐるへからすと云々

②一　立人次第事

式云、清経云、鞠足の分別にしたかひて可レ立、但未練のまり足のかたはらには、必きはまりなきはや足をたつへし、たすけさせんれうなり、未練上臈二人ならは其日の会をとゝむへし、但上臈なりとも野伏にたゝむはくるしみにあらすと云々　（下略）

③一　上鞠事

式云、都督（(B)本「顕季卿」と傍書）説云、二度のゝち当日の主人のもとへやるへし（中略）かすは外祖父顕季卿ハ二足にて主人にたてまつるへしと云々

淡路入道盛長ハ三足云々、清経ハ一足つねの事也云々

しかれは高年人なとは一足よかりなんと令レ存也云々

聖人西行云、あけまりハまつゆつらんする人にきそくをすれは、うけとらんするひと答揖をする也云々、かすは

一足二足三足人によるへし云々

わかとしの会には、当日の上手まりをあけて、第二の上手のもとへやるへし

以上のごとく「清経」「監物清経」の説は、蹴鞠の名手であり西行とも親交深かった侍従大納言成通の[14]「式」[15]など に引かれていて、ことに③にその説が「聖人西行」の説と並んでみえる所などは、いかにも堀部氏の所説を裏付けする好史料と考えられる。

しかるに問題の「寮頭入道清経」という人名は、意外にも『蹴鞠口伝集』にはまったくみえないのである。ただ一カ所に、

一 葉かゝりに入まりの事

式云、寮頭入道云、葉かゝりに入てみえぬまりハ、木の枝のたるかたにゆきてまつへし(下略)

とみえるが、これも「寮頭入道」とあるだけであって、実名は付記されていない。したがって『蹴鞠口伝集』による限り「寮頭入道清経」などという人が実在した証拠はどこにもないはずであるが、それではなぜこうした人名が出て来たかというと、お笑草に類することであるが、それは堀部氏の論文の誤植によるものらしい。すなわち氏は成通の「式」の内容を説明して「今その本文は佚して伝はらないが、頼輔の口伝集に引用されたものによつて按ずると、大体その師成平の説を始め、与州(長実卿)・都督(顕季卿)や其の他資方・寮頭入道清経・先達の口伝とあるもの等、多くの恩師先輩の諸説に自説を配して制定したものと思はれる[16]」と二行割注で記されたのであるが、あいにく文中「寮頭入道」と「清経」の間に入るべき・(ナカグロ)が脱落していたために、「寮頭入道清経」なる架空の一人物が合成されてしまったものと思われる。校正怖るべしの適例といえようか。故堀部氏自身は、「寮頭入道清経」などとい

う人物はよも御存知なかったと思う。

以上のごとく考えると角田氏の疑問は氷解し、堀部氏が「監物清経」を西行の外祖父にしてかつ「蹴鞠の好士」とされたのは、疑う余地のない卓説と結論されるのである。そして『蹴鞠口伝集』に引かれた西行の説は、前引③「上鞠事」一つを参照しても、すこぶる柔軟で自信に満ちたものなることが窺われるであろう。『口伝集』の著者頼輔はその家集『刑部卿頼輔卿集』（書陵部蔵）にも『山家集』にも西行との交渉の跡を止めないけれども、家集の詞書によれば、俊恵の歌林苑のメンバーであり、讃岐の崇徳院を慕う歌、頼政との贈答、俊成十首会の詠などをのこしているから、西行とはきわめて近い所にいた人物である。「大体久安の末年から仁平にかけての頃」の著作と堀部氏が内容から推定された『蹴鞠口伝集』に、当時まだ三十代の遁世者西行の説が多く書き留められたのは、鞠聖とうたわれた侍従大納言成通同門の故でもあろうが、それにしても兵衛尉義清の非凡の早熟の才が推察されるのである。

さて監物清経に関する第三の興味ふかい史料は『長秋記』元永二年九月四日条である。その前日、源師時はその兄参議師頼や伊与守藤原長実らと女房たちを引き具して、八幡別当光清らの提供する数隻の船に乗じて淀川を下り、広田社参詣の旅に出た。江口・神崎の遊女が船で一行を迎え、今様を唱い船遊びをし、やがて一行は神崎に上陸して盛宴を張り、おのおの遊女と交渉を持ったのであるが、つづいて、

四日　自レ暁雨止天快晴、卯時趣二神崎一、欲レ廻二鳴尾《嶋尻イ》一之処、前行者監物清経帰云、海雨寒浪高不レ能レ引、不レ如下入レ江於二江上一乗二車馬一出二□磨大路一蹇《着イ》中彼社上者、衆人同二此儀一、下官窺二風気一雖レ可レ廻二□雨□一無二承引之人一、愁被レ引レ群如□度レ路間源公□反有レ煩、午後風雨相交、如レ忘二東西一、人々皆湿二衣裳一、下官着二用蓑笠一、酉時著二横《猿イ》（広カ）田社一、先奉幣、次供養（後略）

とある。監物清経は一行の案内者の役を勤めているのである。滝川政次郎氏[17]によれば、この『長秋記』の記事は遊女を招いての江口・神崎の遊興の実態を知るべき唯一の貴重な史料であって、氏は「この広田社参詣が、江戸時代の伊勢参りと一緒で、江口・神崎で遊ぶことが目的であって、神詣では口実に過ぎなかったこと」を端的に指摘しておられる。滝川氏は清経には言及しておられないけれども、このような遊興の「前行者」となったことからして、監物清経がこの方面の通人であったことは確実であろう。つまり清経は今様・蹴鞠など芸能百般に秀で、青墓の遊女を妻妾としただけでなく、江口・神崎の遊里の内情にも精通した、当代随一の数奇者であったのである。

ここに思い合されるのは『山家集』に、

天王寺へまゐりけるに、雨のふりければ、江口と申す所にやどかりけるにかさざりければ

八二〇よのなかをいとふまでこそ難からめかりのやどりををしむ君かな

返し　　　　　　　　　　　　　　　遊女　妙

八二一いへをいづる人としきけばかりのやどに心とむなとおもふばかりぞ

（西行歌の上に付した番号は、便宜上、もっとも流布している伊藤嘉夫校註の日本古典全書『山家集』によった。したがって『聞書集』その他も通し番号になっている。以下同じ）

という、江口の遊女との贈答がみえることである。滝川氏[18]は『撰集抄』（巻九）や『源平盛衰記』（巻八）に記されたこの歌問答を疑い、「話がうまく出来すぎていること」を以って「西行法師の創作」と断定された。『撰集抄』が西行に仮託した虚構なることはいうまでもないが、『山家集』の記事までも事実無根とするのは如何かと思われ、しかも外祖父清経と江口・神崎との関係が右のごとく深かったことを参照すれば、西行と遊女妙がおそらく在俗の頃からの

旧知の仲であったことは、すなおに承認して差支えないように思われる。西行は待賢門院の女房など多くの女性と数奇の交わりがあり、また往生の「しるべ」とも頼まれているのであるが、その交渉は高貴の女性だけでなく、江口・神崎の遊女にもおよんでいたようである。私はこうした数奇の遁世者としての資質が、外祖父清経からの隔世遺伝にもよるものと考えたい。

本節の最後に、西行の兄弟の順序について簡単にふれておく。『尊卑分脈』には康清の子として仲清・義清を掲げ、仲清を「内舎人・摂政随身／母監物源清経女」とし、義清をば「母同仲清」とする。これでみると仲清が兄、西行は弟のごとくみえるので、旧説は多くそのようにみなしていた。(19) しかし、川田氏(20)は『続群書類従』(巻一五五)所収「結城系図」一本が西行を右、仲清を左に記してあることから、義清を兄とする説を提案した。「義清が佐藤氏の嗣子でないと台記康治元年三月十五日条の家富年若が痛切に響いて来ないやうな感じがする」というのが、氏の意見である。

これに対して角田文衛氏(21)は『永昌記』天治元年(一一二四)四月二十三日条に「内舎人藤原仲清」とみえる人物と『本朝世紀』康治元年(一一四二)正月二十三日条の任人交名に内舎人藤原仲清とみえる人物とは「同名異人であるが、果たして二人のうちどちらが西行の兄弟であったのかを判定しかねる」から、「恐らく後者の仲清の方が西行の弟に該当するものと臆測されるが、確証はない」と慎重を期しておられる。

『尊卑分脈』の配列はかならずしも厳密に長幼の序を追っているものではなかろう。また前述のごとく父康清が天永二年(一一一二)から保安元年(一一二〇)までその官歴がたどられる点からすると、『永昌記』の方の仲清が子ならば彼は若年の父とほぼ同時に衛府に勤仕していたことになる。これはいかにも不自然だから、同名異人と思われる。

故に、私は『本朝世紀』の方の仲清を「西行の弟」とする角田氏の「臆測」を、「確証」あるに近いものと判断したい。そうすると、保延六年（一一四〇）十月嫡男義清が遁世したために、舎弟仲清が家督を継いで翌々康治元年正月任官したことになり、きわめて自然である。また『発心集』（第六）「西行女子出家事」にも、「西行法師出家シケル時、跡ヲハ弟成ケル男ニ云付タリケル」とあり、『発心集』のこの説話の内容が事実とみられることは次節に説くが、当面の点でも参考になる。

この仲清とその子能清が佐藤氏重代の所領田仲庄を守って、高野山領荒川庄と激しく相論した経緯は、次章に述べる。(22) また能清の兄弟基清は『平治物語』にみえる後藤実基の養子となり、播磨・讃岐の守護職に補任され、同時に検非違使・北面にも勤仕したが（『参軍要略抄』下・『業資王記』建暦元年正月五日条）、ついに承久の乱に京方として梟首される。(23) すこぶる史料の多い人物であるが、西行との交渉が管見に入らないので今は省略に従う。

注

（1）『中右記』天仁元年十一月十八日条には、正五位下以上の叙位を記しながら、「従下依二其数多一不二慥覚一也」として人名を省略している。
（2）山木幸一「西行の地獄絵連作歌について」（『和歌文学研究』二二）二三頁。
（3）第三章「佐藤義清の官歴」参照。
（4）堀部正二「西行と蹴鞠」（『中古日本文学の研究』所収）。
（5）川田順『西行』四頁。
（6）風巻景次郎「西行」（角川選書『西行と兼好』所収）五三頁。
（7）藤平春男「西行の血統異見」（『解釈』七—一一）一頁。
（8）水原一「西行の血統」（『解釈』七—三）一一頁。

（9）山木幸一「西行歌風の形成――その歌謡的契機――」（『国語国文研究』二七）・角田文衛「監物清経――平安京閑話(6)――」（『古代文化』二六―六）。
（10）水原氏前掲論文一二頁。
（11）堀部氏前掲論文四四九頁。
（12）同上四五一頁。
（13）角田文衛「監物清経――平安京閑話(6)――」（前掲）四七頁。
（14）成通関係の贈答は『山家集』に三カ所みえるが、「侍従大納言成通のもとへ後の世の事おどろかし申したりける」「侍従大納言入道はかなくなりて、宵あかつきにつとめする僧おのおのかへりける日、申しおくりける」「秋とほく修行し侍りけるにほどへけるところより、侍従大納言成通のもとへ申送りける」などの詞書によって、晩年の成通が仏道を通じて西行と深い心の交わりのあったことが知られる。蹴鞠を通じての関係は『山家集』にも『成通卿集』（群書類従和歌部）にもみえないが、『西行上人談抄』に蹴鞠についての成通の訓えが回想されていて、若き日の西行が成通を師としたことは疑いあるまい。
（15）『蹴鞠口伝集』の序に、「爰拾遺納言（成通）有智有能多才多芸、（中略）或撰二一巻譜一以貯レ家、或作二卅条式一以弘レ世、誠是道之宗匠、人之尊師也」と、成通が三十ヵ条の式目を制定したことがみえる。「式云」とはこれを指す。
（16）堀部氏前掲論文四四九頁。
（17）滝川政次郎『江口・神崎』（『遊行女婦・遊女・傀儡女』増補版）一六三・一六四頁。
（18）同上一一二頁。
（19）川田順『西行』・尾山篤二郎『校註西行法師歌集』・伊藤嘉夫『歌人西行』など。
（20）川田順『西行研究録』（後編一）「義清長子の説」。また「仲清といふ名からして、何となく長子らしくないと思ふ」ともいわれる。もっともな見解であろう。
（21）角田文衛氏前掲論文四七頁。
（22）拙稿以前に、井上満郎「鎌倉幕府成立期の武士乱行――紀伊国田仲庄佐藤氏の場合――」（『日本史研究』一一〇）などがあり、拙稿の直後に田中文英「平氏政権の在地支配構造――紀伊国の佐藤氏を中心に――」（時野谷勝教授退官記念『日本史論集』）が出た。

(23) 佐藤進一『鎌倉幕府守護制度の研究』・上横手雅敬『日本中世政治史研究』参照。

二 西行の妻と子女

『尊卑分脈』には西行の子として権律師隆聖なる者一名を記載するだけであるが、他にも少なくとも男女各一名が諸史料にみえる。このうち女子については、石田吉貞氏の精到な所説がある。(1)

かつて川田順・尾山篤二郎・風巻景次郎諸氏は西行に妻子のあったことを否定しまたは疑問視された。しかし石田氏はこれら旧説を否定し、『発心集』『撰集抄』『西行物語』その他「中世の諸書の伝える説の中には、相当に信用すべきものがある」と主張され、就中女子については、鴨長明の『発心集』(第六)「西行女子出家事」の所伝を史料的に裏付けられた。該説話はかなり長文だから要点を挙示すると、次のごとくである。

①西行は出家の際「跡ヲハ弟ナリケル男」に譲り、「幼キ女子ノ殊ニカナシウシケル」をこの弟の子にした。

②二-三年後に、「九条ノ民部卿ノ御女ニ冷泉殿ト聞ヘケル人」の申入れに応じて、女子をこの人の養女とした。

③この女子が十五-六歳になった時、「此トリ母(養母)ノ弟ノムカヘバラノヒメ君ニ、幡磨ノ三位家明トキコヘシ人ヲムコニトラレケル」ことがあり、冷泉殿は「此子ヲトリ出テ、ワラハナムセサセケル」。すなわち西行女子は冷泉殿の妹(嫡妻腹で、家明と結婚)の召使にされた。

④西行は「コノ事ヲモレ聞テ、本意ナラズ覚ヘケルニヤ」、人を介して女子に会い、いい含めて冷泉殿の許を脱出させた。

⑤「サテサテ此ムスメ尼ニ成テ、高野ノフモトニ天野ト云所ニ、サイダチテ母カ尼ニナリテ居タル所ニ行テ、同シ心ニ行ヒテナムアリケル」。すなわち母子共に天野別所で尼となっていた。

（本文は『大日本仏教全書』芸文部四による）

石田氏は右の記事について、まず九条民部卿とは『尊卑分脈』顕隆流に「号九条民部卿」とみえる葉室顕頼（顕隆の子）であり、「冷泉殿」は不明であるが、[2]嫡妻腹のその妹とは『尊卑分脈』に顕頼の女子中「従三位家明室少将家光母」とある者に比定されるとし、「『長明発心集』の記載は、右のごとくきわめて微細な点までが事実に一致している」から、『発心集』の記載は信じてよく、したがって西行に女子があったことも、また、したがって妻があったことも、信じてよいことと考える」と論断された。この考証は従うべきであろう。

二－三　敷衍すれば、まず播磨三位家明は六条顕季の曾孫で中納言家成の子である（『尊卑分脈』末茂孫）。家成は美福門院の従兄弟の故を以って鳥羽院の寵臣となり、「天下無双之幸人」（『台記』久寿元年五月二十九日条）・「院第一ノ寵人」（『愚管抄』巻四近衛）と目された人物で、西行と縁の深い待賢門院や頼長とは対立する立場にあった（『愚管抄』巻四近衛）。また『異本山家集』によれば、「中納言家成、渚院したてて程なくこぼたれぬと聞きて」西行はその状況を見に行き、「折につけ人の心もかはりつつ世にあるかひもなぎさなりけり」と詠み、かの『伊勢物語』の惟喬親王・在原業平の風流で名高い渚院を富裕にまかせて再興しながら、間もなく取壊した家成の気紛れを強く非難している。このように政治的立場も人柄も好ましからざる人物の子家明の室に、わが女子が仕えると聞いた西行が、これを不本意としたのは当然と思われる。この点からみても、『発心集』の伝えの信憑性は高いであろう。

ちなみに、冷泉殿の兄弟の参議藤原惟方は二条天皇の腹心として活躍したが、後白河上皇の逆鱗にふれて永暦元年配流され、出家して寂信と称した（『公卿補任』保元三・永暦元年）。家集『粟田口別当入道集』（桂宮本叢書第四巻）によれば、西行の親友・唯信房寂然と交わり深く、また「西行房まうてきて、かへりての朝に申をくりし」云々という、西行その人との贈答もある。(3) 故に惟方と西行は遁世者として相許したことが知られるけれども、冷泉殿が西行女子を養女としていた時期は康治から仁平にかけての頃と思われ、(4) 惟方が遁世生活に入るより以前である。したがって、冷泉殿に女子を託するのに惟方が関与したとも一概には推定できない。それよりも『発心集』に冷泉殿が女子の「母（西行妻）ニュカリ」ある人であったと記され、『撰集抄』（巻九「西行遇妻尼事」）にも「母方のをば（略本「祖母」）なる人」に女子を預けたと伝えることが注目される。後者には多く信を置くべきではなかろうが、前者を信用するならば、西行の妻は権臣葉室家と何らかの縁ある女性だったことになる。

以上のごとく『発心集』の記事をほぼ事実と認めるならば、西行に妻と女子一人のあったことは確実であるが、さらにその母なる西行の妻が尼となって高野山麓の天野別所に住んだことも事実と考えられよう。この地に女性の遁世者の住んだ例としては、たとえば西行と旧知の仲だった待賢門院中納言があり(5)（『山家集』）、また「当時の天野と高野の往来は頻繁で、妻を天野におく聖もすくなくなかった」ことは五来重氏の所説のとおりであろう。(6) 高野山からの道が一路丹生都比売神社の裏手まで通じている隠れ里天野には、今も西行堂跡や西行法師妻子の塚を存しているが、それらがたとえ西行伝説の所産にすぎないとしても、西行の妻子の天野隠遁自体は否定すべきではあるまい。

次に男子としては、まず前述のごとく『尊卑分脈』に「権律師隆聖」がみえる。隆聖という同時代の僧侶は、他に『新古今和歌集』（巻六冬歌）に「朝毎のあか井の水に年くれて我世の程のくまれぬるかな」の一首をのこす「権律師隆聖」および『玉葉』『明月記』にみえるところの、九条家に出入りして祈禱・修法をしばしば命ぜられ定家とも知己であった『隆聖阿闍梨』『隆聖已講』『隆聖律師』がある。石田氏はこれらを同一人と推定されたが、しかしこの人物は「どうしても西行の子ではないように考えられる」と結論されている。その理由は、①隆聖が「当時の権門に出入りするすこぶる世間的な僧で（中略）あまりにも西行の世界と離れすぎている」こと、②『玉葉』『明月記』の記事のどこにも子と記されないこと、③西行の死んだ時も、定家が隆聖と追悼の歌を交わした形跡のないこと、④中世の文献に女子のことは多くみえるが隆聖のことはみえないこと、などである。

これに対して異論を唱えられたのは永井義憲氏である。(7) そのもっとも主要な論拠は『愛染王紹隆記』（東寺宝菩提院蔵）に「九条僧都隆聖ハ建久明時ニ出テ、承元聖代ニ仕シ人也、出家ノハジメ、大師遺誨ノ旨ニマカセテ、三箇年ノ高野籠ヲ遂シノミニアラズ、師範隠遁ノヲリニアヒテ、当山修練星霜良久カリケリ、齢五旬ニ闌テ神宮ニ参籠シテ、金輪護摩一千日、シヲハリテ即又愛染王護摩ヲハジメテ、同ク千日ヲ期スルトコロニ、知法英雄ノ僧、清撰四人カ中ニテ、俄ニメシイダサレニケレハ、紹隆ノ素懐、自然トシテ成就シケル、件四人者印性、宗厳、観（親の誤字）厳、隆聖也、于時印性・宗厳ハ綱位、観厳・隆聖ハ凡僧也」云々とみえるものである。右の愛染王護摩・神宮参籠および印性・宗厳・親厳・隆聖の記事は、これを『玉葉』の、

①建久三年正月廿九日「今日、隆聖所レ修之愛染王護摩結願、御巻数進二中宮一、自二今夜一又更始二同護摩一、余祈也」

②同年二月六日「自レ院向二九条一、見レ行二啓御所一、即帰二参内裏一、自二今夜一始二祈等一、
公家一字金輪、覚成僧正、中宮仏眼、隆聖、院愛染王、無動寺法印、下官不空羂索、宗厳、大将不動、知詮
件五尊、有二存旨一、所二相配一也」

③同五年正月二十日「於㆓太神宮㆒、供㆓養金泥心経六巻㆒、以㆓隆聖阿闍梨㆒為㆓導師㆒、中宮王子誕生御祈也」

④同年七月八日「今日預僧五口令㆑始㆓修行法㆒也、第一御前不空羂索鹿島覚成僧正、第二薬師香取山座主、相並不動法修㆑之、第三地蔵平岡印性僧都修㆓地蔵行法㆒、（中略）第四十一面伊勢内宮隆聖阿闍梨、若宮十一面、親厳已講、如㆑此配分也」

と比較すれば、両史料の隆聖が同一人なることが判明するが、しかも③の太神宮経供養の導師および④に隆聖が天照大神の本地十一面観音に配分されていることは、「彼が伊勢に深縁あること」を物語る。

永井氏はこの事実から、①建久初年に「齢五旬」を越えた隆聖の年齢は、西行と約二十年の差であり、在俗時の子として支障がない、②「結城系図」に隆聖を「一説弟」とするのは、この父子の間に、法の伝授の上で師弟の関係があった点から発生したのであろう、③西行が晩年高野を去って伊勢に住んだ時、隆聖も伊勢へ移り、西行と交際のあった良仁上人の菩提山神宮寺あたりで練行したのではないか、④隆聖も女子と同じく「九条民部卿」の女冷然殿に養われたために「九条僧都」と呼ばれたのではないか、等々の考えを導き出された。そして、石田氏が権門に出入りする世間的な僧であることを否定説の理由にあげられた点を駁して、隆聖は「単なる幇間的な僧ではなく、知法の師として朝野に重んぜられていた」もので、石田氏の否定理由は成立しないと述べられた。私はこの永井氏の説を興味ふかく傾聴したいと思う。石田氏の説は僧侶の社会的機能とその俗化を短絡した嫌いがあり、そもそも父と子が同じ性格、同じ行状であらねばならぬ道理もないであろう。

ただし、永井氏は②の点に関して、西行が果して隆聖の師たる力量を持っていたであろうかとの疑問を想定し、これを解決するために、画僧玄証の写した聖教中の「治承元八月下旬書写了於法先住之年比奉随大本御房奉受了　玄証」なる奥書（土宜成雄『玄証阿闍梨の研究』五八頁）に注目し、この「大本房」は西行の房号であるから、「西行が事相においても人の師たるに足る教養があったことは認むべきではなかろうか」と主張されたが、この点は如何であろうか。いかにも西行は「大本房」（『宝簡集』二十三「春日殿御文」平安遺文三七九七号）または「大法房」（『源平盛衰記』巻八）「大宝房」（『尊卑分脈』）の房号を持っていたけれども[8]、その逆もまた真なりや否やは、多少危惧される所である。かつて川田順氏[9]も『聞書集』に「醍醐に東安寺と申して、理性房の法眼の房にまかりたりけるに、にはかに例ならぬことありて大事なりければ、同行に侍りける上人（注、西住を指す）たちまで来あひたりけるに」云々という西住との贈答のみえること、この「西行の莫逆の友で、形影相離れざる関係に在った」西住、俗名鎌倉二郎源次兵衛季正が『伝燈広録』の醍醐理性院三世宗命の付法の人々の中にみえることから、「西行も亦、或る期間、一緒に理性院で修行したこと」を推定された。しかし、『伝燈広録』には肝賢の西行その人の名が付法の人名としてあらわれないから、西住の項に「季正入道出家、与二西行一作二一双一曰二西住一、廼得二理性法脈一」（『続伝燈広録』小野方上、酉々山法師西住伝）とあるからといって、ただちに西行をも真言密教付法の人と断定するのは大胆にすぎるであろう。それ故、私は西行が隆聖と師弟関係にあったとする点は、容易に賛同しえない。

それよりも、皮肉なことに『続伝燈広録』はその「酉々山勝正院賢信伝」（伝法嗣祖流派ノ八）に、隆聖が西行の実子なることを明記しているのである。すなわち賢信の付法弟子一五人の中に、「隆性字自性僧都兵衛佐義清子」とある。この「隆性」は「隆聖」、「兵衛佐」は「兵衛尉」とすべきことはいうまでもないであろう。賢信は醍醐理性院の開祖賢覚の「高足俗甥」で、その賢覚の付法二七人の中に西住がいる。川田氏がせっかく西住の伝に注目しながら、近接の右記事を看過されたのはいぶかしいことである。私は『続伝燈広録』の史料的価値を過大に評価するものではないが、西住伝で「与二西行一作二一双一」などとことさら記した筆者が、隆性の尻付では単に「兵衛佐義清子」とのみ記したのは、この義清が西行の俗名とは気付かぬままに原史料を引いた結果ではないかと臆測され、そこにかえって信憑性があるように思う。

以上のごとき傍証を得たので、私も永井氏と同様に隆聖を西行の男子とする『尊卑分脈』を信用したいと思う。石田氏の否定理由の①は前述の永井氏の反論につきているが、②〜④はいずれも記事の欠除という消極的なもので、『尊卑分脈』の記載を非とする積極的証拠ではない。

次に『尊卑分脈』などの系譜に記されていない男子として「慶縁」がある。『平家物語』延慶本（第五末「崇徳院神と崇奉る事」）に、元暦元年（一一八四）四月崇徳院の怨霊を慰撫するために保元戦場の跡に粟田宮を創祀し、「以二玄長一為二別当一故孝長卿子以二慶縁一為二権別当一故西行法師子」とみえる。この事を指摘された水原一氏[10]は、玄長を孝長の子というのは、『源平盛衰記』に「故教長卿子」とするのが正しいとし、「教長は崇徳院の蔵人より次第に登用され、保元乱当時参議左京大夫、乱に連座して出家し常陸に流され、応保二年召還された人である。崇徳院廟にその子玄長が別当に挙げられるとはふさわしい事というべきであろう。（中略）とすれば西行の子が権別当になったというのも、崇徳院と西行との関係を思えば一概に虚妄の記事とする事もできないのではなかろうか」と述べておられる。

粟田宮創祀については、『吉記』（寿永三年四月十五日条）に、「今日、崇徳院、宇治左大臣、為レ崇二霊神一、建二仁祠一、有二遷宮一、以二春日河原一為二其所一、保元合戦之時、彼御所跡也、当時為二上西門院御領一、今被二申請一被レ建レ之、（中略）神祇大副卜部兼友宿禰被レ補二社司一、備二其事一、又被レ補二僧官一、其名可二尋注一、故入道教長卿彼院御寵女兵衛佐猶子也天下擾乱之後、

彼院并槐門悪霊、可レ奉レ祝ニ神霊ー之由、故光能卿為レ頭之時、被レ仰ニ合人々ー」云々とみえる。『吉記』の著者は僧官の名をまだ承知していないが、教長が故崇徳院の近臣として奉仕し、粟田宮の創祀にも尽力したとの多賀宗隼氏の所説(11)に従えば、その子が別当に補任されたのは自然の成行きであろう。そして、西行が崇徳院の怨霊に大きな関心を抱き、仁安三年（一一六八）頃その慰撫・鎮定のために遠く讃岐の白峯墓に詣でたことを思えば(12)、その子が権別当になるのもまた自然であり、粟田宮の地の領主上西門院と西行が浅からぬ関係をもっていたことも思い合されよう(13)。

以上のごとく考えると、慶縁という男子の存在も無下に否定すべきではない。しかし、何分にも『平家物語』は西行の死後いちじるしく成長したもので、そこに虚構の混じたことは警戒せざるを得ないので、ここでは断定を控えるのが穏当であろう。

以上述べたごとく、西行は二十三歳の若さで遁世する以前に妻帯し、男女各一人以上の子を持っていた。『尊卑分脈』などの系図は男子一名を記すに止まるが、この貴重な系譜集大成も決して完全なものではない。右に宗教的・文学的史料を厳密な批判の上で使用したのは、もとより許容される所と考える。

注

（1）　石田吉貞「西行の家族的周辺」（『新古今世界と中世文学』下）。

（2）　『尊卑分脈』に記載された顕頼の女子一〇人の中に、「冷泉中納言」葉室朝隆の室になった人がある。この人かも知れない。もっとも朝隆は顕頼の父顕隆の弟であるから、「冷泉殿」には大叔父に当たり、結婚は少々異様であるが、朝隆は永長元年（一〇九六）生まれで、甥顕頼の嘉保元年（一〇九四）生まれよりも二歳若いから、「冷泉殿」が父顕頼の若い時の子ならば、朝隆との年齢差は少なく、その室になってもおかしくない。

（3）　この贈答の存在は窪田章一郎氏によって、日本古典文学大系『山家集』月報で報告された。なお、山木幸一氏に「粟田口別当入道集考」（『釧路工業高等専門学校紀要』五）がある。

（4）『発心集』によれば、西行出家後「二三年」この子「五ツ計」の時から「日来フル程ニ」冷泉殿に渡し、「此子十五六許ニナリテ後」冷泉殿の許を去らしめた。
（5）『源平盛衰記』（巻十一）には、奈良の姨の許にあった俊寛の女子が有王に父の死を報ぜられて「高野の麓天野の別所」に入って出家した説話がみえる。当時の習俗をふまえた記述であろう。時代は下るが『雑談集』（巻六）にも、「高野ノ天野ハ、遁世門の比丘尼ナド、スム所ナル故ニ、カシコヘ具シテ扶持シケリ」などの記述がある（岡見政雄「説話・物語上の西行について——一つの解釈——」『日本絵巻物全集』一一、一六頁参照）。
（6）五来重『高野聖』旧版一七四頁。
（7）永井義憲「西行の子——隆聖僧都のこと——」（『国文学踏査』八）。
（8）第六章「高野山における西行」参照。
（9）川田順『西行研究録』六〇頁。尾山篤二郎氏（校註『西行法師全歌集』）にも同説がある。
（10）水原一氏前掲論文。
（11）多賀宗隼「参議藤原教長伝」（『鎌倉時代の思想と文化』所収）。
（12）第五章「山里と修行」に、怨霊鎮定が讃岐への「修行」の主目的であったことを考証する。
（13）西田直二郎氏の「崇徳院御廟所」（『京都史蹟の研究』二八一頁）の『吉記』引用文では、「其名可尋注故入道教長卿子」（分注以下略、傍点目崎）とある。これならば、文意も明瞭となるのみならず、『源平盛衰記』記事と符節を合するのである。ただし西田氏の依られた写本が不明で、京都大学蔵本かと推測されるけれども、寓目の機を得なかった。

むすび

以上のごとく西行の系累を考察してもっとも感銘されるのは、本文で析出した系累が実に一人も西行の家集に姿をあらわさないことである。石田吉貞氏は隆聖が「西行の世界と離れすぎているということ」をその実在を疑う理由にあげられたが、離れすぎているのはひとり隆聖だけではない。実在の確実な祖父季清・父康清・外祖父清経・舎弟仲清・甥能清・同基清らの血縁者は、ことごとく和歌資料とは無縁である。人名だけではなく、私が以下に明らかにしようとする一連の事実、すなわち佐藤氏の所領紀伊国田仲庄、仲清・能清の高野山との相論、流鏑馬・蹴鞠などの故実、高野山蓮花乗院および東大寺料砂金の勧進などについても、家集はあれほど豊富な詞書をもつにもかかわらず、具体的記事はおろか一個の個有名詞も載せてはいないのである。

この事は偶然ではなく、西行の生活がみずから文学的に表現しようとした部分と、意図して切り棄てようとした部分と、明確に区別された二面より成ることを示すであろう。換言すれば、数奇の遁世者の本領・面目とする部分と、しからざる俗系・俗事にかかわる部分とである。つまり、西行は『山家集』の原型を自撰する場合も、『聞書集』『残集』『西行上人談抄』などの筆録者たちと対する場合も、きびしい芸術的選択をおこなっていたものと考えられるのである。

西行の生前・死後に形成された西行像は、何よりも西行自身のこうした芸術意識を核心として出発したのであることを、われわれは銘記する必要がある。したがってその全容を歴史的に再構成するためには、西行自身が切り棄てようとした部分にも立ち入って究明することがもっとも肝要であろう。地下の西行は文学資料以外のものを駆使した如上の系累析出および以下の諸章の考証を、余計なわざと顰蹙するかも知れないけれども、それは西行が表現しようとした数奇の遁世者像の恥部を暴くことにはなるまい。かえって旧来の歌人像よりも一段と巨大かつ複雑な、中世的人間像の典型を提示することとなるであろう。

第二章　佐藤氏と紀伊国田仲庄

はじめに

本章では西行の同族の在地における活動を通じて、従来ほとんど知られていない西行の在俗時の生活環境を推定する手掛りを得ようと思う。そもそも西行がもし若年二十三歳にして出家することがなかったならば、どのような生涯を送ることになったであろうかという仮定は、古来西行研究者の均しく抱いた疑問であるが、その答えはほぼ二説にわかれていた。第一は尾山篤二郎氏の説(1)で、氏は「小山と云ひ、足利といひ、結城といひ、下野相模を中心として関東東北一円に彼の一門一族が盤踞してゐた」ことを指摘し、西行がもし「一度風雲を望んで蹶起すれば、北は陸奥将軍秀衡を初めとし関東諸所の一門同族東西に呼応し、雲霞の如き軍兵を催すことも、必ずしも不可能ではなかったのである」と強調された。川田順氏(2)も同様な考えで、「聡明にして勇武なる佐藤義清が、婆娑気を起して院の北面に頑張り、諸国の庶流を糾合し、宗家の平泉とも連絡を取ったとしたならば、さて、どうなっていたであろう。源平二氏の中間に鬱然たる一実力と成って、保元も平治も、今日われわれが歴史で見るような落著にはならなかったかも知れぬ」と記された。

第二は風巻景次郎氏の説(3)で、氏は尾山・川田両氏の説は「従来忘れ去られていた秀郷流同族の巨大さの新発見に伴った空想であって、源平佐藤三氏の構造を少しく考えに入れてみるならば、とうてい成り立つ見込みのないものであるだろう」と指摘された。その構造の差というのは、佐藤氏あるいは秀郷流藤原氏が三氏の中で「氏族存在形態において、いちばん古代的な面影を残していた」のに対して、「源平二氏の方が新興勢力であったこと」を意味すると風巻氏は説き、「この相違は思ったより重要な意味を持つことが、今後荘園資料の社会経済史的研究の行きとどくにつれて、漸次解明される時があるかもしれない。しかし現在の私にはもちろんその方の力はない」と予見を述べられた。窪田章一郎氏(4)もこの風巻説に賛成し、さらに「秀郷以来、東国に領地をもち、鎮守府将軍を継いでいた家の末」である佐藤氏は「家として次第に下り坂になっていたこと」「都を中心に居住するようになっていたこと」「その領地も関東には無く、晩年に西行が生活した伊勢・河内、あるいは大和の範囲にあったのかも知れない」こと、「西行の兄仲清のあと、それほど社会的に活動することはなかったであろう」ことなどを述べ、「それは旧豪族というべきもので」、新興の源平二氏に比較すれば「名門の誇りは高かったけれど、実力者としては遙かに弱小であった」と結論された。

さらに国文学者のうち秀郷流についてもっとも立ち入った理解を示されたのは谷宏氏(5)である。氏は「尊卑分脈所載の藤原秀郷流系図は、この強盛な平安朝豪族がほぼ西行の三四代前をさかいとして急速に、一門一体としての強い統一を解体しつつあったことを示している」として、これを(A)奥州の秀衡一族、(B)足利・大屋・小山・結城などを名乗る東国土着の諸族、(C)佐藤・首藤・尾藤という律令府下級武僚の給源となった在京的な家系、(D)近藤・武藤などの九州土着豪族に整理し、「(C)のように強度に律令権威に吸着し都市官人化していったものと(A)(B)(D)の如く地方農村の叢らにわけ入って新たな地歩をかためてゆくものとの二つの型を容易にみとめることができる」と分類し、(A)(B)(D)が農村から発生する中世の歴史に密着しうる可能性を約束されたのに対して、「(C)は立地地盤の変化に対応できなくて古代の終末とともに没落すべき路線にあった」と対照的に把握された。谷氏はこうして「西行が自然を装飾的に截断することなくそのなかに自分の心情を天性流露というかたちで重ねあわせることができたのも、彼が豪族のなんらかの形での在地性を媒介として、少くとも都市貴族宮廷公卿よりもじかに土地自然と結ばれていたということを前提としなくてはこまやかに説明されえないのではなかろうか」と主張された。

私は両説のうち風巻・窪田・谷三氏の見解がより妥当であると考える。しかし、風巻・窪田両氏のように「古代的」とか「旧豪族」といった不正確な概念規定では問題は片付かないし、谷氏説では(D)を九州土着とする点などに疑問があり、また「出家後の生活給源を保証するおそらくは豊かな所領をもっていた」と的確に見透しはされたものの、具体的事実は明らかにするに至らなかった。そこで改めて在地領主制成立史の中に西行の同族を位置せしめて具体的に検討しなければならない。それはつまり風巻氏が将来に期待された点に、歴史学の側から答えることになるであろうし、窪田氏・谷氏がごく抽象的に述べられた如上の見解を補正することにもなるであろう。

注

(1) 尾山篤二郎「西行法師の生涯」(『西行法師全歌集』所収)。
(2) 川田順「西行同族の勢力」(『西行研究録』四)。
(3) 風巻景次郎「西行」(角川選書版『西行と兼好』による)。
(4) 窪田章一郎『西行の研究』(第二編「生活と作歌」)。
(5) 谷宏「西行をめぐって」(『文学』一八―八)。

一　摂関家領田仲庄と預所佐藤氏

1　田仲・池田両庄の知行

『台記』康治元年三月十五日条に、西行について「自二俗時一入二心於仏道一、家富年若、心無レ愁、遂以遁世、人嘆二美之一也」と記されたのは有名なことであるが、左大臣頼長の眼にさえ「家富」と映ったほどの、その家の致富の実態はどのようなものであったろうか。頼長のいわゆる「重代勇士」である義清（西行）の佐藤氏が、鎮守府将軍秀郷以来の武門であり、代々左衛門尉・内舎人などを称したことは前章に述べた。西行自身も兵衛尉に補任され鳥羽院下北面・徳大寺家々人を勤めたけれども(1)、こうした京における下級官人の地位は収入源としてはいうに足らず、致富の源は別にあったとしなければならない。彼らの中には官あるいは主家による差遣など種々の契機によって縁を結んだ在地に私領を開発し、これを院宮権門に寄進して荘園とし、みずからはその預所・下司などとなって、給田を受け加地子を徴収し館を構え郎従を養うなど、在地領主への道を歩むものが多くいた。佐藤氏もこのような潮流の一例と予想されるのであるが、豊富な詞書を有する『山家集』『聞書集』そのほか西行の遺文類にその点はまったく跡を止めない所から、従来ほとんど究明されていなかった。しかし、これを究明する手掛りは無いわけではない。

第一に、高野山文書『宝簡集』所収の次の文書である。

院庁下　荒□(川)庄官等

可レ令下早任二鳥羽院御使盛弘長承三年注文一、停中止田仲・吉仲両庄相論上、当庄四至内領地事、

四至　東限二檜橋峯并黒川一　南限二高原并多須木峯一
　　　西限二尼岡中心并透谷一　北限二牛景淵并紀陀淵一

右、彼庄今月日解状称、謹検二旧貫一、御庄建立之後、既雖レ及二数十年一、全無下致二如レ此牢籠一之人上、然間、故鳥羽院令レ崩御之後、即恣押二取当御庄内一、為二彼田仲庄領一之後、漸送二年月一、雖レ捧二数度解状一、無二指御沙汰一之間、適以、去比於二院庁一、被レ召三対決当御庄官等与二彼田仲庄住人等一之刻、彼庄住人等、全依レ無二其理一、巻レ舌無二陳方一、因レ之、当御庄存二無限理一之処、庁御下文未二成下一之間、尚以被二掠領一之条、其理豈可レ然哉、就中雖レ被レ倒二諸国新立荘園一、於二白河、鳥羽両院庁御下文之所一者、訴訟之時、領家注二子細一、可レ経二奏聞一之由、宣旨有レ限、然者何乍レ見二彼綸言一、猥為二田仲庄預内舎人仲清一、忝被レ倒二美福門院御領一乎、殊可レ垂二御還迹一者也、望請鴻恩、且依二先例一、且任二鳥羽院庁御下文一、速被レ成二下庁御下文一、永令レ停二止彼庄異論一者、当庄堺任二御使盛弘注文四至一、停二止田仲・吉仲両庄異論一、可レ為二美福門院領一状、所レ仰如レ件、庄官宜承知、依レ件行レ之、敢不レ可二違失一、故下、

平治元年五月廿八日

〔院司連署　略〕

（平安遺文二九七九号）

この後白河院庁下文が停止している高野山領荒川庄と田仲・吉仲両庄との相論については次節に詳述することとして、文中にあらわれる「田仲庄預内舎人仲清」は西行の兄弟なる「内舎人摂政随身」（『尊卑分脉』）佐藤仲清に比定される。彼はここで在地領主を意味する「田仲庄住人」の語を以って呼ばれているのである。

田仲庄は紀伊国那賀郡に属し、粉河寺・根来寺両名刹の中間の紀ノ川北岸（一部は南岸にわたる）にあった。今は打田町に入っているが、那賀郡のほぼ中央にある平坦の地で、土質も米作に適している点、正に「田仲」の名にふさわ

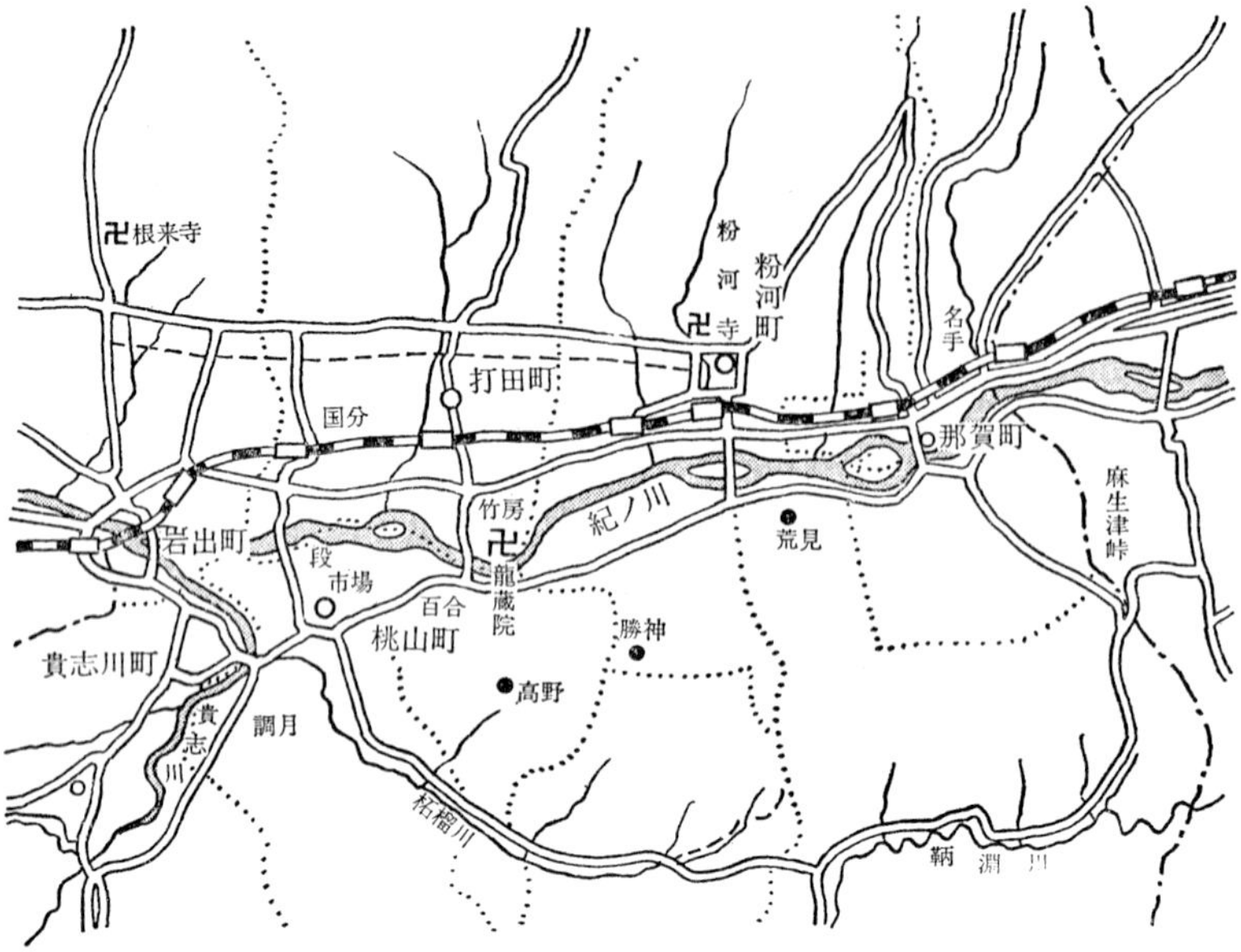

田仲庄・荒川庄周辺略図

しい。[2] 隣接の岩出町には国分寺・同尼寺があり、すでに発掘調査が行われたが、この好位置も田仲庄の地が早くから開発さるべき条件に恵まれた土地であることを示すであろう。

しからば佐藤氏はいつ頃から田仲庄住人となっていたのであろうか。それについては、懐英の『高野春秋編年輯録』（大日本仏教全書巻一三一）巻四に左の記事がある。

（治安元年）三月日、佐藤児誕二生于州田中庄神崎一薙染号二明算一、詳二竜光院譜并竜蔵院縁起一、今以二神崎一号二竹房村一、遺跡現存矣、

すなわち明算という僧侶が佐藤氏の児として、後一条朝の治安元年（一〇二一）田仲庄神崎すなわち現在の打田町大字竹房に生まれたというのである。明算の伝は『元亨釈書』（巻四慧解三）に姓は佐藤氏、紀州神崎の人で、十一歳高野山に登って密教を学び、一山の荒廃を慨いて苦修励学し、十年を出ざるに通暁したとあり、著者虎関師錬は「南嶺密乗再興者、世推二力於算一」と評してい

る。学僧として秀でたのみならず、彼はまた「検挍」として活躍すること十六年（『高野春秋』）、白河上皇の登山を迎えて大塔の再興を成就するなど、野山復興において覚鑁に先駆した傑僧である。(3) 竜蔵院は、『紀伊続風土記』（巻三十一那賀郡田仲庄）に、竜蔵院一名神崎山放光寺、真言宗古義京勧修寺末で、開基明算誕生の屋敷も寺の北二十歩許にありと見えている。(4) また竜光院は明算の住しかつ寂した高野山の中院である（『高野春秋』長久二年条）。『尊卑分脈』その他の系譜に明算の名はみえないが、右の『高野春秋』の記事は『元亨釈書』に徴しても根拠のないものとは思われないから、佐藤氏は遅くも摂関時代初頭には田仲庄預所となってこの地に土着していたのであろう。明算の生年（一〇二一）治安元年と西行の生年元永元年（一一一八）にはほぼ三ないし四世代の差があるから、明算は西行の曾祖父左衛門尉公清かあるいはその父相模守公光の兄弟くらいになるのであろうか。とすると佐藤氏と田仲庄の関係は、遅くも佐藤・後藤・尾藤氏らの祖といわれる左衛門尉文行あたりまで遡ることができよう。

第三の史料は『吾妻鏡』である。その元暦元年二月二十一日条に、次の記事がある。

二十一日庚辰、有㆓尾藤太知宣者㆒、此間属㆓義仲朝臣㆒、而内々任㆓御気色㆒、参㆓向関東㆒、武衛今日直令㆑問㆓子細㆒給、信濃国中野御牧、紀伊国田中池田両庄、令㆓知行㆒之旨申㆑之、以㆓何由緒㆒令㆓伝領㆒哉之由被㆓尋下㆒、自㆓先祖秀郷朝臣之時㆒、次第承継処、平治乱逆之刻、於㆓左典厩御方㆒、牢籠之後得替、就㆑愁㆓申之㆒、田中庄者、去年八月木曾殿賜㆓御下文㆒之由申㆑之、召㆓出彼下文㆒覧㆑之、仍知行不㆑可㆑有㆓相違㆒之旨被㆑仰云々。

尾藤氏は佐藤氏ときわめて近い同族である。『尊卑分脈』などの系譜は不確実であるが、その佐藤氏とわかれたのはおそらく公光よりも後であろう。(5) 池田庄は田仲庄の北に隣接して和泉境までのびていて、田仲庄と一続きといってもよい場所である。故に尾藤知宣が田仲・池田両庄を「自先祖秀郷朝臣之時、次第承継」したと称しているのは、結局は佐藤氏をも含めて、秀郷流藤原氏が両庄の地を知行していたことを裏書しているのである。知宣の申状によれば、平治の乱に源義朝に味方して敗れたために「牢籠之後得替」されたというのであるが、平治の乱後寿永・元暦にいたるまで、田仲庄が佐藤仲清以外に知行された形跡がまったくないこと、かつ前引平治元年五月の文書にみられるように仲清の活動が平治前後から頓に活発化することを考え合せれば、知宣の知行を奪ったのは同族仲清ではなかろうか。(6)知宣が義朝・義仲・頼朝と源家に心を寄せていたのに対して、仲清が平家に密着していた事実（第三節に詳述する）は、この推定を助けるのである。

以上の考察によって、田仲庄に佐藤氏あるいは佐藤氏を含む秀郷流藤原氏の根本私領ないしはこれに近い由緒の地があったことは十分に想定しうると思う。『紀伊続風土記』（巻三十那賀郡池田庄）によれば、池田庄内のうち三谷村にある金剛寺境内に古い五輪塔があり、藤太秀郷の石碑と伝えられ、寺そのものも秀郷の創建、明恵の再建とする説があるという。事実か否かは別として、秀郷流藤原氏に対する記憶がこの地に伝わっていた一証となる。

2　田仲庄の本所摂関家

佐藤氏が数百年にわたって知行していた田仲庄は摂関家領である。『高野春秋』（永暦元年十月二十二日条分注）に、「田中・吉中者、小野宮殿（実頼）已来、殿下之所領地」とあるのは、いかなる根拠によったのか明らかでないが、田仲庄が遅くも摂関時代末期以来摂関家に伝領されていたことは、陽明文庫所蔵の「庄々間事」と題する近衛家領目録(7)（巻頭図版）によって証明される。すなわち同文書中の「庄務無二本所進退一所々」のうち、「普賢寺殿」（近衛基通）の子「浄公寺前大僧正円基」からその資「僧正慈禅」（円基の兄近衛家実の子）に相伝された七カ所の荘園の中に、「京極殿領内紀伊国田仲庄」がみえる。京極殿はすなわち頼通の子師実で、田仲庄は本文書にみえる約五〇カ所の「京極殿領」の一つであった。

その後田仲庄は師実の子師通、孫忠実に伝領された。『平家物語』（願立）に、嘉保二年（一〇九五）のこと後二条関白師通が強訴に来た山の大衆を射殺させたため、山王の神威によって重病にかかったが、母なる「大殿（師実）の北の政所」が七日七夜参籠して「今度の殿下の寿命をたすけさせ給はば、八王寺の御社にて、法花問答講毎日退転なくおこなはすべし」と立願し、三年間寿命をのばす旨の託宣を得た旨が記され、

いそぎ都へいらせ給て、殿下の御領紀伊の国に田中庄と云所を、八王寺の御社へ寄進ぜらる、それよりして法花問答講、今の世にいたるまで、毎日退転なしとぞ承る。

とある。この説話を裏付けるものは『執政所抄』（続群書類従巻二五七）正月の条に、

日吉八王寺法花講（下文九十弐枚）　近代御領

米拾壱石

油六升

已上紀伊国田仲御庄、御祈下家司成二御下文一、今月分旧年分行レ之、恒例事、為二毎日勤一レ之、仍毎月晦比、致二沙汰一下知之、

とある記事である。義江彰夫氏の考証[8]によれば、執政所抄は元永元年（一一一八）より保安二年（一一二一）までの間に成立したもので、本書にみえる荘園は関白忠実に関するものとされる。『平家物語』の説話はこれよりわずか二十年ほど前のことであるから事実と考えられ、この政所下文を受けて料物を備進した者は、西行の祖父季清であろう。

「庄務無本所進退所々」とは、永原慶二氏[9]によれば、「近衛家が荘官の任免・土地管理権・年貢公事等の収取率の決定・裁判・検断権等々、いわゆる荘務の諸権利を直接的には保有せず、別に荘務権をもつ領家が存在し、近衛家は形式上は一定の得分権者としての本家の地位にあったもの」であって、右家領目録には五一ヵ所みえている。これに対して、「庄務本所進退所々」六〇ヵ所は「近衛家が荘務の権利を直接保持して、現実の領主的地位にあったもの」で、近衛家は「おそらく近衛家の家司をはじめとして、同家と特定の関家にあった公家や僧侶など」を「預所」に補任して荘務を執行させた（その名は各庄ごとに注記されている）。この場合にも預所は事実上荘園の管理経営を委ねられ、領主的収益に与りえたであろうが、しかしこの所職は「世襲的な権利として保障されたものではなかった[10]」という。田仲庄の場合は前者に属するから、佐藤氏は「預所」とは称するけれども、本所が荘務権を保有せず、別に領家の存在した形跡もない以上、預所の権利は後者に比べて強く、収益も大きかったと思われる。おそらく田仲庄は秀郷流の開発した根本私領で、佐藤氏は早く本家職を摂関家に寄進し、預所職を世襲したものであろう。佐藤氏と摂関家との関係は、康清以前については明証がないけれども、以上のような田仲庄をめぐる両者の関係を知る時、康清の子仲清が同庄「預所」となりかつ「摂政随身」ともなったのは（『尊卑分脈』）、父祖代々の地位を継承してのことと推定されるのである。遁世までの西行も、短期間ながらこの預所職を世襲したことは、いうまでもあるまい。

紀ノ川中流の肥沃な土地と摂関家の庇護は、佐藤氏に富裕な領主生活を保証したものとみられる。その具体的様相を知るべき史料は乏しいが、第一章にも引いたように、『除目大成抄』（新訂増補史籍集覧別巻一）第八に、「譲」の例として、（頭書）「天仁二　左兵衛少尉正六位上藤原朝臣康清父季清、以造尊勝寺行事賞譲」の記事がある[11]。白河法皇御願による白河新御堂尊勝寺は、康和三年（一一〇一）より造営に着手し、翌四年七月二十一日法皇および堀河天皇を迎えて盛大な供養がおこなわれたが（『大日本史料』三ノ六）、諸堂の造営はその後も続けられ、長治二年（一一〇五）十二月十九日には阿弥陀堂・法華堂などの供養がおこなわれている（『大日本史料』三ノ八）。佐藤季清がこの御願寺造営の「行事」としていかなる活動をしたかは史料を欠くが、おなじく「譲」の例としてあげられている「応徳三年主計権少属正六位上紀朝臣経方」に対する「父経行、以二造法勝寺塔賞一申任」の申文をみると、「造進勤功」として「法勝寺九重御塔・持門院堂僧房・勝楽院堂舎僧房・梶井御願堂舎等」が列挙され、塔のほかにも多くの堂舎を造進した勤功による申任であったから、季清もまた尊勝寺造営に当って多くの堂舎に関係したものと思われる。そのさい必要なのはもちろん事務能力だけではなく、財物備進の財力を伴っていなければ賞を得るにおよばなかったはずである。すなわち季清・康清・義清・仲清が歴代衛府下級官人に補任されたのは、田仲庄における預所としての領主的経営の成果と密接不可分なのであった。西行の兵衛尉補任の場合の成功については、次章に説く。

注

（1）第三章「佐藤義清の官歴」参照。

（2）昭和十四年刊の『田中村郷土誌』も、「県下屈指の広大な耕地面積」を誇っている。

（3）明算については、第六章「高野山における西行」に詳述する。

（4）『高野春秋』には、「（承保元）玆年、算師分二界州之神崎村一近世号竹房村産二家地一、創二造一院一、号二竜蔵院一、薦二恃怙之冥福一也」とみえている。

（5）『尊卑分脉』は、尾藤氏の祖公澄を佐藤公清の子とするが、それより知宣までに四代の名を入れており、この系譜には明らかに錯誤がある。

（6）後に引く養和元年荒川庄百姓言上状案に「能清之庄池田申所」とある。能清は仲清の子である。

（7）この目録は竹内理三氏の「講座日本荘園史」第二十六講（『日本歴史』一四五）に全文が紹介された。また義江彰夫氏の

「摂関家領の相続研究序説」（『史学雑誌』七六—四）に、この史料についての詳細な報告がある。なお、「庄々間事」の原本の披見を許されたことについて、近衛通隆氏に感謝する。
（8）義江氏前掲論文二四頁。
（9）永原慶二『日本封建制成立過程の研究』一三二頁。
（10）同一三三頁。なお阿部猛『律令国家解体過程の研究』六〇二頁参照。
（11）『大日本史料』は頭書を「天仁四」と読み、天仁が三年しかないので天永元年正月二十八日条に載せているが、不審。

二　田仲・荒川両庄の相論

1　佐藤仲清の押妨

摂関家領田仲庄の預所佐藤仲清とその子能清は、紀ノ川をはさむ高野山領荒川（安楽川）庄に対して、保元・平治の乱から源平合戦にわたる内乱期に、はげしい相論・押妨をくりひろげた。西行がもし俗人の生活をつづけていたならば、彼もこれに関与して大同小異の行動をとったと思われるから、この経緯をながめることは武人佐藤義清の歴史的性格について間接的ながら有力な示唆を得ることになるであろう。幸いに高野山領荒川庄については、戦前戦後を通じて多くの研究があり、(1)特に細川亀市・井上満郎両氏の論文(2)は詳細に相論の経過を述べていて有益であるが、両氏とも相手側の田仲庄や西行のことには格別の考慮を払っておられないから、田仲庄側に重点を置いて新たに史料を整理することにする。

それにはまず覚鑁による高野山復興の動きから説き起こさねばならない。赤松俊秀氏(3)の説かれる所によれば、平安末期に東寺の支配下にあって衰微の極に達していた高野山を復興しようと志した覚鑁は、「まず高野山内での修学を盛んにし、経済的実力をたくわえたのちに、朝廷の帰依を高めて東寺の支配から離脱しようと考え」、新しい寺領の獲得を念願した。折しも「平為里なるものが下司職を保有することを条件にして、紀伊国那賀郡石手荘の寄進を覚鑁に申し出た」。この石手庄は今の岩出町、すなわち田仲庄の西に隣接する地である（四四頁地図参照）。ただし『根来要書』所収「石手荘文書相伝次第」（平安遺文二〇八二号）によれば、石手庄の伝領関係ははなはだ複雑であった。赤松氏は開発領主でない為里が領主としての権限を行使しようとしても妨害・反抗があり、そのため石手庄は荒廃していたのであろうと推測し、そこに覚鑁への寄進の動機を求めておられる。覚鑁はそのすぐれた手腕によって国免・勅免を得て開発に成功し、この収入によって有名な大伝法院や覚鑁の住房密厳院の建立に着手することができたのである。

このような積極的経営は、ややもすると四至内の公領や近在の荘園との間に紛争を引き起こすはずで、現に荘内にあった大蔵省田をめぐって問題が起こっている(4)。摂関家領田仲庄との間には現存史料による限り相論の形跡はないが、追って荒川庄との間に起こるべき相論の源はすでにここにあったのかも知れない。しかし有力な本所・領家をもたなかった近隣の在地領主層一般の反応はむしろ逆で、彼らは長承元年（一一三二）十月鳥羽上皇が前関白忠実以下を従えて登山された大伝法院落慶供養の盛儀に瞠目し、争って所領を覚鑁のもとに寄進した。こうして成立したのが大伝法院領弘田・山崎・岡田・山東の四庄と密厳院領相賀庄であるが、このうち弘田・山崎・岡田の三庄は田仲庄西方の那賀郡内にあり（『紀伊続風土記』）、特に岡田庄は東西は田仲・石手両庄に、南北は国分寺々域と紀ノ川に界する狭苦しい四至をもつ地域で（平安遺文二二四八号紀伊国岡田庄立券文案）、その立券荘号は田仲庄にとって油断のならぬ事であったと思われる。しかし、この両庄の間にも相論の史料は現存しない。東方伊都郡にある密厳院領相賀庄が石清水八幡宮領隅田庄と隣接していたために相論が起こるや、覚鑁は偽作の高野山御手印縁起を利用して強引に勝訴に導いたのであるが（5）（平安遺文二二九〇号高野山沙門覚鑁申文）、こうした覚鑁の辣腕に対して田仲庄が異論を唱えなかったとすれば、それは岡田庄との境界が平地ながらも比較的明確で、紛糾の種が無かったからであろうか。

ところで、高野山領荒川庄の成立も、以上述べた覚鑁による野山復興の一環と見るべきものである。立荘の由来をもっとも詳しく語る史料は、『又続宝簡集』所収の左の東寺門徒申状案である。この文書は、紀伊守源為長の荒川庄への入部に苦しむ高野山が本寺の東寺に愁訴し、東寺三綱がこれをうけて後白河院庁に奏聞した文書の案文であって、同時に作成され破棄されたらしい案文一通と合せて伝存している。

（裏端）

「一宗奏状草」

東寺門徒等誠惶誠恐謹言

右、得二去十月十九日金剛峯寺解状一偁、請レ蒙二殊恩裁一、東寺一宗僧綱有職異体同心、令レ奏二聞子細於公家一、被レ行下紀伊守為長焼二失寺領荒川庄一、追二捕庄民一罪科上、兼又如レ元被レ打二牓示一子細状、右謹撿二案内一、当庄元者、平等院大僧正以二古文書一経二院奏一、所レ被レ立之御庄也、然間、禅定殿下御領田中御庄預所内舎人仲清動依レ成レ妨、鳥羽院御時、以二其旨一被レ申二殿下一之刻、殿下被レ進二避文一之後、遣二庁官盛弘一、境四至被レ打二牓示一畢、其後重遣二庁官国忠一、撿二注田地一、然間鳥羽院御悩之時、以二諸庄園一被レ渡二美福門院庁一之刻、為二其内一被レ渡之後、仲清重企二異論一之刻、又被レ触二申殿下一之処、同被レ進二避文一畢、仍異論長絶、庄民安堵、美福門院奉二為鳥羽院一、令レ書二写金泥一切経一、建二立経蔵於当山一、以二彼庄一被二寄進一、支二配一切経会幷旁仏事用途料一、共尤可為二厳重御庄一之処、仲清不レ顧二両度避文一、猶以非成（ママ）レ妨、相二語八幡領鞆淵、法成寺領吉仲庄官等一、令レ割二取庄田一之条、論二其猛悪一、更无二比類一、是皆見二習国司為長所為之暴悪一、所二張行一也、其故者、打二築於庄内川一、令レ取二魚鱗一、（中略）仍群侶等加二制止一破レ築之処、弥成二忿怒一、去十月之比、引二率数多軍兵一、追二捕庄民一、捜二取資財雑物一、焼二失堂舎住宅一、以二一身一成二両犯一、憲章所レ指、罪条不レ軽、若又僧徒有二非法一者、奏二聞子細於公家一、可レ致二沙汰一之処、無二左右一焼二失庄家一之条、還似レ軽二朝威一、適雖レ遣二実撿之官使一、耽二為長仲清等賄賂一、無二左右一抜二往古之牓示一了、所為之旨、犯過既重、仍頻雖レ成レ訴、于レ今無二裁報一之間、群侶皆離二南山幽寂之地一、悉交二北城囂喧之塵一、如レ此之間、三時行法壇之前、振鈴声永絶、五夜鑽仰之裏、研精之勤既休、（中略）然則被下行二為長一人之罪科一、休中二千人之愁腸上者、只非レ休二当時之怨望一、永欲レ貽二後伐《代》之美談一、望請恩裁、早任二道理一、令レ奏二聞子細於公家一、被二裁断一者、且知二一宗諸徳之恩助一、且仰二四海安寧之聖化一者、今加二覆審一、所レ申有二其実一、任二道理一被レ行二罪科一境四至被レ打二牓示一者、殊修二東寺秘密之教法一、奉レ祈二南面無偏之宝算一、誠惶誠恐謹言、

応保二年十一月　日

三綱連曙（署）
有職連署
僧綱連署
宗長者連曙（署）

（平安遺文三二三五号）

この文書に従えば、荒川庄の成立・伝領および仲清らの押妨の経過は、大体次のごとくである。

①荒川庄は「平等院大僧正」が公験を院に奏して立荘された。

②鳥羽院から美福門院に伝領され、さらに高野山に寄進された。
③ところが田仲庄預所仲清が立荘以来しばしば妨をし、鳥羽院の申入によって本所は二度にわたって避文を進めた。
④しかし美福門院領の時、仲清は避文を無視して近隣の石清水八幡領鞆淵・法成寺領吉仲両庄の荘官を語らい、荘田を割き取った。
⑤仲清の背後には紀伊守源為長があった。すなわち為長は荘内に簗を作り、荘民がこれを破壊すると、多くの軍兵を率いて荘民を追捕し、掠奪放火をおこなった。
⑥実検の官使は為長・仲清の賄賂を得て、往古の牓示を抜き捨て、高野山側の訴えを無視した。

平治の乱の三年後に当る応保二年（一一六二）までの情勢は、高野山側から述べれば大体以上のとおりであった。そこでこれをできるだけ客観的に再構成してみよう。

まず立荘の年次と「平等院僧正」について、細川亀市氏は「大治年間」および「明尊」と解しておられる。年次については、『高野山御影堂文書』（平安遺文補五三号）に、

院庁下　紀伊国在庁官人等
　可下下二早使者一相共任二本券一打中定管那賀郡荒川御庄四至牓示上事、
　　四至　東限檜峯并黒川　　南限高原并多須木峯
　　　　　西限尼岡中心并透谷　北限牛景淵并紀陀淵古溝
　　使公文左官掌宮道盛弘
　大治四年十月五日

とあって妥当とみられる。しかし「平等院僧正」については、おそらく大正十一年刊の『那賀郡誌』以来の比定に従

ったものであろうが、実は明尊は大治に先立つこと五－六十年の康平六年（一〇六三）に九十三歳で入滅している(6)（僧綱補任第四）。白河・鳥羽院政の交における「平等院大僧正」は明尊ではなく、歌人としても有名な行尊であろう。彼は天治二年（一一二五）大僧正に任じ、保延元年（一一三五）入滅したが（同第五）、小一条院敦明親王の孫で「平等院僧正」と号したのである（帝王編年記巻二十崇徳院）。修行と詠歌の両面において西行に深い影響をおよぼした人と私は推察しているが、(7)その点はさて置き、行尊は覚鑁の大伝法院建立のさい三井寺より来って、みずから縄を曳き地を画して事業を助けた人であるから（『高野春秋』巻六天承元年四月日）、その荒川立荘も覚鑁の荘園集積の一環と考えてよい。

田仲庄や覚鑁に寄進された諸庄と異り、荒川庄域すなわち今の那賀郡桃山町は大部分がたたなわる山村で、いかにも修験行者として名高い行尊が卓越した山踏みの能力を以って画定するにふさわしい地貌である。ところが、四至牓示の際には山地だけでなく、貴志川・紀ノ川に囲饒された平坦な冲積地も庄域に取り込まれた。ここに紛糾の原因が生ずる。現地に立って四方を展望すれば、この部分は今でこそ完全な堤防によって安定しているものの、紀ノ川の河原とほとんど標高差がなく、川は随時奔放に流路を変えていたものと考えられる。『桃山町史』も「流路の変遷」の一項を設け、「往昔、紀の川は現在よりズーッと南手を流れ（中略）百合付近から現在の元あたりまで深く南曲しており、（中略）貴志川も亦、堤防のなかった時代は、その流域は洪水毎に変転し」ていたことを指摘している。打田町在住の山田毅氏の談によれば、桃山町役場のある市場などの地下二－三メートルは川砂利であるという。現在は紀ノ川の南岸である段・同新田・百合・元が田仲庄に属するのも、同庄が開発された当時にはこれらの地が北岸にあったからであろう。また貴志川両岸にわたる法成寺領吉仲庄のうち東岸の調月は、近世になっても荒川村との間に境界争いを起こしているし、[8] 紀ノ川上流南岸の荒見は元々粉河寺領であったが、建長八年の高野山住僧等解文に大師御手印縁起の地なるに粉河寺のために押領された旨が述べられているように、久しく係争の対象となっている。[9] これらも流路の変遷が一原因であったと推定される。

　このように見るならば、田仲・荒川両庄の相論も、いちじるしく不安定な自然条件が一因であったろう。しかし田仲庄はそうした低地だけでなく、標高四三六メートルの勝神峠の半腹にある勝神・高野《たかの》にも延びており、近世になっても「上勝神は高野《こうや》領の民戸と入交りて村をなす、田地も入交りたり、産土神も一なり」（『紀伊続風土記』田仲庄勝神村）という状態であった。これはおそらく「山林に恵まれない田中荘民らの永年に亘る入山歴がもたらした帰結、つまり、入会権獲得という推移によるもの」とみられる。[10] それがいつに遡るかは不明であるにしても（平安時代よりの可能性もある。注（13）参照）、田仲庄域がかならずしも現在の紀ノ川流路に拘束されなかったことを示す例とはなる。

　ともかく古い田仲庄と新しい荒川庄との利害は錯綜したのであるが、同様の問題はひとり田仲庄だけでなく、荒川庄に東隣する石清水領鞆淵御園との間にも発生した。『宝簡集』所収平治元年八月二十七日美福門院令旨（平安遺文三〇二一号）に、「逐申／荒川御庄検注未レ終歟、八幡鞆淵御園内、被レ押二入当御庄一之由、殊所二訴申一也、何様事哉、委可レ被二注申一也者」とあるのはその一証である。こうした傍例を参照すれば、田仲・荒川両庄の相論はかならずしも紀ノ川流路の不安定という自然条件だけに起因するのではなく、荒川立荘のさい四方におよぼした人為的ひずみによると考えなければならない。したがって、前引の平治元年文書に「御庄建立之後、既雖レ及二数十年一、全無下致二如レ此牢籠一之人上」と述べているのは事実に反し、[11] 仲清は大治・長承の四至牓示はもとより、そもそも平等院僧正（行尊）の立券荘号そのものにも承服しなかったものであろう。そして前引の応保二年東寺門徒申状案に、仲清が「相二語八幡領鞆淵・法成寺領吉仲庄官等一」ったとあるのは、鞆淵・吉仲両庄にも荒川庄との間に前述のごとき紛糾があったからであり、決して仲清の圧力や誘引のみによる与同ではなかろう。彼らが高野山側に伝わった史料に「論二其猛悪一、更无二比類一」などと罵られているとしても、それはもちろん鵜呑みにすべきものではあるまい。[12] 仲清が力にまかせて「割二取庄田一」ったのは、頼みとする摂関家が院政の下に摺伏し、院の下命とあれば否応なく避文を進めざるを得ないような情勢のもとで、一所懸命の地を守る唯一の手段として取られた実力行使と認めるべきであろう。

さらにこうした仲清の実力行使が、紀伊国衙に密着しておこなわれたことが注目される。前引申状案に「弥成二忿怒一、去十月之比、引二率数多軍兵一、追二捕庄民一、捜二取資財雑物一、焼二失堂舎住宅一」とある記事は主語が不明瞭であるけれども、文脈から判断すれば仲清ではなく国司為長である。現に本文書と同時に記されて破棄された一通（平安遺文三二二六号）には、「去年（ママ）十月十一日、国司為長、引二率目代為貞并在庁成実等一、以二数百人之軍兵一、乱二入彼荒川庄一、捜二取仏物人物一、焼二失堂舎民屋一」とあって、為長が目代・在庁以下を率いて乱入したことが明記されている。このころ覚鑁設定の高野山領諸庄に対して、紀伊国衙はしばしばはげしい実力行使に出ていたのであって、たとえば康治元年十月十一日大伝法院三綱解案（『根来要書』上平安遺文二四八一号）には、「官使・国目代・在庁官人等」が「永可レ停二止官物国役臨時万雑事等一之由」の官符院宣を無視して石手庄内に乱入し、「恣致二種々悪行一」したことが述べ立てられている。その中に「自二今月八日一三ケ日夜之間、催二具数百軍兵数千人夫一、追二捕官符省符庄一、焼二失石手観音堂建立以後三百余歳、并僧房御庄政所在家等四十八宇一、焼二失仏像数十躰一、焼二害住人一畢、又苅二取運三取仏聖灯油料田畠数百町稲大豆等一畢」などとある記事は、前引申状案とまことに酷似するし、同様な行動は、山東（平安遺文二五五四号）・山崎（同三一五三号）・弘田（同三四〇九号）各庄に対してもおこなわれている。弘田庄の場合、「国司徴二納官物一、領家催二促雑事ニ之間、両方使乱ニ入当庄一、喧嘩事常無レ断」の事態は、荒川庄への乱入とほぼ同じ時期に、同じ国司為長によって惹き起こされているのである。

国衙はこのような軍兵による実力行使と並行して、「実撿之官使」を申し下したが、官使は国衙に同調して（高野山側の観方では、官使は「耽ニ為長仲清等賄賂一」ということになる）、「無ニ左右一抜ニ弃往古之牓示一了」った。この間およびその後の経緯は、次の『金剛峯寺御影堂文書』長寛元年（一一六三）六月日藤原忠通家政所下文案および『宝簡集』所収文治二年五月日高野山住僧等解を対照することによって、大体が推定される。まず前者は、

禅定前太政大臣家政所下　紀伊国田仲庄

可下寄ニ進高野山領一、如レ元令中仲清子孫知行上田仲庄年来相論堺地事、

右件堺地、依ニ国司訴一、高野領荒河庄相論事、自ニ公家一被ニ尋申一之時、被レ進ニ田仲庄文書一畢、①仍下ニ遣官使於地頭一、被レ実ニ検両方理非一之日、任ニ文書理一、如レ元可レ為ニ田仲庄領一之由、官使令レ奏ニ聞検注文書一先畢、②而今彼山衆徒歎申云、故美福門院御時、以ニ荒河庄一被レ寄ニ進高野山一之後、所レ知ニ行件堺地一也、於レ今者雖ニ殿下御領一、永可レ被レ寄ニ進当山一之由所レ令レ申也、然者早可レ寄ニ進高野山一之状、所レ仰如レ件、庄官等宜承知、更不レ可ニ違失一、故下、

長寛元年六月日　〔家司名　略〕

（平安遺文補一〇二号）

これに対して後者は長文だから、必要部分だけを抜萃すれば、

（前略）其後仲清又巧ニ謀略一、相ニ語国司一、背ニ院宣等証文一、企ニ牢籠一、自ニ寺家一令レ奏ニ達子細一之時、為レ糺ニ両方理

非一、被レ下二実撿官使并八条院御使一、①去応保二年五月廿四日官使・国在庁・両庄之住人等、相共臨二地頭一、致二沙汰一之間、官使矯餝偏頗不レ可二勝計一、仍八条院御使并荒川庄住人等、不レ聞二沙汰一而皆以罷還畢、其後官使引二率数多軍兵一、无二左右一、当庄最中上村南北十余町、東西不レ知二其数一、田仲之方踏入畢、②仍官使非法濫行不レ可二承引一之由、八条院庁御下文顕然也、加之 鳥羽院・当一院・高蔵院庁御下文、并盛弘注文・国忠撿注文・法性寺殿下政所御下文等、旁証文明鏡也、是以寺家任二道理一領掌、于レ今无二其相違一宛二用途一、无二懈怠一所レ令二御願役勤仕一也、(後略)

文治二年五月　日　〔住僧名　略〕

（鎌倉遺文一〇八号）

両文書の①部分を対照すると双方の主張はもとより正反対で、摂関家・仲清側は「任二文書理一」といい、高野山側は官使の「矯餝偏頗」と「数多軍兵」に屈服したというのであるが、ともかく応保二年の事態は国衙と結んだ仲清の勝利となり、「南北十余町、東西不レ知二其数一」ざる北堺は田仲庄域と認められたのである。しかし、院政期における権力関係からして、この決定は到底持続することができなかった。両文書の②部分の示すように、八条院および高野山の猛然たる捲き返しによって「寺家任二道理一領掌」することに事態は逆転する。もっとも前文書によれば、摂関家は堺地を高野山に寄進しつつも佐藤氏の預所職を安堵したようにみえるが、それは佐藤氏の在地支配権の根深さを示すものであろう。しかし、このような非勢の下で仲清が知行を貫徹するのはいちじるしく不便であったと思われ、彼は雌伏して本領を守りつつ、捲き返しの機会を待ったのではあるまいか。[13]

以上仲清の押妨を概観したところでは、彼の行動は保元・平治の乱世に乗じて積極化したものの、それは荒川庄に対して強硬方針をとる紀伊国衙と結び、というよりは国衙に駆使されてのことで、みずからの組織した武士団を動員して独自の軍事行動に出たわけではない。おそらく年来不満として来た荘境を修正する好機としてこの時局および国衙の動きを利用したのであろうが、結局は院政々権の強力な庇護をうけた高野山の策動をくつがえす力はなかったようである。仮りに西行が出家せずして「蹶起」したとしても、その活動はやはりこの程度の規模であったと考えられるのであって、尾山氏のいわゆる「風雲」をまき起こす体のものではなかったであろう。

2　佐藤能清の乱行

仲清の子能清の活動は、治承寿永以後ふたたびめぐり来った内乱の時勢に乗じて展開された。能清の官歴については、『兵範記』仁安二年十月二十日条、摂政基房上表して内舎人随身を辞する記事に、「次内舎人随身二人給㆑禄／藤原実景、同能清各六丈絹三疋」と見えるのが佐藤能清であろう。しかりとすれば、能清は内舎人を本官として摂関家の随身を勤めていた。次いで『吉記』承安四年八月十五日条（後白河）院御幸に「扈従侍」として左衛門尉能清がみえ、また同記安元二年四月二十七日条延暦寺御幸供奉の「北面者」に藤原能清が見える。本官左衛門尉となり、院北面に勤仕したようである。その押妨の初見は、治承四年（十月十六日）のものと思われる『宝簡集』所収右少弁藤原行隆書状の、「高野検校定兼使僧申状、具承候了、能清所行、事実候者、罪科不㆑軽候也」云々という記事であるが（平安遺文三九一〇号）、経緯を詳細に語るものは左の『続宝簡集』所収高倉院庁下文である。

新院庁下　紀伊国在庁官人等

可㆑令㆘早任㆓鳥羽院并一院（後白河）庁御下文㆒、停㆗止田仲・吉仲両庄妨㆖、高野山訴申荒川庄北堺事

四至 東限檜橋峯并黒川　南限高原并多須木峯
　　 西限尼岡中心并透谷　北限父景淵純陁淵南古溝

右、彼山今年十月日解状偁、謹検二旧貫一、荒川庄者①暫雖レ為二人領一、元是弘法大師御手印之官符、一万許町之内也、然故美福門院伝領之後、奉二為鳥羽院御菩提一、建二立梵宇於当山一、施二入御庄於其砌一、即相二副御手印官符三帖一、奉二納御影堂一、重又相二具調度文書一、被被(ママ)レ納二寺家宝蔵一畢、依レ茲、以二彼所当一、被レ相二折其仏供人供一之間、②能清・長明等構二事於藍(濫)行一、企二妨於寺領一之条、惣蔑二如王威一、別不レ奈二仏法一也、③然院使盛弘被レ語二田仲庄一、荒川庄之内、除二五町余一打二牓示一畢、④其後長明弥乗レ勝、抜二弃件牓示一、流二紀伊河一畢、所為既非二謀叛一乎、⑤依レ茲八条女院為レ被レ改二直本四至一、令レ申二下官使一之処、長明又相二語件官使一、遙渡二大河南一、割二取荒川庄中心東西三十余町南北十余町一畢、⑥仍寺家重依レ訴二申法性寺禅定殿下一、田仲・吉仲両庄相論堺、永令レ寄二進高野山一御畢、⑦而猶能清依レ祗二候院中一、背二領家御避文一、私所二押領一也、⑧然間去年十月比、右大将家御二高野詣一之次、寺僧洩二申上訴訟趣一之処、聊似レ有二御哀憐一、仍寺僧企二参洛一、令二訴申一之間、可レ有二対問一之由、依レ被二仰下一、⑨去五月於二蔵人所一被レ召二問両方庄官一之日、田仲庄官長明等一言無二陳申一、随負畢、其後左少弁(行隆)猶可レ遂二対問一之由、依レ被二仰下一、荒川庄官等以八月廿四日雖二参洛一、田仲庄官長明等一切不参云云、以レ知二非理一矣、⑩但能清等者、謀略既尽之尅、奉レ寄二事於殿下之御勢一云云、事若実者、早任二法性寺弾定殿下度と御避文一、彼相論境、停二能清非論一、欲レ被レ返二大師一者也、其以者（中略）、是以法性寺禅定殿下守二先蹤一、荒川庄北堺、以二永暦年中一、令レ寄二進大師一御畢者、任二彼庁御下文一、宜レ令レ停二止田仲・吉仲等庄妨一之状、所レ仰如レ件、在庁官人承知、不レ可二違失一、故下、

治承四年十二月　日

〔院司連署　略〕

（平安遺文三九四六号）

本文書の前半①〜⑥は、その②④⑤に能清およびその郎従長明の名があらわれるために、一見すると仲清の死後展開した新事態を語っているようにみえるけれども、熟読すれば実は前に引いた応保二年文書に述べられている仲清の押妨とまったく同一の事実を述べていることが判明する。現に⑥に出てくる「法性寺弾定殿下」すなわち関白忠通は、長寛二年二月十九日に薨じたのであるから、ここまでの叙述は忠通存命の保元・平治前後のこと（すなわち前章に触れた仲清の押妨）でなければならない。しからばここに「能清」と記されたのは、父仲清を書き誤ったものか、または若年の能清が当時すでに父とともに押妨に加わっていたために名をあげられたか、いずれかであろう。なお長明は、②④では能清と並列もしくはむしろ主役扱いされているが、他の文書（後掲の養和元年文書B）によれば能清の「郎従」であって、押妨の際に前線での活動がめざましかったために特に相手側に記憶されているのであろう。

つまり文書前半はすべて保元・平治前後の紛争を述べているのであるが、それにもかかわらず高野山側の主張に以前には無かった点が見られる。すなわち美福門院寄進以前に、弘法大師御手印の官符によって本来高野山領であったと、領有の由緒を引き上げていること（①）、院使盛弘の四至牓示がそもそも田仲庄に語らわれ、本来の荒川庄域を侵した不当なものと主張すること（③）の二点である。御手印官符の虚構については言をもちいないとして、平治段階で高野山みずからが主張の根拠としていた鳥羽院使盛弘の注文をここで否定していることは、このたびの紛争が能清側の積極性のみによって起こったものでなく、むしろ高野山側の荘域拡大策に触発されたものではないかとの推測を可能にする。

院使盛弘は『台記』仁平三年十一月三日条にみえる「下北面九人」の中に、「右衛門尉盛弘」として「内舎人仲清」

とともにみえる人物であろうか。[14] この人については、現地にも伝承がある。『紀伊続風土記』（巻三十七安楽川庄上）によれば、荒川庄上野村の地士奥杢之助の祖奥近江守盛弘は、長承三年撿使として荒川庄四至牓示の注文を定め、「保元年中美福門院当荘へ入御の御供せしより世々此地に住す、後女院薨御の地及野田原村（目崎注、荒川庄南端の奥地）を給ふ」という。同じ荒川庄賀和村の地士平野団之進の祖も、保元年中美福門院に随従してこの地に来たといい（『紀伊続風土記』巻三十八安楽川庄下）、いずれも剃髪後の美福門院が女人禁制の高野山に入れないため、荒川庄の「尼岡」を御所とすること五年、ここに崩御したという伝承に依拠している。現に桃山町内の尼岡には女院の墓所と伝える塔心礎などがある。[15] いうまでもなく美福門院崩御の地は平安京で、遺言によって遺骨を高野山へ渡されたのであるが、[16] にもかかわらずこのような貴種流離譚ができたのは、荒川庄民に女院の寄進が強い感銘をもって記憶されていたことによるのであろう。そしてこれにつらなる奥氏の祖先伝承も、盛弘による四至牓示が荒川庄にとってもっとも基本的な事柄であったからこそ、把持されたはずである。こう考えると、盛弘の行動が田仲庄に語らわれて高野山本来の権利を損じた不当なものであるという本文書の見解は、荒川庄民の心にさえ定着することのなかった過剰な主張と目さざるをえまい。つまり、保元・平治より治承にいたる二十年間に、高野山側はその主張をかなりエスカレートさせているのである。仲清の後継者能清はいかにしてこの事態に対処したか。

そこで本文書によって初めて知られる⑦以下の状況を検討しよう。まず能清は後白河院に祗候し、院の権威に募って高野山に対捍した（⑦）。そこで治承三年秋、「右大将家」すなわち平宗盛の斡旋があり（⑧）、治承四年五月と八月に蔵人方および官方で重ねて対問がおこなわれ、高野山の主張が認められた（⑨）。しかし能清らはなお摂関家の御勢に事寄せて押妨をおこなったので（⑩）、ここに治承四年十二月高倉院庁の紀伊国在庁官人らへの下文発給をみたのである[17]。

ここに平宗盛が介入したことは注目すべきで高倉院庁の関与もその当然の帰結であろうが、それについては次節に改めて説くこととして、この院庁下文も効果がなかったことは、次の『又続宝簡集』所収荒川御庄百姓等言上状案および『宝簡集』所収僧某申状案の示す通りである。

「荒川庄解状」

言上

事由

右、①以二去十八日午時一、自二田仲庄一、能清舎弟并長明等、千万軍兵相具シテ、荒川ニ打入、庄内ヲ焼失、或殺害、或負レ手候了、②然上、頭殿仰并号二権亮殿仰一候テ、③大和国ニハ刀帯(ママ)先生奉行、和泉河内国家人等仰付、荒川庄焼失シ、百姓住人等併可二殺害一之由、所と縁人申遣処也、実住人等東西ヲ失テ候也、④以二去年之比一荒川北四至、院宣被二成下一候之後、于レ今無二相違一思給之処、何様事等候テカ、如レ此事出来候ラム、百姓等失二為方一候、⑤早子細ヲ大将殿(宗盛)令二申上一御テ、如レ此狼藉令レ留御者、百姓等カ悦、何事如レ之候哉、⑥然間、尚廿五日辰時、為二荒川庄焼失一、彼長明等可レ乱二入庄内一之由、所レ承候也、⑦能清之庄池田串所ニ以外構レ城、集二千万軍兵一候テ、日と夜と自国他国不レ論、頭殿御家人等群集仕ト、云と、仍百姓等捨二御庄一、山林ニ交リ、或他郷他所ニ移住仕候テ、凡為二一人一可レ留レ跡様不レ候者也、⑧以二去之比一、自二大将殿一御文并左少弁殿御文等、荒川庄雖二被レ下候一、田仲庄能清并長明等、全以不二承引仕候一シテ、弥頭殿仰ト申、権亮殿仰ト申候、謀叛之躰、浅猿見候也、以二此之旨一、可レ然様ニ令二申上一御者、謹所レ仰也、百姓等誠恐謹言、

四月廿四日 未時　　　　　　　　荒川御庄百姓等

（鎌倉遺文八八号）

「①大将殿被レ申案」

言上

事由

右、②以二先日一為二能清一被レ濫二妨荒川庄一之由、令二訴申一候之処、不日有二 御沙汰一、可レ停二止能清之狼跡一之由、為二左少弁殿（行隆）御奉行一、被二仰下一候状、満山之僧徒向二御方一、令レ申二抃（忭）悦一候之間、以二③去十八日一、能清差二遣数多之軍兵一、令レ乱二入荒川庄河南一、令レ殺二害住人一、苅二取作麦一候了、違勅 謀叛之責、既余レ身候事歟、其由即令二言上一候了、④然間今日廿五日自二荒川庄一令二申上一候之状、一通進二覧之一、⑤件能清之郎従長明、搆レ城調レ兵、非不（ママ）レ用二御沙汰一之末、⑥剰号二 頭亮殿 持妙院少将殿之御下知一、⑦駈二具近国之御家人一、始レ自二荒川庄一、至二于御山一可レ令二焼払一之由、依二申送候一、寺僧各失二東西一、所二走迷一候也、⑧但、致御下知之条者定彼二所之殿中、不レ令二披露一候事歟、其故者、当山既奉レ訪二故 禅門殿下（清盛）之御菩提一五十箇日之作善注進先了、又依レ被レ奉レ渡二故小松大臣（重盛）殿御遺骨一、日ゝ念仏読経無レ怠、設雖レ無二賞翫一、争及二滅亡一乎、是只能清之私謀略候歟、早重可レ令レ停二止狼跡一之由、欲レ被二仰下一、凡 大将殿下（宗盛）長日御祈、自二二位殿御前一所レ被二仰下一候也、三壇之護摩、依二此騒動一、殆可レ及二退転一、不耐二恐歎一、二千余人同心所レ令二言上一候也、以二此由一可下令二披露一給上候矣、恐惶謹言、

四月廿五日　　　　　　　　僧

（平安遺文三九八二号）

右の二通のうち前者（これをⒶとする）は『大日本古文書』が文治二年のものとし、『鎌倉遺文』もこれに従っているけれども、井上満郎氏の指摘されたように後者（Ⓑとする）とまったく同一の事実を述べたものであるから、同時に百姓と衆徒によってそれぞれ作成されたことは間違いなく、(18)その年次は、Ⓑに養和元年閏二月四日薨じた「禅門殿下」平清盛の五十箇日の作善云々とあることなどから、養和元年（一一八一）に当てるべきであろう。つまり前引の高倉院庁下文の半年後である。

二通の文書によって知られることの第一点は、「能清舎弟并長明等」（A①・B⑤）が「千万軍兵」（A①・B③）を率いて荒川庄に乱入し、殺害・掠奪をおこなったこと、この能清・長明は池田庄内に「搆ㇾ城」（A⑦・B⑤）えていたこと、乱入に当っては大和・和泉・河内など「近国」の「御家人」（A②・B⑦）を催したこと、などである。この生態および行動は仲清に比較していちじるしく武士化しており、「あきらかに武士団的組織原理を前提にしている」との井上満郎氏の指摘(19)は肯定される。そして能清の「舎弟」なる人物も、井上氏の想定通り、後に鎌倉御家人として活躍する後藤基清とみられる。(20)基清については第一章「西行の系累」でもふれたように、御家人として播磨・讃岐の守護職に補任される一方、検非違使・北面として勤仕し、ついに承久の乱で京方として梟首される生涯は、鎌倉初期の公武関係を考える興味ふかい一視角たりうるだけではなく、兄能清の歴史的性格を規定する有力な手掛りともなるであろう。

さて二通の文書によって知られることの第二点は、「頭殿」（平重衡）「権亮殿」（同維盛）「大将殿」（同宗盛）など、平氏一門の名が頻出することである（A②⑤⑦⑧・B①⑥）。したがって能清が諸国の御家人を催したのは「平氏の微兵機構に便乗しての召集」[21]という井上氏の指摘は、これまた従うべきである。以上二点を通じてみるならば、能清は田仲・池田両庄に在地武士団としての組織を作り、さらに棟梁としての平氏に従属し、これによって国衙と摂関家に密着した父仲清よりも一段とはげしい「乱行」を敢行しえたようである。それは保元・平治より治承・寿永にいたる時勢の急激な発展によく即応したものであった。

しかしそれならば能清がつづいて鎌倉幕府草創から執権政治確立への諸段階にもよく対処しえたかといえば、そうではなかったようである。本項の叙述はこの点に言及せねば完結しないのであるが、これまで簡単に触れた平家との関係や前にわざと触れずに置いた徳大寺家との関係は西行伝記のきわめて重要な論点であるから、次に節を改めてこれらを説明し、その上で能清の末路におよぶことにしよう。

注

（1） 安田元久『日本荘園史概説』巻末など参照。

（2） 細川亀市「高野山領紀伊国荒河庄の研究」（『歴史と地理』二九―五・六）・井上満郎「鎌倉幕府成立期の武士乱行――紀伊国田仲庄佐藤氏の場合――」（『日本史研究』一一〇）。

（3） 赤松俊秀「覚鑁とその時代」（『続鎌倉仏教の研究』所収）。

（4）（5） 赤松氏前掲論文。

（6） なお藤原頼通の三男で明尊の弟子の覚円も「平等院大僧正」と号したが（帝王編年記巻十九白河院）、これも承徳二年（一〇九八）入滅している（僧綱補任第五）。

（7） 『山家集』の大峰山中での詠に、「平等院の名かゝれたる卒塔婆に、紅葉のちりかゝりけるを見て、花より外のとありけん人ぞかしとあはれに覚えてよみける／哀れとも花みし嶺に名をとめて紅葉ぞ今日は共にちりける」など。

（8） 『桃山町史』一五二頁参照。

（9） 清水正健『荘園志料』一、一八九頁。

（10）『桃山町史』一四五頁。
（11）井上満郎氏も、仲清の押妨は平治以前から「ながく続いていたもの」とされる。
（12）『那賀郡誌』は、相論の経緯を述べた後に、「以上は資料多く高野春秋に採れる事なれば、或は半面の真理に止るやを恐る」と記している。これは当然の反省であるが、さて他の半面を過不足なく把握することははなはだむつかしいのである。
（13）『高野春秋』嘉応元年（一一六九）条に、「夏四月三日、院宣下二紀州田仲庄一、就二荒河御庄内山之事一、東檜橋峯、南雨山、西尼岡、北高野路、於二此堺一者、他領之者可レ令レ停二止入山一之由者、院宣如レ此、仍執達如レ件中宮左少弁判」とみえ、その後も院の仲清への圧力はきびしかったとみられる。ただしこの院宣は『大日本古文書』に収められていない。
（14）『台記』のこの部分は刊本に含まれておらず、史料編纂所蔵本を書写された多賀宗隼氏の示教による。
（15）『桃山町史』三四頁。
（16）『山槐記』永暦元年十一月二十四日条に、「今夜美福門院御葬送、火葬、云々自二押小路殿一白河、渡二御鳥羽東殿一云々」とあり、異本山家集には、「美福門院の御骨、高野の菩提心院へわたされけるを、見たてまつりて／けふや君おほふ五つの雲はれて心の月をみがきいづらん」とみえ。
（17）『吉記』安元二年四月二十七日条に、「北面者」としてみえる（井上氏前掲論文参照）。
（18）Ⓑ文書の④「状一通」とは、すなわちⒶ文書を指すものか。
（19）井上氏前掲論文三一頁。
（20）同三二頁。
（21）井上氏前掲論文三四頁。

三　徳大寺家および平家との関係

1　徳大寺家と紀伊国

西行が徳大寺実能の家人であったことは『古今著聞集』（第二十三宿執）に記されただけでなく、『山家集』にも随所に徳大寺家との親近関係がうかがわれる。また『宝簡集』所収円位（西行）書状に、

日前宮事、自二入道殿一頭中将許、如レ此遣仰了、返〱神妙候、頭中将御返事、書うつして令レ進候、入道殿安芸一宮より御下向之後、可レ進之由、沙汰人申候へハ、本をは留候了、彼設他庄ニハふき被レ切へきよし、以外沙汰候歟、是大師明神令二相構一御事候歟、入道殿御料ニ百万反尊勝タラ尼一山ニ可二令レ誦御一、何事又〱申候へし、蓮花乗院柱絵沙汰、能と可レ候、住京聊存事候て、于レ今御山へ遅と仕候也、能と可二御祈請一候、長日談義、能と可レ被レ入二御心一候也、謹言、

三月十五日　　　円位

（平安遺文三九〇七号）

とある「入道殿」は平清盛であって、高野山に宛課された造日前国懸宮役の免除につき、西行が清盛に斡旋を依頼して好意ある回答に接したのは、同年の生まれで共に若き日鳥羽院北面に勤仕した西行と清盛の、年来の交誼のあらわれと見ることができよう。[1] 西行にみられるこの徳大寺家および平氏との親近関係は、仲清・能清の行動の上にも直接間接に反映している。

徳大寺家についてまずあげるべき史料は、『根来要書』所収治承二年六月日高野山大伝法院衆徒解案（平安遺文三八三七号）である。これは「長承官符并庁宣」の旨に任せて造日前国懸課役を停止されんことを申請うた文書であるが、その中に、

長承年中造二日前国懸宮一之日、故徳大寺左大臣家知二行国務一之時、当寺庄園雖レ不レ勤二其役一、

云々とある。すなわち荒川庄の四至牓示が打たれたかの長承の頃、紀伊国は権中納言徳大寺実能の知行国であった。知行国制は「公卿等がその子弟を国守に申任ずることによって、国務沙汰の実権をとり、国守の所得を、国守を含む一家の経済に取り入れる仕組」[2]であるが、この場合の国守は実能の猶子藤原公重であった。すなわち『粉河寺縁起』（『諸寺縁起集』所収）の「徳大寺左大臣依二鎮守丹生明神祟(マヽ)一免二除国役一第十七」話に、「大臣の猶子に右衛門権佐公重といふ人ありて、紀伊国の宰吏たり」とみえ、保延四年（一一三八）に「頭中将公能」（実能の子）の病気が粉河寺の鎮守丹生明神の祟と判明したため、公重が造日前国懸宮役免除の庁宣を出して平癒したとある。これはもとより説話ではあるが、幸いにこれを証するものとして『興国寺文書』保延四年三月二十五日左近衛権中将藤原公能寄進状（平安遺文二三八四号）がある。その内容は「応下寄二栗栖庄於粉河寺一、以二件地利一、限二永代一於二大悲前一、毎日修二三時供養法一、并於二丹生社一奉中読大般若経上事」というのであるが、この寄進の所以として「爰被レ纏二宿務一、漸送二数日一、久訪二薬石之療一、旁仰(マヽ)二仏社之助一、而粉河寺成レ祟之由、自有二其疑一」とあるのは正に縁起と照応する。[3]

この紀伊守徳大寺公重は、在任中に起こった覚鑁の寺領獲得運動に対して、国衙の立場上当然抵抗を試みたであろう。第一節に触れたように、石手庄は覚鑁の強引な政治力によって国免・勅免を与えられたので、既存の荘園・公領との境界をめぐって紛争が起こったが（二ノ1参照）、公重は天承元年（一一三一）十月六日の鳥羽院庁下文（平安遺文二二〇八号）に服従して、同月十四日国使の石手庄四至内入勘を停止せざるをえなかった（平安遺文二二一〇号紀伊国司庁宣案）。このような事例によって類推すれば、徳大寺家と因縁浅からぬ佐藤氏の所領に隣接して立てられた荒川庄に、紀伊国衙が好意的でなかったことは推察に難くない。ただ鳥羽院政の下では、徳大寺公重も庁官盛弘の四至牓示を黙認せざるを得なかったとみえ、前引の相論史料には公重の名はあらわれない。

その後の紀伊国主および国司については、継続的に補任状況を把握できないし、知行国の相伝もまだ一般的現象でなかったようであるが、(4)徳大寺公能の猶子光能（『尊卑分脈』）も知行国主となったから（『玉葉』承安二年六月三十日条）、この間に公能の紀伊国知行もありえない事ではない。なおまた徳大寺家は紀伊国に荘園をも領有し、そのうち名草郡の栗栖庄に関しては、前引の粉河寺への寄進のほか「栗栖一物」という永治元年（一一四一）に始まる年中行事などが『紀伊続風土記』にみえるのである。

以上、徴証は多くないけれども、ともかく徳大寺家が紀伊国と関係深かったことは明らかになった。故に在地領主佐藤氏がこの権門と密着したのも自然の情勢とみられるが、これに関連して注意されるのは、養和元年荒川庄百姓等言上状案（前章引用）に、能清の荒川庄乱入を下知した人物として、「持妙院少将殿」なる名がみえることである。井上満郎氏はこの人物を『尊卑分脈』（巻四頼宗公孫）によって持妙院家の祖藤原基家の子基宗に比定し、(5)安田元久氏(6)は文書の「全体の文面からして平氏一門の人物」とみて、基家の女子を妻とした平資盛（『尊卑分脈』同右）に比定された。『愚管抄』（巻五）によれば平資盛は基家の婿となって「持妙院三位中将」と呼ばれたから、安田氏の説に従うべきであろう。この持妙院少将資盛を含む平氏全体と能清との関係は次項に詳述するが、特に資盛の場合は、彼と能清を結ぶ媒体として徳大寺家の存在が想定されると思う。なぜならば、持妙院家は基家・基宗二代にわたって待賢門院・上西門院の女房を母とし、実にしばしば上西門院御給によって昇進している（『公卿補任』承安二・建久六年）。いうまでもなく待賢門院璋子は徳大寺家の女、上西門院統子内親王はその所生である。故に持妙院・徳大寺両家のこうした親密な関係は、ひいては徳大寺家に仕える佐藤氏と持妙院家に縁ある平資盛との結び付きの一契機として作用したのではなかろうか。

2　平家と佐藤氏

次に平家と佐藤氏の関係については、まず前章の仲清押妨に関係した紀伊守源為長が平氏家人であったことが注目される。『厳島神社文書』に左の長寛二年六月権中納言家政所下文がある。

権中納言家政所下　掃部允景弘
　可下早以二凡家綱一為中下司職上山方郡志道領事
右領、依レ為二家綱相伝地主一、所レ寄二進当家領一也、仍可レ為二下司職一之状、所レ仰如レ件、宜承知、依レ件用レ之、以下、
　　長寛二年六月　日　　　　案主　左史生紀（花押）
令大舎人人（ママ）大中臣（花押）　　知家事内蔵属中原（花押）
別当大蔵少輔中原朝臣　　　　刑部録中原（花押）
散位藤原朝臣（花押）
中宮大属大江朝臣（花押）
紀伊守源朝臣（花押）
壱岐守藤原朝臣（花押）
内膳奉膳高橋朝臣（花押）
（平安遺文三二八五号）

この文書は伝来・年次・内容から権中納言平清盛家の政所下文と考えられるが（平安遺文参照）、連署した別当六人中の「紀伊守源朝臣」は年代からみて為長である。したがって平治の乱前後に仲清を駆使しみずからも目代・在庁を率いて荒川庄に乱入した紀伊守源為長の行動は、当時急速に抬頭しつつあった平清盛の勢威を背景にしていたのである。仲清は本所摂関家頼むに足らずとしてこの新興勢力とも結んだのであろうが、この関係は平氏の没落まで継続する。

もっともその間の具体的様相を示す史料の管見に入るものは多くないが、『山槐記』治承三年正月六日条東宮御五十日の饗膳の記事に、中宮女房衛重六十前のうち三十前が「紀伊守為盛」の献ずるところで、「件国右兵衛督頼盛知行」という記事がみえ、これは源平合戦直前に紀伊国が池大納言平頼盛（為盛の父）の知行国であったことを示す。この時期ともなれば平家の知行国は多かったが、前述の為長の場合と合せ考えて平家の紀伊国知行はかなり屢次にわたったのではないかと思われる。おそらくその間に佐藤氏と平家との結び付きもいよいよ強固になったのであって、前章に引いた養和元年の二通の文書にみられるように、能清は「頭殿」すなわち重衡、「権亮殿」すなわち維盛の下知と号し、平氏の家人を催すことができたのである。(7)

平氏と能清との密着を示す史料は、実は荒川庄関係以外にもある。それは左の『東南院文書』寿永二年後白河院々宣である。

「（端裏）院宣　白米免事　寿永二年」
東大寺領仏聖免等妨事、小東庄内前内府（平宗盛）家五町六段左三位中将（平重衡）十町七段左衛門尉能清三町七段同羽鳥新三位三町七段停ニ止彼等妨一、寺家進退、宜レ令レ進ニ仏聖一者、依ニ

院宣一上啓如レ件、

八月七日　　権右中弁（藤原光長）（花押）奉

進上　前大僧正御房

（平安遺文四一〇〇号）

この史料によれば、能清は大和国広瀬郡小東庄に対しても平氏一族に従って押妨を企てていた。小東庄は東大寺領荘園の成立、雑役免系荘園の特質、下司山村吉則の名田経営、いわゆる均等名等々多くの論点から先学の業績が次々に生み出された著名な荘園であるが、[8] ここではそれらの問題には立ち入らない。ともかくも小東庄では「右件庄、或云二寺領一、或云二権門庄一、兼号二公領一諠譁之由云々」と紛糾が始終くりかえされていたようで（東大寺文書平治元年九月二十九日大和国在庁下文、平安遺文三〇三〇号）、この間に平家一門の介入を招いたものと思われる。大仏供白米免田への平家および能清等の押妨は管見のおよぶところこの一通以外に史料を欠き、具体的な経緯については何も指摘できないが、興味ふかいのはこの文書の日付である。寿永二年八月七日といえば、平家一門が都を落ちてその官爵が削られた日の翌日に当るのである。『平家物語』に活写されたあの激動する時勢の影響をもろに蒙って、能清は宗盛・重衡と共にした行動に止めを刺されたのであった。こうした史料の存することは、ここに至るまで佐藤能清がいかに平家の勢力に密着して活動していたかを、裏側から証明するものではなかろうか。

佐藤氏は前述のごとく摂関家を本所と仰ぎ、徳大寺家とも緊密な関係にあったが、清盛の勢いは一時隆々として摂関家をしのぎ、まして徳大寺家などはひたすら平氏に阿諛せざるを得なかった（『平家物語』〈徳大寺之沙汰〉には虚構があるにせよ）のであって、このような情勢のもとで佐藤氏がいよいよ平氏に従属したのも当然であろう。しかしおごる平家は久しからず、その選択が結局は能清を苦境におとし入れることとなった。そこで、『宝簡集』所収文治二年（一一八六）五月日高野山住僧等解（鎌倉遺文一〇八号）によれば、能清はすばやく募るべき権威を頼朝に切り替え、源平合戦の動乱に乗じて荒川庄への乱入を継続したようである。

（前略）而始以㆓去四月十五日㆒、能清使者成貞丸引㆓率数十人所従㆒、乱㆓入荒川庄㆒、雖㆑称㆓鎌蔵《（倉）》殿下仰㆒、全以无㆓一紙御教書㆒、恣当庄北堺可㆑令㆓押領㆒之由、致㆓苛法沙汰㆒、誠寺僧訴訟、何事如㆑之哉、加之、同月廿八日重能清使者吉沢丸致㆓旁狼藉㆒、作麦加㆓制止㆒、仏聖供燈等皆以擬㆓押止㆒之条、惣蔑㆓如王威㆒、別不㆑奈㆓仏法㆒也（後略）、

ここに「全以无㆓一紙御教書㆒」というのはもちろん相手方の主張にすぎないとしても、能清の立場の不利を示している。前引（一ノ1）『吾妻鏡』にみえる尾藤知宣の鎌倉への中文をも想起すれば、頼朝は平家恩顧の能清をたやすくは庇護しなかったであろうと思われる。ただし、前述のごとく能清の舎弟基清はやがて鎌倉御家人として活躍するのであって、それは直接には養父後藤実基が源家累代の家人であったこと（『平家物語』『平治物語』）によるとしても、機敏な処世といわねばならない。しかし、兄の能清が鎌倉幕府体制下に組みこまれた形跡はない。

以上縷述してきた仲清・能清二代の活動は、すべて西行の長い生涯の間に展開されたのであり、おそらく西行はその消息を承知していたであろう。西行が仲清・能清と晩年まで交渉を絶たなかったことは、次章「佐藤義清の官歴」に述べたいと思う。

注

（1）『聞書残集』の、「忠盛の八条の泉にて、高野の人々仏かき奉ることの侍りけるにまかりて、月明かりけるに池の蛙の鳴きけるをきゝて／小夜更けて月にかはづの声きけばみぎはも涼し池の浮草」、また『山家集』の、「六波羅太政入道、持経者千人

あつめて、津国和田と申す所にて、供養侍りける。やがて、その序に、万燈会しけり。夜更るまゝに燈の消えけるを、おのおのともしつぎけるを見て／消えぬべき法の光のともし火をかゝぐる和田の岬なりけり」など、いずれも平氏との親しみをうかがうべき例である。

（2）橋本義彦「院宮分国と知行国」（『律令国家と貴族社会』所収）。

（3）徳大寺家は紀伊国に栗栖庄などの所領を有し、徳大寺公能は保延四年これを粉河寺に寄進したが（平安遺文二三八四号）、下って永仁頃にも在地の紛争について徳大寺家は粉河寺とともに鎌倉に訴えることがあり（『紀伊続風土記』巻十一）、紀伊国・粉河寺と徳大寺家との関係の永続性の傍証とすることができる。

なお『山家集』に「（前略）公重の少将人々すすめて菊もてなされけるに、くははるべきよしありければ／君がすむやどのつぼをばきくぞかざる仏のみやとやいふべかるらむ」の歌があり、公重が西行在俗時の知己であったことが知られている。

（4）吉村茂樹『国司制度』、なお時野谷滋氏の教示を得た。

（5）ちなみに、基宗の父基家については、『聞書残集』に「北白河のもといへの三位の許に、行蓮法師にあひにまかりたりけるに、心にかなはざる恋といふことを人々よみけるにまかりあひて／物思ひて結ぶたすきのおひめよりほどけやすなる君ならなくに」とあって、西行との歌交が知られる。

（6）安田元久「御家人制成立に関する一試論」（『学習院大学文学部研究年報』一六）。

（7）この直前、高野山は再三平宗盛に押妨停止を要請したようで、これに対して神妙に存じ疎略あるべからざるを答えた能宗（宗盛の子）奉書が二通、『宝簡集』に入っているが（平安遺文三九七九・三九八〇号）、能清らがそれにも拘らず乱入したのは、宗盛の黙認があったからであろう。

（8）竹内理三『寺領荘園の研究』・阿部猛『日本荘園史』・村井康彦『古代国家解体過程の研究』・松本新八郎「名田経営の成立」（『生活と社会』所収）・渡辺澄夫『畿内庄園の基礎構造』など。

むすび

以上の叙述によって、西行の同族佐藤氏は摂関家領田仲庄の預所たること歴代・多年におよび、おそらく同庄および隣接の池田庄内に早く私領を開発しこれを相伝知行していたのであろうこと、西行の遁世後その弟仲清と甥能清の二代にわたって高野山領荒川庄とはげしい相論をおこない、その間しだいに武士団的組織を強化したこと、その活動が摂関家だけでなく徳大寺家および平家の権威に募ったものであること、ほぼ以上の点を明らかにしたつもりである。これを要するに、佐藤氏は石母田正氏[1]が領主制の三つの範疇として示された田堵・名主的な階層、根本（開発）領主に由来する地頭的領主層、巨大な豪族的領主層のうち、第二の範疇に属するものと考えられよう。この場合、辺境最大の豪族的領主である藤原氏と系譜的につながるといっても（平泉の系譜そのものを問題にしないとして）、惣領制の枠をはるかに越えたこのようなつながりは、現実には何の意味もなかったことというまでもない。現に平泉藤原氏と同様な豪族的領主で、しかもはるかに陸奥に近い下野の小山氏さえ、平泉と何らの同盟関係も結んでいないのである。したがって、西行の陸奥への東大寺勧進を考えるに当たっても、同族関係などを過大に考えるべきではない。いわんや源平二氏との対抗をや。

ところで、このような佐藤氏同族の生態と活動は西行自身の遁世生活および歌道にいかなる影響をおよぼしたであろうか。高野在住の三十年間、眼下に見える故郷で展開された同族と寺家との争いが、西行の鋭敏な心に複雑な陰翳を落さなかったとは考えられない。それ故、西行の作品を解釈するのに、伝記の再検討によって知られる知見は参考

にすべきものであろう。たとえば『聞書集』所収の左の一首、

　　木曾と申す武者死に侍りにけりな

一八七〇木曾人は海のいかりを静めかねて死出の山にも入りにけるかな

この一首の詞書と声調から感じ取られる木曾義仲への異様に冷酷な感情は、尾藤知宣が木曾義仲から田仲庄に対する安堵下文を得たという『吾妻鏡』の記事などを想起する時、なまなましい現実的意味を帯びて来るように思われる。また西行が清盛をはじめ平家一門と親しく、かつて「心ざすことありて、あき《（安芸）》の一宮へまゐりける」（『山家集』上秋）事実を思い合せると、歌の「海のいかり」とは、社殿を満潮の海に浮べる厳島明神の神威を寓したものではあるまいかとさえ想像される。つまり「死出の山」から抽象的に「海のいかり」が導き出されたのではなく、その逆の修辞ではなかったか。そこに因縁浅からぬ平家に寄せた親愛の情が看取されるようである。安田章生氏は「この歌は、詞書の書き方にも、一首のひびきにも、ひややかなものが感じられる」と的確に鑑賞されたが、その理由を「西行は、源氏、とくに京都を混乱させた義仲に好感を寄せていたとは思われず」と、都人士一般の好悪の情に帰着させておられる。これは川田氏の「西行は源平両氏のいづれに同情してゐたか。これも決して、徹底してゐた筈は無い」などという独断的見解よりもはるかに妥当であるけれども、私はさらに進んで、より切実な個人的事情が底に潜むものと解釈したいのである。これはもとより一例にすぎない。

注

（1）石母田正『古代末期政治史序説』第二章第二節「領主制の基礎構造」。

第三章　佐藤義清の官歴

はじめに

西行が二十三歳の若さで離脱した官人生活は、その思想と人間性にとって何ほどの比重も持たないようにみえる。しかし案外にそうでないことは、たとえば源頼朝に弓馬の事を講じた晩年の事実一つに徴しても明らかであろう。(1) その短期間の官人生活で獲得した素養はすぐれて深かったのみでなく、晩年まで忘却されることはなかったのである。それは数奇の遁世者西行における陰の部分をなすものとはいえ、西行の全体像を把握するためには、ゆるがせにすることの出来ない点であろう。そうした関心にもとづいて、西行の遁世以前の官歴について検討を加えたい。

注

（1）　第五章「山里と修行」第三節参照。

一　内舎人申文と兵衛尉任官

西行の在俗時における官職・公職について従来知られている主要な史料をあげれば、ほぼ次のごとくである。

○抑西行者、本兵衛尉義清也（『台記』康治元年三月十五日条）

○佐藤兵衛尉憲清出家年廿三、号二西行法師一（『百錬抄』保延六年十月十五日条）(1)

○西行法師、出家よりさきは、徳大寺左大臣の家人にて侍りけり（『古今著聞集』巻十五）

○佐藤兵衛尉憲清法師也、今号二西行一云々（『吾妻鏡』文治二年八月十五日条）

○鳥羽院北面に佐藤兵衛尉義清と云ひし者（『源平盛衰記』巻八讃岐院事）

○鳥羽院下北面、左兵衛尉（『尊卑分脉』藤成孫）

これらを総合すれば、二十三歳にして保延六年十月十五日出家した際の本官は兵衛尉（左または右）であり、兼ねて鳥羽院の（下）北面として勤仕し、徳大寺実能の家人でもあったことが知られる。『尊卑分脉』によれば、西行の曾祖父公清、祖父季清、父康清はいずれも左衛門尉に任じているから、義清の衛府任官は家門の伝統を継承したものとして当然である。

しかるに、従来まったく注意されなかったのは、左の『除目申文抄』（巻頭図版）の一条である。

臨時内給（中略）

行成抄云、（中略）

匡房抄云、臨時内給書レ位、近代太多、是進二納私物於蔵人所一者申文也、或起二於叡念一可レ給レ官者也、

或抄云、申文不レ過二廿通一、

書様

正六位上藤原朝臣義清

望二内舎人一

右当年臨時内給、以二件義清丸一可レ被レ任、

長承元年正月廿日

滝口正六位上源朝臣経遠

望二内舎人一

永久六年正月十六日

或滝口、所衆、武者所、以二望名簿一申レ之、但所衆武者所不レ載二其由一。

この史料によれば、藤原義清は長承元年（一一三二）の除目に際し、臨時内給に募って内舎人を申請うた。義清は当年十五歳、おそらく加冠して正六位上に叙せられ、ここに武官の道を門出しようと志したのであろう。

『除目申文抄』（続群書類従公事部）は「一名職事要愚抄」といい、除目における蔵人の執務、主として申文の取扱い方を説明した書物である。特に、資房抄・匡房抄・行成抄・花園左府抄・親信抄などの古抄を多く引いていること、および摂関時代・院政時代の申文を多く収めている点が貴重である。[2] 続群書類従本は宮内庁書陵部本によっているが、その奥書には、

文明十二季四月中旬之比、書写之功終レ之、筆者小倉中将季凞朝臣、彼本請二新中納言一実隆卿畢

内大臣判

とある。岩橋小弥太氏はこれを解して、「小倉季凞自筆の本を三条西実隆から借りて写したとあるから、小倉季凞（季種）の抄作と考えてよかろうか」と述べられたが、季凞は当年二十五歳の若輩であり、むしろ内大臣（大炊御門信量）

が季凞に命じて、実隆の蔵本を書写せしめたと解すべきかと思われる。したがって原本の成立は応仁・文明より以前にさかのぼると考えられるが、特に資房抄・匡房抄・行成抄などをよく引く点で洞院公賢の撰とされる『魚魯愚抄』と共通するから、両者は近い関係にあるのではないかと推定される。(3)

このように見ると、『除目申文抄』に収められた申文は全体として伝来の正しい文書であろうと思われる。しかし、ここに問題なのは、長承元年は八月十一日に改元されたのであるから、申文の原本には当然「天承二年正月廿日」とあったはずである。現に、並べて引かれた源経遠の申文には、四月三日に元永と改元されたにもかかわらず永久六年の旧年号が記されている。他の個所にも、「康和六年（二月に長治と改元）正月十九日」、あるいは「長承四年（四月に保延と改元）正月廿六日」など旧年号を記した例がある。

最も疑いぶかい観方をすれば、何びとかが世に有名な西行の申文をさかしらに偽造したのが、図らずも年号の表記で尻尾を出したのではないかと観られないこともない。しかし、改元以前の日付を新年号で記した例は、本書には他にも見られるのであって、寺宿祢清正が内給未給で遠江掾を望んだ申文にも「治安元年正月廿七日」（寛仁五年を二月二日改元）とある。そこで思うに、おそらく『除目申文抄』の史料となった書物が場合によっては文書原本のまま旧年号で書写したり、あるいは気付くに従って新年号に改めたりした結果生まれた不統一ではあるまいか。(4)好事家の悪戯とすればかえってこのような初歩的なミスは犯さぬであろうし、何よりも今まで何びとも西行の申文に注目しなかったほど縁遠い公事の書物に、好事的作為を施してみても始まらないのである。

こういうわけで、私は藤原義清が十五歳の時内舎人を望んだことは、確実な史実と見るべきであると思う。義清が臨時内給に応じた具体的事情は不明であるが、前引の匡房抄に「是進二納私物於蔵人所一者申文也」とあるのは注目すべきで、『台記』（康治元年三月十五日条）に「家富」と記されたほどの佐藤氏ならではの「成功」であったと思われる。[5]

竹内理三氏は、「元来、成功は地方官が多くて、京官――特に八省の卿の成功、売官なるものはなかった。事実京官は、中務・治部・刑部等の如く、図書・雅楽・主計・主税等の如く、特殊の智能を必要とするものが多かったために、何人も勝手にこれを募ることが出来ず、事実また京官は貧窮の者多く成功に募ることも不可能であった。自然、売官・成功の対象となる京官は富裕なる下姓貴族のみに可能である下級官職に多く、管見によれば判官（三分）以下である」[6]と説いておられる。内舎人は「目ノ代ニ申二内舎人一、謂二之二分代一」（『除目申文抄』給数）とあるごとく、もとより卑官ではあるが、平安末期における任料の相場は実に絹二〇〇〇匹であって、三分官たる兵衛尉・靱負尉の相場絹一万匹に比すれば軽いけれども、相当な負担といわねばならない。[7]

もし義清が競望を排して首尾よく内舎人に任じられたとすれば、これが彼の最初の官歴となったわけであるが、どうも望みは叶えられなかったようである。『中右記』はその長承元年正月二十二日条の裏書に任人の交名を記しているが、そこには「内舎人大江重盛、紀則親臨時内給、源孝成臨時内給」とあって、義清の名はみえない。どうやら、この除目において、西行は人生の最初の蹉跌を味わったように思われる。[8]

義清が翌年以降さらに内舎人を望んだか否かは知る所でない。むしろ諸史料にまったくみえないことによっても、内舎人は経なかったと思われる。やがて三年後の保延元年（一一三五）七月に三分官たる兵衛尉に任じられたことが、左の『長秋記』の記事によって知られる。

廿八日己亥　未刻参レ院、令三藤中納言奏二功事一、仰云、兵衛尉功、康清男申、可レ給、又功申、其外庁官国忠、為

レ子申二二省一、以二是等一可二宛行一、於レ残重可レ申二所望一者、

廿九日庚子　雨、召二行重一令レ勘二残功程一、所司允一、二省録一、内舎人一、各付二所望一者。各令二藤中納言奉（ママ）一、

（中略）

卅日辛丑　雨下、未剋参レ院、行重云、所レ申二請成功一者三人、皆被二仰下一了、所司允功盛常、二省録章盛、内舎人則友、（後略）

この兵衛尉の功を申請して認められた「康清男」とは義清に相違あるまい。[9] この成功はおそらく鳥羽法皇が鳥羽北殿に建立された「鳥羽御堂」すなわち勝光明院の作事を促進するための施策であった。宇治平等院阿弥陀堂を模し、『本朝続文粋』（巻十二願文上）所収藤原敦光の願文によっても壮麗な規模のうかがえるこの御堂は、保延元年春作事を再開し（『長秋記』正月八日・三月二十七日条）、翌二年三月二十三日完成、盛大な供養がおこなわれた（『中右記』保延二年三月二十三日条）。『長秋記』の筆者源師時は「その造営に関する奉行」[10]であったが、元年六月十八日「鳥羽御堂事、いつともなくて送二年月一、倩思無レ由、今年中欲二供養一、諸事可二忩催一者」（『長秋記』）との「御気色」を蒙った。そこで「鳥羽御堂二階上層可レ奉レ居四仏」（同六月二十日条）などについて「募二靫負尉若六位受領功一、可レ支二用度一」（同二十一日条）きこととなった。「康清男」はこの「成功輩」の一人として、しかも前引七月二十八日条以下によれば衆に先んじてもっとも任料の高額な兵衛尉に任ぜられたのであった。佐藤氏の財力の豊かさおよび前年の内給における失敗にかんがみて、任官の願望・運動が一入烈しかった事情を推察することができよう。ともあれ、義清は十八歳にして官途に就くこととなったのである。

しかるにこの兵衛尉任官をめぐって、山木幸一氏は『中右記』保延三年十月六日条の記事に注意を喚起しておられる。[11]

すなわち同日おこなわれた除目に「源朝臣則清」が「左兵衛少尉」に任じたが、「次日殿下仰云、夜前所レ被レ成之兵衛尉則清、改レ源可レ直二藤原一者、召二外記一仰二件旨一了」とある。山木氏はこの源則清を「二十一歳の義清（西行）その人であろう」とし、「さて、当初『源』氏を冠していた『則清』について『藤原』氏に直すべきであると殿下（関白忠通）からの指示があったというのはどういう事情によるのであろうか。あえて推測するに、義清は母（監物源清経女。わたくしの推測では今様の名手乙前）の手に育ち、その家の氏『源』を名乗っていたのではなかろうか。そして、保延三年の右の日に、父方の本姓『藤原』に直して任官せしめられたと推測されるのである」と述べられた。(12) 山木氏のこうした推測の根底には、西行の『地獄絵を見て』の連作（聞書集）に対する、「かりにもおのれの現実の父母を、かつて邪婬に燃え、そのために堕地獄の苦を嘗めている男女として表現しているところに、何か異常さがある」との独自の鑑賞がある。(13) とくに母に対してはまだしも「父に対しては一片の許すところもない」のは何らか「現実的な事情が伏在しているのではあるまいか。すなわち、西行は幼少にして父を失ったのではあるまいか。あるいは離別を余儀なくされるような事情があったのではあるまいか」というのが氏の推測であって、(14) 前引『中右記』記事は、この推測の裏付けとして提示されたのである。

　はなはだ興味ふかい説であるが、私はこれに賛同しない。まず「則清」の表記であるが、前引諸史料にみられるごとく、西行の俗名は「義清」とも「憲清」とも表記されるから、「ノリキヨ」と訓まれたことは確実である。故に「則清」と表記されることも自然で、現に『勅撰作者部類』のごときはその例であること、山木氏の指摘されたとおりである。但し、氏が傍証として『清獬眼抄』の「左兵衛尉則清」をあげられたのは、容易に従えない。同書（群書類従公事部）の『内裏近隣炎上事付闘諍事』に引く『後清録記』によれば、安元元年（一一七五）十一月二十日未刻に東寺僧正禎喜の壇所から火災がおこり、延焼して閑院の内裏に迫ったので、近辺の小屋を破却せしむべき由仰せ下され、「左兵衛尉則清宿所」を平尉康頼が破却した所、則清宅は「致ニ対捍一、放ニ飛礫一」った。そこで平尉の郎等が宅中において抜刀して戦い退出する所へ、助力に向った右兵衛督平頼盛の侍が犯人と誤認して搦め取り、大混乱を生じたという。近世の学者藤貞幹はその著『好古日録』でこの記事に注目し、この則清を佐藤兵衛尉義清すなわち西行と解釈した。尾山篤二郎氏は『短歌研究』昭和十六年十一月号でこの説を紹介し、安元元年は西行の「出家後三十六年目になる」が「その家は空家ではなかった」のであって、「この検非違使が指揮する一団の役人に手向ひをし、役人が抜刀に及ぶまで闘争する西行の郎党が尚この家に若干数居たとすれば、彼の家族も無論其処に棲んで居たに相違ない。この事柄は伝説といたく相違する」と論じた。そして川田順氏もこの尾山論文を「傑作」と推賞して、『西行の伝と歌』に全文を転載している。(15)

山木氏はこの藤・尾山説をすなおに信用されたのであろう。しかし、遁世後三十余年を経た西行を依然として官職（しかも「前」とも「入道」とも記さない）と俗名を以って呼ぶとは、常識的に考えにくい。私はこの則清は別人であろうと判断する。試みに『尊卑分脈』に徴すると、「則清」という名は二人みえる。そのうち魚名流の藤原則清は年代が合わないが、清和源氏に源則清がいる。官職は「従五位下美濃守・兵庫允」で、曾祖父以下みな衛門尉・北面・武者所などに勤仕しているし、数人の兄弟も後鳥羽院の北面などに補せられている。その左兵衛尉であったことは、『山槐記』治承二年（一一七八）六月二十六日条に、「油小路面小屋」を点じて中宮の千度御祓がおこなわれたことがみえ、その小屋が「宮侍左兵衛尉則清宿所」と分注されていることを証とすることができる。(16)年代的にも武(17)門の筋からみても、この人物に比定することがもっとも妥当であろう。ただしこの場合そこまで確定することは不必要であって、ただ兵衛尉則清といえば直ちに西行と推断するのは妥当でないことが認められればよいのである。かくて、『清獬眼抄』の記事は、西行の俗名が「則清」と表記された傍証とはならないと私は考える。なおついでに指摘しておけば、遁世数十年後まで西行が第宅を構え郎党を持っていたことも到底認められない。

さて本題に帰ると、ノリキヨの正確な表記は義清か憲清か確定しがたいが、いずれにせよ則清ではあるまい。しからば、『中右記』も転写を経ているので断定的には無論いえないが、『小右記』などと並んで書法の厳格を以って知られる『中右記』の著者が、みずから続紙を手にした除目の任人の名を、別の表記で軽忽に日記に書き止めたとは考えにくい。最も正確とみるべき除書に「則清」と表記された人物は、おそらく「義清」とは別人であろう。

次に山木氏が改姓の事情として、義清が父の夭折によって母方の姓を冒していたのを、ここで本姓に復帰せしめられたのではないかと大胆に推測された点である。もとより、こうした事例は多い。たとえば藤原通憲（入道信西）は七歳の時父蔵人文章生実兼を失い、高階経敏の養子となって高階氏を冒し、三十九歳で少納言に任じられた後本姓に復帰することを申請して裁可された。[18] また後に大江広元は、参議藤原光能の子として生まれたが、母の再嫁にともなって掃部頭中原広季の養子となって中原氏を称し、後に母の兄弟大江維光の養子となって大江姓に改めた（『尊卑分脉』『系図纂要』）。こうした著明人物ばかりでなく、改姓や本姓復帰の例は当時めずらしいことではない。

しかしながら、史料を虚心に読むかぎり、源則清の藤原への改姓は、則清側の私的事情ではなく公の側の必要によるものと考えられる。その傍証としては、現に山木氏も引用された所であるが、『中右記』長承元年正月二十一日条に左のごとき記事がある。

廿一日、（中略）今夜除目中夜也、（中略）源大納言師頼卿被レ申云、顕官挙中、史所望人々橘朝臣某と被レ書、四姓ハ不レ任二外記史一如何、末座参議成通申云、史所望申文之中ニ、橘某丸改レ姓可レ成二賜史一者、仍所レ書也、源大納言重無《云カ》、然者以二件改姓一之《マ》〔者《マ》〕可レ被二申上一也、猶橘氏無二便宜一、可二書改一也、返下令二書改一、源大納言之難尤可レ然也、（下略）　（史料大成）

山木氏はせっかくこの好事例を引きながら、正確に意味を把握されなかったようで、「史を望んださる者が申文で橘なにがしと改姓した名でしるしてあるものを外記がしるし、それを源師頼が『無便宜』として氏を書き改めさせたということが知られ、その理由は判然としないが、こうした点の詮議はうるさかったもののようである。右の記載において、橘と改姓した事情は知らないにしても、その氏を書き改めさせられたことは窺われる」[19]（傍点目崎）と記しておられる。しかしこれは、源平藤橘の「四姓不レ任二外記史一」という先例があるのに申文に橘朝臣某とあったので、これを師頼が非議し、これに対して成通が、橘某は橘以外の姓に改めて史になりたいというのであると代弁し、師頼がそれでは改姓した上で申請すべきもので、橘氏では困ると重ねていったので、申文を却下して四姓以外の姓に書き改めさせることにしたという意味であろう。

家柄の固定しつつある当代では、外記には中原氏・清原氏のごときまた弁官には小槻氏のごとき事務官僚としての有力な家筋ができ、「外記史不レ任二四姓源平藤橘一」（『官職秘抄』）という不文律が成立していた。ただしこの場合、四姓の人が実際に任官できないとは当時だれも考えないのであって、極度に内容よりも形式を重んじた王朝貴族は、こうした場合には任人の姓を改めることによって辻褄を合せたのである。したがって、前引史料は、山木説のごとく某が「橘なにがしと改姓した」のではなくその逆にすべしというのであり、「その理由は判然としない」どころか、文中に明記されているのである。

つまり橘某の改姓は公の先例による便宜の処置であった。そして私は、問題の源則清の藤原への改姓も、それが関白の執筆右大臣への指示によるものであった点でも推察されるごとく、除目の先例上源氏を左兵衛尉に任ずることに何らかの不都合を生じたためで、則清側の個人的事情によるものではなかったと思う。こう考えると、源則清は本姓「源」で便宜「藤原」に改姓せしめられたのであって、逆に源から本姓藤原に復帰せしめられたわけではない。故に、この源則清は、いうまでもなく西行とは別人である。

以上の検討の結果によれば、幼少の西行が父康清の夭折によって一時母方の姓を冒したのではないかという山木氏の推定は、残念ながら成立しまい。また『中右記』保延三年十月六日の除目記事は、西行とは無関係としなければならない。

注

(1) 右は旧金沢文庫本を底本とする国史大系本に拠った。しかしその頭注によれば、この部分は神宮文庫本には単に「西行法師出家廿三」とあるという。

(2) 『群書解題』(岩橋小弥太氏執筆)。なお所収の申文は、ほぼ正暦・長徳より承元に至る約五〇通で、治安年間のものがもっとも多くて一二通、次いで承暦・大治年間のものが各五通ある。

(3) 内閣文庫に『除目申文抄』二本が所蔵され、うち一本は『除秘抄』に付載されている。神宮文庫にも一本がある。いずれも同系統の写本で、問題の個所にもまったく相違がみられない。なお内閣文庫蔵『除目申文内覧抄』は文永六年の奥書に「此書、長兼抄云々」とみえるものであるが、「臨時内給」における『行成抄』『匡房抄』の引用は『除目申文抄』とまったく同文である。この両書にも密接な関係があると思われる。時野谷滋氏(『律令封禄制度史の研究』四九九頁)は、「内閣文庫に『除目抄』『除目申文抄』および『申文内覧抄』として一冊本で所蔵されているのは、三書ともまったく同一内容のもので、本来『長兼蟬魚抄』と呼ぶべきであろう」とし、その成立を「鎌倉時代初期を下らない」とされた。

(4) 内閣文庫蔵『除目申文内覧抄』の場合は、「長元元年」「延久元年」などすべて新年号を改元前に遡って使用している。これも原史料の旧年号を著者が改めているのであろう。

(5)　時野谷滋氏（前掲書三〇七・三一二頁）によれば、平安末期には臨時内給が年官の主体となり、しかも、臨時内給と成功の区別は「曖昧」になり、「臨時内給は著しく成功化した」とされる。義清の場合もその一例とすべきであろう。

(6)　竹内理三『成功・栄爵考』（『律令制と貴族政権』Ⅱ、六二三頁）。

(7)　同上六二四〜六二六頁。

(8)　かつて富山大学における中古文学会でこの申文を紹介した際には、除目の結果について述べなかったので、ここに補訂しておく。

(9)　この『長秋記』記事は、野口実氏の示教による。

(10)　杉山信三『院の御所と御堂』一〇九頁。

(11)　山木幸一「西行の地獄絵連作歌について」（『和歌文学研究』二二）。

(12)　同上二五頁。

(13)(14)　山木幸一「西行歌風の形成――その歌謡的契機――」（『国語国文研究』二七）なおこの地獄絵連作に対する山木氏の見解に対しては、片野達郎氏（「西行『聞書集』の『地獄絵を見て』について」『和歌文学研究』二一）の反対説がある。

(15)　尾山論文の引用は、『西行の伝と歌』に拠った。

(16)　多賀宗隼氏の示教による。なお同書、治承二年十月十日条には「右兵衛尉」とあり、左右いずれかは存疑。

(17)　源則清の祖父季遠は「後白河院武者所并北面」「刑部卿忠盛青侍」（『尊卑分脉』）で、則清はその子光遠の猶子である。故に則清は、忠盛の子清盛と同年なる西行よりもほぼ一世代下る者とみられ、安元元年には二―三十歳頃であろう。ちなみにこの年西行は五十八歳である。

(18)　角田文衛「通憲の前半生（平安京閑話(7)）」（『古代文化』二六―七）。

(19)　山木幸一「西行の地獄絵連作歌について」二五頁。

二　院北面と徳大寺実能家人

次に、西行が鳥羽院の北面に勤仕したことは、本章の冒頭に引いた『源平盛衰記』『尊卑分脈』など諸書の伝える所である。諸書はもとより後世の記述であるから、確証とはしがたいけれども、鳥羽院との浅からぬ関係は、西行自身のしばしば記す所によって明らかである。

一院かくれさせおはしまして、やがての御所へわたしまゐらせける夜、高野よりいであひてまゐりあひたりける、いとかなしかりけり。このゝちおはしますべき所御覧じはじめけるそのかみの御ともに、右大臣さねよし（実能）、大納言と申しける候はれけり。しのばせおはしますことにて、又人さぶらはざりけり。その御ともにさぶらひけることのおもひいでられて、をりしもこよひにまゐりあひたる、むかしいまの事おもひつゞけられてよみける

八五三 こよひこそおもひしらるれ　あさからぬ君にちぎりのあるみなりけり

をさめまゐらせける所へわたしまゐらせけるに

八五四 みちかはるみゆきかなしきこよひかな　かぎりのたびと見るにつけても

をさめまゐらせてのち、御ともにさぶらはれける人々、たとへむかたなくかなしながら、かぎりある事なれば帰られにけり。はじめたる事ありて、あくるまでさぶらひてよめる

八五五 とはばやとおもひよらでぞなげかまし　むかしながらの我が身なりせば

京極太政大臣中納言と申しけるをり、菊をおびただしき程にしたてて鳥羽院にまゐらせ給ひたりけり。

（中略）公重の少将人々すすめて菊もてなされけるに、くははるべきよしありければ

五一〇君がすむやどのつぼをばきくぞかざる　仏のみやとやいふべかるらむ

鳥羽院に出家のいとま申し侍るとて詠める　（以上『山家集』）

二〇八三惜しむとて惜しまれぬべきこの世かは　身を捨ててこそ身をも助けめ　（『玉葉和歌集』十八）

八五三番歌の詞書によれば、西行は徳大寺実能が権大納言に昇任した保延二年（一一三六）十二月以後、遁世する同六年十月までの間に、鳥羽院の忍びの御幸に院別当実能に従って供奉している。「こののちおはしますべき所」とは、文脈上崩後の菩提所を意味すると思われるから、鳥羽東殿に営なまれた新御堂すなわち保延三年十月十五日落慶供養の運びとなる安楽寿院（『百錬抄』など）を指すのであろう。(1) とすれば、保延三年西行二十歳のこととなる。西行の供奉は徳大寺実能の家人としてと考えるよりも、西行自身「あさからぬ君にちぎりのある身」と告白している点からしても、院北面としてと見るべきであろう。その事は、二〇八三番に「鳥羽院に出家のいとま申し侍る」とあることによって、いよいよ確実となる。

上皇の院に勤仕する武力には、院御随身、院武者所および北面（のちには西面も）があったが、中でも北面は院自身の「特別な思召しによって院の近臣として採用された輩を、便宜に院御所の北面に候せしめられた事に発したもの」(2)で、「比較的に身分地位の低いものであるのにもかかわらず院の御信任を得て」いたものなることは、吉村茂樹氏の明らかにされた所である。その「特別な思召し」の中には、「御寵童」や「被㆑召㆓夜御殿㆒」るる者も含まれていたほどで（『尊卑分脉』良門流盛重・為俊）、これを御随身が「依㆓新主宣旨㆒」って充てられ、武者所が「滝口」の転補され

る者（『西宮記』）であったのに比較すると、北面は院の専制君主的性格にもっとも私的に密着する存在であった。その職務は御幸の供奉を主とし、御所の警衛や院の御使などにも奉仕するもので、したがって射技や馬術を練りこれに長じたことはいうまでもないが、また「文事をも決して忽にしたわけではない」[3]。五一〇番歌の詞書に、「菊や牡丹など、めでたく大きに作り立てて、好みもち、院にも奉りなどし」（『今鏡』藤波の下）た京極太政大臣宗輔や「梢の少将」徳大寺公重をめぐる挿話がみえるのも、如上の院北面のあり方にふさわしい。西行が和歌に親しむに至った契機の有力な一つは、この北面勤仕にあったと考えられる。

院北面としての佐藤義清の面目をうかがうべき史料として注目されるものは、『参軍要略抄』である。同書はもと上下二巻か上中下三巻あったものらしいが、下巻のみが続群書類従に収められている。奥書に「建保四□□月於一条堀川亭制作之在判」とあり、建保四年（一二一六）の成立と知られる。作者が院北面として仁安三年（一一六八）より建保二年（一二一四）までの間院中公事などに勤仕した経験を記録したものである[4]。

続群書類従本には、「院中公事」の中「青海波垣代事」の中間から「田楽事」の前までに長い脱簡がある。しかるに宮内庁書陵部に南北朝ころ書写の巻子本があり、右の脱簡一〇七行を完全に補うことができる。この写本の紙背には建永元年から元亨二年にいたる二七通の文書があり、内容は尾張国長岡庄と堀尾庄の堺相論に関するものであるが、その全容は飯倉晴武氏によって昭和四十五年学界に紹介された[5]。そのさい飯倉氏は、「編者は、文中に『親父記』が随処にひかれ、父は『知―』と知られ、院中公事、御幸事の中で治承三年天王寺御幸の項に引かれた『親父記』に舎弟親盛との名があり、つづいて親盛には藤原姓と中原姓の二人がみられるが、中原姓の方と思われ、さらに建久九年正月の北面始事の着座交名中、唯一の中原姓である中原親清が編者と思われる」と解説された。なお『廷尉故実』

（続群書類従公事部）を参照すると、同書には「祖父知親記」というものがみえ、また左衛門尉中原親清の奉書が引かれているので、『廷尉故実』は親清の子某の著かと推定され、しからば『参軍要略抄』に親清が父「知―」と記しているのは「知親」かも知れない。『玉葉』文治四年正月二十七日条に、兼実の春日詣に供奉した検非違使として「左五位尉知親、布袴」の記事があるのは、この人であろうか。

さて、この『参軍要略抄』の続群書類従脱簡部分に、親父の話として西行の名が出て来る。この事実はすでに飯倉氏が紙背文書解説の中で一言指摘された所であるが、詳細は未紹介であるから本文を掲げると、次のごとくである（巻頭図版）。

青海波垣代事付蓮花王院惣社祭事（中略）親父記云、治承三年九月　院御㆓幸天王寺㆒上西門院同有御幸、八条院一乗会之日有㆓青海波㆒、祗㆓候北面㆒之衛府両女院御方参㆓候之㆒御車同被㆑召㆓加之㆒、被㆑立㆓垣代㆒装束各浄衣也、依㆑為㆓浄衣㆒可㆓帯劔㆒之由、皆以不㆑存躰也、爰知―予申云、於㆑ム者可㆓帯劔㆒也云々兼不㆑申者可㆑有㆓不審㆒之故也　其時更可㆓帯劔㆒否事、貴賤有㆓其評定㆒、然而不㆓分明㆒歟之間、各不㆑帯㆑之、予有㆓存旨㆒帯劔了、舎弟親盛同㆑之、其時人数不㆓記置㆒之間、親清幼少之時粗随㆓聞及㆒注㆑之残有無不㆓分明㆒

　右衛門尉知―　平成俊　源清忠　藤親盛
　　　　藤成重　紀宗言　平知康
　兵衛尉　源康経　同良経　藤高通
　馬允　中原親盛　平頼弘

親父命云、浄衣帯劔事、旁有㆓存旨㆒之処、上下感談面目尤甚、人々所㆑申㆑賀也、一門之輩雖㆓向後㆒可㆑存此旨㆒云々、又云、西行佐渡兵衛尉藤憲清入道聞㆓此事㆒、尤可㆓帯劔㆒之由令㆑申旨、左衛門尉能清所㆑語也、其次申云、先年於㆓宇治平等院㆒有㆓青海波㆒之時、殿下御共衛府著㆓浄衣㆒立㆓垣代㆒帯劔之由伝承、能清参候比世波帯劔候□万之、又云、於㆓熊野㆒

有二青海波一日、著二浄衣一立二垣代一不二帯劒一、是則道仁波不レ随二大刀一之故也、有レ劒者何不レ帯哉云々、

右の『親父記』の内容は、治承三年（一一七九）後白河院の天王寺御幸に青海波が演ぜられた際、垣代に立てられた北面が浄衣に帯劒すべきか否かが問題となったが、親父とその舎弟親盛は存ずる旨があって他と同調せず帯劒したというのである。さて問題は次の親父の談話であって、彼はこの浄衣帯劒を面目を施したものとして親清に告げ、さらに佐藤兵衛尉憲清入道西行がこの処置を妥当なりと評したという左衛門尉能清の談話を、親清に伝えているのである。

この左衛門尉能清が西行の甥であることはいうまでもない（『尊卑分脈』）。能清が摂関家領田仲庄の預所として、高野山領荒川庄との間に激烈な相論を展開し、時に武力を駆使して濫行におよんだことは前章に述べた所であるが、そうした在地における活動の半面、彼は京において後白河院の北面に勤仕したのである。そして西行はそのような切れ者の甥に対して北面の故実を教示し、しかもその言説は故実書『参軍要略抄』著者の父なる「親父記」の筆者に、多大の感銘を与えたのであった。この事実は、おのずから西行が出家以前に北面に勤仕した経歴をもつことを推定させるのみならず、彼のこの方面の素養が、出家後ほぼ四十年を経てもなお十分に生きていたことをも示すのである。

西行の武門としての風貌をうかがうべきものとして、従来常に引かれる史料は『吾妻鏡』文治二年八月十五日条であった。鶴岡八幡宮の鳥居の辺を徘徊していて頼朝に見とがめられた西行が、頼朝の懇望もだしがたく「於二弓馬事一者、具以申レ之」したという記事は、しかし翌十六日条に記された、拝領の銀作りの猫を門外に遊ぶ嬰児に与えて去ったという記事の物語的なおもしろさなどによって、かえってその史実性を疑われる傾きがあった。しかし同じ『吾妻鏡』の嘉禎三年（一二三七）七月十九日条には、北条泰時が故実に堪能な海野左衛門尉幸氏を招いて流鏑馬の射手

の体を批評せしめた時、幸氏の申した言葉として、「幸氏愍申之(云)、挾レ箭之時、弓ヲ一文字ニ令レ持給事、雖レ非レ無ニ其説一、於ニ故右大将家御前一、被レ凝ニ弓箭談議一之時、一文字ニ弓ヲ持ツ事、諸人一同儀歟、然而佐藤兵衛尉憲清入道西行云、弓ヲバ拳ヨリ押立テ可レ引之様ニ可レ持也、流鏑馬矢ヲ挾之時、一文字ニ持事ハ非レ礼也者、倩案、此事殊勝也、一文字ニ持テバ、誠ニ弓ヲ引テ即可レ射之躰ニハ不レ見、聊遅キ姿也、上ヲ少キ揚テ、水走リニ可レ持之由ヲ被ニ仰下一之間、下河辺行平工藤景光両庄司、和田義盛、望月重隆、藤沢清親等三金吾、幷諏方大夫盛隆愛甲三郎季隆等、頗甘心、各不レ及ニ異議一、承知畢、然者是計ヲ可レ被レ直歟者」とみえ、さらに「義村云、此事令レ聞ニ此説一、思出訖、正触レ耳事候キ、面白候ト云々、武州亦入レ興、弓持様、向後可レ用ニ此説一云々」ともみえる。すなわち当夜西行の頼朝に語った弓馬の事は、その席に侍した海野幸氏や三浦義村の記憶に五十年後も定かに存していたのであり、しかも理に叶った西行の教えは当時も五十年後も頼朝・泰時以下の鎌倉武士を納得せしめるに足るものであった。この嘉禎三年の記事は、さかのぼって文治二年の記事の信憑性をも十分に保証するであろう。

以上のごとく、『吾妻鏡』の記事も妄誕ではないと考えられるのであるが、これに『参軍要略抄』の記事をあわせてみる時、西行が短い官歴ながら、並々ならぬ武門としての実力を身に付けたこと、晩年に至るまで故実に対して関心を失わなかったこと、およびその言説が京においても鎌倉においても傾聴さるべき権威とされたことを指摘することができる。『古今著聞集』が、晩年の西行を「世をのがれ身はすてたれども、心はなを昔にかはらず、たてだてしかりけるなり」（四九四西行法師後徳大寺左大臣実定中将公衡らの在所を尋ぬる事）と評したのは、説話集ながらよく西行の一面を伝えたものというべきであろう。

以上の官歴のほかに、冒頭に引いたごとく『古今著聞集』（巻十五）には、「徳大寺左大臣（実能）の家人」であったと伝えている。この点は、前引の八五三番歌をはじめ閑院流の人々（実能・公能・公重・実行）やそのゆかりの人々（待賢門院・上西門院・崇徳院・宮の法印元性・仁和寺の宮覚性法親王、五辻斎院および如上の院宮に仕えた女房たち）の名が数多く『山家集』などにみえることによって、事実と認められるであろう。

尾山篤二郎[6]、川田順両氏[7]のごときは、この主従関係を父康清あるいは祖父季清ないしはそれ以前から始まったものと推定された。しかし、角田文衞氏[8]の説かれるように、閑院流はその祖太政大臣公季以来さしたる人材を出すことなく、家運はあまり振わなかったのに、権中納言公成（公季の孫）の女茂子が権大納言能信（道長の子）の養女として、後三条天皇の女御となり白河天皇を生んだことによって上昇の運に恵まれ、白河院の近臣六条家・勧修寺家と提携し、さらに公実の女璋子（待賢門院）が鳥羽天皇の中宮となり崇徳天皇を生むに至って、全盛に達したのである。その急激な擡頭は義清の出生前後のことであるから、若き日の義清がこの新興勢力に名簿を呈して主従関係を結んだのは、当然の狙いと考えられる。しかし、これをたやすく父・祖父以前に遡及させるのは如何であろうか。

田仲庄預所佐藤氏が本所摂関家に累代勤仕していたことは、前章で述べたごとく確実であろうが、新興の閑院流との主従関係はむしろ義清個人ないしは義清以後に限定しておくのが穏当と思われる。西行は崇徳院・待賢門院・上西門院およびそれらに仕える女房たちに、きわめて深い親愛の情を寄せていることは家集の随所にみられるとおりであるが、『古今著聞集』（巻十五）の説話に記された所では、徳大寺家の後裔、実定・実家・公衡らに対しては、むしろ厳しくその生き方を批判しているのであって、在俗のゆかりで時に訪れることはあっても、累代の恩顧を感じていたようには見えないのである。角田氏[9]が、西行の頼長への一品経勧進に関して、これは「女院に寄せた西行の熾烈な渇仰によるもので、実能家のもと家人であったといった縁故」による発企ではないと解しておられるのも、傾聴すべき所である。私は佐藤氏と徳大寺家との関係を譜代視することは、差し控えておきたいと思う。

注

(1)『兵範記』保元元年七月二日条に、「法皇崩御於鳥羽安楽寿院御所、春秋五十四」。
(2)吉村茂樹『院北面考』(『法制史研究』二所収)、六九頁。
(3)同上四九頁。
(4)『群書解題』(岩橋小弥太氏執筆)。
(5)飯倉晴武「尾張国堀尾・長岡両庄堺相論文書——『参軍要略抄』紙背——」(『古文書研究』三所収)。
(6)尾山篤二郎「西行法師の生涯」(校註『西行法師全歌集』)二七四頁。
(7)川田順『西行』五頁。
(8)角田文衛『椒庭秘抄』一六頁以下。
(9)角田氏前掲書二七八頁。

むすび

以上、西行の官歴について旧説を批判し、若干の新史料をも提示した。その官歴はまことに短く、またみずから決然と捨て去ったものではあるが、しかし晩年に至るまで、西行の精神の一隅にはその際に体得した武門の故実が忘却されることなく保持され、しかもそれは一の権威として世に認められていたのである。『吾妻鏡』は頼朝に対する西行の言葉を「弓馬事者、在俗之当初、愍雖㆑伝㆓家風㆒、保延三《(ママ)》年八月遁世之時、秀郷朝臣以来九代嫡家相承兵法焼失、依レ為ニ罪業因一、其事曾以不レ残ニ留心底一、皆忘却了」と伝えているが、それが文字通りに信ずべきでないことは、第五章「山里と修行」に詳述する。保元以降の戦乱にはきびしい批判を浴せた西行ではあるが、武門の故実はそれとはまったく本質を異にする「王朝のみやび」の一環である。このみやびとしての兵法を保持することは、同じくみやびの一環なる和歌にふけることと別種のことではないのである。この事実は、義清が蹴鞠の好士であった事実などをも合せて、西行の人間像を正確に描き出すために不可欠のデータとなるものであろう。

第四章　数奇と遁世

はじめに

西行の伝記の詳細が伝説の雲に包まれて定かでない所が多い中でも、古来西行研究者を悩まして来たのは、その二十三歳にして遁世した動機であろう。『西行物語』には親しい友の急死に衝撃を受け、いとおしい四歳の女子のすがるのを縁より蹴落して出家したと記し、『源平盛衰記』(巻八)には「さても西行発心のおこりを尋ぬれば、源は恋故とぞ承る」として、ある上﨟女房に失恋したことをあげている。いずれも興味ふかい逸話ではあるが、畢竟これらは伝説であって、そのまま信ずることはできない。川田順氏(1)は右の二つを一般厭世説・恋愛原因説と呼び、その他に政治原因説および綜合原因説をあげている。政治原因説は、西行が「もしも武人として立つたならば、頼政や清盛ぐらゐの戦争は出来たであらう。従つて、永く俗界に居たならば、将来予想し得る動乱(保元乱・平治乱)の渦中に巻き込まれざるを得ない」から、「明哲保身」の彼は「政治のうるささに堪へられなかった」というのであるが、これは余りにも放恣な考え方である。何となれば、西行の出家した保延六年(一一四〇)には、保元の乱の遠因となる崇徳天皇の不本意な譲位すら未だおこなわれていないのであるから、西行がいかに「明哲」であろうとも争乱を「予想し得る」はずがないのである。(2)川田氏は結局第四に綜合原因説をあげ、厭世と政治を「遠因」とし悲恋を「近因」とし、氏自身は近来この綜合原因説に「傾きつつある」と述べている。しかしこれでは原因を不明とするのと余り差がないといえるし、川田氏以外の諸氏の推定もまた同様に不明瞭であって、(3)小林秀雄氏(4)に一笑されるような結果におちいっているのである。

私がこうした先学の諸説をかえりみて不審に堪えないのは、何よりも天性の詩人であり、生涯を詩歌の道に捧げたところの西行に対して、その遁世の原因は歌道に執心する余り俗界を捨てて風流三昧の境涯を求めたのであるとの観方、すなわち宗教・失恋・政治各原因説に対して文学原因説ともいうべきものが、従来の研究者によって説かれていない事である。否、説かれていないというのは不正確で、早く先学によって説かれたものが以後ながく見失われてしまったというべきであろう。その先学とは藤岡作太郎である。すなわち、氏はその「西行論」(5)において、

> されど西行を以て、虚淡寂静の出家、大信仰ありて精力熾盛なる高僧に擬するは、固より非なり、渠は僧侶といはんよりは詩人なり、(中略)渠は現実界を厭うて空想界に遊ばんとす、その好むところ吟詠にあるはいふに及ばずといへども、当時未だ和歌を以て専門の職業とするものあらず、これありといへども、そは家伝、歌学の沙汰喧ましき門閥に限れり、その他は公卿殿上人が消閑の遊戯とし、花鳥風月の使としたるのみ、習慣の惰力はこの境をも掣肘して、直ちに自然の化に浴するもの極めて稀なり、西行にとりては、和歌は遊戯文字にあらず、さりとてまた門閥の下に屈従するに堪へず、望むところは、擅まに山川花月に対して、おのが感情を述べんとするにあり、平安の末造、未だかくの如き歌人あらず、社会の情態は未だこの種の文芸の士の存在を許さず、乃ち西行は最もこの生活を為すに近き法師の境界を選びしものにあらざるか。敢て意識してこれを選びしとはいはず、その天禀の傾向はおのづからこゝに至らしめたるなり。

と述べている。この引用中の傍点を付した部分は、まさしく文学原因説というべきものであろう。すなわち「詩人」西行は、和歌を「遊戯」的に、「門閥の下に屈従」して詠むに堪えず、そこで「文芸の士」にもっとも「近き法師の境涯」を選んだというのである。卓見である。ただ惜しむらくは、藤岡氏が「敢て意識してこれを選びしとはいはず」と述べたのは誤りで、以下に説くように事実はむしろ正反対なのである。

西行はこよなく花を愛し月を愛し、歌枕を訪ねることを愛し山里に閑居することを愛した。このような生活が当時の言葉でいう「数奇」であり、西行はまさに数奇の遁世者の典型というべき存在である。遁世の原因はここに求めるのが何よりも自然ではなかろうか。しかるに藤岡氏以後の諸家が容易にここに想到し得なかったのは、こうした数奇の遁世者の系譜が西行以前に長くかつ広く続いている事実を、巨視的に把握していなかったためであろう。従って西行の遁世の原因を数奇心に求める私見が説得力をもつためには、西行自身が黙して語らぬ動機を伝説にひきずられつつ詮索するよりも、これを可能ならしめた「数奇の遁世」という風俗の全容を究明することが必要かつ有力であると思うのである。

出家といい遁世といい、これは要するに仏門に入ることを意味する語であるけれども、両者には若干ニュアンスの差がある。出家とは生業を持ち家庭を営む世俗生活の束縛を脱するために、「家を出でて」道を求めるもので、いうまでもなく仏教そのものと共に古い基本的契機である。これに対して遁世とは、「世を遁るる」ことであって、家を出るのみならず当代社会をも離脱して独自の生き方をしようとするものである。そこには当代社会に対する嫌悪・絶望・批判・抵抗といった意識が含まれているのであって、それ故遁世はすぐれて時代的・社会的現象であり、かつ風俗的現象なのである。(6) わが国においてこうした風俗が滔々として現われたのは、古代貴族社会の爛熟・頽廃と硬化・閉塞の症状がしだいに募った平安・鎌倉時代であることはいうまでもない。

遁世者における遁世の動機、遁世後の生活形態、あるいはその思想などははなはだ多様である。たとえば玄賓・明遍のごとく徹底して世を謝した者もあれば、反対に信西のごとき黒衣の宰相ともいうべき世俗的存在もあり、また文覚のごとき寺院経営の野心的宗教者もある。これらは別に包括的に整理して叙述したので、(7) ここでは西行にもっとも関係ふかい数奇の遁世者に限定して概観したいと思う。

この場合、数奇の遁世者の系譜はほぼ三段階にわけられる。第一は延喜以前、すなわち律令国家体制がまだ基本的には健全に機能しており、人々の精神状況も当代社会に十分に親和・適応していた段階である。従ってこの時期に現われた遁世者は、いわば例外的・先駆的とも見るべき者であろう。第二は摂関時代、すなわちいわゆる王朝国家体制の下に中・下級官人層の社会的閉塞が激化し、これに伴って彼らの内面に沈淪を嘆き脱出を念ずる意識がようやく強まった段階である。第三は院政時代、すなわち古代より中世への過渡期の動乱に生活を脅かされ、厭離穢土・欣求浄土が時代の通念のごとくになった段階である。第二・第三の段階においては、俗世俗界を厭う者は道を仏道あるいは数奇に求め、身を寺院あるいは草庵に寄せることを常としたのであるが、数奇を好み草庵を愛する者も方便としては法体を取らざるを得なかったから、そこにおのずから文学と宗教との微妙な交錯関係も生じた。そもそも古代の文学が官人を主たるトレーガーとしたのに対して、中世の文学・芸能が遁世者を主たるトレーガーとするという対照が見られるに至ったことは、(8) わが国の文化が常に大きな影響を受け続けた中国においてもまったく見られない、特異な現象である。(9) この意味において、数奇の遁世者の問題は、西行の遁世原因をさぐる手掛りとなるのみならず、ひいては日本における自由人・文化人の存在形態の問題にもつながると思うのである。

以上、「遁世」について述べて来たが、次に「数奇」の意味についても規定しておく必要があるであろう。『古今著聞集』（巻六）によれば、楽所預源頼能が玉手信近について横笛を習うに、南都に住む信近の許へ遠路を厭わず通い詰めたが、時には「遠路をむなしく帰おりもあり」、時には瓜畑で一日仕事を手伝って一曲授けられることもあり、といった風にして業を成した。彼はさらに「下問をはぢず、貴賤を論ぜず訪学し」、また名手博雅三位の墓所を知り時時参拝したという。こういう逸話を記した著者橘成季は、この源頼能の行動は「まことによく数奇たるゆへ」であり、彼は「上古に恥ざる数奇の者」であると評している。

この場合、数奇とは明らかに道に執する心の異常に強いことを指すのであって、『下学集』に数奇は「僻愛之義也」というのがこれに当たる。周知のごとく元来スキとは好色の意味で、たとえば『伊勢物語』六十一段に「これは色好むといふすき物」とあるのはこれを示すが、やがて文学・芸能への偏愛にも用いられ、『源氏物語』などには両義が混在しているようである。その『源氏物語』にわずかに遅れる頼通時代の遁世者能因が「スキタマヘ、スキヌレバ歌ハ詠ム」と常に人に説いたという話は、平安末期の藤原清輔の『袋草紙』にみえるもので、能因の言葉という確証には欠けるけれども、後述のごとき能因の特異な生き方は、道に執する心の異常なまでの強さを証するものといわざるをえない。

鴨長明の『無名秘抄』には、名だたる数奇者の逸話が多くみえる。永縁僧正は琵琶法師どもを語らい、さまざま物を取らせなどして、みずからの得意の作を此処彼処で歌わせたので、時人は「ありがたきすき人」と評判したという。また左衛門尉蔵人頼実は「いみじきすき物」で、「五年がうちに命をたてまつらん、秀歌よませ給へ」と住吉の神に祈り、その願のごとく秀歌と引き替えに命を召されたという。

こうした数奇心の徹底する所に、世俗の生活を離脱して斯道に没頭しようとする遁世者が現われる。鴨長明の『発心集』（第六）に、「中ニモ数奇ト云ハ、人ノ交リヲコノマズ、身ノシヅメルヲモ愁ヘズ、花ノサキチルヲ哀レミ、月ノ出入ヲ思ニ付テ、常ニ心ヲスマシテ、世ノ濁リニシマヌヲ事トス」云々とあるのは、数奇の遁世の本質をもっとも的確に道破したものである。もっとも長明の右の文はこれに続けて、「……事トスレバ、ヲノズカラ生滅ノコトハリモ顕レ、名利ノ余執ツキヌベシ、コレ出離解脱ノ門出ニ侍ベシ」とあって、数奇を宗教的解脱への門と解しているのであるが、数奇と仏道との関係はまことに複雑微妙で、一面では数奇心は出離解脱を阻む妄念ともならざるを得ないのであって、ここに多くの数奇の遁世者の苦悩せざるを得ない自己矛盾があった。狂言綺語も仏乗を讃嘆する縁となるとの思想や、和歌はわが国の陀羅尼であるとの観念は、こうした自己矛盾の解決のために案出されたものであるが、それらの論理に立ち入ることは第三節に譲り、上述した三つの歴史的段階における主要な数奇の遁世者の顔触れとその実態について、順次述べることにしたいと思う。

注

（1） 川田順『西行』一一一頁以下。

（2） 三好英二氏（『西行歌集』解説一一頁）は、西行出家前年の体仁親王（近衛天皇）立太子をあげ、「このままでゐたならば、彼自身勢ひ大きな軋轢、闘争の渦中に引込まれることは必定と直観したに違ひない」と述べられたが、これは余りに飛躍した観方であろう。

（3） 尾山篤二郎氏（『校註西行法師全歌集』付録「西行法師の生涯」二八七頁）は、宮廷や摂関家の内紛と相継ぐ天災地変に心を傷めたことをあげ、「失恋よりも此方が寧ろ大きな問題」であったとする。伊藤嘉夫氏（『歌人西行』五一頁）は逆に、「社会の動きに対する重圧感などが主流をなすものではなくて、当時の青年の感傷から来た仏家隠者に対する憧憬の心を基調として、たまたま女児の死によつてさらにこの心が深められ、後顧のうれひなき自由な環境は、遂に出家をとげしめるに至つた」ものと見る。三好英二氏（新註国文学叢書『西行歌集』解説四頁以下）は「むしろ率直に不明といつた方が適当のやうに思ふ」としながらも、一応の結論として「文字通りの厭世思想に因るもの」としている。窪田章一郎氏（『西行の研究』一〇四頁）は、「根本にあったものは、在俗のまま生きれば生きられた生活をふり捨てて、よりよき生き方をしたいという、人間の純粋な希望・要求があったのであろう」とする。いずれも忌憚なく評すれば、やや曖昧でかつ確信無げな指摘である。

（4）小林秀雄『無常といふ事』。

（5）藤岡作太郎『異本山家集』附録「西行論」四八頁。

（6）寺院そのものが頽廃かつ硬化して第二の俗界と化した平安末期においては、遁世は一旦出家して入った教団からさらに逃れ出るという二重構造を意味するものともなった（赤松俊秀監修『日本仏教史』中世篇、四〇六頁参照）。ここには特に、遁世が出家のような一般語ではなく、歴史的用語であることの特徴がみられよう。

（7）小著『出家遁世』（中公新書）。

（8）この点については昭和五十年九月二十八日東京教育大学国語国文学会における「人間にとって文学とは何か」のシンポジウムで概略を報告した。雑誌『言語と文芸』（八二）にその速記が収載されている。

（9）右のシンポジウムにおける中国文学者前野直彬氏の報告はこの点を解明されたもので、深い感銘を与えられた。『言語と文芸』（八二）を参照されたい。

一　延喜以前

百人一首に「坊主めくり」という遊びがある。これが成立するのは一〇〇枚の札の中に多くの僧形歌人の作が含まれているからであるが、いま読み札に円頂黒衣風に描かれている人物を列挙すれば、喜撰法師・僧正遍昭・素性法師・恵慶法師・大僧正行尊・能因法師・良暹法師・道因法師・俊恵法師・西行法師・寂蓮法師・前大僧正慈円の一二名である。この数は女性作者の総数二〇名にはおよばないが相当な比率であり、しかもその大部分は女流歌人輩出のピークの後をうけて、摂関時代末期から院政時代に集中している。正に折口信夫のいわゆる「女房文学から隠者文学へ」[1]の大勢を確認することができるのである。

百人一首では心許ないので、試みに八代集に「何某法師」という表記でみられる者を拾ってみる。つまり仏門に入った者の中から、法皇・女院・入道親王あるいは僧綱などの特権階級を除き、その代り、少数ではあるが「何某上人」「沙弥何某」などと表記された者を加えて、凡僧・聖的存在を拾うわけであるが、その数は優に一〇〇人を越えるのである。[2]しかしながら、それらもまた摂関時代以後に集中し、ことに延喜以前は寥々として稀である。

さて、『拾遺和歌集』(巻二十)に「世中を何にたとへむ朝ぼらけこぎ行くふねの跡のしら波」の一首を採られた万葉歌人の沙弥満誓をしばらく除外すれば、もっとも古い人物は喜撰法師であろう。「わが庵は都のたつみしかぞすむ世をうぢ山と人はいふなり」(『古今和歌集』巻十八)によれば、宇治の山中の草庵に住した遁世者と見られる。しかし、何分この一首しか伝わるものなく、その名を仮名序にあげた紀貫之さえ「よめる歌多くきこえねば、かれこれをかよはして、よく知らず」と正体の把握を断念している程だから、実在も定かでない人物とせざるを得ない。[3]「わが庵は」の一首もおそらく口誦を以って延喜ころまで流伝したものであろうが、しかしその事実は、このような山中閑居が九世紀初頭の人々にも一種の憧憬の対象であったことを示すのである。北家藤原内麻呂の孫関雄は、若くして詩文にすぐれ文章生試に及第したが、「性好二閑退一、常在二東山旧居一、耽二愛林泉一」したので、時人はこれを東山進士と呼んだ。淳和天皇の特詔によって出でて仕えたが、劇務を厭うて閑職に移り、病を以って辞退を請うた、琴と書とはそのもっとも能くする所であったと、『文徳実録』の卒伝（仁寿三年二月甲戌条）にみえる。関雄の場合は仏門に入ったわけではないが、いっぽう僧侶たる喜撰にも格別修行の形跡はないから、両者は実質的にはその間適を愛する心においてきわめて近似するといえよう。そしてこうした境涯のもっとも詳細に知られるのは、素性法師である。

素性は僧正遍昭の子である。『今鏡』（藤波中）に貴族遁世者を列挙した条（苔の衣）があるが、その筆頭に記されたのは「花山の僧正」遍昭である。仁明天皇の蔵人頭として夜昼馴れ仕えたが、急に崩ぜられたので、悲しみに堪えず直ちに出家した。そして同じく仁明天皇の崩御によって出家した常康親王と共に、洛北紫野の風光明媚な離宮雲林院を場として「わび人」の交わりを結んだ。古今歌人の承均法師・幽仙法師もこの中に加わっていたし、登極以前の時康親王（光孝天皇）・兼芸法師や前述の藤原関雄もおそらくこれに密接な関係があると考えられる。その詳細は以前述べたことがあり(4)、また蔵中スミ氏の精緻な論考(5)もあるので省略するが、この雲林院グループが在原業平・惟喬親王の紀氏グループと共に古今歌風ひいては王朝のみやびの成立に大きな寄与をなしたことは、忘れ得ない所である。

しかし遍昭はこの「わび人」的境涯に終始しなかった。叡山において台密の修行を積み、その験力によって護持僧として宮廷に迎えられると共に、また僧綱においても活躍し、御願寺の元慶寺を経営し発展せしめるなど、教界の実力者として栄達を極めた。その遁世を貫徹しなかったのは、九世紀の時代相と遍昭個人の性格によるものであろうが、この父に比べて素性の方はともかくも遁世者としてその生涯を貫徹するのである。

素性は父に従って出家したものと思われるが、当時父は三十五歳であり、しかも素性には由性という兄がいたから、素性の出家はまだ少年の頃であったろう。すなわちその動機はみずからの強烈な発心によるものではないから、僧侶としての修行に熱心でなかったのは怪しむに足らない。その住したのは、常康親王から遍昭が付嘱されて元慶寺の別院とした例の雲林院、および遍昭の母方にゆかりあると思われる大和石上の良因院であった。

古今収載数では撰者に次いで第四位を占める素性歌三六首の特徴は、いかにも古今調そのものともいうべき軽妙洒脱な言葉遊びであるが、

　雲林院の皇子（常康親王）のもとに、花見に北山のほとりにまかれりける時によめる

いざけふは春の山べに混りなむ暮れなばなげの花の蔭かは　（『古今和歌集』巻二）

　春の歌とてよめる

思ふどち春の山辺に打群れてそこ共いはぬ旅寝してしが　（同　）

　北山に僧正遍昭と茸狩にまかれりけるによめる

紅葉は袖にこき入れてもて出なむ秋は限と見む人のため　（同　巻五）

などは、素性の数奇にふける遁世生活の一端をうかがわしめるであろう。

右の歌を雲林院におけるものとすれば、良因院における素性の俤を伝えるものは、『扶桑略記』にみえる昌泰元年十月の宇多上皇の宮滝御幸の記事である。腹心の菅原道真以下多数の官人に供奉されて朱雀院を発した上皇は、遊猟と饗宴にふけりつつ大和国を縦断して吉野の宮滝を目指したが、途次上皇は「素性法師応㆑住㆓良因院㆒、馳㆑使令㆑参㆓会於路次㆒」と馬上に勅命を発した。素性は命に応じて単騎路頭に参会し、笠を脱ぎ鞭を揚げて前駆した。上皇は感嘆して、仮りに良因朝臣の俗名を与えた。一行は高市郡なる道真の山荘に宿泊し、素性に「首唱」せしめて和歌を詠んだ。また宮滝に至って帰路についた日、山水興多く人馬漸く疲れたので、素性は「此夕可㆑致㆓宿於何処㆒」と道真に問い、道真は声に応じて「不㆑定㆓前途㆒何処宿、白雲紅樹旅人家」と詩を以って答えた。素性はこれに詩句を唱和

することができなかったようであるが、この旅行における両者の和歌は『古今和歌集』(巻九)に、

朱雀院の奈良におはしましける時に手向山にてよめる　　菅原朝臣

此たびは幣もとりあへずたむけ山紅葉の錦神のまに〳〵

素性法師

手向にはつゞりの袖もきるべきに紅葉に飽ける神や返さむ

とみえている。

以上の行実および作風から知られる所は、素性が世俗を離れて風流にふけったものの、宮廷・貴紳との接触も拒む所ではなかったという事である。

見渡せば柳さくらをこきまぜて都ぞ春のにしきなりける

花ざかりに京をみやりてよめる　　(『古今和歌集』巻一)

の歌は、たまさかに都の春色を望んだ素性のまことに素直な感動で、ここにはみずからの遁世生活に対する疎外感も自負心もふたつながら見受けられない。淡々たる世捨人の心境といわなければならない。素性が自己の内面を詠ったものは、

いづくにか世をば厭はむ心こそ野にも山にも惑ふべらなれ

(『古今和歌集』巻十八)

の一首くらいしか無いが、これとても野や山の興趣にふける数奇心が仏道修行に徹底することを許さぬ有様を、正直に告白したものにすぎない。要するにこの段階においては、数奇は世俗とも仏道とも深刻な対立を生まない、まことに明るい諧和を保っていたのである。

注

（1） 折口信夫『古代研究』第二部、三五二頁以下。

（2） 『勅撰作者部類』などを参照しつつ、私は八代集から尼数名を含む一四〇名ほどを摘出した。しかしこの中には法印・法眼・法橋などの僧位を帯する者もあり、それらは三〇名ほどにおよぶ。なお、もとより一首二首の歌を勅撰集にとどめたからとて、ただちに数奇者とみるわけにはいかないので、数は一応の目安になるにすぎない。

（3） 高崎正秀「喜撰私考」（『六歌仙前後』所収）。

（4） 拙稿「僧侶および歌人としての遍照」（『平安文化史論』所収）。

（5） 蔵中スミ「素性小考（三）――常康親王と雲林院文学――」（『帝塚山学院短期大学研究年報』一七）。

二　摂関時代

十世紀後半から十一世紀にかけて、いわゆる摂関政治全盛の時代に入ると、栄華をきわめる一部上級貴族層の下にある多くの中・下級官人層が、官職の世襲化や権門との私的従属の強化によって生じた社会的閉塞に抑圧されるに至った。この不遇・沈淪に対する訴嘆・慷慨は、『本朝文粋』などの詩文や[1]『後撰和歌集』などの和歌に多く見られる。[2]この社会的現実への深い失望はやがて厭離穢土・欣求浄土の宗教的観念を成長せしめるのであるが、一方に現実離脱の方便として数奇や色好みの世界に逃避しようとする傾向をも生み出すのである。従ってこの時期およびつづく院政期に輩出した数奇の遁世者は、主として中・下級の貴族・官人によって占められる。試みに摂関時代の代表的人物をあげその父の官職を括弧中に記せば、安法（内匠頭）・永胤（左馬助）・戒秀（肥後守）・慶範（右京亮）・素意（越前守）・能因（肥後守）といった風で、これに対して上級貴族出身者は如覚（右大臣師輔）・道命（大納言道綱）のごとく例外ともいうべきである。もっとも上級貴族層の中からは、多武峰少将如覚につづいて少将源時叙（左大臣雅信の子）・同源成信（道長の猶子）・重家（右大臣藤原顕光の子）・中将藤原成房（摂政伊尹の孫）のごとき純粋無垢な浄土願生の遁世者が出ており、中・下級官人層における数奇への旺盛な志向と対照をなしている。この事は後者の遁世動機を単に社会的閉塞にのみ見るよりも、むしろ貴族社会における精神的自由の拡大にも注目すべき事を、示唆しているのではあるまいか。すなわち数奇の遁世者はかならずしも切端詰ってかかる道に逃避したわけではなく、むしろ持ち前の数奇心に従って自由に生きる道を選択するだけの、社会的・経済的基礎を持っていたのである。換言すれば、摂関時代に数奇の遁世者を輩出せしめた契機は、王朝貴族社会の繁栄と爛熟でもあったのである。

さて、数奇の遁世者の生活および意識は、出家の形はとるものの決して純粋な道心および修行とは目し得ない。もっとも彼らにおける仏道と数奇の比重は人によって相当に差があるから、まず比較的仏教者としての面目がよくうかがわれる二―三の人々をあげて見よう。大納言道綱の子道命の場合、『本朝法華験記』（下第八十六）に「幼少之時、登二比叡山一、修二行仏道一、於二法華経一一心読持、更無二他事一」、さらに「卜二法輪寺一為二練行処一、時々籠住」というごとく、レッキとした法華持経者であった。しかし反面、天王寺別当として寺家の仏物を「自然犯用」した罪によって浄土に往生し得ず、持経の功徳によって辛くも三悪道に堕ちることを免れたとも伝えられる。また『古事談』（三）によれば、「其音声微妙ニシテ、読経六時聞人皆発二道心一」るほどであったが、反面「好色無双之人」で、和泉式部に通じ、「会合」の後「行水」もせずに読経したなどという生臭い説話の主でもあった。『古今著聞集』などには、道命と和泉式部が同車した時道命が後向きに乗り、「よしやよしむかじやむかじいが栗のえみもあひなば落もこそすれ」（栗の熟して割れることと、笑顔になることとの掛詞）と詠んだ（巻八）などユーモラスな説話がいくつか見える。勅撰集に五七首もの多数を採られた道命の作歌は、この半面の数奇の所産であった。

こうした色好みは清原元輔の子戒秀法師にもみられる。『今昔物語』（巻二十八）には、祇園別当戒秀がある受領の妻と密通し、唐櫃の中に隠れた所を気取られて、そのまま祇園にかつぎ込まれたという好色滑稽譚があり、この戒秀は「極《きわめ》タル物云《ものいい》」――大変なユーモリストであると評している。また同時代の静厳法師には「語らひけるわらはの思はずに疎くなりにける後なくなりにける」云々と、当時の寺院にめずらしくなかった男色の作があり（『千載和歌集』巻十）、またすこし下った仁眼法師にも「横川のふもとなる山寺にこもりゐたる時、いとよろしきわらはの侍りければ遣しける／世を厭ふはしと思ひし通路にあやなく人をこひ渡るかな」（『千載和歌集』巻十一）の作があるなど、語源を同じくする好色と数奇とが、これらの遁世者の中に共存していたのである。

道命と同様に本格的な修行の伝えられる者に素意法師がある。『多武峯略記』（上第十一住侶）と『粉河寺縁起』（第二十七）によれば、素意は俗名を藤原重経といったが、紀伊守たりし時発心出家し、粉河寺より多武峰に入り、さらに和泉国松村郷に移るなど、別所・草庵の住いを続け、ついに「臨終正念にして最上の往生を遂たり」（『粉河寺縁起』）と伝えられる。かく道心に徹した人ではあるが、なお多武峰往生院においてみずから判者となって歌合を催しており、萩谷朴氏はこれを僧房歌合のごく古いものと解しておられる(3)。故に、その生活には風流に遊ぶ一面も多かったと思われ、『後拾遺和歌集』（巻十七）に七首採られている。その中に、

良暹法師大原に籠り居ぬときゝてつかはしける　　素意法師

水草なしおぼろの清水そこすみて心に月のかげは浮ぶや

かへし　　良暹法師

ほどへてや月もうかばむ大原や朧の清水すむ名ばかりに

とあるによれば、素意は数奇の遁世者の一典型とすべき良暹と交友深い先輩であったらしく、またおのずから素意も一個の数奇の遁世者と見ることができよう。

良暹法師は山僧で祇園別当になったと『勅撰作者部類』にみえる以外は伝未詳の人であるが、長暦二年九月十三日の権大納言源師房家歌合に、「異常な歌道執心」(4)を以ってきこえた和歌六人党の人々と共に出詠し、永承五年十一月には関白頼通の子で橘姓を名乗った修理大夫俊綱家の歌合に出詠するなどの活動があり、三二首の多数を勅撰に採られている。中でも世に喧伝されたのは、

大原に住みはじめけるころ俊綱の朝臣のもとへいひ遣はしける　良暹法師

大原やまだすみがまもならはねば我宿のみぞ烟たえける　(『詞花和歌集』巻十)

で、これによって良暹が天台別所の大原に隠棲したことが知られる。

右の作と同じく『詞花和歌集』にみえる、

あれたる宿に月のもりて侍りけるをよめる　良暹法師

板間より月のもるをもみつるかな宿は荒して住むべかりけり　(同　巻九)

は、良暹の数奇者ぶりの面目躍如たる作であって、『山家集』(下)に、

大原に良暹がすみける所に人々まかりて、述懐歌よみて扉戸に書付けける

一二三おほはらやまだすみがまもならはずといひけむ人を今あらせばや

というように、後世の数奇者たちの追慕があるのも当然であろう。そして、

病おもくなり侍りけるころ、雪のふるをよめる

覚束なまだ見ぬ道をしでの山雪踏分けて越えむとすらむ　（同　巻十）

には、いまだ完全な解脱に到達しえない晩年の心境がうかがわれ、またこの「覚束な」という歌い出しは西行に継承された所でもあって[5]、良暹が後世の数奇の遁世者に与えた影響は顕著であったといえよう。

右の人々における仏道と数奇の比重は、いずれかといえば前者に傾くようであるが、さらに一段と道心薄く行動の自由な遁世者を次にあげてみよう。まず河原院の安法法師がある。安法は生没年を含めて「その伝記の全貌は杳として摑めない」[6]人物であるが、嵯峨源氏で風流人として聞えた河原左大臣源融[7]の後裔で、大納言源昇を祖父とすることはほぼ疑いないようである[8]。曾祖父融の造営にかかる数奇を凝らした名園河原院は、融の死後昇の手を経て一時宇多法皇の用いる所となったが、その後おそらく「四町に亘る敷地内の一部の堂宇を寺として、融の後裔たる安法が祖先の縁で庵主乃至院の預りとして住していた」ものらしい[9]。院は六条京極に位置していたので[10]、「鴨川の度重なる氾濫によって年々荒廃の一途を辿った」[11]が、特に安法が居住していた「天元二年、大風ふき大水いでてみなきもなく池埋もれ」たことは、『安法法師集』によって知られる[12]。しかしこの廃園は当に良暹のいわゆる「宿は荒して住むべかりけり」そのままの風致として、文人・歌人の杖をひく者多く、そこに一つの数奇のグループが形成された。『本朝文粋』（巻八）に収める藤原惟成の「秋日於㆓河原院㆒同賦、山晴秋望多」の詩序に、安公が座客に「洛陽城貴公子、到㆓此地㆒者万数」と語ったとあるのは、この一証である。

そうした安法の交友を彼の家集に拾うと、源順・清原元輔・平兼盛・源兼澄・同重之・入道少将高光・大江為基ら

がある。高光を除いてはみな王氏の末裔で、犬養廉氏(13)の指摘されるように、彼らは「自恃と失意が相半ばして微妙な連帯感を持っていた」ようである。中でも歌人として傑出していたのは、勅撰集に五四首を採られた恵慶法師である。『勅撰作者部類』には「播磨講師」とあるが宗教者としては聞える所がなく、反対に応和二年九月五日庚申の河原院歌合以下多くの歌合に作品がみえ、(14)『恵慶法師集』に屏風歌とみられる作品が多い点、安法などに比べてはるかに専門歌人的であり、従って貴紳の許に出入することも多かったようである。しかし同集や勅撰集に近江の比良、大和の初瀬、「おほしまの鳴門」、住吉、熊野その他各地に旅した折の作が多く収められる点では、安法の没後河原院に出入した能因（後述）やほぼ同時代の紀行「いほぬし」の著者増基法師(15)などと共通する漂泊者的性格が顕著である。恵慶の遁世生活の基調が仏道修行よりも歌道の数奇にあったことは、疑うべくもないだろう。

『安法法師集』は冒頭に、「のちの世にみん人は、すけるやうに思ふべけれど、多くの年に河原の山のすまゐ心ぼそき折ふしの、あはれなることのたへがたければ」云々と自己の歌作のモチーフを告白している。すなわち安法は自己の境涯が客観的には数奇者の範疇に入るべきことを認めていたのである。『日本往生極楽記』には安法の弟聰が少年の頃から仏法を信じ、二十代で病のため出家し「平生偏念二弥陀一、病裏弥念レ之」じていたと記され、犬養氏は安法の河原院グループと慶滋保胤の勧学会グループに心情的に共通するものがあったろうと推定しておられる。しかしそれにもかかわらず、なお「安法は出世間的な和歌とは自から別な風雅の領域を守っていた」ことも犬養氏の指摘される通りであったと思われる。彼は宮廷に出入して晴の歌を作ることなく、(16)さりとて仏道修行にも深入りせず、「自由な抒情に身を委ねていた」(17)。この境涯はまさに数奇の遁世者の典型的なものであったといえよう。

こうした非僧非俗ともいうべき性格の、より以上に明確な人物は能因法師である。詳しくは拙稿「能因の伝における二、三の問題[18]」や犬養廉氏の論文「能因法師研究[19]」に譲るが、文章道の俊秀として前途を嘱望された橘永愷が三十歳前後に遁世し、しかもその後寺院に住して修行に励んだ形跡がなく、『能因法師集』二百首余の作品にも道心の表現されたものが皆無に近いことは、かつて説いた所である。その代りに能因は歌人藤原長能に師事し「歌道」を以って文章道などの大学の諸道にも比肩すべき業と自負したようで、前述のごとく人にむかって「スキタマへ、スキヌレバ秀歌ハ詠ム」と説くを常とした。その反俗精神の躍如たる多くの逸話も、『袋草紙』などの伝える所である。つまり、数奇は摂関時代末期の能因に至って、俗界とも教界とも異る第三の道として確立した観がある。

能因は収奪のはげしさを以って鳴る友人の受領たちの任国に赴いてその庇護を受け、また関白頼通の眷顧に感激するなどの行実からみても、貴族社会の体制を拒絶する意識をもっていない。ただみずからの歌道が、四条大納言公任に作品を非難されたことを苦にして生命を縮めたという師長能の異常な執念(『袋草紙』)に象徴されるような、生命懸けの道たるべきことを自負していた。この歌道への強い自覚から、彼は古今以来の王朝美意識の結晶である名所・歌枕を訪ねて遠く陸奥・出羽へ杖をひき[20]、また『能因歌枕』や『玄々集』などの歌学書や私撰集を編んだ。後世、西行が白河の関において「能因が秋風ぞ吹くと申しけむ折いつなりけむと思ひいでられて、なごり多くおぼえ」(『山家集』下)、さらに芭蕉が「能因が頭陀の袋をさぐりて、松島・白河におもてをこがし」(『幻住庵記』)たように、数奇の系譜の発展は能因において明確に一時期を画しているのである。

以上略述したところによれば、摂関時代のはなやかな貴族文化繁栄の中で、不遇・沈淪の官途よりも花月の美に陶酔する自由を選ぼうとして遁世する者が輩出したこと、彼らの遁世の理念として「数奇」なるものが確立したことがほぼ明らかであろう。これは僧俗二つの道のいずれとも異なる独自の生き方であった。

注

（1）たとえば『本朝文粋』（巻一）の源順「無尾牛歌」や同巻六の橘直幹奏状をみよ。

（2）藤岡忠美「沈淪のうた——曾祢好忠を中心とする『生活派歌人』の動向について——」（『平安和歌史論』所収）・山口博『王朝歌壇の研究』（村上冷泉円融朝篇）後篇「沈淪の歌人と家集」参照。

（3）萩谷朴『平安朝歌合大成』第五巻、一三四九頁。

（4）犬養廉「和歌六人党に関する試論」（『国語と国文学』三三—九）。

（5）西行には「おぼつかな春は心の花にのみいづれの年か浮かれそめけむ」など八首がある（日本古典全書『山家集』索引による）。

（6）犬養廉「河原院の歌人達——安法法師を軸として——」（『国語と国文学』四四—一〇）。

（7）山中裕「源融」（『平安人物志』所収）。

（8）『日本往生極楽記』に安法の弟源趁の父を内匠頭適とする。『尊卑分脈』によれば、適は融には孫、昇には子に当る。

（9）（11）（12）（13）（17）犬養氏前掲（6）論文。

（10）拙稿「宇多上皇の院と国政」（『延喜天暦時代の研究』所収）。

（14）萩谷朴氏の『平安朝歌合大成』に七歌合を収めてある。

（15）増基については本章で詳しく触れないが、拙著『漂泊——日本思想史の底流——』第八章に、その「能因と同様な境涯に住する者であった」ことを指摘した。

（16）『安法法師集』の作品はすべて褻の作であることは、恵慶の場合と対照的である。隠遁の度ははるかに深い。

（18）拙著『平安文化史論』所収。

（19）犬養廉「能因法師研究」㈠㈡（『国語国文学研究』三〇・三五）。

（20）拙著『漂泊』第七章。

三　院政時代

院政時代に至って王朝国家体制はいよいよその社会的矛盾を深め、深刻な末期症状を露呈するのであるが、これを反映して精神の世界においても、現世に絶望しこれを離脱しようとする傾向が支配的となり、本格的な出家遁世者の時代を迎えた。数奇の遁世もこの大勢に即応するのであるが、まず注目されるのは雲居寺の瞻西である。(1)

瞻西上人は大治二年（一一二七）六月二十日に入滅したが、三日後、中御門宗忠はその日記『中右記』に次のように記している。

　下人告云、瞻西聖人去廿日戌時入滅畢雲居寺云々、件聖人延暦寺人、学生、説法得二其道一、年来発二道心一、成二種種仏事一、彼寺中作二八丈弥勒仏一、又東山野面成二百丈弥勒像一、又成二極楽浄土百日行道一、接二講説一天下道俗男女上下衆人皆以帰依、今已入滅、仏日已隠、法水長滅歟、吁嗟哀哉、

「仏日已に隠れ、法水長《とこし》へに滅するか」という宗忠の痛切な嘆きは、彼がしばしば雲居寺に参詣し、瞻西を招いて仏事を営んでいる事からもさこそと察せられるが、この日記によれば瞻西は天台僧で、説経によって天下の道俗男女を感動させた点、後に唱導の名人とうたわれた安居院澄憲やその子聖覚の先駆者とすべき人であったと見られる。また種々の仏事を成し弥勒大仏を造立したと宗忠は記しているが、『百錬抄』天治元年七月十九日条にも金色八丈阿弥陀如来像を供養して摂政忠通が証菩提院の額を揮毫したとみえ、『後拾遺往生伝』には迎講を修したことがみえる。されば末法到来の不安に脅える人々に浄土信仰を鼓吹し普及することが瞻西の本領であったと考えられ、『中右記』

承徳二年九月六日条に「説法之間落涙難レ抑」、また『永昌記』保安五年四月二日条に「弁説之妙、言泉如レ沸、悲歎之深、落涙難レ抑」などとみえるように、異常なまでの感動に聴衆を誘いこむタレント的能力があったようである。

　しかし、彼は決して道心堅固の清僧ではなかった。似絵の名手として知られる藤原信実の著書『今物語』に、

京極太政大臣と聞えける人、いまだ位あさかりけるほどに、雲居寺の程を通られけるに、瞻西上人の家をふきけるをみて、雑色をつかひにて、

　ひじりの屋をばめかく《妻隠》しにふけ

といはせて、車をはやくやらせけるに、雑色の走りかへるうしろに、小法師をはしらせて、

　　あめの下にもりてきこゆることもあり

といはせたりける、その程のはやさ、けしからざりけり。

という逸話がみえる。[2] これによって瞻西が出家の身でありながら妻帯していて、しかもそれは天下周知の事柄であったこと、およびこの事を知人にからかわれた時、間髪を入れず鮮かに連歌を応酬するような機智頓才の人であったことが知られる。[3] 妻帯の点でも澄憲らの唱導僧と共通しているが、それはさておき、機智頓才の点はその数奇者ぶりを端的にうかがわせてくれるようである。そもそも瞻西をからかった京極太政大臣宗輔は『中右記』の著者中御門右大臣宗忠の弟であるが、謹厳実直な兄と対照的に脱俗的な人柄を以って聞えた。笛の名手で菊や牡丹作りにもすぐれたのみか「蜂飼大臣」と呼ばれ、正妻も別に定めることなく、所領の年貢・公事にも頓と無頓着であったと、『今鏡』(藤波下)に伝えられる。つまり瞻西は謹厳な兄宗忠に帰依される聖的性格と、洒脱な弟宗輔に親近される数奇者的性格を兼ね備えていたということができる。

瞻西の数奇の一面は、彼がしばしば雲居寺において歌合を主催したことによって明らかである。(4) とくに永久四年（一一一六）八月雲居寺においておこなわれた結縁経供養の後宴に催された歌合は圧巻で、歌壇の泰斗基俊を判者とし、瞻西をはじめ俊頼・仲実らの男女歌人二三名が参加した。おそらくこの時、「帥殿」すなわち宇多源氏の源基綱とその有縁の人々が集まって、経文を書写してこれを供養し、瞻西の説法を聴聞した後、なごやかに歌合を楽しんだのであって、(5) 仏道と数奇とがここにもっとも自然に融合した観がある。また『古今著聞集』（巻五）には、「彼上人（瞻西）歌をこのまれければ、時の歌よみつねによりあひて、和歌の会ありけり、和歌の曼陀羅を図絵して、過去七仏を書たてまつり、又卅六人（歌仙）の名字をかきあらはせり」とみえ、ここにも仏道と数奇との一如なる様を看取できるのである。

ところで、瞻西におけるこのような仏道と数奇との融合は、いわゆる狂言綺語の観念に基づくものと見ることができる。『本朝文集』（巻五十五）「雲居寺聖人懺二狂言綺語一和歌序」は、嘉承元年（一一〇六）九月十三日藤原基俊の草する所であるが、そこには、

予止観之余、坐禅之隙、時々有二和歌之口号一、春朝戯指レ花称レ雲、秋月嘮仮レ月云レ雪、麁言之咎難レ避、綺語之過何為、仍図二彼菩薩之像一、写二此経典之文一、向レ像講レ経、礼レ経謝レ罪、請以二一生之中狂言一、翻為二三菩提之因縁一而已。

とあり、出家の身で狂言綺語を事とするを懺悔しつつも、これを翻して菩提の縁としようとする方向が示されている。「狂言綺語」の語は白楽天の「我有二本願一、願以二今生世俗文字之業、狂言綺語之過一、転為二将来世世讃仏乗之因、転法輪之縁一也」より出るが、慶滋保胤の勧学会以後、王朝特有の文学理念として形成された。(6) 早く平泉澄氏は中世に

おける和歌意識を分類して、和歌は幽玄な哲理を含むわが国の陀羅尼であるとの考（心敬の『ささめごと』など）、和歌は狂言綺語ではあるが仏縁があるとの考（『柿本講式』など）、麁言軟語もみな第一義に帰するとの考（『沙石集』などにみえる）の三者とし、畢竟このような「過敏」な宗教意識は王朝貴族文化の中世宗教文化への「屈服」にほかならないとされた。(7)坂口玄章氏はこの平泉氏説を参考にしつつ、狂言綺語は菩提の妨げになるとの考えと狂言綺語を菩提の誘因とする考の二方向が存在したことを指摘し、「以上を要するに、狂言綺語の考へ方には①文字通りに罪悪とみる説、②法楽に供し神明も喜ぶとみる説、③心さへ道心を忘れずば成仏の縁となる、といふ色々の要素が含まれて居り、陀羅尼も亦、①本地垂迹説によるもの、②教化になる故に、③惣持の義あるが故に、④諸法実相、などの色々な要素を含んで、これら両者が相雑つて室町時代の連歌論へ来て、一層陀羅尼観が強調され、時としては和歌以上に尊いものとする傾さへ生じて来た」と、狂言綺語説より陀羅尼観への思想的発展を明らかにされた。(8)そして氏はこの文学観が「文学の本質は何かといふ問題に眼を向けた」点を認めつつも、「仏教道徳の心持を文芸に強ひる結果となつた」として、かならずしも肯定的に評価していない。これに対して尾田卓次氏は、狂言綺語説より和歌即陀羅尼観への発展をさらに明確にし、前者にあっては宗教と文学の結び付きが「外面的・機械的な関係」にすぎず、実作はこれと遊離して制作されたために高い芸術的価値を荷うに至らなかったが、後者に至っては前者のごとき「方便観」ではなく「実相論に基づいて詠歌と第一義を結びつけ」たもので、ここに「宗教と文芸との対立矛盾は克服せられ解消せられた」とされた。(9)

以上の戦前の諸説を承けて、山田昭全氏は、狂言綺語説に二つの流れ、すなわち天台浄土教に取り込まれた文芸を否定する力として作用したものと、密教の中に取り込まれた讃仏乗・転法輪の手段として文芸を積極的に肯定する方向に転化したものとの両者を区別し、前引の『本朝文集』和歌序および『古今著聞集』を根拠として、瞻西こそ後者の流れにおける先駆者なることを指摘された。瞻西は和歌序において、和歌の神住吉明神は高貴徳王菩薩の垂迹であって、同菩薩の説法が釈迦の法に帰する如く明神の詠じたまう和歌も「第一義の文」に帰するとの趣旨を述べている。山田氏によれば、瞻西は「まだ歌をもって法楽とは言っていないが、そこには和歌が法楽へ昇格して行く理論的根拠がすでに芽を吹いている」のである。また彼の和歌曼陀羅の製作も、「程なく藤原顕季の手で柿本人麿が歌神に祀り上げられ、またそれまで宮廷や貴族の邸宅で催されていた歌合が住吉・広田などの神社において開催されるようにもなる」先駆である。山田氏はこのように論じ、さらに「瞻西によって理論化の嚆矢をみた和歌即法楽の理念は、西行を経て慈円に至るころ、すなわち十三世紀初頭ころには完成されたと考えている」と述べられた。(10) 西行を伝する前提として数奇の系譜をさぐっている私にとって、この指摘は特に注目され同感されるのである。

要するに瞻西は仏道を主とし、かたわら数奇を好み、後者を以って前者に融合させようとした。その強烈な人格の周囲には多くの数奇の遁世者が集まったと思われる。たとえば鴨長明の『無名秘抄』によれば、「雲居寺のひじりのもとにて」当時歌壇の双璧であった俊頼と基俊とが同席し、俊頼の作品に基俊が難をいったところ、その座にいた「いせのきみ琳賢」が証歌をあげて反駁したという。この琳賢法師は伊勢守橘義済の子で山門の僧であった(『尊卑分脈』)。俊頼の『散木奇歌集』(第三)に「琳賢法師の大原の房にまかりて」の歌会が記され、琳賢が大原の天台別所に隠遁して俊頼らと歌交を訂していたことが推察される。『続古事談』(第五)には、待賢門院の御願寺なる法金剛院の滝のかたわらに琳賢が自作を書いて立てたので、その数奇の振舞がにぎやかな賛否両論の的になり、琳賢は「シレ物ノヨシナシ事ヲスル法師」などと評判されたことがみえる。勅撰集には三首しか入らず作品への評価は低かったが、

永久四年自坊で歌合を催したのをはじめ多くの歌合に参加している。(11)

なお『詞花和歌集』(巻九)には琳賢が「山科寺にまかりけるに、宗延法師にあひて終夜ものいひ侍りけるに」云々とみえる。その宗延はいかなる者か不明であるが、『新勅撰和歌集』(雑一)に「浄名院といふ所の主身まかりにける後花を見てよみ侍りける」一首をのこす所をみれば、これも数奇の遁世者の一人であろう。こんな風に交友の跡をたどれば、多くの遁世者の数奇の交友が連鎖反応的に浮び上るのである。

次に注目されるのは、俊恵の歌林苑である。俊恵法師は院政期初頭の歌壇に基俊と相対して譲らなかった木工頭源俊頼の子で、出家して東大寺僧となった人である。しかし僧侶としては別に聞えることなく、むしろその家集『林葉和歌集』には法性寺摂政忠通・徳大寺左大臣実定・花園左大臣有仁・中院右大臣雅定・桜町中納言成範ら多くの貴紳の命に応じて、彼らの催す歌合や百首あるいは歌会に詠進した作が多くみられ、勅撰には八四首の多数を採られるなど、きわめて珍重された専門歌人であった。そして白川法勝寺の花、広沢遍照寺の月、東山長楽寺の時雨を賞で、日吉・住吉・賀茂社に歌会を開き、人麿影供を修するなど、数奇の行動は多彩をきわめている。

中でも世の耳目を集めたのは、彼が洛東白川の自坊「歌林苑」に結成した文学グループである。『藤原隆信朝臣集』(雑二)に、「俊恵が白河わたりにすみし所を、人々かりむゐ《歌林苑》とつけて歌詠み所にして、常に行きあへりし程に、後々には各々様々のまめやかの事どもなどまでとぶらひあひたる」云々とみえ、また『無名秘抄』にも「俊恵法師が家をば歌林苑と名づけて月ごとに会侍りしに」云々とみえる。すなわち歌林苑は主として地下の歌人の風流の交わりの場であり、進んではその「相互扶助的機関」ともなっていた。(12)

簗瀬一雄氏によれば、歌林苑はほぼ保元より治承に至る平安末期二十年間にわたって存続したようで、俊恵を主宰者とし賀茂神主重保のごとき富裕な歌人を後援者としたらしい。そこに集まった人々として、簗瀬氏は清輔を筆頭に三六人の道俗を列挙しておられるが、その中に遁世者として、俊恵のほかに祐盛・登蓮・道因・素覚・空仁らの名がみえることが特に注意される。西行の著書に仮託された『撰集抄』（巻五）には西行が「俊恵の住み給ふ東大寺のふもとに尋ねまかりて、なにとなく歌物語し」たことがみえるが、これは歌林苑ではないし、『撰集抄』を実説視することはできない。しかし『山家集』にも俊恵との交友がみられるから、(13) 歌壇付き合いを拒否した西行も歌林苑とまったく接触しなかったとはいえない。少なくとも、右にあげた遁世者のうち道因以外はすべて西行との交友を指摘することのできる人々であるから、歌林苑歌人の生態は間接的に西行の遁世生活を推定する手掛りとなるであろう。なお右の三六人中俗名で記されている藤原教長（観蓮）・藤原定長（寂蓮）あるいは鴨長明（蓮胤）なども数奇の遁世者であり、何ら西行と隔る所のない生活および心情の持ち主である。

さて俊恵は東大寺僧ではあるが、瞻西と対照的に仏教臭が極端に稀薄である。『藤原隆信朝臣集』（雑二）に、

又いかなる事ありけるころにか、世の中あぢきなきよしなどいひて、あとをくらしてうせなんと思ふなどいひたりしかば、その返事にそへて

とまりゐて闇に迷はむわが為やあとをくらくといふにやあるらん

かへし

そよやげに浮世をすてゝいでぬとも君ゆへ闇にまたや迷はん

とあるによっても、俊恵が真実の遁世への希求を今一歩具現しえない境涯にあったことが知られ、その家集『林葉和

歌集』に述懐・釈教の作が乏しいのも、かならずしも偶然ではあるまいと思われる。

しかし、歌林苑に集まった右の遁世者たちには、さすがに仏道と数奇との濃厚な渾融がみられる。まず沙弥道因についてみれば、彼は俗名を藤原敦頼といい、治部少丞清孝の子で従五位上右馬助となったが（『尊卑分脈』）、長命の末八十四歳のころ出家した。歌道も晩学であったらしいが、『千載和歌集』に二〇首採られ、十数種の歌合にその名がみえる。『無名秘抄』には俊成が千載に二〇首入れた裏話として、道因が七‐八十歳になるまで秀歌を詠ませたまえと念じて住吉社に徒歩で月詣するなど「此道に心ざし深かりしこと（中略）ならびなき者」だったので、これを優じて一八首採った所、亡霊が夢に現われて涙を流して喜んだ、俊成これを哀れと思ってさらに二首加えたと伝えている。その執心の深さは、典型的な数奇者といえよう。

道因の事蹟として目ざましいのは、嘉応二年（一一七〇）十月九日の住吉社歌合および承安二年（一一七二）十二月の広田社歌合を勧進したことである。両歌合とも俊成を判者とし、前者は七十五番後者は八十七番より成る大規模な歌合である。和歌の神住吉などへの歌合奉納はこれよりさき大治三年（一一二八）神祇伯顕仲が催した例があり、道因がこれに倣ったことは認められるが、(14)この規模の大きさは和歌法楽の発展における画期的な事実であった。しかも『長秋詠藻』によれば、道因は住吉社歌合の際「一品経人々に勧めて、歌加ふべきよしいひ侍りし」ことが知られる。西行の真蹟「一品経和歌懐紙」で知られる一品経和歌なるものは、法華経の一品ずつを書写供養する一品経の際、結縁の品に添えて和歌を詠進する風俗で、(15)仏道と数奇の融合した行事の尤なるものであった。道因がこうした行事を大々的に興行した所に、その数奇者ぶりをうかがうことができる。

先にあげた歌林苑の遁世者のうち、道因だけは西行との交友が知られないが、他はいずれも西行の筆に名を止めら

れている。(16) このうち空仁については『聞書残集』に、

いまだ世遁れざりけるそのかみ、西住具して法輪にまゐりたりけるに、空仁法師経おぼゆとて庵室にこもりたりけるに、物語申して帰りけるに、舟のわたりの所へ、空仁まで来て名残惜しみけるに、筏のくだりけるをみて

（一九二八）はやくいかだはここに来にけり

薄らかなる柿の衣着て、かく申して立ちたりける、優に覚えけり

一九二八大井川かみに井堰やなかりつる

かくてさし離れて渡りけるに、故ある声のかれたるやうなるにて大智徳勇健、化度無量衆よみいだしたりける。いと尊く哀れなり

（一九二九）大井川舟にのりえてわたるかな

西住つけけり

一九二九流にさををさすここちして

（中略）

申しつぐべくもなき事なれども、空仁が優なりしことを思ひ出でてとぞ。この頃は昔のこころ忘れたるらめども、歌はかはらずとぞ承る。あやまりて昔には思ひあがりてもや

と哀れふかい交友の様が綿々と綴られている。法輪寺にこもった空仁の新発意ぶりは、西行やその親友西住の遁世後の生活を彷彿と想像せしめるものである。空仁は神祇少副大中臣定長の子で（勅撰作者部類）、『頼政卿集』に「少輔別

当入道空仁と申す歌よむものはべる」とみえ、『千載和歌集』に四首採られた。その一首に、

山寺にこもりて侍りける時、心ある文を女のしばしばつかはしければ、よみて遣はしける

恐しや木曾の懸路の丸木橋ふみ見る度に落ちぬべきかな

などを見ると、色好みといい諧謔といい数奇の遁世者の典型的行状を示している。

空仁が官途を去って遁世した原因は、

世を背かむと思立ちける比よめる　空人法師

かくばかり憂身なれども捨て果てむと思ふになれば悲しかりけり

という『千載和歌集』（巻十七）の述懐歌によれば、不遇沈淪の身に絶望したものと推察される。同じ巻には、

述懐の歌とてよめる　俊恵法師

数ならで年へぬる身は今さらに世をうしとだに思はざりけり

道因法師

いつとても身のうきことは変らねど昔は老を嘆きやはせし

述懐の歌よみ侍りける時、昔白川院につかうまつりける事を思ひ出でてよめる　藤原家基法名素覚

古へも底にしづみし身なれどもなほ恋しきはしらかはの水

述懐の歌よみ侍りける時　登蓮法師

かくばかり憂き世の中を忍びても待つべきことの末にあるかは

と、俊恵・道因・素覚・登蓮の歌林苑グループの相似た述懐が並んでいて、彼らが王朝末期貴族社会の底辺に拘束さ

れることを厭い、数奇の道に精神の解放を求めて遁世したことが推察されるのである。

最後にもう一人、登蓮について述べよう。頓河の『井蛙抄』（第六）に、『千載和歌集』勅撰のころ東国にいた西行がこれを聞いて上洛する途中、登蓮の下るに逢って尋ねたところ、「鴫立つ沢の秋の夕暮」という得意の一首が入らなかったと聞き、さてはその集見る要なしとてまた東国へ下ったとの逸話がみえる。登蓮法師は『尊卑分脈』に名さえなく、経歴まったく不明の人であるが、勅撰集に一九首入り、清輔・俊成を判者とする歌合に多く参加した人である。(17)『無名秘抄』にその「いみじかりけるすき物」ぶりを示す逸話がある。ある大雨の日友だちが集まった時、「ますほのすすき」とはどんな物かを知っている人がいると一人がいったら、登蓮が主人に「蓑笠を貸したまへ」といい、年来の疑問を知る人を訪ねずにおられようかと、人々の諌めもきかずに雨を侵して出かけたという。登蓮は一昔前の能因にも似た、異常な執心の人であった。

『井蛙抄』にみえる西行と登蓮の出会いの話は、実はこれより古く『今物語』にみえるが、そこには単に「しれる人行あひにけり」とあるのみで登蓮とは記されていない。故にこの逸話は登蓮を西行と同様な廻国修行者とする証とはならないけれども、『千載和歌集』（巻十六）には、

とし比修行にまかりありきけるが、かへりまうで来て月前述懐といへる心をよめる　　登蓮法師

諸共に見し人いかになりにけむ月は昔にかはらざりけり

とあり、登蓮が長い間「修行」に出ていた人であることがわかる。こうした「修行」という名の数奇の旅に出たのは、ひとり登蓮だけではない。『林葉和歌集』には登蓮の筑紫行、空仁の伊勢行、素覚の摂津行、重保の越の国行などへの餞の作品が多くみられ、俊恵自身には諸国遍歴の形跡はないけれども、総じて歌林苑の数奇者の生活には漂泊がそ

の不可欠の一部をなしていたことが推察される。この時期における漂泊が数奇心による歌枕探訪と一所不住の道念を磨く仏道修行との渾融するものであったことはいうまでもない。[18] この点においても、これら数奇の遁世者の生活は西行のそれと酷似するのである。

注

（1）先駆的研究として、藤田寛雅「雲居寺瞻西伝拾遺」（『仏教史研究』一）がある。井上光貞『日本浄土教成立史の研究』第三章第二節「聖・沙弥の宗教活動」にも、瞻西に関する史料の所在が列挙されている。
（2）五来重『高野聖』一七五頁。
（3）『袋草紙』（巻三）にも、「雲居寺上人瞻西或所ニテ説経之間、雨モリテ袂ニカヽリケレハ、高座ヨリ下ルトテ、袂ノヌレ打ハラヒテ詠云、／古しへも今も伝へて語るにももりや（漏り屋・物部守屋）は法のかたきなりけれ」という笑話がある。
（4）萩谷氏前掲書に四度みえる。
（5）萩谷氏前掲書第六巻一七二八頁。
（6）柳井滋「狂言綺語観について――白楽天から保胤への屈折――」（『国語と国文学』三九―四）。
（7）平泉澄『中世における精神生活』五「宗教意識の過敏」。
（8）坂口玄章『思想を中心とした中世国文学の研究』所収「狂言綺語と陀羅尼の文学観」。
（9）尾田卓次「狂言綺語の説」（『国語国文』一四―六）。
（10）山田昭全「密教と和歌文学」（『密教学研究』創刊号）・同「西行晩年の風貌と内的世界」（『国文学』一九―一四）。
（11）萩谷氏前掲書に九度みえる。
（12）簗瀬一雄「歌林苑の研究――俊恵法師研究の内――」（『国語国文』一四―七）。
（13）日本古典全書本番号七九七・一一四〇。
（14）萩谷氏前掲書第八巻二二一四頁。
（15）高木豊『平安朝法華仏教史研究』第五章「法華経和歌と法文歌」二六七頁。
（16）祐盛は西行の家集にはみえないが、西行が伊勢で勧進した二見浦百首に応じたことが、『二見浦百首拾遺』『御裳濯和歌集』（いずれも神宮文庫蔵）によって知られる。登蓮については『聞書集』に「覚雅僧都の六条の房にて忠季宮内大輔登蓮法師なむど歌よみけるにまかりあひて」云々とみえ、素覚については『異本山家集』に「素覚が許にて俊恵とまかり会ひて述懐し侍りしに」云々とみえる。空仁については本文に記す。

（17）萩谷氏前掲書には八度みえる。

（18）拙著『漂泊』第六章「歌枕見テマイレ」・第十二章「今生は一夜の宿り」参照。

むすび

以上、平安時代に現われた数奇の遁世者と目される者を列挙して、その特徴を指摘した。はじめに述べたように勅撰集に何某法師とみえる者だけで百名余におよぶ大量の該当者の中で、触れえた者の比率は小さいが、数奇に遊びたい心に駆られて俗世間を離脱しようとして遁世に方途を求めた者の系譜が、長くかつ次第に広がって西行におよんだことは、ほぼ明らかになったであろう。大隅和雄氏[1]は、「西行の時点は、熾烈な信仰のゆえにその結果として、現世を拒否した、聖や仙を中心とする時点から、現世拒否をそれ自体として目的とする遁世者流の型が成立する、ちょうどその中間に立っており、それゆえに、厳密ないみで西行は「聖」でも「仙」でもなく、また「遁世者」とすることもできないのである」と述べられたが、私は氏のごとく信仰者より現世拒否者へを時間的継起としてのみ考えるのではなく、早い時期から遁世者にはこの二類型が並存したと考えることができると思う。そう処理すると西行の場合も、「そのような時点はまさに西行にのみ個有のもの」（傍点目崎）と見るよりも、長き「数奇の遁世」の系譜における頂点として、より歴史的に把握することができると思われる。

もとより彼らの内なる数奇心と彼らの取った出家という生活様式とは本質的に一致しない所があり、また彼らの内面にも数奇心だけではなく切実な無常観・道心も存在した。このような内外の矛盾を解決するために、狂言綺語説・和歌法楽・陀羅尼観など種々の論理が発達し、無常述懐の作や釈教歌が多く作られ、草庵閑居や諸国修行が試みられた。こうした諸契機はすべて西行に典型的に具現しているが、そのことは次章に詳論する。また西行ともっとも親しかった西住・寂蓮・常盤三寂らの遁世者や慈円・明恵・鴨長明のごとき同時代人、あるいは敬慕された行尊らの古人についても、後章に関説するであろう。ともあれ、西行の遁世生活と意識が、上述の「数奇の遁世」の系譜の末端において好対照をなす所の瞻西と俊恵とのほぼ中間に位置したことは、大体においてすでに予測しうるであろう。この事は西行の生き方が中途半端であったという事ではなく、逆に、時代のもっとも深刻な思想史的課題である来世の往生と現世の数奇との矛盾・相剋に、西行が正面から対決したことを意味する。この対決が真剣そのものであったからこそ、その晩年における数奇より仏道への飛躍（第八章「西行の晩年と入滅」参照）もあり得たのである。

さて「数奇の遁世」の本質とその長い系譜を以上のように考察した結果、本章の冒頭に提起した問題、すなわち西行の出家に関して従来閑却されていた文学原因説が成立するか否かについては、おのずから自明の結論に導かれるであろう。すなわち、西行は官途の拘束を離脱して数奇に没頭しうる生活を理想とし、その手段を遁世に求めたのである。そして西行を頂点とするこのような自由人のあり方こそ、中世以降の文学・芸能の徒の生活様式を規定したものであり、それは日本文化史上興味深い問題であるが、ここには言及することができない。

注

（1）　大隅和雄「西行――宗教と文学――」（『日本文学』六―一）。

第五章　山里と修行

はじめに

西行の五十年にわたる遁世生活の特徴をもっとも簡潔に表現する言葉は、「山里」（山家）と「修行」の二語であろう。前者は山中に草庵を結んで閑居することであり、後者は諸国を遊行し遍歴することである。(1) 両者は静と動、まことに対照的な行為であるが、『猿蓑』所収「夏の月」の歌仙における、

草庵に暫く居ては打やぶり　　蕉
いのち嬉しき撰集のさた　　来

という付合で、芭蕉・去来の師弟がいみじくも描いたように、両々相俟って西行の遁世生活を構成し、その心性を深化し、その絶唱の数々を生み出すに至ったのである。

「山里」は遁世生活の静的な面、「修行」はその動的な面を示すとはいいながら、いうまでもなく前者にあっても終日方丈の禅室に籠居するわけでなく、歌会に、遊覧に、あるいは勧進にと他出する行動を含むのであり、後者にあっても陸奥・出羽や南海道への長旅だけではなく、天王寺・書写山・熊野その他遠近の寺社への参詣なども多くみられ、しかもそこには「修行」の語に示される仏道三昧だけではなく、むしろこれと矛盾する数奇・風流の意味を多く含む

のである。すなわち静と動、および数奇と仏道といった相反するものが複雑かつ微妙に交錯し融合するところに、西行の遁世生活の特徴があった。

概していえば、遁世五十年間を通じて数奇より仏道への比重増大がみられるけれども、ここに史料として用いる家集の作品には制作年時の確実に判明するものが少ないから、(2) 推移を明確かつ緻密に段階付けることはできない。故に、しばらく年時を無視して「山里」と「修行」の二面に区分しつつ、西行の遁世生活の理念およびその具体的様相を描き出したいと思う。本章の場合は新史料による知見の提示は乏しく、大方は従来説きつくされた事柄の再利用であるけれども、なお以下のような独自の整理・構成によって、遁世者西行の特徴を多少なりともより鮮明に把握することができると思うのである。

注

(1) この両者が西行のみならず、一般に遁世者の生活における二様式であることは、小著『出家遁世』(中公新書)に略述した。

(2) 川田順氏は伝関係歌を推定を以って年代順に配列する試みを、『西行』所収「西行伝関係歌抄」および『西行の伝と歌』において、大胆に敢行された。しかしその推定は概して臆測にすぎ、史学方法論からすれば従えない点が多い。

一　「山里」の理念と実態

1　「山里」の伝統と西行の山里観

久保田淳氏は、「鳥羽院の下北面の武士佐藤義清を出家に踏み切らせたものは、草庵への憧憬であったと思われる」

といわれたが、[1] いかにも「山里」における草庵閑居こそ西行の遁世生活の基本をなすものであったといえよう。これを端的に示すものは、作品の中に「山里」あるいは「みやまべの里」という歌語の詠みこまれたものが頻出することで、便宜上日本古典全書本『山家集』で拾うと五八例ほどみえる。[2] また詞書に「山里」あるいはこれと同義の「山家」[3] およびほぼ同概念の「山居」「山寺」「田家」「田菴」「幽居」「いほり」、さらには特定の山里を指す地名を拾えば、文字通り枚挙に暇がない。

ところで、

二一六一 山ふかくさこそ心はかよふとも住まであはれは知らむものかは

一〇一九 とふ人もおもひたえたる山ざとのさびしさなくはすみうからまし

のごとき佳什を多く生み出す契機をなした西行の山里住まいには、その以前に長い精神的伝統があった。これを総合的に把握したのは、序説に紹介したように、家永三郎氏の論文「日本思想史における宗教的自然観の展開」[4] である。戦後の西行研究がこのすぐれた業績を看過していることは遺憾であり、十分に評価し摂取すべきものなることは前述したが、ここではそのことを前提とした上で若干の補訂すべき論点を提示したい。その第一は、家永氏は「山里」を詠んだ多くの勅撰和歌や山里生活を描いた『源氏物語』その他を縦横に引用しつつ、丹念に山里の思想的系譜をたどられたけれども、こうした作品の生み出された基盤たる数奇の遁世者の系譜およびその生活実態については、まったく言及されることがなかった。この点については、すでに前章「数奇と遁世」で究明したところである。その第二は、西行における自然観には、家永氏のいわゆる「宗教的自然観」だけでなく名所・歌枕への憧憬、すなわちいわば歴史的自然観ないしは文学的自然観とも称すべきものがあり、これに基づく行動が西行はもとより数奇の遁世者全般の生活に大きな比重をなしているという点である。この点はかつて小著『漂泊——日本思想史の底流——』でふれたが、次節でも言及するであろう。その第三は、西行の内面における矛盾・相剋とその時期的変化についてである。家永氏は「自然美に対しあれ程の熱情を傾けることの出来た彼は同様に人間愛の強さに於ても何人にも劣らぬものがあつた」とし、「もと〳〵一定の宗教的な dogma に基いて行動してゐるのでない彼に於てこの不徹底も矛盾も免れること の出来ない運命であつた」と指摘しつつも、結局「山里の寂しさがその寂しさのまゝに於てかへつて無上のよろこびであり、魂の救ひとなるといふ特殊の心境が開かれた」のであり、「かくてこの逆説的な山里の魅力はその矛盾の極る処俄然／とふ人もおもひたえたる山ざとのさびしさなくばすみうからまし(『山家集』雑)／と云ふ玲瓏たる境地を導くに至るのであつた」と解釈し、「山里もここに至つて其精神的展開の極限に達し、限り無く深く澄み透つた世界となるのであつた」と強調された。(5) これは西行に対する最高の讃辞として傾聴すべきであるが、しかし彼の人間像を微視的に考察すると、むしろ氏の論理の方向を逆にすべき点もあるのではないかと思われる。すなわち、①西行における数奇心は複雑・微妙な振幅をもち、「玲瓏たる境地」に安住するよりも内的な矛盾・相剋を吐露することが多いこと後述のごとくであり、②また西行は五十年にわたる遁世を通じてこの矛盾を克服することを課題としたが、晩年に至って数奇を脱却して仏道に没入する明確な思想的帰結を示していることである。②については第八章「西行の晩年と入滅」で言及する。

家永氏の所説に対する批判の要点は以上のごとくであるが、以下、作品やその詞書を通じて西行の山里住まいの特質を究明し、さらに山里生活の具体相をも把握したいと思う。

さて山里を詠った作品にみられる最大の特徴は、四季折々の山中の景物に興趣をもよおし、「あはれ」や「さびしさ」の情趣にひたる生活ぶりである。

伊勢にもりやまと申す所にはべりけるに、いほりにうめのかうばしくにほひけるを

五〇 しばのいほにとくとくうめのにほひきてやさしきかたもあるすまひかな

一〇七四 山ふかみかすみこめたるしばの庵にこととふ物はうぐひすのこゑ

一七一 さかぬまの雨にも花のすすめられて疾かれとおもふはるの山ざと

一七四 さかりみる花の梢にほととぎすはつこゑならすみやまべのさと

山家柳

六二 山がつの片岡かけてしむる野のさかひにたてるたまの小やなぎ

やまざとに人々まかりて、あきの歌よみけるに

三二六 山ざとのそとものをかのたかき木にそぞろがましきあきぜみのこゑ

二〇二三 わび人のすむ山里のとがならむ曇らじものを秋の夜の月

五二一 かぎりあれば枯れゆくのべはいかがせむむしのねのこせ秋のやまざと

十月はじめつかた、やまざとにまかりたりけるに、きりぎりすのこゑのわづかにしければよめる

五三九 霜うづむむぐらがしたのきりぎりすあるかなきかのこゑきこゆなり

山家時雨

五四八 やどかこふははそのしばの時雨さへ慕ひてそむるはつしぐれかな

一八〇五 むぐら枯れて竹の戸あくる山ざとにまた径とづる雪つもるめり

官途を去り俗事を離れて、こうした風物に四時耳目をよろこばす生活は、王朝貴族社会のみやびの華麗さとは一見対極にありながら、かえってより以上の精神的過差ともいうべきものであろう。西行はここに醸し出される情趣を「あはれ」と呼び、また「さびしさ」とも呼んだ。

四七七なにとなくすままほしくぞおもほゆるしかあはれなる秋の山ざと
二〇二六山里を訪へかし人にあはれ見せむ露しく庭にすめる月かげ
一六三八さまざまのあはれありつる山里を人につたへて秋の暮れぬる
一〇二二松かぜの音あはれなる山ざとにさびしさそふるひぐらしのこゑ
六一五山ざとはしぐれしころのさびしさにあらしのおとはややまさりけり

山里の冬といふことを人々よみけるに

五六二玉まきしかきねのまくず霜がれてさびしく見ゆる冬の山ざと
一二三五あばれたる草のいほりのさびしさは風よりほかにとふ人ぞなき

周知のごとく「あはれ」は王朝美の基調を示す概念であり、「さびしさ」は中世的美意識の核心をなす概念とされているのであるが、西行の場合には、

あき、ものへまかりけるみちにて

五一五こころなき身にもあはれはしられけりしぎたつさはの秋の夕ぐれ

の自信作が象徴するように、前者のもっていた華麗な属性は捨象され、反面、後者には感傷的な甘さがなお揺曳する。前引の一〇二二番歌のように一首の中に両語の共存する事例さえみられ、「あはれ」と「さびしさ」の距離はさして

大きくない。これは西行の美意識が古代・中世の過渡段階にある所以とみるべきであろう。

それはともかく、西行はこうした豊かな情趣をもつ自然の中に全身を埋没せしめ、これと融合するかのごとき態度をとった。自然物に対して擬人的手法を用いるのはもとより西行の専売特許ではないけれども、端的に自然を「友」と呼びかけた作品の存在は、単に技法上の問題ではないであろう。(6) たとえば一〇一七番以下の「題しらず」三〇首ばかりは、山里の生活をうたった「述懐」というべきものであるが、その中には、

一〇二三 たにのまにひとりぞまつも立てりけるわれのみ友はなきかとおもへば

一〇二六 みづのおとはさびしきいほの友なれや峯のあらしのたえまたえまに

一〇三〇 ひとりすむいほりに月のさしこずはなにか山べの友にならまし

一〇三二 しばのいほはすみうきこともあらましを友なふ月の影なかりせば

一〇四五 おとはせでいはにたばしるあられこそよもぎのまどの友となりけれ

などの例がみられ、松・水音・月・あられ等々四囲の自然すべてが、草庵の孤独を慰める「友」の役割を与えられていた。西行は進んでこの「友」に呼び掛けることさえあった。

いほりのまへに、まつのたてりけるをみて

一四四九 ひさにへてわが後のよをとへよ松跡しのぶべき人もなきみぞ

ここでは自然と人間の距離は克服され、むしろ自然が人間の救済に関わるものとみられるに至った。後進の明恵が紀州の苅磨嶋に対して、「然者非情ナリトテ、衆生ニ隔テ思フヘキニ非ス、何況国土ノ身ハ即如来十身ノ随一也、盧舎那妙躰ノ外ノ物ニ非ス」として、「昔見シ月日ハ遙ニ隔リヌレハ、礒ニ遊ヒ嶋ニタワフレシ事、思出サレテ忘ラレ」

ぬままに、「嶋殿」宛の手紙を書き、弟子をして「栂尾明恵房許ヨリノ文ニテ候ト、タカラカニ呼テ、ウチ捨テ帰」らせた逸話は有名であるが（『明恵上人伝記』大日本史料五ノ七）、西行における自然への融合もこうした宗教的自然観と同質の域に達している。故に家永氏も「かくの如き境地は超越者ならぬ自然の力によつて建設された地上の浄土であり、その至境に於ては親鸞や道元が宗教の力によつて打開した救ひの世界にも比せらるべきものがあつた様である」(7)と、きわめて高い思想史的位置を認められたのである。

山里住まいは、このように自然を「友」としつつ俗界と隔離する生活であるけれども、しかし仏教説話集・往生伝の類に多くみられる山中修行者のように人界と断絶した境涯に徹底するものではない。それはたとえば「五種述懐」(8)と題された五首中の、

九九〇身のうさをおもひしらでややみなましそむくならひのなき世なりせば

九九一いづくにか身をかくさましいとひてもうき世にふかき山なかりせば

九九二身のうさのかくれがにせむ山さとは心ありてぞすむべかりける

の示すように、自覚的に選びとった行為ではあるけれども、実際に山中に暮してみれば、

山家夏ふかしと云へることを詠みけるに

一七一四山里は雪ふかかりしをりよりはしげる葎ぞみちはとめける

山居雪

六二二としのうちはとふ人さらにあらじかし雪も山ぢもふかきすみかを

といったふうに、孤独を強制される酷しい生活であった。したがって、前引「五首述懐」の第四・五首にみられるよ

うに、

九九三あはれしるなみだの露ぞこぼれけるくさのいほりをむすぶちぎりは

九九四うかれいづる心は身にもかなはねばいかなりとてもいかにかはせむ

と、悲哀や苦悩を切に味わわざるをえない。その点は家永氏も、「山里は、（中略）人間から遮断せられた世界たることを第一の条件とし、それ故に人間の痛苦から脱却することが出来たのであつたが、そのことは亦裏から云ふならば懐しい一族友人から隔離せられた寂寥の世界をも意味するのである」(9)と指摘しておられる。そして西行の場合、この矛盾に堪えかね友を求める真情を真率に告白した作品が、家永氏のいわゆる「玲瓏たる境地」よりも量的にははるかに多く、それがある意味では独特の魅力ともなっているのである(10)。

山家喚子鳥

五九山ざとにたれをまたこはよぶこどりひとりのみこそ住まむとおもふに

五六〇さびしさにたへたる人のまたもあれないほりならべむ冬の山ざと

閑夜冬月

五六八霜さゆる庭の木のはをふみわけて月はみるやととふ人もがな

冬歌十首

六〇九はなもかれもみぢもちりぬ山ざとはさびしさをまたとふ人もがな

二〇二六山里を訪へかし人にあはれ見せむ露しく庭にすめる月かげ

二一七〇山里にうき世いとはむ友もがなくやしくすぎし昔かたらむ

二一七一山里は人来させじと思はねど訪はるることのうとくなりゆく

西行の山里住まいが仏道三昧の遁世聖と異質である所以は、みずからと同様な境涯に住する友を求めてやまない点である。もとより、

しづかならむと思ひけるころ、花見に人々まうできたりければ

九八花見にとむれつつ人のくるのみぞあたらさくらのとがには有りける

九九花もちり人もこざらむをりはまたやまのかひにてのどかなるべし

のごとく、閑寂境を攪乱する者には露骨な嫌悪が示されたが、同気相求める人々との訪問や音信、また草庵生活の単調を破る遊覧・参詣は山里生活の一面であって、自然への融合とともに、こうした人間との交誼をも看過することはできないのである。こうした点を具体的に究明することは次節の主題とするが、それより以前に、西行の草庵を結んだ諸所の山里の所在について確認しておく必要があるであろう。

2　西行の閑居した諸所の山里

西行の草庵を結んだ山里はまことに多い。これを検討するには、家集の詞書を主な史料とせざるを得ないが、詞書には諸本により多少の異同があり、どの程度の信憑性をもつと判断すべきか議論の存する所もあろう(11)。今はしばらく詞書に「住む」と記された地名ないしはこれに準ずるものを手掛りとして追求することにする。

①平安京近郊　川田順氏は「出家後の数年間、西行は洛外を居所とした故に、これを洛外時代と名づけても支障ない」とされた。その後、高野山に関係ふかかった時期といえどもそこに籠り切ったわけではないから、西行は遁世生

活のほぼ全期間平安京近郊にも草庵を維持していたものと予想される。もっともゆかり深かったのは東山および嵯峨の地である。

世をのがれて東山に侍りけるころ、白川の花ざかりに人さそひければ、まかりてかへりてむかし思ひ出でて

一一五 ちるをみでかへるこころやさくらばなむかしにかはるしるしなるらむ

東山にて人々歳暮に懐を述べけるに

六二六 としくれしそのいとなみはわすられてあらぬさまなるいそぎをぞする

一一五番歌によって、西行が出家直後に東山に住んだことが知られ、六二六番歌も異本の詞書には「世のがれて東山に侍りし比年の暮に人まうで来て述懐し侍りしに」とあって、これまた出家直後の東山住まいを証明する。その生活が数奇に身をまかすものであったことの片鱗が、一一五番歌によって窺われよう。

嵯峨にすみけるに、みちをへだてて坊の侍りけるより、梅の風にちりけるに

四八 ぬしいかに風わたるとていとふらむよそにうれしき梅のにほひを

嵯峨にすみけるころ、となりの坊に申すべきことありてまかりけるに、みちもなくむぐらのしげりければ

五一六 立ちよりてとなりとふべきかきにそひてひまなくはへる八重葎かな

をぐらのふもとにすみ侍りけるに、しかのなきけるをききて

四七八 をじかなくをぐらの山のすそちかみただひとりすむ我が心かな

秋のすゑに法輪にこもりてよめる

五二九おほゐ河井ぜきによどむみづの色にあきふかくなるほどぞしらるる

五三〇小倉山ふもとに秋の色はあれやこずゑの錦かぜにたたれて

五三一わがものとあきのこずゑをおもふかなをぐらのさとにいへゐせしより

五三二山ざとは秋のすゑにぞおもひしるかなしかりけりこがらしのかぜ

これらによって「嵯峨」ないしは「をぐらのふもと」に「いへゐ」したことが知られる。草庵はさる聖の住房に隣接し、時には交渉もあったらしいが、山里は孤独を守り閑寂に堪えて自然に親しむのを本旨とする。隣房の主よりも紅葉や鹿が「友」として親しまれたのである。

西行はこうした数奇にふける一方、時に嵐山の山麓、大堰川にのぞむ法輪寺にこもったことが、五二九以下によって知られる。この仏道修行の比重については、『聞書残集』にみえる空仁の場合を参照すべきであって、第四章「数奇と遁世」第三節でふれたように、俊恵の歌林苑に集うた数奇の遁世者の一人なる空仁が、法輪寺にこもって経文の研修に励んでいたさまは、後進の西行やその「同行」たる西住の遁世生活を彷彿せしめるものである。ただし空仁は、「この頃は昔のこころ忘れたるらめども、歌はかはらずとぞ承る」と『聞書残集』左注にあるように（一二七頁参照）、のちに歌道と仏道との比重が前者に傾いた点で西行と異るが、若き日の西行の法輪にこもった行為は、この空仁の場合とほぼ同様なものと考えられよう。この点は、

世をのがれて鞍馬のおくに侍りけるに、筧こほりて水までこざりけり。春になるまでかく侍るなりと申しけるをききてよめる

六二三わりなしやこほるかけひの水ゆゑにおもひ捨ててしはるのまたるる

北山寺にすみ侍りける頃、れいならぬことの侍りけるに、ほととぎすの鳴きけるを聞きて

一八七八ほととぎす死出の山路へかへりゆきてわが越えゆかむ友にならなむ

の「鞍馬」「北山寺」籠りの場合、また、

為忠が常盤に為業侍りけるに、西住・寂然まかりて、太秦に籠りたりけるに、かくと申ければ、まかりたりけり。有明と申す題をよみけるに

一九一九こよひこそ心のくまは知られぬれ入らで明けぬる月をながめて

の「太秦」寺の場合、また「人に具して修学院にこもりたりけるに（中略）／一九二六（略）」とある「修学院」の場合など、いずれも同様であったろう。もとより数奇の遁世者も、遁世者であるからには型のごとき仏道修行をまったく等閑にはできなかったはずであるが、誦経・念仏・勧進などは、次節に述べる数奇的行動と表裏一体をなして遁世の全体像を形作るのであって、数奇優位の両者のバランスを見失うのは妥当でないと思われる。

ところで右の嵯峨住まいの年時について、川田順氏は明証もないままに康治元年（一一四二）秋に東山から移ったとされたが、(12)その推定は武断にすぎる憾みがある。ただ窪田章一郎氏が、四八・五一六番歌が「出家生活がある程度まだ珍らしさを失っていなかったのを思わせる」から、東山住まいに続く嵯峨住まいであろうと推定しておられるのは、(13)傾聴すべきである。

もっとも、嵯峨の草庵は右に指摘された若年の時だけではないようである。すなわち、

嵯峨に棲みけるにたはぶれ歌とて人々よみけるを

一八〇八うなゐ子がすさみにならす麦笛のこゑにおどろく夏のひるぶし
一八〇九むかしかな炒粉かけとかせしことよあこめの袖にたまだすきして
一八一〇竹馬を杖にもけふはたのむかなわらは遊びをおもひいでつつ
一八一一むかしせしかくれ遊びになりなばやかたすみもとによりふせりつつ

以下すべて一三首の『聞書集』所収の連作は、「むかし」の「わらは遊び」を回想した点からして、早くとも中年以後の感懐なるべく、温顔に微笑をたたえて幼童の遊戯を見守る老いたる西行をここに想像するのは、もっともふさわしいことに思われる。故に川田順氏は「作年不明なるも、晩年なるは疑無し」と断定し、その理由として、「我が西行も幼時にしたであらうところの種々の頑是ない遊戯が、活写し尽されてゐる。（中略）かやうの述懐は六十の坂を越えた人のものである」(14)と述べられた。すなわち西行が陸奥への勧進を終ってから河内弘川寺に移るまでの晩年の嵯峨住まいとしたのである。さらに窪田章一郎氏は、一八一〇番歌が竹馬を現在では杖にもたのむと歌っているのは、陸奥へ長旅をした以前の作とは考えにくいとして、川田説に賛同された(15)。従うべきであろう。

東山・嵯峨以外には、

賀茂のかたにささきと申すさとに、冬ふかく侍りけるに、隆信などまできて山家恋と云ふ事をよみけるに

六六三かけひにも君がつららやむすぶらむ心ぼそくもたえぬなるかな

とみえて、賀茂に草庵を結んだらしい形跡があるけれども、多くを知ることはできない。いずれにせよ平安京近郊における草庵が東山および嵯峨に営まれたことは、大勢として動かない。そして確認されたのは右のごとく遁世後の数

年間と晩年だけであるが、その中間のほぼ三十年間にも始終京と高野を往来し、おそらく東山ないしは嵯峨の草庵を保持していたと考えられる。僧侶は本来無一物の存在とはいうものの、当代社会においては僧侶の不動産所有は常態で、現に田地・家地などの譲状・売券・相博状のたぐいの伝存するものはおびただしい(16)。西行ないしはその交友圏の人々の文書はまだ寓目におよばないが、西行が必要に従って草庵を入手し保有しまた手放したであろうことは、推察に難くないのである。

②高野山　平安末期の高野山に多くの別所が成立して念仏聖がここに集中し、西行もその中に立ち混っていたことは、井上光貞・五来重両氏(17)をはじめ諸先学の解明されたところである。次章「高野山における西行」で五来氏のいわゆる勧進聖説を批判しつつ西行の高野関係事実を究明するので、ここには多く述べない。ただ草庵に関してのみ触れておくことにするが、

としのくれに、高野よりみやこなる人のもとにつかはしける

六二七おしなべておなじ月日のすぎゆけばみやこもかくやとしのくれぬる

六二八山ざとに家ゐをせずば見ましやは紅ふかき秋のこずゑを

秋の末に寂然、高野にまゐりて、暮の秋によせて思ひをのべけるに

一一三一なれきにし都もうとく成りはててかなしさそふる秋の山ざと

のごとく、高野を「山里」と呼び、

高野にこもりたりけるころ、草のいほりに花のちりつみければ

一四九ちる花のいほりのうへをふくならばかぜ入るまじくめぐりかこはむ

のごとく、住房を「草の庵」と称していることに注目すべきである。高野山という、道場であり霊場である山中に入ったのは、もとより単なる数奇の行為ではなく、平安京近郊住まいに満足しえない道心の発露があったと見られるけれども、そこでは僧房に集住生活をなす多数の別所聖と同様な生活形態をとったわけではなく、山里の草庵にひとり住む閑寂の境地を選んだと思われる。(18)したがって、

高野より京なる人につかはしける

九九五すむことは所がらぞといひながらたかのはもののあはれなるかな

というのは西行の高野観の端的な表明であって、「もののあはれ」の情趣を高野住まいの本質としたのである。洛北大原の山里に住む唯心房寂然との贈答もこうした生活の例証となるのであって、一一三一番歌および、

寂然、もみぢのさかりに高野にまゐりていでにけり。またのとしの花のをりに申しつかはしける

一一六〇もみぢみしたかののみねの花ざかりたのめぬ人のまたるるやなに

かへし　寂然

一一六一ともにみし嶺のもみぢのかひなれや花のをりにも思ひ出でける

によれば、寂然の高野登山は春は花、秋は紅葉の風情を賞でるにあり、もとより霊場に詣でる意味を否定する必要はないにせよ、主目的は数奇心の満足にあったものと考えられる。故にこれを迎える西行の境涯もこの交友によって如実に映し出されるのであって、ことに両者が高野と大原の草庵から交わした十首ずつの贈答は、山里の情趣を詠いあげた絶唱というべきであろう。

入道寂然大原に住み侍りけるに、高野よりつかはしける

一二八六やまふかみさこそあらめときこえつつおとあはれなる谷川の水
一二八七山ふかみまきのはわくる月かげははげしき物のすごきなりけり
一二八八山ふかみまどのつれづれとふものはいろづきそむるはじのたちえだ
一二八九山ふかみこけのむしろのうへにゐて何心なくなくましらかな
一二九〇やまふかみいはにしたたる水とめむかつかつおつるとちひろふほど
一二九一山ふかみけぢかきとりのおとはせで物おそろしきふくろふのこゑ
一二九二やまふかみこぐらきみねのこずゑよりものものしくもわたる嵐か
一二九三山ふかみほだきるなりと聞えつつところにぎはふ斧《をの》のおとかな
一二九四やまふかみいりてみと見るものはみなあはれもよほすけしきなるかな
一二九五山ふかみ馴るるかせぎのけぢかさによにとほざかるほどぞしらるる

かへし　寂然

一二九六あはれさはかうや(高野)ときみもおもひやれ秋くれがたのおほはらのさと
一二九七ひとりすむおぼろのしみづ友とては月をぞすますおほはらのさと
一二九八すみがまのたなびくけぶり一すぢに心ぼそきは大原のさと
一二九九なにとなくつゆぞこぼるるあきの田にひたひきならす大原のさと
一三〇〇水のおとはまくらにおつるここちしてねざめがちなる大原のさと
一三〇一あだにふく草のいほりのあはれよりそでに露おく大原のさと

一三〇二やまかぜにみねのささぐりはらはらと庭におちしく大原の里

一三〇三ますらをがつまぎにあけびさしそへて暮るればかへる大原のさと

一三〇四むぐらはふかどはこのはにうづもれて人もさしこぬ大原の里

一三〇五もろともに秋もやまぢもふかければしかぞかなしき大原の里

十首を通じて「山ふかみ」とうたい出した西行の高野と、「大原のさと」と結んだ寂然の大原とは、深山のきびしさ（高野）と谷間のやさしさ（大原）と景観に隔たりを見るものの、それは本質の差ではなく程度の差である。故に寂然を以って大原の別所聖とは見做しえないように、西行もまた高野の聖たちに密着しながらも独特の山里生活を展開したものと見るべきであろう。もとより高野という名だたる山中の霊場を選んだ以上、これを仏道修行に励み俗塵を遠ざかる便宜とする心構えが一隅に内在したことはもちろんであろうが、

　思はずなる事思ひたつよし聞えける人の許へ高野よりいひ遣はしける

一二〇八しをりせでなほ山ふかくわけいらむうき事きかぬ所ありやと

にみるごとく、俗界との絆が完全に断ち切られたわけではない。[19]『撰集抄』などにこのんで描かれた絶対孤独の山中隠遁の境涯は、ほのかな願望はともかく実践はされなかった（西行が最晩年にこうした志向を抱いたことは第八章「西行の晩年と入滅」に説くが、それはしばらく別個の問題である）。

③吉野　花を月とともに生涯こよなく愛した西行にとって、吉野はほとんど恋人にも比すべき存在であって、

　はるたつ日よみける

一一四八なにとなく春になりぬときく日より心にかかるみよしののやま

七七よし野山こずゑの花を見し日より心は身にもそはずなりにき

八〇しらかはのこずゑをみてぞなぐさむるよし野の山にかよふ心を

一五四四よしの山花のちりにしこのもとにとめし心はわれをまつらむ

などには、あたかも恋歌にも似た響きが感ぜられる。西行の吉野を詠った作品は、窪田章一郎氏によれば五八首にものぼるが、(20)このうち詞書に吉野の地名の出てくるのはわずか二例（一一五六・一一五七）にすぎず、他はすべて「吉野」「みよしの」「吉野山」として歌中に詠みこまれている。こういう例は他の地名にはない。これは吉野の地名が歌語としてしっくりと定着していた証拠で、ひいては西行と吉野との関係がすぐれて数奇・風流的であったことの証拠ともなるであろう。

前引の数首にみられるような烈しい数奇心にうながされて、西行はしばしば吉野山中の嶮峻にわけ入った。

花の歌どもよみけるに

一八八三吉野山こぞのしをりの道かへてまだ見ぬかたの花をたづねむ

独尋山花

六八たれかまた花をたづねてよしの山苔ふみわくる岩伝ふらむ

山寺の花さかりなりけるに、昔を思ひ出でて

一〇七よしの山ほきぢつたひにたずね入りて花見しはるはひとむかしかも

現在の西行庵が奥千本の金峯山神社から「ほきぢ」（崖路）伝いに行く山腹にあるのは、こうした歌にふさわしい観がある。それはともかく、一〇七番歌に「ひとむかし」と歌われたように、西行が花を探ねて吉野に入ったのは若年

に始まったものと思われ、(21)また、

花の歌十首人々よみけるに

一七七五春ごとの花にこころをなぐさめて六十あまりのとしをへにける

と回顧されたように、老年におよんだようである。

しかし如上の引例によって西行が毎年のように吉野の花を探ねたことは明らかだとしても、それはただちに山中に草庵を結んだ証拠とはなりえないのであるが、やがて西行がここに「住まむ」ことを決意したことは左の歌によって知られる。

国々めぐりまはりて、春かへりて、よしののかたへまゐらむとしけるに、人の、このほどはいづくにかあととむべきと申しければ

一二五六花をみしむかしの心あらためてよしのの里にすまむとぞ思ふ

この「国々めぐりまはりて」がどの「修行」を意味するかは確認できないが、(22)当初の花見の数奇を一歩深めた心境によって吉野に草庵を結んだことは十分に推定される。それは「修行」の動より「草庵」の静への心の方向である。

五五九山ざくらはつゆきふればさきにけりよしのはさらにふゆごもれども

は「冬歌よみけるに」とある四首のうちで、題詠とみるべき作であるにせよ、越冬の体験を踏まえているのであろうと思われる。

思をのぶる心人々よみけるに

七九〇さてもあらじいま見よ心思ひとりて我が身は身かと我もうかれむ

七九一いざ心花をたづぬといひなしてよし野のおくへふかくいりなむ
七九二こけふかき谷の庵にすみしよりいはのかげふみ人もとひこず
七九三ふかき山は人もとひこぬすまひなるにおびただしきはむらざるの声
七九四ふかくいりてすむかひあれと山道を心やすくもうづむこけかな

これも歌会の作であるが、七九一番歌にうたわれた所は花見以外の企図が西行の心中ひそかに動いていたことを証する。それは七九二番歌に示されたように、孤独に徹する草庵生活にほかならない。

一一二〇やま人よ吉野のおくのしるべせよはなもたづねむまたおもひあり
一一二二よしの山やがていでじとおもふ身をはなちりなばと人やまつらむ

も同様な心境で、「またおもひあり」「やがていでじ」とは山中に長期間隠遁する決意の表明である。こうした例証から して、西行がおそらく幾度か吉野山中に草庵を結び、前後通じて相当期間住みついたことは、確実であろうと思われる。

吉野における草庵について述べようとすれば、金峯山との関係を顧みないわけにはいかない。霊地として知られた吉野の歴史を原始・古代にさかのぼって詳述する余裕はないが(23)、大和朝廷発祥の地の奥に位置するこの山中には、早くから大和の水源神への信仰あるいは聖地には金を産出するとの願望によって、吉野水分神社・丹生川上神社・金峯神社など多くの式内社が祀られ(『延喜式』神名上)、仙柘枝伝説にみられる中国神仙思想の影響によって一種の理想郷視され(24)(『万葉集』巻三「仙柘枝歌三首」、『懐風藻』中臣人足「遊吉野宮」・丹墀広成「遊吉野山」・高向諸足「従駕吉野宮」)、さらに吉野寺の草創や大海人皇子の吉野入りにみられるように仏道修行の場ともなっていた(『日本書紀』欽明十四年五月・天武即位前紀）。修験道の始祖とされる役小角の葛城金峯架橋の説話は、こうした複合的山岳信仰の対象たる吉野の特殊性を象徴するものといえよう（『日本霊異記』上巻「修持孔雀王咒法得異験力以現作仙飛天縁第廿八」）。平安中期に至って醍醐寺の開山聖宝が金峯山への道を開き、山上に堂宇を建て、金剛蔵王菩薩像などを安置した。これによって吉野の霊場としての地位は確立し（『聖宝僧正伝』続群書類従伝部）、大権力者の宇多法皇・藤原道長の登山など、王朝貴族社会における金峯山信仰の盛況をうかがうべき事実は多い（『扶桑略記』昌泰三年七月・『御堂関白記』寛弘四年八月条）。

それ故平安末期においても金峯山には多くの堂塔があり住僧がいたので、西行が吉野山中に草庵を構える際に金峯山寺僧と没交渉たり得なかったことは推定に難くない。しかし、家集には金峯山の地名はまったくみえず、地域的に関連ある寺院名としては、わずかに、

竜門にまゐるとて

一五一七せをはやみみやたきがはをわたり行けば心のそこのすむここちする

という若年の作とおぼしきもの[25]が眼につくだけである。故に高野山におけるより以上に、吉野金峯山における西行は寺僧と孤立して生活していたと考えざるを得ない。ただし別に大峯修行という事実があったことを看過できないが、これも後文に詳述するとおり吉野山臥との関係は稀薄で、むしろ熊野との関係を考慮すべきものである。

④讃岐・伊勢・河内　以上の三カ所以外に西行が草庵を結んだ場所としては、仁安二年（一一六七）ないし三年に出発した修行における讃岐国、治承四年（一一八〇）以後七年間の戦乱を避けた伊勢国、および入滅の地河内国がある。讃岐行の全貌については次節に触れるが、その草庵についてのみみれば、

おなじくに（讃岐）に、大師のおはしましける御あたりの山に、いほりむすびてすみけるに、月いと

あかくて海のかたくもりなくみえければ

一四四七くもりなき山にてうみの月みればしまぞこほりのたえまなりける

すみけるままに、いほりいとあはれにおぼえて

一四四八いまよりはいとはじ命あればこそかかるすまひのあはれをもしれ

いほりのまへに、まつのたてりけるをみて

一四四九ひさにへてわが後のよをとへよ松跡しのぶべき人もなきみぞ

一四五〇ここをまたわれすみうくてうかれなばまつはひとりにならむとすらむ

とあり、「大師のおはしましける御あたりの山」に草庵を結んだことが知られる。『異本山家集』には一四四九番歌の詞書が「善通寺の山に住み侍りしに庵の前なりし松を見て」とあり、さらに流布本の一四六〇番歌につづいて「又ある本に」と注して詳細な詞書をもつ数首が採録され、その中に「まんだらじの行道どころへ登るはよの大事にて、手をたてたるやうなり。大師の御経かきてうづませおはしましたる山の峯なり」（一四六一）・「やがてそれが上は大師の御師にあひまゐらせさせおはしましたる峯なり。我拝師山とその山をば申すなり。そのあたりの人はわかはいしとぞ申しならひたる。山もじをばすてて申さず。又筆の山ともなづけたり。とほくで見ればふでに似て、まろまろと山の峯のさきのとがりたるやうなるを申しならはしたるなめり」（一四六二）などとあるによれば、空海の生誕地と伝えられる善通寺に近い、曼陀羅寺や我拝師山あたりの山中であったと考えられる。

一四五一〜一四五七番歌は「ゆきのふりけるに」の詞書をもつ連作であるが、

一四五五をりしもあれうれしく雪のうづむかなかきこもりなむとおもふ山ぢを

一四五六中々にたにのほそみちうづめゆきありとて人のかよふべきかは

一四五七谷の庵にたまのすだれをかけましやすがるたるひののきをとぢずば

などをみれば、人跡途絶えたきびしい冬籠りを体験したことが知られる。しかし、それにもかかわらず一四四八番歌に、「かかるすまひのあはれ」を知るにおよんで現世を「いとはじ」とまで感動し、立ち去るに臨んで一四五〇番歌のごとく松にむかって無限の名残惜しさを告白しているのは注意すべきで、これは一四四七番歌によって窺われるような瀬戸内海の眺望をほしいままにし得た、数奇心の満足によるものであろうと思われる。平安京近郊・高野山・吉野と山の情趣のみを味わって来た西行にとって、善通寺草庵における海の情趣は新鮮そのものであったからである。

　このような海の情趣にひたる草庵生活は、伊勢においても体験された。伊勢においていかなる場所に草庵を結んだかは、第七章「伊勢における西行」で考証するが、もっとも確実とすべき二見の安養山は海上はるかに答志島・菅島から伊良胡にかけての眺望をほしいままにし得る景勝の地であったと思う。『聞書集』所収の、

海上明月を伊勢にてよみけるに

一七三五月やどる波のかひにはよるぞなきあけて二見をみるここちして

五条三位入道のもとへ、伊勢より浜木綿遣しけるに

一七四六はまゆふに君がちとせの重なればよに絶ゆまじき和歌の浦波

および『異本山家集』にみえる、

伊勢より小貝ひろひて、箱に入れて包みこめて皇太后宮大夫の局へ遣すとて書きつけ侍る

二一二五浦島がこはなにものと人とはばあけてかひある箱とこたへよ

などはいずれも海の景物を詠ったもので、治承年間の草庵生活の所産であろう。また『山家集』一四七三〜一四八一の答志島・萱島・二見浦・伊良胡を詠った歌群はおそらく若年の作であろうが、[26] その背後には治承度以前にも伊勢に草庵を結んだ事実が隠れているものと思われる。

いずれにせよ、「山里」の語に象徴される通常の山中草庵生活とははなはだしく異色の海浜の情趣が、讃岐および伊勢の草庵生活の基調をなしているのであって、西行の遁世生活の多彩さ・幅広さが察せられるであろう。なお入滅の場となった河内葛城山中の弘川寺については、第八章「西行の晩年と入滅」にまとめて述べることにする。

注

(1) 久保田淳「西行と草庵と歌と」(『解釈と鑑賞』四一―八)三〇頁。

(2) 山木幸一「山家集題号考」(『国語国文研究』四四)の別表Ⅰを参照し、補訂を加えたが、なお見落しがあるかと思う。

(3) 「山家」の語は流布の六家集本の詞書に頻出するが、同じく流布本系統の陽明文庫本ではその個所に「山里」の語が用いられており、「山家」を西行その人の用語と即断することには問題がある。家集『山家集』の題号は、伊藤嘉夫氏(「西行歌集の展望」『歌人西行』一六四頁)の指摘されたごとく頓阿の『草庵集』および『高野日記』に至って初見するにすぎない。しかし自撰説が有力となっている『山家心中集』の題号もある(もっとも山岸徳平氏によれば、冷泉家旧蔵原本のこの題号は後に書き入れられたものらしいという。『山岸徳平著作集』所収「山家心中集に就いて」四二八頁参照。しかし、完本たる妙法院本を学界に紹介された永井義憲氏は題号を西行自身の命名と考え、「花月集ともいふべし」の書き入れは俊成の意見であろうと推測された。『大妻女子大学紀要』三所収「山家心中集の成立――妙法院本を中心として――」二六頁参照)。さらに『御裳濯河歌合』の一番左歌に「山家客人」と作者名(架空の)を記して右歌の「野径亭主」と相対せしめた趣向は西行自身によるものに相違ない。以上の点を考えると、「山家」を「彼自身このやうに親しんだことば」とし、『山家集』の題号も「よし彼が自身名づけたものでなくても、彼の集にはふさはしいもの」とする伊藤氏(前掲論文一六三頁)の見解は従うべきものであろう。なお山木幸一氏(前掲論文)は、恋百十首および一三二七番歌左注の「山里なる人」(恋百十首は陽明文庫本では「やまとなる人」とあるが、山木氏は六家集本の「山里なる人」に従うべしとする）に注目し、久保田淳氏（「西行の恋歌について」『国語と国文学』昭和三十七年一月号）の所説に従って、これを作者自身の擬装とされた。興味ふかい見解であって、西行が「山里なる人」と自称したことはありえようが、よしや作者擬装語とまで解釈せずとも、同時代人から「山里なる人」と呼ばれたことはありうると思われる。

（4）『歴史学研究』一〇六〜一〇八（昭和十八年）に発表され、昭和十九年に創元社より刊行された。ここでは昭和四十八年新泉社刊行の覆刻版を用いた。

（5）家永氏前掲論文一七九〜一八六頁。なお安良岡康作氏（「西行と長明」『中世的文学の探求』所収二九四頁以下）もこの一首に注目し、「そこに、『山家集』における西行の歌境の核心を置きたいとさえ思う」と評価し、その理由を、先行作品においてはすべて「山里のさびしさ」を「厭わしきもの、つらきもの、没価値的なもの」と表現しているのに、この一首には「いわゆる価値の転換」があり、「中世的文学意志の高き発現」がみられると指摘しておられる。

（6）窪田章一郎氏（『西行の研究』五〇四頁）は作品中の「友」の語二四例をあげ、うち人間を指すもの三例で、これに対して鳥七例・月六例など、西行が「自然に対して『友』という意識を強くもっていたこと」を指摘された。

（7）家永氏前掲論文一八七頁。

（8）『異本山家集』の詞書には「出家の後よみ侍りける」とあり、窪田章一郎氏（前掲書六一四頁）は「出家後いくばくもない、若い頃のものであろうと、内容から推定」しておられる。

（9）家永氏前掲論文一六八頁。

（10）藤岡作太郎（『異本山家集』附録「西行論」五四頁）も、「渠や遂に自我を没却して、広大なる自然と冥合すること能はず、いつまでも己と世とを対立せしめて、世は即ち己なることを思はず、小主観の偏見に住して迷悟の間に彷徨す。これを以てその歌もまた純客観の叙事、叙景あること殆ど稀なり」と指摘している。

（11）詞書の信憑性の問題は、結局のところ『山家集』の成立論に帰着するのであるが、この点を独自に研究する余裕が私にはないので、伊藤嘉夫氏をはじめ戦前・戦後の諸業績を参照するに止める。もっとも『山家集』はその祖本が自撰か他撰かについてさえなお定説を見ないようであるが、『山家心中集』『聞書集』『聞書残集』を含めて、西行歌の詞書が西行その人の口吻をかなり濃密に伝えていると解することは許されると思う。

(12) 川田順『西行』一三頁。
(13) 窪田氏前掲書一四一頁。
(14) 川田順『西行の伝と歌』二七七・二七九頁。
(15) 窪田氏前掲書三五五頁。ただし、これらの連作を収めた『聞書集』は「公卿勅使に通親の宰相たたれけるを、五十鈴の畔にてみて詠みける」とある作品を末尾に置き、これは寿永二年(一一八三)の史実と推定されるから(『玉葉』寿永二年四月二十六日条)、その三年後伊勢を去った後の最晩年の詠まで含まれるか否か、多少の疑問なしとはしない。もとより『聞書集』は「聞きつけむにしたがひて」書きとめたもので、年代順の配列ではないけれども。
(16) 『平安遺文』『鎌倉遺文』参照。
(17) 井上光貞『日本浄土教成立史の研究』第四章第一節「院政期における高野山の浄土教」・五来重『高野聖』。
(18) 川田順氏(『西行の伝と歌』九二頁)も、「西行は寺坊に居候せず、一つの草盧を構へたものらしい」と指摘している。
(19) 前引九九五番歌、のちに引く一一五六番歌およびこの一二〇八番歌詞書の「人」は妻のことではないかとする諸家の推測がある。窪田氏前掲書三一一頁参照。
(20) 窪田氏前掲書一七〇頁。
(21) 『山家集』一五四四以下の「百首」が若年の作とは諸家一致の説であるが、その「花十首」はことごとく吉野の詠とみるべきである(窪田氏前掲書一五四頁)。
(22) 川田氏は「四国九州方面の行脚から戻つたのは仁安三年の春と愚考するゆゑ、右一首は其時の感懐かとも推定し得る。或は又、もつと若い時のことで、康治二年の東海奥州行脚から帰洛した際の歌とも考へ得る」とされた(『西行の伝と歌』六〇頁)。
(23) 和歌森太郎『修験道史研究』東洋文庫版四七頁以下・五来重編『吉野熊野信仰の研究』(山岳宗教史研究叢書第四巻)など参照。
(24) 下出積与『神仙思想』一九五頁。
(25) 窪田氏前掲書六〇三頁。
(26) 同上三〇頁。

二　山里の草庵生活の具体相

1　歌　会

数奇の遁世者の山里の草庵生活は、詠歌に没頭するとともに誦経・念仏にも励むことを基調としたが、この孤独・閑寂な基調の上に、歌会への参加、諸所の遊覧、寺社参詣、勧進、あるいは知友訪問またはその来訪、書信の往復などが活発におこなわれ、多彩をきわめた。鴨長明の『発心集』に、「人ノ交リヲコノマズ」に「花ノサキチルヲ哀レミ、月ノ出入ヲ思」うこと、すなわち人間と断絶し自然と融合することを以って数奇の理想と説いたのは有名な立言であるが、実際にはそうした理想を共通にする遁世者同士の交わりは大いに盛んで、その交友がむしろ彼らの生き甲斐であったと見るべきである。

西行の場合は、俊恵の歌林苑にも出席した明証なく、歌合に作品を提供した形跡もみられないように、凡百の数奇者と一線を画す独自の主体性を終世貫いたのであるが、なおかつ歌会・遊覧・参詣・勧進等々の徴証は数多くみられるのであって、これらを総合することによって五十年の長い遁世の実態を具体的に把握することができるであろう。以下、順次検討する。

西行の参加した歌会は、主として平安京および近郊において催されたものであるが、その中にほぼ三つの特徴がみられる。第一のものは、風光明媚な場所での歌会である。まず草庵を結んだ東山・嵯峨では、

長楽寺にて、よるもみぢを思ふと云事を人々よみけるに

五三六夜もすがらをしげなくふくあらしかなわざとしぐれのそむるこずゑを
五三七神無月木の葉の落つるたびごとに心うかるるみ山べのさと

雪のあした霊山と申す所にて眺望を人々よみけるに

五七五たちのぼる朝日の影のさすままに都の雪は消えみ消えずみ

双林寺にて、松汀に近しといふことを人々のよみけるに

一八九四衣川みぎはによりてたつ波はきしの松が根あらふなりけり

同心（池上月）を遍照寺にて人々よみけるに

三五三宿しもつ月のひかりのをかしさはいかにいへどもひろさはのいけ
三五四いけにすむ月にかかれるうきぐもははらひのこせるみさびなりけり

このように林泉の美、眺望の佳を以って都人士に愛された長楽寺の紅葉、霊山寺の雪景色、双林寺の松、遍照寺の月などを賞でての歌会に、西行は好んで参加している。

春は花をともと云ふ事を、せが院の斎院にて人々よみけるに

一〇三おのづから花なきとしの春もあらばなににつけてか日をくらさまし

夢中落花と云ふ事を、せか院の斎院にて人々よみけるに

一五〇春風のはなをちらすと見るゆめはさめてもむねのさわぐなりけり

としたか、よりまさ、勢賀院にて老下女を思ひかくる恋と申すことをよみけるにまゐりあひて

一八九八いちこもるうばめ媼のかさねもつこので柏におもてならべむ

右の清和院は『拾芥抄』（故実叢書所収）に「正親町南京極西」、『二中暦』（史籍集覧第十九所収）に「土御門北京極西染殿南」とみえるもので、左京北辺四坊七町に置かれた清和上皇の御所である。それは上皇の外祖父藤原良房の別第染殿の一画に設けられた。その染殿は「花亭」「射場」などを備え「東垣外」には田園もみわたされる風雅な別業で（『三代実録』貞観六年二月二十五日条）、良房の死後「染殿のきさき」明子に伝領されたものである。清和上皇がこの風雅な離宮をわずか二年余しか用いずして落飾し次いで崩御した後の、清和院の変遷をたどることは本書の範囲ではないが、[1]『俊頼口伝集』（続々群書類従歌文部）には「故大納言清和院の山庄」とみえ、『大納言経信集』（桂宮本叢書第三巻）にもその名がみえて、[2]源経信領有の別業だった時期もある。したがって歌会の場にふさわしい林泉美は、西行当時も十分に備わっていたのであろう。

当時ここに住まわれた「せが院の斎院」を、川田順・尾山篤二郎・伊藤嘉夫各氏はいずれも上西門院統子内親王に当てられたが、これは多賀宗隼氏に従って白河天皇皇女官子に比定すべきである[3]（『本朝皇胤紹運録』）。多賀氏は「斎院は白河天皇皇女、御母は頼政の祖父源頼綱女、六波羅時代にもなお現存していられ、『頼政家集』に、頼政がこの斎院の（マヽ）歌合に列して作った歌三首がみえているのが、特にその血縁関係にもとづく親しさの故であったのであろう[4]」と指摘されたが、右の一八九八番歌の詞書に「よりまさ」とあるのも、この推定を補強する史料である。『従三位頼政卿集』の三首は三首とも恋の題詠であるが、一八九八番歌も「老女を思ひかくる恋」といった、まことに奇抜な題で、そこには清和院歌会の遊興的雰囲気が如実にうかがわれる。西行は上西門院と因縁ふかく、その歌会にしばしば姿をあらわしていることは後述のごとくであるが、官子内親王とは格別のゆかりがない。故に清和院歌会への出席は、清和院の景観および会衆との親しさによるものであったと思われる。

水辺納涼と云ふ事を、北白川にてよみける

二六一水の音にあつさわするるまとゐかなこずゑのせみの声もまぎれて

松風如秋と云ふ事を北白川なる所にて人々よみて、又水声有秋と云ふ事を、かさねけるに

二八二松風のおとのみならずいしばしる水にも秋はありけるものを

終夜秋ををしむと云ふ事を、北白河にて人々よみ侍りしに

五三五をしめどもかねのおとさへかはるかな霜にやつゆをむすびかふらむ

北白河の基家の三位のもとに、行蓮法師に逢ひにまかりたりけるに、心にかなはざりける恋といふことを、人々よみけるにまかりあひて

一九三六物思ひてむすぶたすきのおひめよりほどけやすなる君ならなくに

右によって、四季折々に北白川の某所で歌会が催されたことが知られる。(5) これよりさき白川一帯は院御所や六勝寺の造営によって急速に開けたが、(6) これに隣る北白川は「如意ケ嶽の北麓、白川山を背景とし、西南にひらけたいわゆる北白川谷口扇状地とよぶ傾斜段級地(7)」で、白川の渓流にそうて近江に至る志賀越の風光は『古今和歌集』以来多く歌に詠まれた所である。一九三六番歌に出る「基家の三位」とは藤原頼宗流の持妙院家の祖で、その母は「待賢門院官女、上西門院御乳母号二一条一」する人であるから(『尊卑分脈』)、前掲四首ともこの人の山荘での歌会とみるならば、後述の待賢門院ゆかりの場でおこなわれた歌会の例に入れるべきであろう。しかし景観の絶佳だったことは歌意よりして明らかであるから、その例証としても差支えあるまい。

第二は、数奇者たちの常に集う場での歌会である。

たづねざるに郭公をきくと云ふ事を賀茂社にて人々よみける

二〇二ほとゝぎすうづきのいみにいこもるをおもひしりても来鳴くなるかな

みあれのころ、かもにまゐりたりけるに、精進に憚る恋といふことを人々よみにけるに

六六八ことづくるみあれのほどをすぐしてもなほやうづきの心なるべき

同社にて祈神恋と云ふ事を神主どもよみけるに

六六九あまくだるかみのしるしのありなしをつれなき人の行へにてみむ

西行が賀茂の神を信仰し常に詣でたことは後述のごとくであるが、右の例は賀茂社が歌会の場としても親しかったことを示す。六六九番歌に会衆として「神主ども」をあげているが、その中心人物はおそらく賀茂重保であった。重保は賀茂別雷社の神主重継の子で、元永二年（一一一九）生まれ建久二年（一一九一）卒した。すなわち西行より生・没とも一年遅れの同時代人である。歌道を愛好して俊恵・俊成・頼政その他の歌人と親交ふかく、彼らをはじめ当代歌人の作品千二百首を収めた撰集『月詣和歌集』（十二巻）を編み、(8)またしばしば大規模な歌合を主催した。(9)簗瀬一雄氏は、俊恵の歌林苑の経済的支援者は重保であったとして、彼を「当時の文壇におけるパトロン的地位」の人と見ておられる。(10)西行が重保の名を一度も明記していないのは不思議であるが、(11)賀茂社の歌会の主宰者は多くは重保であったと想像される。

ときはのさとにて、初秋月と云ふ事を人々よみけるに

二八七秋たつとおもふにそらもただならではれてひかりをはげむ三日月

故里述懐と云ふ事を、常盤の家にて為業よみけるにまかりあひて

八六八しげき野をいくひとむらに分けなしてさらにむかしをしのびかへさむ

為忠が常盤に為業侍りけるに、西住・寂然まかりて、太秦に籠りたりけるに、かくと申したりければ、まかりたりけり。有明と申す題をよみけるに

一九一九こよひこそ心のくまは知られぬれ入らで明けぬる月をながめて

かくて静空・寂昭（超か）なんど侍りければ、もの語り申しつつ連歌しけり。秋のことにて肌寒かりければ、せなかあはせてゐて連歌にしけり

（中略）

後世のものがたり各々申しけるに、人並々にその道には入りながら思ふやうならぬよし申して

静空

（一九二〇）人まねの熊野まうでのわが身かな

と申しけるに

一九二一そりといはるる名ばかりはして

（下略）

右の引例にみえる常盤の里は、「双岡の西南、中野の東に接す、今太秦村に属し常盤谷と云ふ」（『大日本地名辞書』山城国葛野郡）とある地で、吉田東伍は左大臣源常の山荘（『続日本後紀』承和十四年十月壬子条）にその地名が由来するものと解している。風流人を輩出した嵯峨源氏によって開かれたこの地に、白河・鳥羽院政期に受領を歴任して巨富をなした北家長良流の藤原為忠が邸宅を構えた。彼は歌道に熱心で、一族縁者を催して両度の百首を詠ましめ、また

しばしば歌合をおこなった。(12)その子に待賢門院女房を母とする為盛・為業・為経と母不詳の頼業らがある。為盛は、岩橋小弥太氏(13)によれば『山家集』九〇五番歌に「入道想空」とある人物と推定され、「あにの入道想空、はかなくなりにけるをとはざりければいひつかはしける　寂然（下略）」という詞書からして、早く出家しかつ早世したらしい。『異本山家集』にはこの詞書が「想空入道大原にてかくれ侍りたりしを」云々とあり、大原に隠棲していたようである。他の三者もそれぞれ遁世して寂念・寂超・寂然と称した。いわゆる常盤の三寂である。(14)為業はおそらく四十代初めごろ、伊賀守・皇后宮権大進を極官として出家し、常盤の旧宅に住んだようで、前引の三首はそこで歌会がしばしば開かれたことを示すのである。そこに集うた西行・西住・寂然・静空・寂昭（超か）らはみな似たような遁世者で、肌寄せ合うて連歌し、また「後世のものがたり」にふけった様は、この歌会の数奇の雰囲気を如実に示すものである。西行は三寂のいずれとも親しく交わったが、特に頼業の寂然は兄為業より先に出家し、『寂然法師集』『法門百首』『唯信房集』などによって知られるように歌人としても優れていたので、『山家集』のおびただしい贈答の示すとおり、もっとも親交がふかかった。

山家春雨と云ふ事を、大原にて人々よみけるに

五五はるさめののきたれこむるつれづれにひとに知られぬひとのすみかか

『尊卑分脉』に注して「此兄弟（中略）世人号二大原三寂一」とあるのは、寂念・寂超・寂然がいずれも大原に隠棲したからであろう。もっとも寂念の場合は明証に欠けるが、(15)寂超・寂然の場合は『山家集』などに多くの徴証があるから、(16)前引五五番歌の歌会は場を常盤から大原に移したものと見てよいであろう。もとより三寂以外の遁世者の住房での歌会と解することも可能で、たとえば、

大原にをはりのあま上と申す智者の許にまかりて、両三日物語申して帰りけるに、寂然庭に立ちいでて、名残多かる由申しければ、やすらはれて

（一九二四）帰る身にそはで心のとまるかな

まことに今度の名残はさ覚ゆと申して　寂然

一九二四おくる思ひにかふるなるべし

の場合は、待賢門院に仕えて琵琶の名手とうたわれ、後に大原来迎院の良忍に帰依して遁世した高階為遠女の尼尾張[17]の許でのエピソードである。いずれにせよ、多くの遁世者の住みついた大原の山里は好個の歌会の場であった。

第三は、在俗当時以来のゆかりによる歌会の場であるが、その主なものは待賢門院藤原璋子周辺のそれであった。待賢門院の生涯については、角田文衛氏の詳密な伝記[18]があって蛇足を加える必要はないが、璋子は閑院流の藤原公実の末女として康和三年（一一〇一）出生、白河法皇の養女として異常な寵愛を受け、永久五年（一一一七）鳥羽天皇の後宮に入り、女御より中宮に冊立され、その所生なる崇徳天皇の即位によって国母となり、天治元年（一一二四）女院となって待賢門院と号した。この前後から白河法皇崩御の大治四年（一一二九）ころまでが璋子にとって「栄耀にみちた最も幸運な時代[19]」であり、やがて関白藤原忠実女勲子（のち泰子、高陽院）・権中納言藤原長実女得子（のち美福門院）の相次ぐ入内、ことには後者が鳥羽上皇の寵愛を蒙るにおよんで衰運に傾き、康治元年（一一四二）美福門院呪詛事件が発覚し（『百錬抄』正月十九日条）、これよりさき御願寺として建立した仁和寺法金剛院で出家したのであった（『僧綱補任』裏書）。崩御はその三年後である。

西行が官人としての活動に入り、待賢門院の兄実能の家人となったのは、女院の衰運が兆したころであるが、女院

庁に勤仕した形跡は認められないし、女院御所では歌合のおこなわれた形跡もないので[20]、若き日の佐藤義清が女院に直接に接触したとは考えられない。しかし、ひそかに敬慕を捧げたとみることは可能であるから、角田氏が西行を「待賢門院の衰運に最も心を痛めていた人の一人」とし、頼長への一品経勧進を女院のための結縁経勧進と解されたのも故なしとはしない[21]。少なくとも待賢門院に仕えていた女房堀河局・兵衛局・帥局・中納言局・尾張局および紀伊二位（入道信西の妻）などとの親交は、『山家集』の随所にみられるとおりであるが、それらはすべて西行の遁世以後に属するのである。それら待賢門院ゆかりの人々との歌会としてあげられるのは、次のごとくである。

　山水春を告ぐるといふ事を、菩提院前斎宮にて人々よみ侍りし

一七　はるしれと谷のほそみづもりぞくるいはまの氷ひまたえにけり

一八　かすまずはなにをか春とおもはましまだ雪きえぬみよし野の山

　とほく修行する事ありけるに、菩提院のさきの斎宮にまゐりたりけるに、人々わかれの歌つかうまつりけるに

一二二九　さりともと猶あふことをたのむかなしでの山ぢをこえぬわかれは[22]

この菩提院前斎宮は、待賢門院所生の統子内親王のことと先学は解している[23]。すなわち後の上西門院である。大治二年（一一二七）賀茂斎院となり長承元年（一一三二）退下、その後保元二年（一一五七）入内、二条天皇の准母となり、保元四年院号宣下、永暦元年（一一六〇）出家、文治五年（一一八九）六十四歳で崩じた（『女院小伝』群書類従伝部）。仁和寺菩提院を御所として「菩提院前斎宮（院か）」と呼ばれたのは、退下より入内までのことと思われるから、一二二九番歌の「とほく修行する事」とは遁世数年後の初度陸奥行とみなければならない。この旅については次節に詳述するが、

若き西行の歌枕探訪の壮挙に別れを惜しんだ一二二九番歌の「人々」とは、康治元年（一一四二）の待賢門院出家後統子内親王に仕えていた女房たちと見ることができよう。

右の一二二九番歌につづいて、

同じをりつぼの桜のちりけるをみて、かくなむ覚え侍ると申しける

一二三〇この春は君にわかれのをしきかな花のゆくへを思ひ忘れて

返しせよとうけたまはりて緋扇にかきてさしいでける　　女房六角の局

一二三一君がいなむかたみにすべき桜さへ名残あらせず風さそふなり

とあるのは、「返しせよ」と命じた前斎院その人をも含めて、院の女性たちと西行がきわめて親密な交わりを結んでいたことを示すものである。こうした関係が後年まで続いていたことは、

十月なかの頃、宝（法）金剛院のもみぢけるに、上西門院おはします由きて、待賢門院の御時思ひいでられて、兵衛の局にさしおかせける

八六九もみじみてきみがたもとやしぐるらむむかしのあきの色をしたひて

かへし

八七〇色ふかきこずゑをみてもしぐれつつふりにしことをかけぬ日ぞなき

などによって察することができる。それ故、

寄紅葉懐旧と云ふ事を宝金剛院にてよみける

八六七いにしへをこふるなみだの色ににてたもとにちるはもみじなりけり

とある法金剛院歌会の作も、かならずや上西門院の女房と同席して故待賢門院を懐旧したものであろう。

待賢門院ゆかりの歌会は、上西門院関係以外にもいろいろある。

　　仁和寺の御室にて、山家閑居見雪と云ふ事をよませ給ひけるに

六二〇ふりうづむ雪をともにて春までは日をおくるべきみ山べの里

　　仁和寺御室にて、道心逐年深と云ふ事をよませさせ給ひけるに

九九六あさくいでし心のみづやたたふらむすみゆくままにふかくなるかな

この仁和寺御室は待賢門院所生の本仁親王、すなわち『今鏡』（藤波の下第六）に「童より出家し給ひて、仁和寺の法親王覚性と申すなるべし」とある覚性法親王であろう。「この宮いと良き人におはして、真言よく習ひ給ひ、御手も書かせ給ひ、詩作り歌詠みなどもよくし給ひき」（『今鏡』同上）と伝えられ、家集『出観集』（群書類従和歌部）には西行の名がみえないけれども、交渉は密であったと思われる。『仁和寺御伝』（群書類従伝部）にこの皇子を「紫金台寺御室」と記しているのは(24)、仁和寺北方に紫金台寺を建立したことによるので、その景観の美は『出観集』所収の「春日同詠渓流落花和歌并小序」にみえている。前掲二首は御室の歌会での作と記されているが、九九六番歌は異本の詞書に「仁和寺の宮山崎の紫金台寺にこもり居させたまひたりしころ、道心年を逐ひてふかしといふことをよませ侍りしに」とあるから、歌会の場はむしろ紫金台寺と見るべきものかも知れない。

次に、

　　山家枯草と云ふ事を覚雅僧都の房にて人々よみけるに

五五二かきこめしすそののすすきしもがれてさびしさまさるしばのいほかな

覚雅僧都の六条の房にて忠季宮内大輔登蓮法師なむど歌よみけるにまかりあひて、里を隔てて雪をみるといふことをよみけるに

一八九九篠むらや三上が嶽をみわたせばひとよのほどに雪のつもれる

覚雅僧都の六条房にて心ざし深き事によせて花の歌よみ侍りけるに

二〇八五花を惜しむ心のいろの匂ひをば子を思ふ親の袖にかさねむ

覚雅は村上源氏の右大臣顕房の子で（『尊卑分脉』）、東大寺僧、康治元年（一一四二）権少僧都に補任され、久安二年（一一四六）五十七歳で入滅した（『僧綱補任』）。「歌詠みにてぞおはせし。末の世の僧など、さやうに詠まむはありがたくや侍らむ」（『今鏡』村上の源氏第七）と伝えられる人であったが、また西行と親密な待賢門院堀川・同兵衛はこの人の兄なる神祇伯源顕仲の女であるから、覚雅との歌交は待賢門院のゆかりによると解される。覚雅の入滅した時、西行は二十九歳であるから、六条房歌会への出席は若年のことであった。

もっとも親密だったと見るべき堀川・兵衛などとの歌会は明証を欠くけれども、同じく院女房で後に高階通憲（すなわち少納言入道信西）の妻となった紀伊二位の場合は、「院の二位のつぼねみまかりにけるあとに十首歌人々よみけるに」として、その子成範・脩範・院少納言の局らとの贈答が遺っている（八八九〜九〇三）[25]。これまた、待賢門院のゆかりによる歌会の中に加えられるであろう。

右にあげた三種の歌会は、いずれも京中または近郊で催されたもので、西行は嵯峨・東山の草庵から随時これに出席したわけである。他に高野や伊勢の草庵住まいの際や旅先でも、常に歌会に参加したと思われるが、その徴証は少ない。

寂然高野にまゐりて深秋紅葉と云ふ事をよみけるに

五二二さまざまのにしきありける深山かな花見しみねをしぐれそめつつ

深夜水声と云ふ事を、高野にて人々よみけるに

一一三五まぎれつるまどのあらしの声とめてふくるをつぐる水の音かな

右の五二二番歌は、異本に「寂然高野にまゐりて、深き山のもみぢといふことを、宮の法印の御庵室にて歌よむべきよし申し侍りしに参り会ひて」とあり、『山家心中集』もほぼ同文で、これらの方が委曲をつくしている。「宮の法印」は『今鏡』（御子たち第八）に、「また讃岐の院崇徳の皇子は、それも仁和寺の宮元性におはしますなる。法印にならせ給へるとぞ聞えさせ給ふ。それも真言よく習はせ給ひて、勤め行はせ給ふなり。上西門院統子の御子にし申させ給へるとぞ」とみえる人であって、この高野に隠棲した皇子をめぐる歌会も、待賢門院ゆかりのそれと目すべきである。一一三五番歌の歌会の顔触れは不明であるが、高野別所においても折々数奇の生活が展開していたであろうことは、この一例を以ってしても推察できるのである。

同じ心を（注、「海辺霞と云ふ事を」を受ける）、伊勢にふたみと云ふ所にて

二〇浪こすとふたみのまつの見えつるはこずゑにかかる霞なりけり

伊勢にまかりたりけるに、三津と申す所にて、海辺の春の暮と云ふ事を神主どもよみけるに

一九一すぐる春しほのみつよりふなでしてなみのはなをやさきにたつらむ

右のうち二〇番歌は、『山家心中集』に「海辺霞と申すことを、伊勢にて、かむぬしどもよみはべりしに」とあり、一九一番歌ともども、神宮祠官との歌会であった。荒木田氏の祠官たちとの密接な関係は第七章「伊勢における西

行」に詳述するが、伊勢の草庵生活もこうした歌会に彩られていたのである。

なお二－三の例をあげる。

俊恵、天王寺に籠りて、人々ぐして住吉にまゐりて歌よみけるにぐして

一二四〇すみよしの松がねあらふなみのおとをこずゑにかくるおきつしほかぜ

熊野御山にて両人を恋ふと申すことよみけるに、人にかはりて

一七六五ながれてはいづれの瀬にかとまるべきなみだをわくるふた川の水

奈良の法雲院の覚誉法眼のもとにて、立春をよみける

一九〇七三笠山春をおとにて知らせけりこほりをたたくうぐひすの滝

住吉詣・熊野詣については後述するが、その旅先でも歌会に出席または関与したのであり、奈良の場合もしかりである。

以上、場所の判明する場合をほぼつくしたのであるが、吉野における歌会がまったくあらわれないのは注意すべきである。もとより陸奥や讃岐のそれもみえないけれども、吉野にすごした歳月はこれらの旅先よりも遙かに長かったに違いないのに、そこでの歌会の事実が確認できないのは、吉野における西行がもっとも山中の独居に徹していたことを証するものではあるまいか。そこにおいて交わったのは、人ではなくしてひとえに花であった。

ところで以上の挙示は、詞書に歌会とその場所の明示された場合に限定したのであって、他に、

やまざとに人々まかりてあきの歌よみけるに

三二六山ざとのそとものをかのたかき木にそぞろがましきあきぜみのこゑ

のごとく場所の判明しない例や、歌題からして明らかに歌会での作と推察しうるものを加えようとすれば、例によって枚挙にいとまがない。しかも右の例示に、西行と形影相伴った「同行にはべりける上人」西住などの名がまったくあらわれない一点からしても、例示がいわば九牛の一毛にすぎないことは明らかである。要するに、西行の遁世生活において歌会の占める比重は、はなはだ大きかったといわねばならない。

ただし、西行における和歌が徹底して心のおもむくままに詠まれた「すさび」であり、歌会もまたその手段としてのみ利用されたことは注意すべきである。換言すれば、和歌を生計の具にするといったプロフェッショナルな要素は、はなはだ乏しいのである。プロフェッショナルな作歌の代表的なものは歌合への詠進であり、また代作であろうが、前者が西行に見られないのは周知の事実である。もっとも、

八条院宮と申しけるをり、白河どのにて、女房虫合せられけるに、人にかはりて、むしぐしてとりいだしける物に水に月のうつりたるよしをつくりて、その心をよみける

一二七六ゆくすゑの名にやながれむつねよりも月すみわたる白川の水

二条院の内に貝合せむとせさせ給ひけるに、人にかはりて

一二七七かぜたたで波ををさむるうらうらに小貝をむれてひろふなりけり

一二七八～一二八五　（略）

のごとく、特殊な物合に詠進した事実はあるけれども、それさえ「人にかはりて」詠んだもので、直接に主催者の求めに応じたものではなかった。その依頼者は、一二七六番歌の場合は明らかに親しい女房であるが、一二七七番歌の場合も、これを内裏貝合のごとく記しているのは『山家集』その他の誤認によるもので、実は二条天皇の中宮育子

（藤原実能女）の御所で催されたものであろうとの萩谷朴氏説(26)は従うべきであろうから、これまた旧知の女房あたりに依頼されたのであろう。

このような代作としては、他にも若干の例がある。

なき人のあとに一品経くやうしけるに、寿量品を人にかはりて

九七二雲はるるわしのみやまの月影を心すみてや君ながむらむ

熊野御山にて両人を恋ふと申すことよみけるに、人にかはりて

一七六五ながれてはいずれの瀬にかとまるべきなみだをわくるふた川の水

前者の場合、死者および寿量品の結縁者がいかなる人かは不明であるが、西行がもし通例の勧進聖であったならば、こうした代作は勧進の手段としてもっとも有効であるから、好んで代作が利用されたろうと考えられるのに、そうした例証はこの一例以外にみられない。後者の場合は、熊野詣の貴人にでも代作を依頼されたのであろうが、「両人を恋ふ」という歌題ははなはだ遊戯的で、その歌会のくつろいだ雰囲気が察せられる。故に西行も戯れに知人の求めに応じたものと見える。要するに右の四例は、西行における代作がプロフェッショナルな性質のものでないことを明らかに示すものといえよう。

以上のような行事に関係するもの以外にも、私的交際から引き受けた代作は、いろいろある。

あるみやばらにつけつかうまつりける女房、よをそむきて、みやこはなれてとほくまからむとおもひたちて、まゐらせけるにかはりて

八二三くやしきはよしなき君になれそめていとふみやこのしのばれぬべき

母なくなりて山ざとにこもりゐたりける人を、程へて思ひいでて人のとひたりければ、かはりて

八六〇　おもひいづるなさけを人のおなじくはそのをりとへなうれしからまし

親におくれてなげきける人を、五十日すぐるまでとはざりければ、とふべき人のとはぬ事をあやしみて、人にたづぬとききて、かくおもひていままで申さざりつるよし申して、つかはしける、人に代りて

八七四　なべてみな君がなげきをとふかずにおもひなされぬことのはもがな

かくおもひて程へ侍りにけりと申して返事かくなむ。

しほゆにまかりたりけるに、ぐしたりけるひと、九月つごもりにさきにのぼりければ、つかはしける、人にかはりて

一二〇九　あきはくれ君はみやこへかへりなばあはれなるべき旅の空かな

返し　　大宮の女房　加賀

一二一〇　君をおきてたち出づる空の露けさに秋さへくるる旅のかなしさ

しほゆいでて、京へかへりきてふるさとのはな霜がれける、あはれなりけり。いそぎかへりし人のもとへ、又かはりて

一二一一　露おきし庭のこはぎもかれにけりいづく都に秋とまるらむ

かへし　　おなじ人

一二一二　したふ秋は露もとまらぬ都へとなどていそぎしふなでなるらむ

高野にこもりたりける人を、京よりなにごとか又いつかいづべきと申したるよしききて、其人にかはりて

一二三七山水のいついづべしとおもはねば心ぼそくてすむとしらずや

陰陽頭に侍りけるものに、ある所のはした物もの申しけり。いとおもふやうにもなかりければ、六月つごもりにつかはしけるに代りて

一二五〇わがためにつらき心をみなづきのてづからやがてはらへうてなむ

ゆかりありける人の、新院（崇徳）のかんだうなりけるを、ゆるしたぶべきよし申しいれたりける御返事に

一二五一もがみ川つなでひくらむいなぶねのしばしがほどはいかりおろさむ

御返ごとたてまつりける

一二五二つよくひくつなでとみせよもがみ川そのいなぶねのいかりをさめて

かく申したりければゆるしたびてけり

代作の全貌をうかがうために余儀なく引例に行数を費したが、それらは恋・喪・暇乞・勘当など、総じて人間関係に生じた微妙な摩擦に対する取りなしである。西行がこうした点でいかにも頼り甲斐ある人柄であったことが偲ばれる。西行における詠歌が身過ぎ世過ぎの手段ではなく数奇者の自由に貫かれていたことは、代作という外在的契機による詠作の場合も、そこに何ほどか依頼者との心の触れ合いのみられる点に徴して、かえって確認されるであろう。

2　遊覧・訪問および音信

山里の草庵生活は、庵室に籠って和歌を案じあるいは誦経・念仏することを常としたと思われるが、その単調を破るものとして、諸所に遊覧し、知己・友人を訪問し、また音信を交わす行為も活発であった。それは衣食のために系累を扶養するために寧日なく労働に従事する庶民層はもとより、宮仕えや俗事に忙殺される貴族層から見ても羨むべき自由な境涯であったろう。こうした境涯すなわちいわゆる「数奇」の具体相を、遊覧・訪問・音信の三点に区分して窺いたいと思う。

①遊覧　家集の詞書には「みて」「みにまかりて」のごとく記されたものが多くみられる。まず、

世をのがれて東山に侍りけるころ、白川の花ざかりに人さそひければ、まかりてかへりてむかし思ひ出でて

一一五ちるをみでかへるこころやさくらばなむかしにかはるしるしなるらむ

岩倉にまかりてやしほの紅葉見侍りけるに、あやなく河の色に染みうつしてけるを見て

五四七いはくらややしほそめたるくれなゐをながたに川におしひたしつる

右のごとく、時にはひとり、多くは友人と連れだって花・紅葉のごとき四季の風趣を探ねることが、草庵生活の楽しみの一つであった。もとよりその対象は自然美だけではなく、

公卿勅使に通親の宰相（の）たたれけるを、五十鈴の畔にてみて詠みける

一九〇〇いかばかりすずしかるらむつかへきて御裳濯河をわたるこころは

一九〇一とくゆきて神風めぐむみ扉ひらけ天のみかげに世をてらしつつ

徳大寺左大臣の堂にたち入りて見侍りけるに、あらぬことになりて哀れなり。三条太政大臣歌よみもてなし給ひしことただ今の御事と覚えてしのばしき心地し侍り。堂のあとあらためられたりける、さることのありと見えて哀れなりければ

二〇八八なき人のかたみにたてし寺に入りて跡ありけりと見て帰りぬる

美福門院の御骨高野蓮台院へわたされけるを見奉りて

二〇九一今日や君おほふ五つの雲はれてこころの月をみがきいづらむ

右のごとく神事・仏事などの場にわざわざ出掛け、見ては感懐を催している。これも一種の数奇心の発動であろう。さて遊心を誘われるものの随一は名所・歌枕であり、その地に関わる古人・先人の俤であった。

大覚寺の金岡がたてたるいしをみて

一五一五庭のいはにめたつる人もなからましかどあるさまに立てしおかずば

滝のわたりの木立あらぬことになりて、松ばかりなみたちたりけるをみて

一五一六ながれみしきしのこだちもあせはてて松のみこそは昔なるらめ

大覚寺の滝殿の石ども、閑院にうつされてあともなくなりたりときて、見にまかりたりけるに、赤染が、いまだにかかりとよみけむ思出られて、あはれに覚えければ

一一三四いまだにもかかりといひしたぎつせのそのをりまでは昔なりけむ

かく申して良暹が、まだすみがまもならはねばと申しけむ跡、かかるついでに見にまからむと申して、

人々具してまかりて、各々思ひをのべてつま戸に書きけるに

一九二五大原やまだすみがまもならはずといひけむ人をいまあらせばや

人に具して修学院にこもりたりけるに、小野殿見に人々まかりけるに具してまかりて見けり。その折までは釣殿かたばかりやぶれ残りて、池の橋わたされたりけることから絵にかきたるやうに見ゆ、きせいが石たて滝おとしたるところぞかしと思ひて、滝おとしたりけるところ、目たてて見れば、皆うづもれたるやうになりて見わかず。木高くなりたる松のおとのみぞ身にしみける

一九二六滝おちし水のながれもあとたえて昔かたるは松のかぜのみ

一九二七この里は人すだきけむ昔もやさびたることは変らざりけむ

右はいずれも平安京郊外の大覚寺・大原（小野殿も後に藤原実頼第となった京中の第宅ではなく、惟喬親王が貞観十四年に出家して隠遁した「比叡の山の麓」〈『伊勢物語』八十三段〉の愛宕郡小野郷であろう）などに物見に行き、巨勢金岡・赤染衛門・良暹などを偲んでいるのである。こうした「数奇」の行為は、草庵を離れて遠く「修行」している途次にも多くみられるのであるが、それは次章に述べることにする。

②訪問　西行が好んで山里の草庵に閑居して心を澄ましつつも、またその孤独を慰める友の訪れを切に求めたことは、第一節1ですでに指摘した。このように他人にむかって「訪ふ人もがな」と望む西行が、座して人を待つだけではなく、みずからも山里住まいの同類を訪ねることが多かったのは当然であろう。詞書に「まかる」とあるものを主として、訪問の性格を探ることとする。

人を尋ねてをのの山里にまかりたりけるに、鹿のなきければ

四八三鹿のねをきくにつけてもすむ人の心しらるるをのの山ざと

としごろ申しなれたる人の伏見にすむときさてたずねまかりたりけるに、庭のくさ道見えぬほどにしげりて虫のなきければ

四八六わけているそでにあはれをかけよとて露けきにはにむしさへぞなく

ある人さまかへて仁和寺のおくなるところにすむときさて、まかりてたづねければ、あからさまに京にと聞きてかへりにけり。そののち人つかはしてかくなむまゐりたりしと申したりける返事に

八〇四たちよりて柴のけぶりのあはれさをいかがおもひし冬の山ざと

返事

八〇五山里にこころはふかくいりながらしばのけぶりのたちかへりにし

この歌もそへられたりける

八〇六をしからぬ身をすてやらでふる程にながきやみにや又まよひなむ

返事

八〇七よをすてぬ心のうちにやみこめてまよはむことは君ひとりかは

ある人よをのがれて北山でらにこもりゐたりときさて、たずねまかりたりけるに月のあかかりければ

八二二よをすててたにそこにすむ人見よとみねのこのまをわくる月影

右に詠まれた訪問先の庵主がいかなる人かは知られない。しかし、その住まいぶりは西行にとっていかにも共感されるものであった。たとえば四八三番歌は、庵主が鹿の音につけて心を澄ます有様を確認しているのであるが、その

共感の根本は西行自身が、

四七七なにとなくすままほしくぞおもほゆるしかあはれなる秋の山ざと

一二三六あはれなりよりよりしらぬ野の末にかせぎ（鹿）を友になるるすみかは

一二九五山ふかみ馴るるかせぎのけぢかさに世にとほざかるほどぞしらるる

一七三七山ざとはあはれなりやと人とはば鹿の鳴くねを聞けとこたへむ

その他多くの例が示すように、鹿の音を山里の閑寂境の象徴と解していたからであった。すなわちこれらの詠には、遊覧の例のごとき浮かれた数奇心はなく、仏道に沈潜しようとする志向がうかがわれる。八〇四番歌以下の「仁和寺のおく」に住む遁世者との贈答にみえる宗教的反省も、この消息を示すものであろう。また、

東山に清水谷と申す山寺に、世遁れて籠りゐたりける人のれいならぬこと大事なりと聞きて、とぶらひにまかりたりけるに、あとのことなど思ひ捨てぬやうに申しおきけるを聞きてよみ侍りける

一七五七いとへただつゆのことをも思ひおかで草の庵のかりそめの世ぞ

かく申したりけるを聞きて、何事も思ひすてて臨終よく侍りけり。

右はさる遁世者の臨終を見舞って正念を助けた特殊な例であるが、ここに想起されるのは、当時の念仏聖たちが臨終念仏を特に重視し、危篤におちいった同行の最後の一念を助けて往生に導くを常としたことである。(27) 故に、

親かくれ、たのみたりけるむこなどうせてなげきしける人の、又ほどなくむすめにさへおくれにけりときき て、とぶらひけるに

八六三このたびはさきざきみけむ夢よりもさめずやものはかなしかるらむ

秋ころ、風わづらひける人をとぶらひたりける返事に
一〇〇二きえぬべき露の命もきみがとふことのはにこそおきゐられけれ
かへし
一〇〇三ふきすぐる風しやみなばたのもしきあきののもせの露の白玉
院の小侍従、例ならぬ事大事にふししづみてとし月へにけりときこえて、とぶらひにまかりたりける
に、この程すこしよろしきよし申して、人にもきかせぬ和琴の手、ひきならしけるをききて
一〇〇四ことのねになみだをそへてながすかな絶えなましかばと思ふあはれに
返し
一〇〇五たのむべきこともなき身をけふまでもなににかかれる玉のをならむ
などの「とぶらひ」も、念仏聖としての宗教的行為であったと思われる。
右のうち一〇〇四・一〇〇五番の贈答相手「院の小侍従」は、石清水別当光清の女で母は小大進、「待宵小侍従」と称された人である（『尊卑分脉』・『今鏡』御子たち第八・『小侍従集』）。名だたる才女だから、西行とはかねて数奇の交わりがあったのであろうが、重病と聞いてとぶらったのは臨終正念を助けるためであったかと思われる。こうした数奇・仏道両面における女性との交わりは、次の人々の場合により顕著である。
ある所の女房よをのがれて、西山にすむとききてたづねければ、住みあらしたるさまして、人のかげもせざりけり。あたりの人にかくと申しおきたりけるをききて、いひおくれりける
八一二しほなれしとまやもあれてうき浪によるかたもなきあまとしらずや

返し

八一三とまのやになみたちよらぬけしきにてあまりすみうきほどはみえにき

待賢門院中納言の局、世をそむきて小倉山のふもとにすまれけるころ、まかりたりけるに、ことがらまことにいうにあはれなり。風のけしきさへ、ことにかなしかりければかきつけける

八一四やまおろすあらしのおとのはげしさをいつならひける君がすみかぞ

あはれなるすみかとひにまかりたりけるに、この歌をよみてかきつけける　おなじ院の兵衛の局

八一五うき世をばあらしのかぜにさそはれて家をいでにしすみかとぞみる

八一二番歌の「ある所の女房」は、異本に「待賢門院の堀河の局」とあるから、右の引例はすべて待賢門院女房を訪ねた際の作である。

待賢門院の出家の際、その女房堀河・中納言はこれに殉じて尼となったが（『本朝世紀』康治元年二月二十六日条）、その二年前に発心出家していた西行は、これら年長の女性から仏道の先達として帰依されたようであり、

待賢門院の女房堀河の局のもとよりいひ送られける

八一八この世にてかたらひおかむほととぎすしでのやまぢのしるべともなれ

返し

八一九ほととぎすなくなくこそはかたらはめしでの山路に君しかからば

はその証である。その妹兵衛の局は出家せず上西門院に仕えていたが、

（前略）兵衛の局、武者のをりふしうせられにけり。契りたまひしことありしものをとあはれにおぼえ

て

一八七二さきだたばしるべせよとぞ契りしにおくれて思ふあとのあはれさ

という伊勢での詠によれば、兵衛も西行に「しるべせよ」と契っていた。また配流された崇徳院に仕えて讃岐にいたある女房も、

一二二五いとどしくうきにつけてもたのむかな契りし道のしるべたがふな

といい寄こし、また年老いて遁世して吉野に住んだ「みやたてと申しけるはした者」も、「供養をのべむ料」に「くだ物」を西行に贈り、礼を述べた西行に対して、

一二五八こころざしふかくはこべるみやたてをさとりひらけむ春にたぐへよ

と返歌した。こうした事例からすれば、名高い江口の遊女妙との交渉（八二〇、八二一）も、あるいはその背景に江口の遊女が西行を「しるべ」と頼んだ事実が潜んでいるかとも想像される。それはしばらく措き、西行を仏道の先達として頼んだ女性はかなり多かったように思われる。したがって西行のこうした女性への訪問には、おそらく何らかの仏事供養への結縁を勧進する意味があったものと思われる。なお、前項（歌会）に記した「大原にをはりのあま上と申す智者の許にまかりて、両三日物語申して帰りける」は、逆に西行が老尼尾張を先達視して訪問した例であるが、「智者」として敬重した尼の草庵で「両三日物語申し」たのは、数奇もさることながら仏法を話柄としたものと思われる。

周知のごとく、天台・真言の教団は女人を以って五障を負う存在とし、厳に結界を設けて接近を拒否した。これに対して浄土教においては、往生伝類にみられる女人往生の実態や、教団を離脱した聖の布教に見るかぎり、男女をき

びしく差別することはなかったらしいが、さりとて積極的に女性に働きかけ信仰を鼓吹した宗教者は、管見のおよぶところかならずしも多くはなかったようである。[28] 故に、女人往生論が緊要な思想的課題となった鎌倉仏教の祖師に先立つ時点における西行の右のごとき行動は、異色あるものとして注目すべきであろう。

とはいうものの、待賢門院堀川・同兵衛・同中納言はともに歌人として聞こえていたから、[29] 西行の訪問には数奇の道にふけろうとする意味もあったとしなければならない。

堀川の局仁和寺にすみけるに、まゐるべきよし申したりけれども、まぎるる事ありて程へにけり。月の比まへをすぎけるをききていひ送られける

九二六　にしへ行くしるべとたのむ月かげのそらだのめこそかひなかりけれ

かへし

九二七　さしいらでくもぢをよぎし月かげはまたぬ心ぞそらにみえける

こうした贈答に含まれる諧謔は、西行の訪問の雰囲気を察せしめるものであろう。同様に尼尾張への訪問も、名残惜しさに交わされた連歌が端的に数奇の雰囲気を伝えてくれるのである。

西行の山里訪問の相手として名の知られる者は、右のごとき女性だけではなく、男性にも、

嵯峨にまかりたりけるに、ゆきふかかりけるを見おきていでしことなど、申しつかはすとて

一一五二　おぼつかな春の日かずのふるままにさがのの雪はきえやしぬらむ

返し　静忍法師

一一五三　立ちかへり君やとひくと待つほどにまだきえやらずのべのあわ雪

といった例があるけれども数は少なく、当然脚しげく訪ねたであろう常盤三寂の場合なども、まったく直接の証を欠く。このことはもとより史料伝存の偶然性によると考えなければならぬとしても、多少は西行の女性に対する関心の強さをも示すものではあるまいか。西行が老女たちの残んの色香に魅せられたか否かは問わぬにしても、その山里訪問の契機として、道心とともに数奇心の存在したことは認められるであろう。

以上は他の山里住まいへの訪問であるが、訪問の事例としては他に山里以外へのそれがあり、しかもそこには宗教的性格がより顕著にみられる。

七月十五日夜あかかりけるにふなをかにまかりて

八四五いかでわれこよひの月を身にそへてしでの山路の人をてらさむ

近衛院の御はかに人々具してまゐりたりけるに、露の深かりければ

八五二みがかれし玉のうてなを露ふかき野べにうつして見るぞかなしき

一院かくれさせおはしまして、やがての御所へわたりまゐらせける夜、高野よりいであひてまゐりあひたりける、いとかなしかりけり。このちおはしますべき所御覧じはじめけるそのかみの御ともに、右大臣さねよし、大納言と申しける候はれけり。しのばせおはしますことにて、又人さぶらはざりけり。その御ともにさぶらひけることのおもひいでられて、をりしもこよひにまゐりあひたる、むかしいまの事おもひつづけられてよみける

八五三こよひこそおもひしらるれあさからぬ君にちぎりのあるみなりけり

をさめまゐらせける所へわたしまゐらせけるに

八五四みちかはるみゆきかなしきこよひかなかぎりのたびと見るにつけても

をさめまゐらせてのち、御ともにさぶらはれける人々、たとへむかたなくかなしながら、かぎりのある事なれば帰られにけり。はじめたる事ありて、あくるまでさぶらひてよめる

八五五とはばやとおもひよらでぞなげかましむかしながらの我が身なりせば

ゆかりありける人はかなくなりにけり。とかくのわざにとりべ山へまかりてかへりけるに

八六一かぎりなくかなしかりけりとりべ山なきをおくりてかへる心は

五十日のはてつかたに、二条院の御はかに御仏供養しける人にぐしてまゐりたりけるに、月あかくしてあはれなりければ

八六四こよひ君しでの山ぢの月をみてくものうへをやおもひいづらむ

墓にまかりて

一七五三思ひいでし尾の上の塚のみちたえて松風かなし秋のゆふやみ

これらはいずれも人の葬送または展墓のための外出であるが、その対象との関係には公私両様あったようである。たとえば八六一番歌の「ゆかりありける人」は、伊藤嘉夫氏(30)の「妻などといふ人ではなからうか」との説は明証に欠けるとしても、縁浅からぬ人には相違なく、八五三番歌以下の「一院」(鳥羽法皇)は身分隔絶した院政の主とはいえ、かつて北面として忍びの御幸に随従した思い出を持つなつかしい御方であった。しかし、八五二番歌の近衛院、八六四番歌の二条院のごときは、西行にとって格別ゆかりある対象ではない(31)。故にこうした対象をも含む葬送・展墓のための外出は、念仏聖としての活動であったと見るべきで、それは八五五番歌の「はじめたる事」(おそらくは追善の読

経・念仏）を以ってしても確かめられるであろう。したがって歌も、八六一番歌のごときは伊藤氏は「調べが痛切」なることを指摘されたが、他はむしろ西行独特の豊饒な抒情の乏しい類型的儀礼歌のごとく考えられる。(32)

こうした貴人の葬送や展墓に西行のごとき下級官人身分出身の遁世者が参会を求められ、あるいは自発的にまかり出るのは、常態ではなかったかと推測される。そして死者への追善供養として催される一品経その他の勧進も、当然これに付随したと見られるが、西行がこの面に多くの実績をもつことは、すでに五来重氏(33)によって指摘されたところである。

③**音信**　王朝貴族社会における和歌が、何よりも活発に社交の具としての社会的機能を果していたことは、遁世者の場合も例外ではない。したがって西行をめぐっても、おびただしい贈答歌が詠まれたが、ここにも数奇と仏道の両面が看取される。

若菜に初子のあひたりければ、人のもとへ申しつかはしける

二四わかなつむけふに初子のあひぬればまつにや人のこころひくらむ

せが院の花ざかりなりける頃、としたかのもとよりいひ送られける

二一〇おのづからくる人あらばもろともにながめまほしき山ざくらかな

返し

二一一ながむてふかずにいるべき身なりせばきみがやどにて春はへぬべし

上西門院の女房、法勝寺の花見侍りけるに、雨のふりてくれにければかへられにけり。又の日、兵衛の局のもとへ、花のみゆき思ひ出させ給ふらむとおぼえて、かくなむ申さまほしかりしとてつかはし

ける

一一二見るひとに花もむかしをおもひいでてこひしかるべし雨にしをるる

返し

一一三いにしへをしのぶるあめとたれかみむはなもその世の友しなければ

寂然、もみぢのさかりに高野にまゐりていでにけり。またのとしの花のをりに申しつかはしける

一一六〇もみぢみしたかののみねの花ざかりたのめぬ人のまたるるやなに

かへし　　寂然

一一六一ともにみし嶺のもみぢのかひなれや花のをりにも思ひ出でける

十月なかの頃、宝金剛院のもみぢけるに、上西門院おはします由ききて待賢門院の御時思ひいでられて、兵衛の局にさしおかせける

八六九もみぢみてきみがたもとやしぐるらむむかしのあきの色をしたひて

かへし

八七〇色ふかきこずゑをみてもしぐれつつふりにしことをかけぬ日ぞなき

忍西入道にし山のふもとにすみける、秋の花いかにもおもしろかるらむとゆかしうと、申しつかはしたりける返事に、いろいろの花をりあつめて

一二四七しかのねや心ならねばとまるらむさらではのべをみな見するかな

かへし

一二四八しかのたつのべのにしきのきりはしはのこりおほかる心ちこそすれ

五条三位入道のもとへ、伊勢より浜木綿遣しけるに

釈阿

一七四六はまゆふに君がちとせの重なればよに絶ゆまじき和歌の浦波

かへし

一七四七浜木綿にかさなる年ぞあはれなるわかの浦波よにたえずとも

京に侍りし人に、高野より申し遣し侍りし

ある人

二一〇一小倉山ふもとの秋やいかならむ高野のみねは時雨れてぞふる

かへし

二一〇二小倉山ふもとの秋をまちやせむ高野の紅葉またで散りなば

嵯峨にまかりたりけるに、ゆきふかかりけるを見おきていでしことなど、申しつかはすとて

一一五二おぼつかな春の日かずのふるままにさがのの雪はきえやしぬらむ

返し

静忍法師

一一五三立ちかへり君やとひくと待つほどにまだきえやらずのべのあわ雪

引例が長きにすぎたが、右のごとく若菜・花・時鳥・紅葉・秋の花・浜木綿・時雨・雪など、四季の風物や異土の名物に感興を催してはこれを伝え、あるいは友を誘うのは、数奇の遁世者の本懐であった。この種の存問の圧巻とすべきものは、前にふれた高野の西行と大原の寂然の間に交わされた十首の贈答であろう。

しかし、贈答歌の比重は数奇よりもむしろ仏道に傾くように思われる。西行が多くの女人に「しるべ」と頼まれた

ことは前述したので、そうした際の贈答については繰り返さないが、仏法を人に勧めるために交わした贈答は、男性に対しても活発である。

したしき人々あまたありければ、おなじ心に誰も御覧ぜよとてつかはしたりける返事に又

八〇八なべてみな晴れせぬやみのかなしさをきみしるべせよひかりみゆやと

又かへし

八〇九おもふともいかにしてかはしるべせむをしふるみちにいらばこそあらめ

のちの世のこと、むげにおもはずしもなしとみえける人のもとへいひつかはしける

八一〇よのなかに心ありあけの人はみなかくてやみにはまよはぬ物を

返し

八一一世をそむく心ばかりはありあけのつきせぬやみは君にはるけむ

こうした贈答は、西行が仏道精進の遁世者として、道心の乏しい人を叱責したり機縁ある人を激励したりしていた事実を示すものである。なおこの八〇九・八一〇番歌のごときは、西行の作品としては何の取柄もないもので、それ故「西行の和歌についての研究」と副題された窪田章一郎氏の大著にさえ言及されなかったのは、至極当然のことである。しかし思想史的研究視角からすれば、西行がかく「あまたの人々」に対し、ことには「のちの世のこと、むげにおもはずしもなしとみえける人」などにはすかさず、「しるべせむ」とする積極性を持っていた事実を語る、これらは貴重な例証といわねばならない。本章にはいささか煩雑なまで作品を例示するけれども、引例の目的は秀歌の挙示ではなく、こうした点にあることを理解されたいと思う。

西行のこうした活動のうちもっともめざましいものは、侍従大納言成通・中院右大臣雅定・徳大寺右大将公能との贈答である。

侍従大納言成通のもとへ後の世の事おどろかし申したりける返事に

七九八 おどろかすきみによりてぞながき世のひさしきゆめはさむべかりける

返事

七九九 おどろかぬ心なりせば世の中を夢ぞとかたるかひなからまし

中院右大臣、出家おもひたつよしの事かたり給ひけるに、月いとあかくて、よもすがらあはれにて、あけにければかへりにけり。そののち、その夜のなごりおほかりしよしいひおくりたまふとて

八〇〇 よもすがら月をながめてちぎりおきしそのむつごとに闇ははれにき

返し

八〇一 すむといひし心の月しあらはればこの世もやみのはれざらめやは

右大将公能・父の服のうちに母なくなりぬとききて、高野よりとぶらひ申しける

八五六 かさねきるふぢのころもをたよりにて心の色をそめよとぞ思ふ

返し

八五七 ふぢ衣かさぬる色はふかけれどあさき心のしまぬはかなさ

侍従大納言成通は平治元年(一一五九)六十三歳で出家し、法名を栖蓮と称した(『公卿補任』)。中院右大臣雅定は久寿元年(一一五四)六十一歳で「年来之本意」をとげ、法名を蓮如と称した(同上)。徳大寺公能の父実能の薨去は保

元二年（一一五七）九月二日（同上）、母の藤原顕隆女の死はその翌年とみられる。したがって前引の三贈答は、西行の四十歳前後数年間のことである。

西行がこうした上級貴族層の人々に仏法おそらくは浄土往生を勧めたのは、いかなるゆかりによるものであったろうか。まず第一には俗縁があげられる。雅定は六条右大臣顕房の孫で、神祇伯顕仲の兄雅実の子であるから、前出の待賢門院堀河・同兵衛には従兄弟に当たる（『尊卑分脈』）。徳大寺公能が西行の家人として仕えた左大臣実能の子なることはいうまでもない。故に身分の懸隔にもかかわらず、親近する契機は十分にあったわけである。しかし、第二に、そしてより重視すべきものとして、これらの人々がいずれも多芸多能の数奇者的タイプであったことがあげられる。『今鏡』は彼らについて、それぞれ次のごとく讃嘆をこめて伝えている。

（成通）侍従の大納言成通と申ししこそ、よろづのこと能多く聞え給ひしか。笛・歌・詩など、その聞えおはしき。今様謡ひ給ふこと類なき人におはしき。また鞠足におはすることも、昔もありがたきことになむ侍りける。（中略）馬に乗り給ふことも優れておはしけり。（中略）大方、早業をさへ双びなくし給ひければ、反りかへりたる沓はきて、勾欄の桙木の上歩み給ひ、車のまへむしろ、築地のうらうへ、滞るところおはせざりけり（藤波の下第六）。

（雅定）この大臣は才おはして、公事なども能く仕へ給ひけり。笙の笛なむ優れ給へりける。（中略）家の事にて、胡飲酒舞ひ伝へ給ふ事も、いみじくその道得給ひて、心殊におはしける。（中略）この右の大臣雅定は、御心ばへすなほにて、いとらうある人にておはしけるに、後の世の事なぞ思しとりたる心にや、煩はしきけなどもおはせで、いとをかしき人にぞおはしましゝ。（中略）大方歌詠みにおはしき。（中略）出家などし給ひしこそ、いと清らかにめでたく承りしか（新枕）。

（公能）この大臣管弦も身の才も、かた〴〵おはすと聞え給ひき。御親実能・祖父公実などは御才もおはせぬに、詩など作り給ひ、御みめも心ばへも、いと優なる人にぞおはしける。（中略）この大臣は若くより御声も美しくおはして、蔵人の少将などいひて、五節の淵酔の今様などに、権現謡ひ給ひける。内侍所の御神楽に、拍子とりなどし給ひけるも、細き御声のいとをかしくぞ侍りける。むねとは詩作り給ふことを好みて、（中略）蔵人の頭におはせし時も、殿上の一寸物し、日記の唐櫃に、日ごとに日記書き入れなどせさせて、古きことを興さむとし給ふとぞ聞え給ひし（藤波の下第六）[34]。

右の中でも、成通と西行が「蹴鞠の道を通じて」深い交わりを結んだことは、堀部正二氏[35]によって指摘されたごとくである。他の二人との交誼も単なる俗縁にのみよるのではなく、数奇の道において相許したのであろう。『山家集』などの詞書に名をとどめた上級貴族の中には、他にも桜町中納言成範・宮内大輔定信・京極太政大臣宗輔など一芸一能に達した人が多いのは顕著な特徴であるが[36]、右三人もその尤なるもので、したがって西行との交誼は早くからあったものと思われる。それにしても、身分も年齢も劣る西行が仏法の先達として敬重されていること、また西行も自信を以ってこれに応えていることは注目すべき所である。

仏道に結縁しようとした贈答は、なお他にも、

寂超入道大原にて止観の談義すとききてつかはしける

九二八ひろむらむのりにはあはぬ身なりとも名をきくかずに入らざらめやは

返し

九二九つたへきくながれなりとものりの水くむ人からやふかくなるらむ

宮内大輔定信の入道、観音寺にだうつくるに結縁すべきよし申しつかはすとて　観音寺入道生光

九三〇てらつくるこのわがたににつちうめよ君ばかりこそ山もくづさめ

かへし

九三一やまくづすそのちからねはかたくとも心だくみをそへこそはせめ

あざり勝命千人集めて法花経結縁せさせけるに、又の日つかはしける

九三二つらなりしむかしにつゆもかはらじとおもひしられし法のにはかな

人にかはりてこれもつかはしける

九三三いにしへにもれけむことのかなしさはきのふのにはに心ゆきにき

のごとき例がみられるが（九三二・九三三は返歌を欠くが）、これらはいずれも西行の勧進者としての行状を示すものであり、(37) そうした宗教活動が数奇の生活と表裏して活発におこなわれた所に、西行独特の生き方があった。もとより数奇と仏道とは理念的には断絶し矛盾するものであるが、西行の遁世生活の実態においてはみごとに相即し融合していたのである。

注

（1）拙稿「文徳・清和両天皇の御在所をめぐって――律令政治衰退過程の一分析――」（『史元』一〇）参照。

（2）「皇后宮の、清和院にわたらせ給てありけるに、つきのあかきよ、まいりてあそひなとし侍て、またの日、女房のかくてをこせたりし／あきかせにふきあはすれはふえのねも月の光もさやけかりけり（下略）」。

（3）多賀宗隼『源頼政』（人物叢書）一九七頁。尾山篤二郎氏は官子を「勢賀院の斎宮と申上げる」事実を指摘しつつも、「こ

の斎宮に、上西門院が唐崎のみそぎの頃、その続きで殿上人を奉らせ給うたこと（目崎注、『今鏡』御子たち第八にみえる）などがあつて、この斎宮と統子内親王が同じ勢賀院に御住ひになつてゐたことがあつたかと考へ」、やはり統子説をとられた。一考すべきではあるが、同居に確証がない以上、やはり官子説を取りたい。

（4） 多賀氏前掲書一九七頁。

（5）『藤原隆信朝臣集』（群書類従和歌部）にも、「北白河なる所にて、唯信房・西行なとさそはれしかはまかりて、歌よみ連哥なとせしに、上西門院の兵衛ときこえしふるひとおはしあひて、暁かへりしなこりをおしみて、道にをひつきてつかはしたりし／いつかまためくり逢へき長きよもあかて明ぬる月の名残は／かへし／誰もさそあかて明ぬる月影のよにすみなれは今めくりこん」とみえる。

（6）『京都の歴史』二巻、一一八頁。

（7） 竹村俊則『新撰京都名所図絵』1、一三八頁。

（8） 多賀宗隼「月詣和歌集について」（『鎌倉時代の思想文化』所収）。

（9） 萩谷朴『平安朝歌合大成』二三六八頁。

（10） 簗瀬一雄「歌林苑の研究――俊恵法師研究の内――」（『国語国文』一四―七）四〇頁。

（11） 伊藤嘉夫氏（「私撰集における西行の歌」『歌人西行』所収）によれば、西行は『月詣和歌集』に一七首採られ、これは俊成二七首・俊恵二五首・重保二一首に次ぐ。西行が賀茂にゆかり深く、重保からも好意・尊敬を寄せられていたことは明らかである。

（12） 井上宗雄「丹後守為忠をめぐって――院政期における一歌人の考察――」（『文学語学』昭和三十四年九月号）。

（13） 岩橋小弥太「常盤の三寂」（『国学院雑誌』五九―四）。

（14） 井上宗雄「常盤三寂年譜考附藤原隆信略年譜」（『国文学研究』第二一）。

（15） 岩橋氏前掲論文六頁。

（16）『山家集』九二八「寂超入道大原にて、止観の談義すときさてつかはしける」（歌・返歌略）・一二四三「寂然入道大原にすみけるにつかはしける」（歌・返歌略）など。

（17） 山木幸一「朗詠詩句と西行和歌」（『和歌文学研究』一八）三八頁。なお第六章第一節注（15）参照。

(18) 角田文衛『椒庭秘抄――待賢門院璋子の生涯――』。
(19) 角田氏前掲書一二三頁。
(20) 角田氏前掲書二六五頁。
(21) 同上二七八頁。
(22) なお三六二番歌も、異本には「菩提院前斎院にて月の歌よみ侍りしに」とある。
(23) 川田順『西行』七〇頁・尾山篤二郎『校注西行法師全歌集』三〇四頁。ただし、『賀茂斎院記』『女院小伝』『本朝皇胤紹運録』『帝王編年記』『仁和寺諸院家記』その他の史料に、菩提院と統子内親王について明証が見当らない。『大日本史料』四ノ二文治五年七月二十日条にもみえない。なお考うべきである。
(24) なお『仁和寺御伝』によれば、待賢門院は入滅の時、法金剛院を覚性法親王に譲った。
(25) 『新千載和歌集』(十九)には、右のうち八九一番歌が「鳥羽院かくれさせ給ての後、人々歌詠み侍りけるに」との詞書で収められているが、撰者の誤りであろう。
(26) 萩谷朴氏前掲書二〇七一頁。なお『袋草紙』に、この貝合における範兼・顕広(俊成)と清輔との激烈な難陳のさまがみえる。平安末期歌合におけるこうした妄執ともいうべき雰囲気を「生得の歌人」西行は嫌悪したものと思われ、それが歌合詠進を回避した理由でもあろうか。あるいはまた、もし詠進によって報酬が得られるものであったとしても(そうした実態について私は知る所がないが)、西行の遁世生活にはそうした収入の必要もなかったであろう。
(27) 西行自身も「醍醐に東安寺と申して、理性房の法眼の房にまかりたりける」時重病で危篤におちいり、「同行に侍りける上人たち」が駆けつけたことがある(一八七六・一八七七西住との贈答)。こうした慣習の淵源となった叡山横川の二十五三昧会については、井上光貞『日本浄土教成立史の研究』第二章第二節一四八頁参照。
(28) 遠藤元男「女人成仏思想序説」(西岡虎之助編『日本思想史の研究』所収)、笠原一男『女人往生思想の系譜』参照。
(29) 角田氏前掲書二五一～二五五頁。
(30) 日本古典全書『山家集』頭注。
(31) 前引二〇九一番歌の美福門院の場合も同様である。
(32) 八二五番歌について窪田氏(前掲書二一四ページ)は、「求められて提出した儀礼の哀傷歌」と考えられるとされた。

(33) 五来重『高野聖』旧版一五九頁以下。なお、第六章「高野山における西行」参照。
(34) なお、右の三人については『古事談』『古今著聞集』などに多くの逸話がみえる。
(35) 堀部正二「西行と蹴鞠」(『中古日本文学の研究』所収)。なお、井上宗雄「藤原成通とその家集」(『中古文学』一九)に詳論がみられる。
(36) 五一〇・八九九・九三〇・九三一番歌など参照。なお第四章「数奇と遁世」に宗輔、第六章「高野山における西行」に定信について触れている。
(37) 詳細は第六章「高野山における西行」参照。

三 寺社参詣と諸国修行

1 寺社への参詣

「山里」の草庵閑居が、西行の遁世生活の静の面であるのに対して、その動の面は「修行」である。この語は「山里(山家)」と同様に、西行自身の愛好した用語とみなしてよいと思われる。もっとも、家集の詞書には、「修行」のほかに「まゐる」の語が多く認められ、前者が遠方への廻国を意味するのに対して、後者は概して都を去ること遠くない寺社への参詣について用いられているようである。そして前者が漂泊者としての西行の真骨頂として人口に膾炙していることはいうまでもないけれども、その回数および延日数はかならずしも多くないのに対して[1]、後者ははなはだ多種多様かつ頻繁であり、両者を総合してはじめて西行の遁世生活の動の面の全貌を把握することができるであろう。そこでまず「まゐる」すなわち寺社参詣について概観することにしたい。

そのかみまゐりつかうまつりけるならひに、世をのがれてのちも賀茂にまゐりけり。としたかくなりて四国のかたへ修行しけるに、またかへりまゐらぬこともやとて、仁安三年十月十日の夜まゐり、幣まゐらせけり。うちへもいらぬ事なれば、たなうのやしろにとりつきてまゐらせ給へとて、心ざしけるに、木の間の月ほのぼのに、つねよりも神さびあはれにおぼえてよみける

一一八一かしこまるしでになみだのかかるかな又いつかはとおもふあはれに

きたまつりのころ、かもにまゐりたりけるに、をりうれしくて、またるるほどにつかひまゐりたり。はし殿につきてついふしをがまるるまではさる事にて、舞人のけしきふるまひみしよのこととともおぼえず。あづまあそびにことうつ倍従もなかりけり。さこそ末の世ならめ、神いかにみたまふらむとはづかしきここちしてよみ侍りける

一三一〇神のよもかはりにけりとみゆるかなそのことわざのあらずなるにも

ふけたるままにみたらしのおとかみさびてきこえければ

一三一一みたらしのながれはいつもかはらじをすゑにしなればあさましのよや

月のよ、かもにまゐりてよみ侍りける

一四九三月のすむみおやが原に霜さえて千鳥とほだつ声きこゆなり

このうち三首は上賀茂社、一首は下鴨社への参詣とみられる。一一八一番歌に「そのかみまゐりつかうまつりける」といい、一三一〇番歌に「みしよのこととともおぼえず」と、懐旧の情をもらしている所から、在俗の頃に賀茂祭の陪従などに勤仕した経験があったようである。賀茂社に神主たちの歌会があり、それに西行が参加したことは前述

したが、賀茂社は遁世後の西行にとって単なる数奇の場ではなく、同時に信仰の対象でもあった。僧侶の身ながら夜陰に奉幣し参籠したところには、後章に述べる伊勢信仰とも考え合せて、本地垂迹思想に対する西行の強い関心を指摘することができよう。

賀茂社が平安近郊に鎮座するのに対して、以下の社寺は畿内・諸国に位置している。

春日にまゐりたりけるに、つねよりも月あかくてあはれなりければ

四四八ふりさけし人の心ぞしられぬるこよひみかさの月をながめて

竜門にまゐるとて

一五一七せをはやみみやたきがはをわたり行けば心のそこのすむここちする

右大和国の社寺のうち、後者はいくたびかの吉野行の途中に参詣したと見られよう。前者は藤原氏の氏神への参詣である。西行も藤氏の末裔ではあるが、「山階道理」(『大鏡』)と公家を怖れしめた春日明神の神威を格別畏敬したわけでもなさそうな事は、阿倍仲麻呂の古歌を想起した歌意から推察される。ここでは西行は、「つねよりも月あかくてあはれ」な三笠山の風情を賞でているのである。

天王寺へまゐりてかめ井の水をみてよみける

九三五あさからぬちぎりの程ぞくまれぬるかめ井の水にかげうつしつつ

天王寺へまゐりたりけるに、松に鷺のゐたりけるを、月のひかりにみてよめる

一一六二にはよりはさぎゐる松のこずゑにぞ雪はつもれる夏の夜の月

天王寺へまゐりけるに、かた野など申す渡り過ぎて、みはるかされたる所の侍りけるを問ひければ、

あまの川と申すをききて、宿からむといひけむことを思ひ出されてよみける

一一八三あくがれしあまのかはらと聞くからに昔の波の袖にかかれる

中納言家成渚院したてて程なくこぼたれぬと聞きて、天王寺より下向しけるついでに、西住西蓮と申す上人どもして見けるに、いと哀れにて、各述懐しける

二〇八七折につけ人の心もかはりつつ世にあるかひもなぎさなりけり

承安元年六月一日、院熊野へまゐらせ給ひける跡に、すみよしに御幸ありけり。修行しまはりて、二日、かの社にまゐりたりけるに、すみのえあたらしくしたてたりけるを見て、後三条院のみゆき神思ひ出給ひけむとおぼえてよみける

一三〇七たえたりし君が御幸をまちつけてかみいかばかりうれしかるらむ

松のしづえをあらひけむ波、いにしへにかはらずやとおぼえて

一三〇八いにしへの松のしづえをあらひけむ波を心にかけてこそみれ

右は摂津国の寺社への参詣である。聖徳太子以来の名刹四天王寺は、当時来迎信仰の場として繁栄し、百万遍念仏の流行、念仏聖出雲聖人の活動などによって、鳥羽法皇・藤原忠実らをはじめ貴賤男女のおびただしく群集する所となっていた。(2) 西行の場合も、九三五番歌に「あさからぬちぎり」と詠んだのは弥陀来迎への信仰と推察されるけれども、一一八三番歌・二〇八七番歌の「あまの川」「渚院」はいずれも『伊勢物語』の名所であって、天王寺詣はこれらの名所への数奇心を満足させるよすがでもあった。

この信仰と数奇との融合は、住吉社参詣の場合も同様である。同社は当時歌神として崇敬され、大治三年（一一二

八）神祇伯源顕仲が社頭に歌合を催して以来、同系の広田社とともにしばしば歌合の場となった。(3) 就中、嘉応二年（一一七〇）に散位藤原敦頼（道因法師）の催した七十五番の歌合には、西行の知人・友人が多く参加している。西行自身は例によって歌合には参加しないけれども、その住吉社への参詣が歌道精進に関係することは、一三〇七・一三〇八番歌で延久五年（一〇七三）の後三条院の天王寺御幸を想起していることを以ってしても証せられる。なぜならば、この時の御遊のさま、特に左大弁経信の「沖つ風吹きにけらしな住吉の松の下枝を洗ふ白浪」の作は、『栄花物語』（松のしづえ）にも伝えられる有名な秀歌だったからである。そして、こうした信仰と数奇とを兼ねた参詣が、西行が眷顧を蒙った崇徳院にもみられることは、

人々すみよしにまゐりて、月をもてあそびけるに

四五〇　かたそぎのゆきあはぬまよりもる月やさえてみ袖の霜におくらむ

四五一　浪にやどる月をみぎはにゆりよせてかがみにかくるすみよしのきし

の二首のうち四五〇番歌が、『異本山家集』では「新院熊野の御幸の次に、住吉へ参らせ給ひしに」とあることから明らかである。西行自身がこのさい参会したものか都で社頭のさまを想像したものかは分明でないけれども、住吉社頭の観月という、信仰と数奇との融合した崇徳院の御遊に寄せた深い親近感は、西行の心事としてまことに自然であろう。

播磨の書写へ参るとて、野中の清水をみける事ひとむかしなりにけり。年へて後修行すとて通りけるに、同じさまにて変らざりければ

一一八二　むかし見しのなかのしみづかはらねばわがかげをもや思ひ出づらむ

（待賢門院中納言の局）小倉をすみすてて高野の麓天野と申す山にすまれけり。おなじ院の帥の局、都の外のすみかとひ申さで、いかでかとてわけおはしたりける。ありがたくなむ。帰るさに粉河へまゐられけるに、御山よりいであひたりけるを、しるべせよとありければ、具し申して粉河へまゐりたりけり。かかるついでは今はあるまじき事なり。吹上みむといふこと、具せられたりける人々申しいでて吹上へおはしけり。道より大雨風ふきて興なくなりにけり。さりとては吹上にゆきつきたれども、見所なきやうにて、社に輿かきすゑて、思ふにも似ざりけり。能因がなはしろ水にせきくだせとよみていひつたへられたるものをと思ひて社にかきつけける

八一六あまくだる名をふきあげの神ならば雲はれのきてひかりあらはせ

八一七なはしろにせきくだされしあまの川とむるもかみのこころなるべし

かくかきつけたりければ、やがてにしのかぜにふきかはりてたちまちにくもはれて、うらうらと日なりにけり。すゑの世なれどこころざしいたりぬる事にはしるしあらたなりけることを、人々申しつつ信おこして吹上和歌の浦おもふやうにみてかへられにけり

那智にこもりて滝に入堂し侍りけるに、このうへに一二の滝おはします。それへまゐるなりと申す常住の僧の侍りけるに具してまゐりけり。花や咲きぬらむとたづねまほしかりけるをりふしにて、たよりあるここちして、わけまゐりたり。二の滝のもとへまゐりつきたり。如意輪の滝となむ申すと聞きてをがみければ、まことにすこしうちかたぶきたるやうにながれくだりてたふとくおぼえけり。花山院の御庵室のあと侍りけるまへに、としふりたりける桜の木の侍りけるをみて、すみかとすればとよ

ませ給ひけむ事思ひいでられて

九二四このもとにすみけるあとをみつるかななちのたかねの花を尋ねて

心ざすことありて、あきの一宮へまゐりけるに、高富の浦と申す所に、風にふきとめられてほどへにけり。とまふきたるいほりより月のもりくるをみて

四五六なみのおとを心にかけてあかすかな苫もる月のかげをともにて

まゐりつきて、月いとあはれにおぼえければ

四五七もろともにたびなる空の月もいでてすめばや影のあはれなるらむ

安芸一宮だけは遠隔の地であるが、他はいずれも近国の寺社への参詣である。一一八二番歌は、性空上人ゆかりの霊場書写山へ「まゐる」ことであったが、それは『古今和歌集』（八八七よみ人しらず）の「いにしへの野中の清水ぬるけれどもとの心をしる人ぞくむ」で知られる名所「野中の清水」を「みる」行為を伴っていた。八一六番歌の、旧知の待賢門院女房を案内しての観音霊場参詣という勧進聖的行為は、同時に「吹上・和歌浦おもふやうにみてかへ」る数奇者のわざでもあり、そうした数奇者の先達たる能因の故事にあやかろうとする、心のはずみもあった。いずれも信仰と数奇との渾然たる融合であって、それは九二四番歌の、熊野におけるきびしい滝修行の間に、これも数奇の先達として敬慕する花山院の庵室をたずねて、「木のもとをすみかとすればおのづから花見る人になりぬべきかな」（『詞花和歌集』雑上）の古歌を想起した点にも共通するのである。

能因・花山院に言及したついでに、ここで西行の家集にみえる古人（直接交渉の形跡なき同時代人を含む）をあげてみよう。

――（　）中は歌番号――

行基菩薩　（二一五三）
弘法大師　（一四四七・一四六〇・一四六一・一四六二）
巨勢金岡　（一五一五）
三河入道　（一八五八）
花山院　（九二四）
実方中将　（八七二）
赤染衛門　（一一三五）

能因　（八一六・一二一三）
良暹　（一一三三）
周防内侍　（八七一）
後三条院　（一三〇七）
白河院　（一一一八）
平等院行尊（九九九・一二〇一）

以上一三名である。(4) 行基・弘法大師のごとき高僧と、高貴な後三条・白河両院を別とすれば、花山院・実方・能因・良暹など数奇者の系譜につらなる者(5)が大部分を占める。このことは西行を培った土壌がいかなるものであったかを端的に示すものとして注目しなければならない。

2　熊野・大峯との関係

さて、前項に引いた九二四番歌の熊野については、なお多くの徴証がある。

熊野へまかりけるに、宿とりける所のあるじ、終夜火を焚きてあたりけり。あたり冴えて寒きに柴をたかせよかしと思ひけれども、人には露もたかせずしてたきあかしけり。下向しけるに猶そのくろめに宿とらむと申しけるに、あるじはやう亡くなり侍りにき、ないり給ひそと申しければ、柴たき侍り

し事思ひいでられて、いと哀れにて

八三八 宿のぬしや野べのけぶりに成りにける柴たく事をこのみこのみて

八三九 のべの露草のはごとにすがれるは世にある人のいのちなりけり

円位上人熊野に籠りたる頃、正月に下向する人につけて遣しける文の奥に、ただ今おぼゆることを筆にまかするなりと書きて

二一〇四 霞しく熊野がはらを見わたせば波のおとさへゆるくなりぬる

かへし

二一〇五 霞さへあはれかさぬるみ熊野の浜ゆふぐれをおもひこそやれ(6)

熊野へまゐりけるに、八上の王子の花おもしろかりければ、やしろに書きつけける

一〇九 まちきつるやがみのさくらさきにけりあらくおろすな三栖の山かぜ

那智に籠りたりけるに、花の盛に出でける人につけて遣しける

一九八一 散らで待てと都の花を思はまし春かへるべき我身なりせば

夏、熊野へまゐりけるに、岩田と申す所にすずみて下向しけるに、人につけて、京へ、西住上人のもとへつかはしける

一一六三 まつがねのいはたの岸の夕すずみ君があれなとおもほゆるかな

五月会の頃、熊野へまゐりて下向しけるに、日高に宿にかつみをあやめに葺きたりけるを見て

二一〇六 かつみふく熊野まうでのとまりをばこもくろめとや言ふべかるらむ

右のうち八三八〜二一〇五の四首の季節は冬・正月、一〇九・一九八一番歌は花のころ、そして一一六三・二一〇六番歌は夏である。このことは西行の熊野詣が頻繁におこなわれたこと、かつその季節もさまざまであったことを示している。また九二四・一九八一番歌などは、長期間熊野に籠って修行したことを窺わせる。したがって当代のブームとなった物見遊山的熊野詣よりも、一段と真剣な仏道修行とみるべきであろう。しかしまた、前節に引いた一七六五番歌の「熊野御山にて『両人を恋ふ』と申すことよみけるに」という遊戯的な歌会や前引九二四番歌の花山院回顧が示すような、数奇の要素も見逃すわけにはいかないのである。

熊野に関連して、さらに大峯入りについて考察する必要がある。流布本『山家集』には、大峯で詠まれた作品が二群にわかれて収められている。

（A）

御嶽より笙のいはやへまゐりけるに、もらぬいはやもとありけむをりおもひいでられて

九九九露もらぬいはやもそではぬれけりときかずはいかにあやしからまし

をざさのとまりと申す所にて、つゆのしげかりければ

一〇〇〇分けきつるをざさのつゆにそぼちつつほしぞわづらふすみぞめの袖

（B）

大みねの神仙と申す所にて月をみてよみける

一一九一ふかき山にすみける月をみざりせば思ひ出もなき我が身ならまし

一一九二みねのうへもおなじ月こそてらすらめ所がらなるあはれなるべし

一一九三 月すめばたににぞくもはしづむめるみね吹きはらふ風にしかれて

をばすての峯と申す所のみわたされて、思ひなしにや月ことに見えければ

一一九四 をばすては信濃ならねどいづくにも月すむみねの名にこそ有りけれ

小池と申す宿にて

一一九五 いかにしてこずゑのひまをもとめえてこいけにこよひ月のすむらむ

篠の宿にて

一一九六 いほりさすくさのまくらにともなひてささの露にもやどる月かな

倍伊知と申す宿にて月をみけるに、梢の露の袂にかかりければ

一一九七 こずゑもる月もあはれをおもふべしひかりにぐして露のこぼるる

あづまやと申す所にてしぐれののち月をみて

一一九八 神無月しぐれはるればあづまやの峯にぞ月はむねとすみける

一一九九 かみな月たににぞ雲はしぐるめる月すむ峯はあきにかはらで

ふるやと申す宿にて

一二〇〇 神無月しぐれふるやにすむ月はくもらぬかげもたのまれぬかな

平等院の名かかれたるそとばに、もみぢのちりかかりけるをみて、はなよりほかのとありけるひとむかしとあはれにおぼえてよめる

一二〇一 あはれとてはなみしみねに名をとめてもみぢぞけふはともにふりける

千ぐさのたけにて

一二〇二わけて行く色のみならずこずゑさへ千ぐさのたけは心そみけり

ありのとわたりと申す所にて

一二〇三笹ふかみきりこすくきをあさたちてなびきわづらふありのとわたり

行者がへり、ちごのとまり、つゞきたるすくなり。春の山ぶしはびやうぶだてと申す所をたひらかにすぎむことをかたく思ひて、行者ちごのとまりにて思ひわづらふなるべし

一二〇四びやうぶにや心をたててておもひけむ行者はかへりちごはとまりぬ

三重の滝をがみけるに、ことに尊くおぼえて三業の罪もすすがるるここちしければ

一二〇五身につもることばのつみもあらはれて心すみぬるみかさねのたき

転法輪の嶽と申す所にて、釈迦の説法の座の石と申す所をがみて

一二〇六ここそはのり説かれける所よときくさとりをも得つるけふかな

右の（A）（B）二群がもし別々の峯入りのさい詠まれたものとすれば、これは『古今著聞集』（釈教第二）「西行法師大峰に入り難行苦行の事」の条にみえる、「大峰二度の行者也」という記述とよく照応するが、逆に『山家集』の（A）（B）二群から、「二度」という記述が生まれたと考える余地もあるので、度数は定かではない。ともかく同書によれば、西行は「大峰をとをらんと思ふ志」が深かったが、「入道の身にてはつねならぬ事」故年来思い煩っていたところ、「宗南坊僧都行宗」という者が「何かくるしからん、結縁のためにはさのみこそあれ」と勧めたので決心した。そして「かやうに候非人の、山臥の礼法たゞしうして、とをり候はん事は、すべて叶べからず。たゞ何事をも

めんじ給ふべきならば、御ともつかまつらん」と申し出て、アマチュアとしてお手柔らかに待遇されることを予期して峯入りしたが、案に相違して宗南坊が「人よりもことにいため」つけたので、西行は涙を流してこの先達の「憍慢」を恨んだ。しかし宗南坊に十界修行の意味を教えさとされ「掌を合て随喜の涙をながし」、「かひ〴〵しく」荒行を完遂した。そして「又後にもとをりたりけるとぞ」とある。

（A）群の地名「御嶽」「笙のいはや」「をざさのとまり」は『木葉衣』（日本大蔵経『修験道章疏』三所収）にいわゆる「奥通り」の吉野・金峯山寄りにある。（B）群の「神仙」「をばすての峯」「小池と申す宿」「篠の宿」「倍伊知と申す宿」「あづまや」「ふるやと申す宿」「千ぐさのたけ」「ありのとわたり」「行者がへり」「ちごのとまり」「びやうぶだて」「三重の滝[7]」「転法輪の嶽」は大部分その熊野寄りにある。しかし地名の配列は、『木葉衣』（十八）の「峰中略記」などを参照するかぎり、いわゆる順峯・逆峯のいずれにも従っていない。ただ、一一九八〜一二〇〇番歌に「しぐれ」をまた一二〇一番歌に「もみぢ」を詠んでいる所から、いわゆる秋の峯入りであったことは確実である。

室町時代に成立したと思われる『修験道峰中火堂書』（下巻）[8]には、「順峰修行ハ金剛界之修行也。秋八月晦日ノ入峰ハ熊野山那智滝ノ本宿ヨリ大峰へ入リ、十月初八日万歳峰へ駈出也。逆峰修行ハ胎蔵界之修行也。春三月十八日ハ吉野金峰山ヨリ大峰へ入リ、五月一日万歳峰へ駈出」云々と記されているが、この順峯・逆峯の両方式は天台宗寺門に属する本山派と真言宗醍醐寺に属する当山派の成立以後のことと見られるから、[9]これを遡らせて西行が熊野山臥の方式を取ったと即断するわけにはいかない。しかし、「十三世紀の半ばを降らない[10]」頃の成立とされる『西行物語絵巻』大原本の画面は山臥を有髪に表現しており、絵巻筆者が西行の先達を熊野山臥と見做していたことは明らかである。もとよりこの絵巻には伝説化の跡がいちじるしく、絵巻とおそらく前後して建長六年（一二五四）に成立した『古今著聞集』の説話と共に、無条件には信じえない。しかし、少なくともその『宗南坊僧都行宗』を先達と頼んだという記述には、拠る所があると考えられる。すなわち「熊野山別当検校次第」（『修験道章疏』㊂）附録には、「熊野長床宿老五流」の筆頭に、

尊隆院行宗　僧南坊前少僧都、長床執行、峰修行三十五度、晦日山伏、前大僧正覚宗弟子、承元五年二月四日卒、春秋八十五歳、

とみえる。この記事は「抄二出元禄年間某人撰修験道山彦一」した由で後世の史料にすぎないが、熊野山臥の記録『山伏帳』（『修験道章疏』㊂）巻下にも、

一文治三年晦山伏被レ入次第
慶猷美濃入三装束等於二御所一令二着用一、則下給之故、装束役人信盛、親成、幣中覚成阿闍梨、一負従二　御所一至二于柳本一、一院被レ遊之、二負至二于船津一、道仁法印于レ時御先達、中乗行宗律師僧南房、船渡夏一定慶阿闍梨、所司道宗阿闍梨、其仁可レ有二賞翫沙汰一乎、次於二　御幸臨幸一、役人等縦雖レ為二入峰之最中一、召出之令二供奉一之条先例也、其間者在二旅宿一、不レ可レ入二自室一、

とみえる。後白河法皇は文治三年十二月十一日熊野に進発し、翌年正月六日帰京したが（『玉葉』）、右の記事の原史料はこの御幸に供奉した何びとかの記録の抄出と思われる。行宗はここに律師としてみえるが、さらに『玉葉』文治三年四月の九・十三・十五日条には、後白河法皇の「物狂」のごとき病悩に対して「熊野験者」がこれを「平復」せしめ、勧賞があったよしがみえ、この熊野験者はすなわち「行宗」で、十五日条分注に「行宗任二律師一事也」と明記されている。(11) 以上の徴証によって、「僧南房行宗」が文治三年（一一八七）前後に熊野山臥の有力者として実在したことは確実である。西行はおそらく屢次の熊野詣によって行宗と相識になり、その勧めに従って大峯修行を試みたのであろう。(12)

前節で吉野の花を愛しここに草庵を結んだ西行に金峯山寺との関係の顕著なものが認められないことを指摘したが、大峯入りも金峯山山臥の先達によるものではなかったようである。

さらに熊野山臥の大立物なる大僧正行尊に対する西行の敬慕も、合せ考えるべきであろう。僧形の西行が山臥たちのいかつい形相と相対している『西行物語絵巻』大原本の一場面を眺めていると、その大峯入りが念仏聖として如何に異例であったかがよく実感されるが、この異例の行為の根底には行尊への敬慕があったと思われ、それは前引九九九・一二〇一番歌がそれぞれ『金葉和歌集』（雑上）に採られたところの、

　　大峯の岩やにてよめる　　　　僧正行尊

草の庵を何露けしと思ひけむもらぬ岩やも袖はぬれけり

　　大峯にておもひもかけずさくらの花の咲きたりけるをみてよめる　　　　僧正行尊

もろともにあはれと思へ山桜花よりほかにしる人もなし

を本歌としていることによって推定される。言語に絶する苦行の間に西行の念頭を常に去来したのは行尊の面影とその作品であり、この人を先達として修行しているがごとき思いに打たれていたのであろう。

行尊その人については、近藤潤一氏の『行尊大僧正論――生涯と作品――』(13)が委曲をつくしているので詳述しない。彼は小一条院敦明親王の孫すなわち参議源基平の子として生まれ、伯父に当たる平等院の入道無品明行の弟子となり、門地と修行ふたつながら抜群であったために、園城寺長吏・天王寺別当・天台座主・大僧正に補任され、保延元年（一一三五）八十一歳で入滅した（『寺門高僧記』第四、群書類従釈家部）。『今鏡』（御子たち第八）には、「平等院僧正行尊とて、三井寺におはせしこそ、名高き験者にておはせしか」とみえ、『寺門高僧記』にはその験力の例として、大治元

年（一一二六）待賢門院所生の鳥羽院第二宮諱通仁を蘇生させたこと、また長承二年（一一三三）に待賢門院自身の「邪霊」を退散せしめたことが記されている。後者は西行の院北面勤仕の直前だから、少年の義清は行尊の験力を伝え聞いて感銘したかも知れない。[14]

行尊がこのような験者となったのは、青年期の超凡の山中修行によるもので、『今鏡』（御子たち第八）には、「小阿闍梨など申しける折より、大峯・葛城はさる事にて、遠き国々山々など、久しく行ひ給ひて、白河の院、鳥羽の院、打ち続き護持僧におはしき」とみえる。『行尊大僧正集』（桂宮本叢書私家集四）は、流布本の冒頭に、

十六とかや申しとしの九月はかりに、修行にいてしみちにて

草まくらこけのころものつゆけさに　あきのふかさもしられぬるかな[15]

とあり、以下の二一四首（と連歌六句）は、熊野・大峯を中心として畿内・近国にわたる長年月の抖擻の間に詠まれたものである。書陵部蔵の異本の内題に「すかふしふともいふへきにや」（修行集）と注されているのは、集の特質をよく把えている。

勅撰歌人行尊が「西行に先行する抖擻歌人」なることは、すでに諸家一致の見解であるが、[16]二―三気付いた点をあげておく。まず流布本には花の歌二三首、月の歌一三首が含まれている。その合計三六首は集の約一七パーセントを占めるから比重は大きく、花と月をこよなく愛した西行との共通性が顕著である。また、

くさ枕なにかりそめとおもひけむたひこそつゐのすみかなりけれ

のごとく一所不住の念に徹しようとする点は、西行・慈円らに代表される中世的漂泊観念の先駆とみるべきものであろう。[17]行尊が西行の精神形成におよぼした影響は大きいと、私は考える。もとより行尊の熊野・大峯における修行は

酷烈をきわめた本格的なものであり、[18]また永久四年（一一一六）入滅の増誉を継承して二代目熊野山検校となり（『章疏』㈢所収「熊野山別当撿挍次第」）、白河・鳥羽両上皇の活発な熊野御幸を実現せしめた事蹟などを見ても、[19]行尊の宗教活動は山里閑居を基調とする西行的遁世とはまったく本質を異にするけれども、

とにかくにうきみやこへもいそくかな　ものこりせぬはこゝろなりけり

と嘆きを訴え、

さむげなりし同行ともに、きぬをぬきとらせて、我さむく侍りしかは、しはをこりあつめて、よるはとのゐものにし侍とて

あをしはをこけのたもとにかさぬれは　いろこのみとや人はみるらん

と諧謔をもらし、また、

まいりつきて、正月五日、哥よむひしりとものつとひて、うくひすのはつねよみしにましりて、我さまのあやしさを

やまかつのさるゝけふかなうくひすの　すたつはつねのすくしかたさに

のごとく、「哥よむひしり」たちと交わった点など、数奇の濃厚な渾融を否定することはできない。西行は行尊のそうした柔軟な人間性に強い親近感を抱いたものと考えられる。私はこうした点からして、西行が熊野山臥を先達として大峯修行を試みた契機として、行尊への敬慕のあったことを想定したいのである。要するに、一方において数奇者能因、他方において験者行尊、この極度に対照的な存在に同時に傾倒したところに、西行の遁世者としての位相を見定めることができるであろう。

3　初度陸奥行と歌枕探訪

前項までの随所に触れた仏道と数奇との融合・統一は、両度の陸奥行および讃岐行のごとき長旅についてもみられるであろうか。結論をさきにいうならば、これら三回の「修行」はそれぞれまったく性格を異にするのであって、しかもその変化の上に、西行における仏道と数奇との比重の推移が象徴的ともいえるほど鮮かに現われているのである。以下、その点を具体的に述べたいと思う。

まず第一に初度の陸奥行についてであるが、この修行の性格を追求する前提として、そのおこなわれた年時をみきわめる必要がある。川田順氏[20]は康治二年（一一四三）「春長けて桜も散る頃」菩提院前斎院（のちの上西門院）の女房と別れの歌を詠みかわして出発し、天養元年（一一四四）「崇徳上皇詞花集の歌を召さるる頃」には帰洛していたと考えた。この推定は例によって歯切れがよいが、これに対して尾山篤二郎氏は、「今日では西行二十七八歳の天養久安の頃と推定されてゐる[21]」とも、また「壮年の時（少なくとも三十歳以前）[22]」とも記し、あまり突き詰めて考えていない。風巻景次郎氏も「ようやく三十の境に近づくころ[23]」と大づかみに記す。窪田章一郎氏は風巻説に賛同しつつ川田説をも顧りみ、「ただ私見としては、長途の旅に出ようと計画を立てた主体的条件が、三〇歳の頃のほうが強いのではないか[24]」とされる。その他にも、三好英二氏[25]が「康治二年の頃（廿六歳）に試みた第一回の奥州行脚」と記すなど、諸家の説がある。ほぼ康治二年、二十六歳ごろとするものと、三十歳ごろとするものとにわかれるといえるが、いずれにせよ、諸氏の考証は綿密ではなかった。

初度陸奥行について詳密な考察を加えたのは、臼田昭吾氏の論文「西行の初度陸奥の旅に就いて——その時期と意義──(26)」である。氏はその時期について、まず上西門院が菩提院前斎院と呼ばれていた時期、『台記』康治元年三月十五日の一品経勧進記事、覚雅僧都・覚誉法眼入寂年時（久安二年）などを手掛りとして「二十五歳から二十九歳春までの間にほぼ狭め」、さらに「西行の信仰の跡を辿ることによって、その時期をより確実に推定」しようとされた。それは具体的には、西行の「台密から東密へ転向した時期」に関わるというのである。その「転向」の時期について、かつて川田氏(27)は、出家直後には鞍馬の奥や双林寺・長楽寺など天台寺院の「厄介になつてゐた」ことから「台密の勉強を続けてゐたもの」とし、次いで康治元年東山から「転居」した嵯峨の法輪寺は真言宗であるから、この時「台密から東密へ転向した」と述べたが、臼田氏はこの「台密から東密へ」との基本線を踏襲しながら修正を加えた。すなわち氏によれば、「初度陸奥行で訪れた平泉の中尊寺や出羽の霊山寺、さらに「帰洛歓迎」の歌会(28)が催された双林寺がいずれも天台寺院であるから、「このような事実は、初度陸奥の旅がかなり早い時期、東密と余り深い関係をもつ以前に行われたことを十分推定される」というのである。かくて臼田氏は、窪田氏作成の年譜が康治二年・天養元年の二年間「空白」なることに注目し、この間（二十六・二十七歳）に初度陸奥行を想定された。

結論についてはともかくとして、この「台密から東密へ」という考え方には容易に賛同しがたい。西行の信仰はいわゆる雑修であり、本格的に台密なり東密なりを修行した形跡は認められない。むしろその法名「西行」が端的に示すように、時代を覆う浄土教の信仰を基調としている。(29)そして教義上には差があるにせよ、念仏行は天台・真言両法門を通じて盛行していたのが実態である。出家直後に「鞍馬のおく」に籠るなど天台寺院との関係がみられ、高野入山後は当然真言宗門との交渉が多くなったとはいえ、これを過度に「対立的」に見て、台密より東密への「転向」とするがごときは妥当ではあるまい。(30)なぜならば、家集にあらわれる京郊の寺院名は大部分参詣の対象ないしは歌会の場所であって（一六一頁・二六五～二七一頁参照）、そこで西行の宗派が問題視されたことはあるまい。また東北地方に天台寺院が多かったのは円仁以来の由緒によるものであるが、そこを旅した西行が音に聞く中尊寺に詣でるのに、自己の宗派的立場などを顧慮する必要があったとは思えない。また帰洛後の歓迎（？）歌会が、風光明媚で文人・歌人にあまねく愛用されていた双林寺で催されたのも、何の不思議もない。故に臼田氏が、「東密へ転向後陸奥の旅へ出発したのであるなら、対立関係に立った西行のために、双林寺の人達がどうして帰洛歓迎の歌会を開くであろう（中略）又、あれほど潔癖な西行が、どうして厚かましくも、そうした会に出席できるであろう」(31)などと力説されたのは、見当はずれの所で力んだ見解といわざるを得ない。後にも真言霊場高野住まいの西行は天台別所大原住まいの寂然と活発に往来し音信を交わし、また天台系の霊場熊野にも真言系の吉野金峰山にも心のままに赴いているのであって、「対立」も「転向」もあったものではない。したがって、この徴証による年代推定は無意味であろう。

次に久保田淳氏(32)は如上の諸説をかえりみた上で、さらに、

奈良の僧徒科の事によりて数多みちのくに遣されたりしに、中尊と申す処にてまかり逢ひて、都の物語すれば涙を流す。いと哀れなり。かかることは有りがたきことなり、命あらば物語にもせむと申して遠国述懐と申すことをよみ侍りしに

二一三九涙をば衣川にぞ流しけるふるきみやこを思ひいでつつ

という、西行と南都より配流された僧たちとの出会いを、『台記』康治元年八月三日条の、

近年、南京衆徒乱逆最甚、因レ之、自二五月之比一、召二集悪僧於勧学院一、付二各師一召レ之有二逢近者一、付二院雑色一奏召レ之、深酷甚二於孝宣之法一、所二召取一十五人、今夕、摂政仰二前左衛門尉為義一子義家使レ受二取之一、為レ遣二奥州一也、為義付レ縄云々、

南都僧如ㇾ此加ㇾ刑、未㆓嘗有㆒乎（中略）又今度蒙ㇾ刑僧、多是習㆓知法文㆒云々、嗟哀哉、

という記事と結びつけられた。これは川田氏の『西行の伝と歌』の所説を改めて取り上げられたものである。そして氏は、「中尊寺において西行が会った奈良の僧は、やはり康治元年八月に流された十五人の南都の僧達であった可能性が大なのではないであろうか」と推定し、その出会いは「流罪から四十年以上隔たった文治二年のことと考えることも、全く不可能ではないが、蓋然性に乏しい。彼等の罪状はさほど重いものではなく、むしろ興福寺内の派閥争いの犠牲者とも見られる節もあるので、それほど長く陸奥に流されていたとは考えにくい」とし、詞書の書きざまをも合せ考えて、「西行と南都の僧達との邂逅は、西行自身にとってこの流罪事件がなお記憶に新たであった康治二年頃をさほど下らない時点のことであったと考えたい」と想定された。かくて久保田氏は、「結局、川田氏と同じく、初度の陸奥旅行は康治二年、二十六歳頃かという見方に立つことになるのである」と結論された。

この南都配流僧との出会いは年代推定の手掛りとして有力であり、私も久保田氏に従って出会いを文治の行よりも康治に近い頃の行と想定したい。ただし、遺憾ながらこれら配流僧の召還に関する史料を見出せないので、出会いが康治二年頃かさらに数年後かという下限について推定する術がなく、折角の史料も大して役に立たない。要するに、先学の諸説をひとわたり検討した所では、二十六歳ごろか三十歳ごろか、いずれとも決定しがたいように思われるのであるが、しかし年時における二－三年の遅速は、実をいえば思想史的にはさして重要ではないのであって、いずれにせよこの時期の西行が遁世者の自由を満喫して数奇のわざに熱中していたことを確認しておけば足りる。そして思想史的にもっとも問題とすべき、若き西行がなに故にさいはての地まで「修行」に赴いたかという点については、この数奇に熱中という事実との関連をゆるがせにすべきではない。

臼田昭吾氏の前掲論文は、この見地からして注目すべき成果である。氏はまず敬慕していた待賢門院の崩後に旅立つ気持ちになったのであろうとする風巻・窪田両氏の説を批判し、もしそうならば「その一端を現わすような心の影かかけらが、陸奥の旅の作品の中に見出されてしかるべき」なのに、むしろ「どこか明るい、のびやかな心がこの旅の作品を統一している」のは、この旅が「仏道修行とか人生修業という、重苦しい形のものではなかったように思われる」と述べられた。そして陸奥の旅の所産であること確実な作品を詳細に検討した上で、「西行の関心が仏道修行よりも、古歌や歌枕にあった」こと、「能因を追慕するの情が唯ならぬものであった」こと、「作歌の際に踏まえた作品は、すべて実際に陸奥を旅した人達の歌ばかりである」ことなどを指摘し、「西行のこの旅の目的が、能因を中心とする先行歌人の跡を追って、陸奥の歌枕を実地に訪ねながら和歌修行する点にあった事」を明確に結論された[33]。私はこの考察にほぼ全面的に賛同したい。

臼田氏の所説の前提には、左の一二一三〜一二二一番の九首が一連の「旅日記の趣を形づくっているところから、すべて初度の陸奥の旅のものと推定」されるとした、窪田章一郎氏[34]の創見がある。

みちのくにへ修行してまかりけるに、白川の関にとまりて、ところがらにやつねよりも月おもしろくあはれにて、能因が秋かぜぞふくと申しけむをりいつなりけむと思ひいでられて、なごりおほくおぼえければ、関屋の柱にかきつけける

一二一三しらかはのせきやを月のもるかげは人の心をとむるなりけり

関にいりて、信夫と申すわたり、あらぬ世のことにおぼえてあはれなり。都いでし日かずおもひつづけられて、かすみとともにと侍ることの跡たどりまできにける心ひとつに思ひしられてよみける

一二一四みやこいでてあふさかこえしをりまでは心かすめし白川のせき

武隈の松もむかしになりたりけれども、あとをだにとてみにまかりてよみける

一二一五かれにける松なきあとにたけくまはみきといひてもかひなかるべし

ふりたるたなはしをもみぢのうづみたりける、わたりにくくてやすらはれて、人にたづねければおもはくの橋と申すはこれなりと申しけるとききて

一二一六ふままうきもみぢのにしきちりしきて人もかよはぬおもはくのはし

信夫の里より奥へ二日ばかりいりてある橋なり

なとり河をわたりけるに、きしのもみぢのかげをみて

一二一七なとり河きしのもみぢのうつるかげはおなじにしきをそこにさへしく

十月十二日平泉にまかりつきたりけるに、ゆきふり、あらしはげしく、ことのほかにあれたりけり。いつしか衣河みまほしくてまかり向ひてみけり。河の岸につきて、衣河の城しまはしたることがらやうかはりて物を見る心ちしけり。汀凍りてとりわきさえければ

一二一八とりわきて心もしみて冴えぞわたる衣河みにきたるけふしも

又のとしの三月に出羽国にこえて、たきの山と申す山寺に侍りけるに、さくらのつねよりもうすくれなゐの色こき花にてなみたてりけるを、てらの人々も見興じければ

一二一九たぐひなきおもひいではのさくらかなうすくれなゐの花のにほひは

下野国にてしばのけぶりをみて

一二三〇みやこちかきをのおほはらを思ひいづるしばのけぶりのあはれなるかな

　　　　おなじたびにて

一二三一かぜあらきしばの庵はつねよりもねざめぞものはかなしかりける

右の一二一九番歌の詞書の「又のとしの」云々や一二二一番歌の詞書の「おなじたびにて」などの書きざまは、確かに窪田氏のいわれるように「歌稿のまとまっていたものを収めて、原型のままをとどめた例」であろう。とすれば、その中の一二一三番歌が仁平・久寿頃の撰とされている『後葉和歌集』に収められている[35]所からして、当然この一連はすべて初度陸奥行の作となる。特に一二一八番歌は、川田・尾山・伊藤・風巻諸氏みな文治二年の再度陸奥行の作とし、当時兄頼朝と対立して平泉に潜んでいた源義経の運命と結びつけて鑑賞するのを常としていたのであるが[36]、窪田氏はこの詞書の「見まほしくて、まかり向ひて見けり」や「やう変りて物を見る心地しけり」には「それが初めて見るものであった好奇心に燃えているのが感じ取られる」（傍点目崎）と指摘された。

窪田氏はさらに、

　　　あづまへまかりけるに、信夫のおくに侍りけるやしろの紅葉を

五二七ときはなるまつのみどりに神さびてもみぢぞ秋はあけのたまがき

　　　みちのくにて、としのくれによめる

六二四つねよりも心ぼそくぞおもほゆるたびのそらにてとしのくれぬる

　　　みちのくにまかりたりけるに、野の中につねよりもとおぼしき塚のみえけるを、人にとひければ、

　中将のみ墓と申すはこれがことなりと申しければ、中将とは誰がことぞと又とひければ、実方の御事

なりと申しける。いとかなしかりけり。さらぬだにものあはれにおぼえけるに、しもがれのすすき、ほのぼの見えわたりて、のちにかたらむも、ことばなきやうにおぼえて

八七二くちもせぬその名ばかりをとどめ置きてかれ野のすすき形見にぞみる

みちのくに平泉にむかひて、束稲と申す山の侍るに、こと木は少きやうに、桜のかぎりみえて花のさきたりけるを見てよめる

一五三三ききもせずたばしね山のさくら花よしののほかにかかるべしとは

一五三四おくに猶人みぬ花のちらぬあれやたづねをいらむ山ほととぎす

をも初度陸奥行の作と推定された。一五三三・一五三四番歌などは諸家多く再度行の作とみたのであるが、窪田氏は「はじめて束稲山の桜を見た第一印象の驚異感を、素朴に歌ったもの」として初度行の作とし、八七二番歌も流布本『山家集』に収められた点から初度行の作とする。いずれも蓋然性に富む推定と思われる。

以上のごとき窪田氏の考証を承認するならば、能因の足跡を慕い歌枕を訪ねることが初度陸奥行の目的であったとする臼田氏説も十分に首肯されるであろう。ところで、私はかつて歌枕という中世的自然観の発展には、二つの段階の存することを指摘した。(37) すなわち『古今和歌集』以来代々の名歌に詠まれた名所がしだいに実体を捨象しつつ、観念の中に確たるイメージとして定着する第一段階と、このイメージを現地に求めて遠く杖をひこうとする数奇者の出現する第二段階とである。そして私見によれば、後者すなわち現実には存在しない「歌枕」なるイメージを訪ねるという倒錯的・反俗的行為の先駆者は、伝説的には中将実方であり実在人物としては能因法師であった。(38) 故に、前引一二一三番歌で関屋の柱に能因への思慕を書き付け、一二一四番歌でも能因の「跡たどりまできにける」ことを告白し

ている点、また八七二番歌で野の中に実方の墓を発見して痛切な感慨に沈んでいる点は、西行が歌枕を訪ねた数奇の両先達との精神的交流を、強く自覚していたことの明証であろう。なお前引歌に詠まれた地名、白河の関（一二一三・一二一四）・信夫（一二一四・五二七）・武隈の松（一二一五）・おもはくの橋（一二一六）・なとり河（一二一七）・衣河（一二一八）のうち「おもはくの橋」以外はいずれも『能因歌枕』（『日本歌学大系』第一巻所収広本）にあげられ、また『能因法師集』に作例もみえるのであって、よしや能因だけを先達としたとはいえないまでも、その随一が能因であったことは疑いを容れない。ついでにいうならば、西行がこの行で象潟を訪れたか否かについて、臼田氏は「出羽へ赴いたのも、能因の事跡を尋ねてのことであったろう(39)」と推定し、久保田淳氏は「可能性としてはありうるが立証困難な事柄である(40)」と否定に傾き、両説が対立している。私は象潟行の直接の証左となる「追而加書西行上人和歌」（藤岡本『異本山家集』所収）中の、

遠く修行し侍りけるに象潟と申す所にて

二一九二 松島やをじまの磯もなにならずただきさがたの秋の夜の月

という「平俗」な作が「必ずしも信の置けるものではないこと」および他の伝承歌や「能因島」の「三年幽居の跡」（『奥の細道』）などの伝説を疑う点では久保田氏に賛同するけれども、一二一九番歌によって出羽国に赴いたことが確実であるからには、「象潟へも実地に訪れたに違いない」ことを臼田氏のごとく「確信する」までには至らないが、少なくともその昔能因がそこで越冬までした象潟の地を西行が目指した可能性は大きいと思う。初度陸奥行における能因追慕の強さが、明証の欠除にもかかわらずかく推定せしめるのであるが、しかし所詮これは水掛論である。

要するに、初度陸奥行の動機・目的は純粋に歌枕探訪の能因的数奇の実践にあり、仏道修行の意図はまったく見ら

れなかったといっても過言ではない。私はすでに西行の遁世の主たる原因を能因的な数奇の道にふけろうとする志向に求め、遁世初期の京郊の草庵住まいの中心もまた数奇にありと考えた。思うに、そうした数奇の遁世者西行が先達能因を慕って陸奥の歌枕を探ねようとしたのは、水の流れるように自然の成り行きであったろう。そしてこの宿望を達成した後、満足した心の中で数奇と仏道の比重に変化を生じ、仏道修行に深入りすべく高野山入りを志すに至ったのも、また自然の歩みとして納得されるのである。

4　讃岐行と崇徳院怨霊

次に西行五十歳ごろの仁安年間におこなわれた讃岐への「修行」の性格について考えたい(41)。この修行が西行の「人間性深化」の契機として重要な点は諸家の注目された所である(42)。もっとも問題となるのは、ここでもその動機ないしは目的であるが、前提として修行の年時・旅程などについて一応旧説をかえりみて置きたい。

まず年時には、史料・伝本によって仁安二年・同三年の両説がある。三好英二氏が「俄かには決しがたい(43)」とし、久保田淳氏が「強いて推論すれば、現在伝わる諸資料の中で、最も古い本文を伝えていると考えられる宮本家本山家心中集の記載を重視する時には、仁安三年出発説がやや有力であろう」としながらも、それさえ「十分の説得力を持ち得ない(44)」とされたように、考証の決め手となる史料は見出されない。しかし一－二年の相違は格別問題にならないので、今はこれ以上年時の考証には立ち入らないこととする。

次に旅程における問題点について。この修行に関係する作品は家集の数個所に散在し、しかも一四四四〜一四六八番歌のごとき大きな作品群は、他に類例をみないほど詳細な詞書を持つが、「配列が旅程の進行順とは必ずしも一致しない」ためにこ、旅程の推定を困難にしている。私は瀬戸内海の現地調査を果していないので、諸家の説に加えるべきものを持たない。また、「具しならひたる同行」（一一九〇）西住が、おそらく白峯を経て善通寺に至るまで同行したであろうということ（一二二二・一一八四・一一八五参照）、土佐国まで歩を延ばす意図はあったが（一四五〇）実行はしなかったであろうこと、さらに「筑紫にはらかと申す魚の釣り」（一五四一）の歌は現地を踏んでの作とは見られないことなどについても、概ね旧説に従いたい。

さて、思想史的研究の立場からもっとも重要視されるのは、この修行の動機ないしは目的であること前述のとおりであるが、この点についても、すでに三好氏は「二の目的、即ち一には崇徳院の讃岐白峯御陵参拝、一には弘法大師の遺跡巡礼」をあげられ、これまた諸家の一致する所である。それにはほぼ異論はないけれども、その展墓および巡礼がどの程度深刻な宗教的性格をもつかという点は、さらに立ち入って検討する余地があると思う。もっとも、このうち弘法大師の遺跡を訪ね、「大師のおはしましける御あたりの山」（一四四七）に草庵を結んだことについては、すでに前節で触れたが、展墓と巡礼のいずれがより直接かつ重要な動機ないしは目的であったかと言えば、私は前者であろうと思う。なぜならば、それは単に崇徳院への追慕の念に促されたといったものではなく、院の怨念を慰撫・鎮定するという深刻な使命を見るべきだからである。以下、この点について詳細に究明したい。

すでに久保田淳氏は、「崇徳院の鎮魂歌とも見做される作品」すなわち、

讃岐にまうでて、松山の津と申す所に院おはしましけむ御あとたづねけれど、かたもなかりければ

一四四四まつ山のなみにながれてこしふねのやがてむなしく成りにけるかな

一四四五まつ山のなみのけしきはかはらじをかたなく君はなりましにけり

白峯と申しける所に御はかの侍りけるにまゐりて

一四四六よしやきみむかしのたまのゆかとてもかからむ後は何にかはせむ

について、「既に解脱していると思われる精霊への呼び掛けとしては、この歌には説得調が強すぎると考える。未だ怨念は消えていないのではないかという懸念があるからこそ、西行はその菩提を祈らずにはいられなかったのではないであろうか。これは全く想像の域を出るものではないが、崇徳院が恨みを抱いて崩じてより三、四年経ったこの頃、後年の崇徳院怨霊説話の萌芽ともいうべきものは既に発生しており、それは西行の耳にも達していたのではないであろうか。そのような噂を耳にしたことが、海を越えての墓参へとかれを駆り立てなかったとは断言できないのである」(49)と指摘されたが、このすぐれた「想像」を史料によって裏付けることは不可能ではないように思われる。

元来、讃岐配流以前における崇徳院と西行との関係は甚だ密接であった(50)。院宣によって仁平元年(一一五一)奏上された『詞花和歌集』に、

身をすつる人はまことに捨つるかは捨てぬ人こそ捨つるなりけれ

の一首が採られたのは(ただし「よみ人しらず」として)、もとより撰者藤原顕輔の選歌によるもので、院の指図によるか否か不明であるが、「新院歌あつめさせおはします」(「久安百首」と思われる)際に、常盤三寂や徳大寺公能などの知己・友人が歌稿を西行に示している事実(一〇一一〜一〇一六番歌)などを合せ見る時、崇徳院をめぐる歌人群に壮年の西行が組みこまれていたことは明らかである。ことに、

ゆかりありける人の、新院のかんだうなりけるを、ゆるしたぶべきよし申しいれたりける御返事に

一二五一もがみ川つなでひくらむいなぶねのしばしがほどはいかりおろさむ

御返ごとたてまつりける

一二五二つよくひくつなでとみせよもがみ川そのいなぶねのいかりをさめて

かく申したりければゆるしたびてけり

との贈答は、西行が院の勘当を蒙った某の赦免を申請して勅答を得るほどの知遇を得ていたという、注目すべき事実を示すのである。[51]

したがって、保元の乱に際して、

世の中に大事いできて、新院あらぬさまにならせおはしまして、御ぐしおろして仁和寺の北院におはしましけるにまゐりて、兼賢阿闍梨いであひたり。月あかくてよみける

一三一六かかるよにかげもかはらずすむ月をみる我がみさへうらめしきかな

のごとく、動乱の渦中へ遁世の身をあえて投じたのは、在俗時以来の恩顧に報いんとする心情から出た已むに已まれぬ行動であろう。しかも火急の際だけに単なる御機嫌伺いなどではないはずで、院の身辺で何らかの奉仕をした（あるいはしようとした）ものに相違ない。以上の事実は、西行と崇徳院との接触が意外なほど深かったことを示す確証と考えられる。

これに関連してさらに見るならば、この時対面した阿闍梨兼賢は、おそらく讃岐へ供奉した「兵衛尉能宗」（『保元物語』下）の兄弟（『尊卑分脈』道隆公孫）であろうが、[52]

あざり兼賢、よをのがれて高野にすみ侍りける、あからさまに仁和寺へいでてかへりもまゐらぬことにて、僧都になりぬときていひつかはしける

一〇〇一けさの色やわかむらさきにそめてけるこけのたもとをおもひかへして

という後年の作にみられる痛烈きわまる皮肉は、危急の際に奉仕を共にした側近人物の変節に対する、強い憤りの奔りと思われる。この歌について、伊藤嘉夫氏は「僧綱となつても一向に修行をはげまうとしない名聞がましさをからかつた」[53]とし、窪田章一郎氏は「兼賢が僧都となるのにふさわぬ人物であったのか、日頃の言動から意外に思わせられたのか、いずれにせよ、軽蔑した歌いぶりである」[54]と解釈されたが、そのようなありきたりの理由によってかくも痛烈に面罵したとは思われない。『僧綱補任抄出』(群書類従補任部)によれば、兼賢は「僧都」ではなく「法橋」に叙せられたものらしいが、それはさて措き補任は折も折長寛二年(一一六四)、すなわち院が怨念を含んで配所に崩じた年であった。兼賢の心なき行動への憤激は、ひるがえって西行の院に対する痛惜の心情が如何ばかりであったかを推察せしめるであろう。

西行は院の配流後、配所に近侍する女房と音信を交わし、院の動静を心に懸けていた(一三一九〜一三二六)。また「讃岐におはしましてのち、歌と云ふ事の世にいときこえざりければ」、この昔に変る文運の衰えへの嘆きを寂然と共にしている(一三一七・一三一八)。『風雅和歌集』(巻九旅歌)によれば、寂然は院在世中に「松山」の御所を訪ね、「日数へて都へ帰」ったようであるが、『山家集』に、「人のまゐりけるにつけてまゐらせける」(一三二三〜一三二六)とある院女房との贈答は、おそらく寂然に託したものであろう。[55]したがって自身も配所へ参上したい願望は強かったであろうし、それを果さなかった恨みは院の崩後一段と募ったに相違ない。

しからば、西行は讃岐における崇徳院の心境についていかなる情報を得、いかなる認識をしていたのであろうか。

それについては、

讃岐にて、御こころひきかへて、のちのよの御つとめひまなくせさせおはしますとききて、女房のもとへ申しける。この文をかきぐして、若人不嗔打　以何修忍辱

一三一九 世の中をそむくたよりやなからましうき折ふしに君があはずば

これもついでにぐしてまゐらせける

一三二〇 あさましやいかなるゆゑのむくいにてかかることしも有る世なるらむ

一三二一 ながらへてつひにすむべき都かは此の世はよしやとてもかくても

一三二二 まぼろしの夢をうつつにみる人はめもあはせでやよをあかすらむ

の一連の作品が参考になる。詞書を一見した所では、西行は崇徳院がすでに乱を起こした当時の熾烈な煩悩を離脱し、往生一筋に徹していると安心しているかに思われる。しかしながら、もし心底からそれを確信していたならば、「若人不㆓嗔打㆒、以㆑何修㆓忍辱㆒」のごとき法文とこれと同趣旨の和歌を送って、敗北と配流を仏のありがたい方便と観ずべきことを力説する必要はなかったのではあるまいか。すなわち「のちのよの御つとめひまなくせさせおはします」とは西行の院への願望・祈念にすぎず、現実はそれ所でないことを知悉していたのであろう。それは、かつて配流直前に仁和寺で院と接触し、その後讃岐に近侍する女房と音信を交わしてきた西行にとっては、当然の認識であり、憂慮であったと思われる。

西田直二郎氏は、『山槐記』保元四年二月二十二日条に、「今日白河大炊御門北也千体阿弥陀堂供養也、（中略）此御堂先年逆乱之時合戦之地也、為㆓官軍㆒被㆓焼失㆒之所也、仏者故鳥羽院御平生之時被㆓造立㆒之三尺千体阿弥陀如来也、為㆓追善㆒事憚有無之由被㆑問㆓有識公卿㆒、然不㆑可㆑有㆑憚之由被㆓計申㆒、仍今日可㆑有㆓供養㆒也」とあるをあげ、「この戦禍の

地に供養の堂を建つるは、已に冥々の畏怖あるによりしなり」[56]と推定しておられる。故に、「冥々の畏怖」はあながち西行のみの予感する所ではなかったと思われるが、怨霊の決定的な出現は、史料にみえる所では『百錬抄』治承元年七月二十九日条、「讃岐院奉レ号二崇徳院一、宇治左府贈二官位一（太政大臣正一位）事宣下、天下不レ静、依レ有二彼怨霊一也」を初見とする。ここに「天下不レ静」というのは、その年四月山門の強訴の際流矢が神輿に当った事件（『玉葉』安元三年四月十三日条）、同じく四月樋口富小路より火を発して大内裏・勧学院・公卿一四人の第宅などを焼き払い、多数の死者を出し、官中の文書を払底せしめた大火（同、同年同月二十八・二十九日条）、さらには六月発覚したいわゆる鹿ヶ谷陰謀事件（同、同年六月一〜四日条）など、続発した社会不安を指すのであろう。ただしこの院号・贈官位について右大臣九条兼実は、「讃岐院、院号、並宇治左府、贈官位等事、来月三日可レ被レ行、此事、左府（経宗）被二申行一云々、以二天神御例一、為二証跡一云々、此例不レ似歟、已是朝家大事也、尤可レ有レ議、而無二左右一被レ行レ之、如何之由、世人傾奇云々、余案二此事一、偏可レ在二叡慮一、他人不レ可レ申二是非一事也」（『玉葉』七月二十九日条）と記し、また「院号、宜下止二讃岐院号一、為中崇徳院上、（大外記清原頼業奉レ之）余案レ之、崇徳院号如何、我朝、太上天皇贈号未レ聞、若可レ改二讃岐院一者、只可レ称二土御門院一歟、崇徳字未二甘心一、通典文云々、永範撰申、上卿隆季卿云々」ともいい、朝廷の処置にやや消極的な意向を示し、ほとんど後白河院の御随意にといわんばかりの口吻をもらしている。

後白河院その人が崇徳院に対して特に違和感を抱いていたのは保元の乱の敵対者として当然であり[57]、その怨霊への畏怖はしだいに募って死病の際に頂点に達する。[58]しかし、それは決して後白河院のみの「物狂」（『玉葉』文治三年四月九日条）ではなく、治承・寿永の大乱に突入してからは、世上一般のあげて畏怖する所であった。[59]そして怨霊の活動が頂点に達するのは、寿永二年（一一八三）の平家一門の都落ち、木曾義仲勢の入洛の際であって、[60]『玉葉』同年閏十月二日条には次のような記事がみえる。

二日。癸亥天晴、午刻、右中弁光雅為二院御使一来、（中略）光雅仰云、天下乱逆、連々無二了時一、是偏為二崇徳院怨霊一之由、世之所二謳歌一也、仍可レ建二神祠於成勝寺中一之由、叡慮有レ之、仰二彼寺行事弁光長一、有二其沙汰一之処、猶有二御思惟一、去比被レ訪二占者一処、占趣太不快云々、仍重被レ問下可レ有二改葬一哉否之由上、申二最吉之由一、仍就二其赴一、可レ有二沙汰一之処、先規已邂二逅廃帝、及崇道天皇等之例一、大旨雖レ載二国史一、子細不レ詳、随又事幽玄、専難レ被二遵行一、随レ宜可レ被二計行一歟、被レ仰二彼息法印一、偏為二沙汰一、被二遂行一、叶二時議一歟、将又自レ院可レ被レ差二副別使一歟、可レ令二計申一者、兼又、日時於レ院可レ被レ勘歟、又其地如何、又准二廃帝等例一者、可レ被レ置二山陵一歟、如レ此之間事、委思量可レ令レ奏者、

体制の危機に直面して後白河院の心事が麻のごとく乱れた様が如実に記されているが、特にこの怨霊慰撫の処置に関して「彼息法印」の名があげられているのが注目を引く。これに対する兼実の答申は、煩を厭うて全文の引用を省くが、そこにも「其上沙汰之趣、只可レ在二勅定一、但彼法印、当時現存、尤可レ有二便宜一歟」など、「法印」を関与せしめることを勧告しているのである。

この「彼息法印」とは、第二節1（一七二頁）に引いた『今鏡』（御子たち第八）にみえる「仁和寺の宮元性」、すなわち『山家集』に「宮の法印」と呼ばれている人物であるが、この法印元性が父崇徳院の怨霊と深い関係のあったことを示すのは、『吉記』寿永二年七月十六日条の左の記事である。

崇徳院於二讃岐一、御自筆以レ血令レ書二五部大乗経一給、件経奥、非二理世後生料一、可レ滅二亡天下一之趣、被二注置一、件経伝在二元性法印許一、依レ被レ申二此旨一、於二成勝寺一可レ被二供養一之由、以二右大弁一被レ仰二左少弁光長一、為レ令レ得二道

彼怨霊一歟、但尤可レ被二予議一歟、未二供養一之以前猶果二其願一、況於二開題之後一哉、能々可レ有二沙汰一事也、可レ恐々々、

すなわち平家の都落ちが目睫の間に迫ったこの時、崇徳院が天下滅亡を呪詛した血書の経文が法印元性の許にあることが判明したのである。前頁『玉葉』の記事は、この衝撃によって起こった波紋にほかならない。いうまでもなく、崇徳院が「今生はしそんじつ、後生菩提の為にとて、御指のさきより血をあやし、三年が間に五部大乗経を御自筆にあそばされ」、これを都に送ってしかるべき所で供養されたいと希望したが、少納言入道信西によって抑止されたので、憤怒の余り「生ながら天狗の姿にならせ給」い、写経を「三悪道に抛籠、其力を以、日本国の大魔縁となり、皇を取て民となし、民を皇となさん」と念じ、舌先を食い切ってその血で国家滅亡の誓状を書き付けられたというのは、『保元物語』の鬼気迫る描写であるが、それが物語の虚構でなかったことを、『吉記』の右記事は裏書しているのである。

法印元性は三河権守師経女の「内侍のすけ」として近侍した者の所生であるが、上西門院の猶子となっていたためもあろうか（『今鏡』御子たち第八）、西行は高野においてこの人に厚い知遇を得ていた。

ことのほかにあれ寒かりける頃、宮の法印高野に籠らせ給ひて、この程の寒さはいかがとて、小袖給はせたりける又のあした申しける

九九八 こよひこそあはれみあつき心ちしてあらしのおとをよそにききつれ

宮の法印、高野にこもらせ給ひて、おぼろげにてはいでじと思ふに、修行のせまほしきよしかたらせ給ひけり。千日はてて、みたけにまゐらせ給ひて、いひつかはしける

一一七〇あくがれしこころを道のしるべにて雲にともなふ身とぞ成りぬる

返し

一一七一やまのはに月すむまじとしられにき心のそらになると見しより

元性の高野における本格的な仏道修行および西行との並々ならぬ親しさを、これらの史料はよく示している。この元性との交わりを通じて、西行が元性の蔵する崇徳院の血書経を知り、院のすさまじい怨念が将来怨霊と化す危険を憂慮していたことは、ほとんど疑問の余地があるまい。(61)前に一三一九番歌に対して、うがちすぎにも似た解釈を下したのは、この理由に基づくのである。

このように、西行が院生前における怨念を憂慮していたとするならば、長寛二年（一一六四）崩御の報に接すればいよいよ怨霊の発動を懸念するはずであり、その三―四年後に鎮魂のため讃岐へ赴いたのは自然の成行きと見られる。あるいは法印元性の下命や寂然の慫慂などを想定することも可能であろう。(62)『保元物語』によれば、西行は白峯に詣でて亡魂と歌を交わし、前引一四四六番歌、

よしや君昔の玉のゆかとてもかゝらん後は何にかはせん

と詠んだところ、「御墓三度迄震動」したという。そして物語は、「誠、尊霊も此詠哥に御意とけさせ給けるにや」と、鎮魂の効果があったことを強調している。そして、物語はこの話を、鳥羽院北面であった蓮誉という「諸国一見の聖」が崇徳院存生の間に尋ね参ったことと並べて記し、「此君御在位の間、恩に浴し徳を蒙る類いくそばくぞや。され共今はなげの情をかけ奉る者は、誰か一人も有し。只此蓮誉・西行のみ参べしとは、昔露もいかでか思召しよるべき」と述べて大団円としている。この蓮誉は『発心集』（第六ノ八）には、「蓮如と云ふすき聖」とあり、その他種々

のものにみえるけれども、実在か否かさえ疑問の人物であって、西行とも法印元性とも交わりのあった寂然の配所訪問（前述）あたりが核となって成立した説話かも知れない[63]。したがって、蓮誉説話と並べられた西行の事跡にも説話化は認められるけれども[64]、それにもかかわらず西行の展墓が怨霊鎮定の意図を以っておこなわれたことを私に確信せしめるものは、何よりも「よしや君」の一首の歌意である。久保田淳氏が「この歌には説得調が強すぎる」（前引）と述べられたように、西行はここで正面から理詰めで亡魂と対決しているのであり、しかもその声調には、亡魂に一喝を加えて怨念を鎮めつくそうとする強烈な気迫が感じとられる。

私は以上のごとく考えて、讃岐への「修行」の直接の目的は崇徳院の怨念を鎮める所にあったと結論したい[65]。すなわち前項に述べた初度陸奥行のごとき数奇心の発動とはまったく性格を異にする、宗教的ないしは経世的動機があったと考えるのである。

さて、西行はこの目的（または使命）を果した後、弘法大師ゆかりの善通寺を訪ねて心安らかに草庵を結び、海の情趣を賞でる数奇にふけった。そのさまは第一節2に述べたので繰り返さないが、「よの大事」というほど険しい「まんだらじの行道どころ」を「はひまはり」（一四六一）、さらにその上の「大師の御師にあひまゐらせさせおはしましたる峯」（一四六二）すなわち我拝師山にも登る仏道精進と、「月いとあかくて海のかたくもりなく見え」（一四四七）る眺望を愛する数奇とが、ここでも渾然と融合していた。そして、

すみけるままに、いほりいとあはれにおぼえて

一四四八いまよりはいとはじ命あればこそかかるすまひのあはれをもしれ

という感懐は、たとえば『方丈記』末尾の、「仏の教へ給ふおもむきは、事にふれて執心なかれとなり。今、草庵を

愛するもとがとす。閑寂に著するもさはりなるべし。いかゞ要なき楽しみを述べて、あたら時を過ぐさむ」という告白にみられるような、数奇と仏道との矛盾への厳しい反省などに比べて、まことに肯定的・楽観的である。本章の最初に述べたように、西行は山里に安住する「玲瓏たる境地」に常にあったとはいえず、むしろ数奇と仏道との本質的矛盾を主体的に克服しようとする苦闘を息長く続けていたのであるが、讃岐の草庵住まいの際には格別に右の静澄な心境がみられるのであって、これは怨霊鎮定の宿願を果した深い満足から生まれたものとでも解すべきであろうか。ともあれ、一四六三〜一四六八の道中詠が「あま」や「商人ども」のなりわいに新鮮な興趣をもよおしている点をも合せ考えると、五十代初めの西行がなお数奇の遁世者の境涯にも十分浸っていたことが看取される。その点が、次に触れる二十年後の陸奥再遊との距離であったといえよう。

5　再度陸奥行と対鎌倉折衝

西行は文治二年（一一八六）六十九歳の時、ほぼ四十年ぶりに陸奥国へ「修行」に赴いた。この修行が「請ニ重源上人約諾一、東大寺料為レ勧ニ進沙金一赴ニ奥州一」（『吾妻鏡』文治二年八月十六日条）くものであったことは、周知の事実である。その途中で、

東の方へ相識りたりける人の許へまかりけるに、小夜の中山見しことの昔になりける思ひ出でられて

二一三〇年たけてまた越ゆべしと思ひきやいのちなりけり小夜の中山

のごとく、歌枕に寄せて深い感慨をもよおしているけれども、これは歌枕への情熱にまかせて陸奥より出羽まで杖をひいた若き日を回顧したものであり、そうした数奇者ぶりを再び発揮しようとしたと解すべきではない。もとより行

く行く東国・陸奥の歌枕に久濶を叙する喜びは大きかったであろうが、再遊の動機・目的がそこにあったわけではない。むしろ両度の陸奥行の動機・目的のこの相違こそ、遁世五十年における数奇より仏道への比重の推移を象徴するものといわねばならない。

この再度陸奥行について詳細に検討された坂口博規氏は、『玉葉』寿永三年六月二十三日条に、

廿三日、庚辰晴、及レ晩右中弁行隆来、召ニ簾前一問ニ大仏之間事一、答云、於ニ御身一者皆悉奉レ鋳了、当時奉レ営之間也、来月之内可レ終ニ其功一、其後奉レ塗ニ滅金一、若打薄可レ押歟可レ随ニ有様一、可レ有ニ開眼一也、滅金料金、諸人施入有ニ少々一之上、頼朝千両、秀平五千両奉加之由所レ承也云々、

とみえ、さらに同記文治元年八月三十日条に、大仏開眼供養に際して「御面許金色候也、未レ及ニ他所之磨瑩一候」とみえることから、「大仏開眼供養までに大仏全身の鍍金が間に合わなかった最大の原因は、平泉の秀衡から貢献されるべき五千両の料金が遅れていた故と思われる」と推定し、「西行の再度奥州の旅は、大仏開眼供養にまで（マヽ）送り届けられなかった寿永三年約許（マヽ）の五千両の鍍金用砂金奉加の督促、あるいはこの五千両に加えて更に必要とする砂金の追加依頼の旅であった」と主張された。氏はさらに「伊勢の地で平穏に暮している西行にとって、東大寺復興という仕事に対して、老身を押してまで奥州へ出かけねばならぬ程の積極的な理由を持っているとは思われない」とし、「ここで西行に対する重源の執拗な旅出の懇請を想像せざるを得ないであろう」と推定された[66]。

右二点のうち、鍍金用砂金奉加の旅という点は全面的に首肯できる。次にそれが重源の懇請によるとの推定も、『吾妻鏡』の地の文の信憑性はともかくとしても、第七章「伊勢における西行」に述べる重源・西行の親密な関係からして十分に首肯できるであろう。ただし、重源の懇請が動機となったとしても、「重源のたっての依頼に重い腰を上げた

と見る」[67]よりも、進んでこの大役を買って出る積極性が西行にはあったものと、私は考えたい。その理由は、平家一門とかねて浅からぬ関係をもっていた西行[68]はその南都焼討の罪業に対して無関心たりえず、東大寺再興勧進によって平家の菩提を弔うことを本懐としたのではないかと思うからである。思うに、かつて崇徳院の怨念を鎮めるために讃岐に赴いたと同様な菩提心の発露が、そこにはあったのではあるまいか。西行は源平合戦の間を伊勢で悠々と閑居したが、単に逃避のみを生き方としていたわけではない。私はこの点をとくに強調したいのであって、みずからの熾烈な道心に促されざる限り、古稀を目前にした西行にとって陸奥はいささか遠すぎたであろう。

次に坂口氏は、重源ら東大寺造営担当者が西行に白羽の矢を立てた理由として、①「平泉の秀衡と西行が共に鎮守府将軍藤原秀郷の流れを汲む同族である」こと、②「東国に険悪な空気が漂っていた」から「鎌倉の頼朝に対する西行の存在位置をも考慮に入れてその銓考にあたったのではなかろうか」ということ、③「宗教者西行の過去の事蹟」すなわち高野山蓮花乗院勧進などが「使者たるべき条件を最大に充たすもの」と考慮されたこと――以上の三点をあげられた。第一点は尾山篤二郎氏[69]などが特に重視された所であるが、五来重氏の指摘されたように「系図は祖先から家がわかれてゆく系譜であって、それがすぐ親族の交際を意味しない[70]」から、これを過大に評価するわけにはいかない。ただし坂口氏が「同族」関係の他に、前引二一三〇番歌にいう「相識りたりける人」を秀衡とする旧説に従い、西行と秀衡が「旧知の仲」であった点を指摘されたのは、首肯すべき見解であろう。第三点は、五来重氏の驥尾に付して第六章「高野山における西行」で詳述するが、坂口氏の見解も私見とほぼ一致している。坂口氏説においてもっとも注目すべきは第二点であって、かの有名な『吾妻鏡』文治二年八月十五日条すなわち鎌倉において頼朝に「哥道并弓馬﨤」を尋ねられたという記事の背景に「東国の険悪な事情」すなわち平泉と鎌倉との年来の対立を指摘されたのである。そして氏は、『吾妻鏡』の記述によれば、頼朝は西行に十分敬意を示し、一見下にも置かぬ扱いをしている」が、「果して頼朝が西行を敵性人物と見ていたか否か」と疑問を提示し、「歌人としての社会的名声」で「評価」したか、「時機を分析し、対秀衡政策上西行を丁重に扱った」かなど種々の「臆断」を述べた後、『吾妻鏡』の記述を事実談として全面的に信用する訳にはゆかないが、頼朝と西行の間に何らかのバランスがとれていたことを伝える点に注意したい。それが何によるか、更に向後の課題としておく」と断定を保留しておられる。(71)

以上の坂口氏説は基本的には賛同しうる見解であるが、特に鎌倉と平泉との関係は再度陸奥行の本質そのものに関わる問題であると思うし、坂口氏が「向後の課題」とされた点については私見の提示すべきものがある。そこで、政治史的事実を詳細に検討したいと思う。

源頼朝は治承四年（一一八〇）八月伊豆国に蜂起し、坂東の大小武士団を糾合して鎌倉に本拠を定め、木曾義仲・平家一門・舎弟義経を次々に倒し、文治五年（一一八九）には平泉藤原氏を滅ぼして十年にわたる軍事行動に終止符を打った。この間、頼朝の背後にあって終始「無気味な冷戦態勢」(72)を維持し、彼の行動を制約する巨大な圧力となったのは、平泉館の主、藤原秀衡である。すでに内乱の当初、平家は平泉の動向に大きな期待を寄せていた。(73)『山槐記』治承四年九月五日条に載せる東国追討使宣旨に「兼又東海東山両道堪二武勇一者、同令レ備二追討一」云々とあるのは、おそらく秀衡をその最右翼と目していたと思われる。されば、秀衡が清盛の命によって頼朝を伐つべき請文を進めたとか（『玉葉』治承四年十二月四日・同十二日条）、軍兵二万余騎が白河関外に出たとか（同治承五年三月十七日条）、頼朝が秀衡の娘を娶る約諾が成立したとか（同四月二十一日条）、「浮説」「謬説」が引きも切らなかったのは、平泉藤原氏の動向がいかに都人士に注視されていたかを物語る。後年の同盟者九条兼実すら、挙兵当初は頼朝を「宛如二将門一」

（同治承四年九月三日条）などと敵視していたのであるから、これらの浮説は結局秀衡の軍事行動への期待ということになる。しかし、秀衡は頼朝を攻めるべき旨を平宗盛に報じたものの、それは「只以レ詞如レ此令レ申許」で、まったく「動揺」しなかった（同治承五年三月一日条）。焦慮する平家は養和元年（一一八一）八月秀衡を陸奥守に任じたので（『玉葉』『吉記』八月十五日条）、秀衡は父祖以来虜掠していた六郡の支配を公認されるという漁父の利を得たが、この補任を伝達した使者に対しても「候二官軍方一之由進二領状一」（『玉葉』養和元年十月十六日条）めただけで、依然として南下の勢いを示さなかった。

　このように慎重な秀衡であるから、寿永二年十月頼朝が勅勘を免ぜられて本位に復した後には、いよいよ自重して兵を動かさなかったのは当然である。しかし、それは頼朝にとって北方の脅威が解消したことを意味するものではなく、後白河院から上洛を求められてもたちまちにこれを決行しえない理由の第一に「一ハ秀平隆義等、可レ入二替上洛之跡一」（同寿永二年十月九日条）き怖れをあげたのは、口実とばかりはいえないであろう。例によって秀衡と義仲が頼朝を夾撃するとか（同閏十月十七日条）、秀衡が数万の勢を率いて白河関を出たとか（同二十五日条）浮説紛々と飛び交う中で、『吉記』寿永二年十二月十五日条に、「被レ仰二鎮守府将軍秀衡一状云、早左馬頭源義仲相共率二陸奥出羽両国軍兵一・（可カ）追二討前兵衛佐頼朝一云々」の院庁下文に吉田経房が加判した旨がみえるから、義仲の必死のあがきによって秀衡に追討が命じられたのは事実のようである。しかし、もとより秀衡は動かなかった。

　以上を要するに、竜粛氏のいわれたように、「治承以来、秀衡は京都における政権の策謀の対象となってしばしば躍らされたが、泰然として動くことなく、（中略）その陰然たる実力は、義仲を仆し、平氏を滅ぼし、全土の守護追捕の権限を強要入手した頼朝の威力をもってして、なお奥州へは一指をも染めることはできなかった」(74)。つまり秀衡はその活動によってではなく、存在そのものが頼朝と相容れなかったのである。私は西行の文治二年秋の平泉勧進を考える場合には、両政権のこうした険しい対立を念頭に置くことがもっとも肝要であろうと思う。ちなみに、このころ頼朝と敵対するに至った義経は畿内に潜伏し、頼朝はその捜索を名目として文治元年十一月いわゆる守護地頭の設置を図ったが、文治二年に入ってもなお義経が各地に出没する情報に振り廻されていた（『吾妻鏡』文治二年二月十八日・六月七日・同二十二日・閏七月十日条）。従って西行が鎌倉に赴いた時には、義経の平泉入りによる危機的状況はまだ出現していなかったけれども、それは両政権対立の本質に関わるものではなく、頼朝は早晩平泉と輸贏を決すべきことを期していたと思われる。

さて、『吾妻鏡』文治二年四月二十四日条に、「陸奥守秀衡入道請文参着。貢馬貢金等先可レ沙二汰‐進鎌倉一、可レ令レ伝二進京都一由載レ之云々。是去比被レ下二御書一、御館者奥六郡主、予者東海道惣官也、尤可レ成二魚水思一也、但隔二行程一、無レ所二于欲レ通レ信、又如二貢馬貢金一者、為二国土貢一予争不二管領一哉、自二当年一、早予可二伝進一、且所レ守二勅定之趣一也者。上所奥御館云々」とあるのは、寿永二年十月宣旨において直接には「頼朝の占領範囲」(75)のみを対象としていた東国々衙支配権を、いまや「奥六郡」にもおよぼすことに「東海道惣官」の頼朝が踏み切ったことを示すものである。(76)そして、秀衡がこの圧力に屈して「貢馬貢金」は頼朝の「管領」「伝進」に従うべき旨の「請文」を進めた以上、以後の東大寺大仏鍍金料砂金は鎌倉を経由せずして独自に京進することはできなくなったわけである。時間的に見て、この事態は西行が出発する以前に朝廷ないしは大勧進重源の許に報じられていたに相違ない。

右の事態の下に派遣された西行の使命は、いかなるものであったろうか。対立する両政権の間に右の貢金・伝進方式が一応成立したとしても、それが実施されるためには、何者かが仲介して冷戦状態にある両者の意志を疎通せしめ、具体的計画を確定しなければならないであろう。でなければ、貢金の渋滞は打開せらるべくもない。とすれば、西行の使命は貢納者秀衡への単純な督促ではなく、伝進者頼朝との間を調整することであったはずである。それ故、『吾妻鏡』（文治二年八月十五日条）には「二品御二参詣鶴岡宮一、而老僧一人徘二徊鳥居辺一、怪レ之、以二景季一令レ問二名字一給」云々などと、いかにも偶然の遭遇のごとく記されているけれども、西行が社頭に供奉している梶原景季のごとき、いわゆる「馴二京都一之輩」の眼に留まることを予期して、わざと「徘徊」していたものと、私は解釈したい。つまり鎌倉における頼朝との折衝は、当初から予定された行動であった。そして『吾妻鏡』同年十月一日条に「陸奥国今年貢金四百五十両秀衡入道送二献之一、二品可下令二伝進一給上之故也」とあるのは、この「伝進」を確約せしめた折衝成果を西行から報告された秀衡が、ただちに渋滞していた貢金を再開した証左であろう。

そもそも平泉藤原氏が三代にわたって、必要とあらば巨額の金品を惜しみなく都へ送進したことは有名な事実である。[77] この時秀衡の貢金が渋滞したのは、急に吝嗇になったわけでもなく朝廷に対して反抗を開始したわけでもなく、ひとえに中間地帯を占拠した鎌倉幕府との「冷戦状態」によって送途をはばまれたためであろう。故に、従来諸家の説では、平泉への督促だけが念頭に置かれていたが、問題の鍵は平泉よりもむしろ鎌倉にあったことを注意すべきである。その証拠には、一旦西行の斡旋によって再開された貢金も、『玉葉』文治三年九月二十九日条の示すように、義経平泉入りの表面化によって平泉と鎌倉の対立が激化すると、再び中絶してしまう。すなわち、頼朝は「陸奥貢金追レ年減少、大仏滅金巨多罷入歟、三万両計可レ令レ進之由、可レ被二召仰一也」と、朝廷を通じて秀衡に圧力を加えた。この三万両という巨額は明らかに頼朝が貢金を懸け引きの具にしたことを示すもので、秀衡は当然これに反撥し、「貢金事、三万両之召太為二過分一、先例広定不レ過二千金一、就中近年商人多入二境内一、売二買砂金一、仍大略掘尽了、仍旁雖レ不レ叶、随ニ求得一可ニ進上一云々」と、体よくしかしきびしく拒絶する。西行の努力がここに至って水泡に帰したのはやむを得ない。これを要するに貢金の成否は、一に根本的対立にある両政権の間に限定的にせよ協定を成立させ得るか否かにあった。政治情勢を以上のごとく分析するならば、西行の起用に当っては秀衡との同族・旧知の間柄もさることながら、頼朝との折衝能力が第一に考慮されたと考えられ、またこの折衝こそ西行のもっとも腐心する所であったと推察されるのである。

しからば、鎌倉における頼朝との折衝を成功せしめるために、西行は何か切札を持っていたであろうか。それは『吾妻鏡』（文治二年八月十五日条）に記されたように、「哥道并弓馬叓」についての頼朝の強い関心に応えることであった、と私は考える。頼朝の歌道については、『拾玉集』（校本第五冊）に収められた建久六年上洛の際における慈円との贈答三七首が端的に示しているのであって、さすがに『金槐集』著者の父たるに背かない。この点で『吾妻鏡』の記事を否定する必要はないが、しかしこの時点で頼朝が歌道よりもはるかに渇望していたのは、西行の体得している「秀郷朝臣以来九代嫡家相承兵法」であったと考えられる。西行が短い官歴ながら、並々ならぬ武門としての実力を身に付けていたこと、晩年に至るまで弓馬の故実に対して関心を失わなかったこと、およびその言説が京においても鎌倉においても傾聴さるべき権威とされたことについては、第三章「佐藤義清の官歴」に詳述した。そして『吾妻鏡』の右記事によって、西行が徹宵講説し頼朝が右筆俊兼に筆記せしめた故実の焦点が流鏑馬のそれであったことは明らかである。

『吾妻鏡』によるかぎり、鶴岡八幡宮放生会における流鏑馬奉納は文治三年八月十五日を初見とする。前年の文治二年のことは見えていないが、西行が頼朝に出会ったのは正に八月十五日鶴岡社頭でのことであるから、当日流鏑馬がおこなわれていた可能性は十分にある。そして、頼朝が鎌倉における流鏑馬行事を確立するため規範としたのは、院政々権によって鳥羽城南寺離宮などで催された行事であった。文治三年の流鏑馬で的立役を命ぜられた熊谷次郎直実が「御家人者皆傍輩也、而射手者騎馬、的立役人者歩行也、既似レ分二勝劣一、於二如レ此事一者、直実難レ従二厳命一者」として罪科に処せられたのは有名な逸話であるが（『吾妻鏡』文治三年八月四日条）、直実の拘泥した騎馬武者優位が坂東武者の慣習に基づくものだったのに対して、頼朝の論理は「就中的立役者非二下職一、且新日吉社祭御幸之時、召二本所衆一、被レ立二流鏑馬的一畢、思二其濫觴一訖（ママ）、猶越二射手之所役一也」というもので、おそらく側近の京下官人ないしは馴京都之輩の信奉する公家の故実に基づくものであった。ここには、「棟梁」として東国御家人層の武力を駆使する半面、「貴種」としては公家文化を鎌倉に移植しようとした頼朝の立場が象徴的に見られるのである。[78]

故に、頼朝は流鏑馬の故実を体得するためには、後世から「珍事」とみられるほどの英断、すなわち射芸に達した囚人を厚免することとさえ辞さなかった。すなわち『吾妻鏡』（文治三年八月十五日条）に、

其後有二珍事一、諏方大夫盛澄者、流鏑馬之芸窮、依レ慣二伝秀郷朝臣秘決一也、爰属二平家一、多年在レ京、連々交二城南寺流鏑馬以下射芸一訖、仍参二向関東一事、頗延引之間、二品有二御気色一、日来為二囚人一也、而被レ断二罪一者、流鏑馬一流永可二陵廃一間、賢慮思食煩、渉二旬月一之処、今日俄被レ召二出之一、被レ仰下可レ射二流鏑馬一之由上、盛澄申二領状一、召二賜御厩第一悪馬一、（中略）観者莫レ不レ感、二品御気色又快然、忽被レ仰二厚免一云々。

とみえ、頼朝がいかに流鏑馬行事の確立に執念を燃やしていたかが推察される。同様な例として『吾妻鏡』（文治四年四月三日条）には「囚人」波多野有経が流鏑馬において「不レ耻二曩祖一達者」なるが故に亡父の所領を与えられた事もみえるが、[79]この場合特に注意すべきは、彼らが共に秀郷流藤原氏で、「秀郷朝臣秘決」を伝えていた点である。

頼朝は源氏の祖先に先んじて東国に武威を張った秀郷流の故実に、格別に強い関心を抱いていた。下河辺庄司行平が調進した冑の笠標の付け場所が「尋常儀」に異ることへの頼朝の不審に対して、行平が「是曩祖秀郷朝臣佳例也」としてその理由を述べ、「調二進如レ此物一之時、用二家様一者故実也」と答えて「蒙二御感一」ったのは、その一証である（『吾妻鏡』文治五年七月八日条）。その行平は流鏑馬の弓の持ち様についても「譜代口伝故実」を述べ、頼朝を「甘心」せしめているが（同建久四年八月九日条）、それはおそらくかつて西行の講じた所と相通ずるものであったろう。頼朝の配下には、この他にも小山朝政（同養和元年閏二月二十三日条）・足利俊綱（同・同年八月七日条）等々秀郷を曩祖と誇る坂東武者は多くいたが、実戦はともかく故実ともなれば、都に居住し公家に勤仕していた同族には到底およぶまい。西行こそこの点において頼朝の要請にもっともよく応えうる人物であった。しかも八月十五日放生会当日という日時は実に絶好のタイミングであるから、ここまで計算して鎌倉入りしたとすれば、西行の手腕は実に驚くべきものといわざるを得ない。そして彼の獲得した成果は、「銀作猫」どころではなかったのである。

以上の考察によって、私は坂口氏が「疑問」「臆断」とされた所に作業を進め、頼朝と西行との力の「バランス」を具体的に説明したと思うのである。そして、こうした考察を通じておのずから明らかになったのは、再度陸奥行がきわめて険しい対立にあった鎌倉・平泉両政権を仲介して砂金貢進を実現せしめる、高度に政治的な行動であったという事実である。西行がこうした厄介な役割をあえて引き受けたのは、蓮花乗院その他多年の勧進によって得た豊富な体験、秀衡と同族・旧知の間柄なる利点だけでなく、秀郷流故実という切札を持つ事による、頼朝との折衝への自信によるものであったと思う。

再度陸奥行を以上のごとく理解すると、そこには讃岐行と共通する性格が認められる。すなわち、怨霊なり南都焼討なりが王法の滅亡を将来する危険を坐視できない、一種の利他行ないしは経世的自覚である。西行は終生遁世者の自由を貫徹した人物であるが、半面こうした社会的関心をも抱いていたのである。と共に、讃岐行と再度陸奥行との間に存する距離もまた見逃しえない。それは前者には、道中および善通寺草庵の作品にみられるように数奇に遊ぶ一面が付随したのに対して、後者はまったく勧進のみを目的とした「修行」であった点である。もとより行く行く生まれた「いのちなりけり小夜の中山」(二一三〇)や「風になびく富士のけぶりの空に消えて行方も知らぬわが思ひかな」(二一三八)のような絶唱を閑却することはできないが、旅中に草庵を結んで数奇にふけった形跡はみられない。むしろ、後章に説くように、この頃すでに西行は数奇を断絶して仏道に徹しようとする境地に入りつつあったもので、老軀をひっさげての長途の勧進も、入滅を前にして功徳を積もうとする道心のあらわれであったと考えられる。

以上のごとく、本節で取り扱った三度の「修行」を比較すれば、遁世者西行の青年・中年・老年の三期における「数奇より仏道へ」の比重の推移は、修行の動機・目的の上にほとんど象徴的に看取されるのである。

注

(1)　川田順(『西行』一〇三頁)は、「西行は一生、始終、抖擻行脚で暮らしたやうに古今世俗は考へるらしいが、それは撰集抄等に過まられた小説で、事実に合致しない。旅行らしい旅行は、厳島まで一回、四国方面へ一回、奥州へ二回、これだけであり、此の四大行脚の日数を通算しても、三箇年に満ちるか満ちぬかであったに相違ない」と指摘した。

(2)　菊地勇次郎「天王寺の念仏」(『日本歴史』九四・九五)・井上光貞『日本浄土教成立史の研究』第三章第二節、二五七頁以下。

(3)　萩谷朴『平安朝歌合大成』一九四七頁。

(4)　ただし、たとえば『山家集』の「五一五こころなき身にもあはれはしられけりしぎたつさはの秋の夕ぐれ」や「二一五七津の国の難波の春は夢なれや芦のかれ葉に風わたるなり」が能因の「心あらん人にみせばやつのくにの　なにはの浦のはるのけしきを」(『能因法師集』)を踏まえ、「一八一六入相のおとのみならず山でらはふみよむ声もあはれなりけり」が能因の「山さとをはるの夕くれきてみれはいりあひのかねに花そちりける」(同上)を意識していると見られるがごとく、なお詳細に作品における影響の跡を考察する必要があるが、ここではその点までは立ち入らない。

(5) 第四章「数奇と遁世」参照。なお、実方・能因については拙稿「源重之について――摂関期における一王孫の生活と意識――」「能因の伝における二、三の問題」(ならびに『平安文化史論』所収)参照。

(6) この一首、歌番号は日本古典全書本であるが、本文は群書類従和歌部の『寂蓮法師集』によって改めた。

(7) 三重の滝は、『大日本地名辞書』をはじめ諸書にこれを那智の滝と解しているが、『木葉衣』に前鬼山の「奥に三重の滝あり」というのに従うべきである。五来重編注『木葉衣・鈴懸衣・踏雲録事』一七八頁参照。

(8) 日本大蔵経『修験道章疏』㈠所収本には、大永七年の奥書がみえる。

(9) 和歌森太郎『修験道史研究』(東洋文庫本)二〇一頁。

(10) 白畑よし「西行物語絵巻と当麻曼荼羅縁起について」(『日本絵巻物全集』一一巻)一一頁。

(11) 『玉葉』記事については多賀宗隼・坂口博規両氏の教示を得た。

(12) 『長秋記』長承三年二月一日条に、鳥羽上皇三度目の熊野御幸について左の記事がある。

此間山臥入二大峯一、仍上皇女院具出御、々二礼殿西南庭一、先可レ入山臥出レ自二庵室一、城門房取レ幣前行、其次心円房立可立祝者也、其次行者宗南房経二礼殿前一奉幣、此間自二菴室一取二土(ママ)負一立、鶏山房、勝明房、式部阿闍梨三人荷レ負、立二礼殿前庭一、行者奉幣了、還出二向河原一、参川阿闍梨背レ負向二河原一、両院又幸二河原一(下略)

すなわち鳥羽上皇と待賢門院が熊野本宮で山伏の大峯入りを覧じた際に、「行者宗南房」なる者が奉幣を勤めたというのである。これが行宗に比定できれば、甚だ興味ふかいけれども、しかし前引の「熊野山別当撿挍次第」によれば、行宗は承元五年(一二一一)八十五歳の入滅であるから、逆算して長承三年(一一三四)にはまだ八歳ということになり、同一人とするには難点がある。存疑。

(13) 近藤潤一「行尊大僧正論」(上)(『北海道大学人文科学論集』一〇)。

(14) 『今鏡』(藤波下第六)には「三の御子君仁」とする。

(15) 『元亨釈書』(巻十二感進四)に「性好二頭陀一、十七潜出二園城一、渉二跋名山霊区一」とあるが、その「十七」は如何であろうか。『古今著聞集』（巻二釈教第二）の「平等院僧正行尊霊験の事」にも、「十七にて修行にいでゝ十八ヶ年帰洛せず。其間に大峰辺地、葛木そのほか霊験の名地ごとに、歩をはこばずといふことなし。かく身命を捨て五十有余にをよぶ。其行退転する事なし」として、以下に行尊の修行を詳述している。説話的誇張に満ちているが、参照すべきである。

(16) 近藤氏前掲論文七六頁。

(17) 拙著『漂泊』一八八頁。

(18) 『行尊大僧正集』に、

熊野にいとさひ《ひさ》しくさふらひしに、かみはかたにをひて、このよならす侍しかは、したしくしりたるかんたちめのまいりあひて、さゝの人はいつこにかあると、やかてむかひてとひ侍りしかは

こゝろこそ身をはすてしかまほろしの　すかたも人にわすられにけり

とあるのは、その修行のきびしさを如実に伝えてくれる。

(19) 村山修一『山伏の歴史』一二七頁。

(20) 川田順『西行』一七・一八頁。

(21) 尾山篤二郎「西行法師の生涯」（『校註西行法師全歌集』所収）三一三頁。

(22) 同一五七頁（頭注）。

(23) 風巻景次郎「西行」（『西行と兼好』角川選書）一〇二頁。

(24) 窪田章一郎『西行の研究』一八五頁。

(25) 三好英二校註『西行歌集』（上）一六頁解説。

(26) 臼田昭吾「西行の初度陸奥の旅に就いて――その時期と意義――」（『静岡英和女学院短期大学研究紀要』一）。

(27) 川田順「西行の信仰」（『西行研究録』）四四二頁。

(28) 『山家集』一八九四「双林寺にて、松汀に近しといふことを人々のよみけるに／衣川《いかい》みぎはによりてたつ波はきしの松が根あらふなりけり」を、川田氏（『西行の伝と歌』五三頁）以下、帰洛直後の歌会と推定している。ほぼ信ずべきであろう。

(29) 大隅和雄氏は、西行の信仰の「基調をなすものが浄土教の信仰であったこと」および「当時一般の人々の例に洩れない雑信仰の中にいた」ことを指摘された（「遁世について」『北大文学部紀要』一三―二、七七頁）。また萩原昌好氏は、遁世後の

西行を「融通念仏の僧」と規定し（「西行の出家」『言語と文芸』七八、七九頁）、覚鑁の密教との関係をふかめた高野入り後も「融通念仏僧としての基本的性格は生涯変らなかったものと思われる」（「高野期の西行――高野入山とその密教的側面――」峯村文人先生退官記念論集『和歌と中世文学』一六三頁）と述べられた。従うべきである。

(30) すでに大隅和雄氏（「西行――宗教と文学――」『日本文学』六一一、三頁）も、西行が「西方願生」者であり「高野に住した念仏僧の一人であった」ことを指摘し、「ところが国文学者の間では、西行は従来即身成仏義の真言秘密仏教の行者であったとされてきた。（中略）そしてさらに川田順氏は西行が台密から東密へ移ったという細かな推定まで下されたのであるが、歌にあらわれたかぎり、その説は確とした根拠を持たず、西行が高野にいたから正統的な真言の行者であるという結論は何一つ出てこないし、ある時期、鞍馬寺にいたから台密で、嵯峨の法輪寺に移ったから東密へ転向したといった論は、うがち過ぎて無意味にさえなっているといえよう」と述べられた。

(31) 臼田氏前掲論文一四一頁。

(32) 久保田淳『新古今歌人の研究』四六頁。

(33) 臼田氏前掲論文一一九・一二九・一三〇・一三二頁。

(34) 窪田氏前掲書一八七頁など。

(35) 伊藤嘉夫「私撰集における西行の歌」（『歌人西行』所収）二〇二頁。

(36) たとえば川田順『西行』六一頁。

(37) 拙著『漂泊――日本思想史の底流――』第六章。

(38) 能因については、拙論「能因の伝における二、三の問題」（『平安文化史論』所収）において、能因が摂津国古曾部で牧を経営していた形跡のあること、故に陸奥行にも歌枕探訪と共に馬の交易という俗用があったと思われることを指摘した。この推定はもっぱら家集の作品・詞書を史料としたもので、仮説の域を出なかったが、近時奥田勲氏は論文「高山寺本古往来をめぐって――その世界と作者に関する試論――」（『高山寺資料叢書』）において、高山寺本古往来の内容からその「編者の俤を構成」した結果、「京都に比較的近い農村地帯に生活の根拠があり、半僧半俗の姿と思想を持ち、俗の生活は、東国などに馬を求めてしばしば旅行し、馬をひいて帰って来て、需めに応じて売り捌き、あるいは貸し与えることによって成立している」この人物を、「能因に集約されるような平安貴族の一つの生き方、つまり能因的なるもの」に結び付け得ることを示唆された。

拙論について強力な傍証を得たものとして喜ばしい。なお、河音能平氏も『高槻市史』Ⅲ（「古代の高槻」）において、現地に対する正確な知見に立って拙論を採用された。両氏によって私見は多少なりとも確度を増したように思われるので、蛇足ながらここに付言する。

（39）　臼田氏前掲論文一三一頁。

（40）　久保田氏前掲書五〇頁。

（41）　私は「修行」として両度の陸奥行と讃岐行をあげたのであるが、他に本節1に引く四五六番歌「心ざすことありて、あきの一宮へまゐりけるに」云々とある厳島行を加えるべきものとも考えられよう。この厳島社参詣の年時については、川田氏（『西行の伝と歌』一〇九頁）・三好英二氏（「西行の西国行脚に就いて――人間性深化の一契機としての四国行脚・筑紫非行脚説――」前掲書（下）一二一頁）・窪田氏（前掲書二四〇頁）らに考証がある。これらの説には部分的に如何と思われる点があるけれども、共通して仁平・久寿頃（一一五一～一一五五）と想定しているのは従うべきであろうか。『山家集』一二三二「西国へ修行してまかりけるをり、こじまと申す所に、八幡のいはれたまひけるにこもりたりけり。としへて又その社を見けるに、松どものふる木になりたりけるをみて／むかし見し松はおい木に成りにけり我がとしへたるほどもしられて」とあるものを、仁安年間の讃岐行の作と見るならば、それより「としへて」といわれるほど遠い以前にも備前の「児島」を通ったことになり、それは厳島行の途中以外にはあるまい。しかし、これだけでは到底年時の手掛りとはならない。

諸家が仁平・久寿頃と推定されたのは、久安二年（一一四六）安芸守に任じられた平清盛によって厳島に壮麗な社殿が造営され、華麗な装飾経などが奉納されたことに関係付けられるからである。厳島社の神威が都人士に遍く知られたのは、『玉葉』（承安四年三月十六日条）に「件社此七八年以来霊験殊勝、入道相国之一家殊以信仰」と記された所に従えば、仁安（一一六六～）頃からであった。しかし、清盛と親交深かった西行（これを証する晩年の書状については、第六章「高野山における西行」付載「円位書状の執筆年時について」参照）は、時人一般よりも早くから平家の厳島信仰に触れる機会があったとも見られるし、あるいは安芸守清盛の誘いに従って赴いた可能性もなしとはしない。しかし、四五六番歌以外には厳島行の作品がまったく伝わっていない現状では、これを両度の陸奥行や讃岐行と同様に西行伝記の一指標として扱うことは不可能である。故に私は、「心ざすことありて、あきの一宮へまゐりけるに」という四五六番歌詞書によって、寺社参詣の中に含めて本節1に置いたわけである。

(42)「人間性深化」は三好論文の副題。なお川田氏・窪田氏はこの修行によって「高野中心時代」前期と同後期とを区分している。
(43) 三好氏前掲論文(『西行歌集』(下))一二五頁。
(44) 久保田氏前掲書六七頁。
(45) 同六八頁。
(46) 川田氏(『西行の伝と歌』一八一頁)以外は、諸家みな否定説。
(47) 三好氏前掲論文一二五頁。
(48) 川田氏前掲書一五九頁・久保田氏前掲書七〇頁。なお川田氏は他に「厳島にも詣でて平家納経を一見せん願望もあったらしい」といわれたが、確証はない。
(49) 久保田氏前掲書七三頁。
(50) 藤岡作太郎(『異本山家集』附録「西行論」第五章)は、つとにこの点を詳細に指摘している。
(51) 伊藤嘉夫氏(日本古典全書頭注)は「ゆかりありける人」を俊成と目している。それは『長秋詠藻』に、「四品に叙してのち崇徳院の御方の還昇はまだ申さゞりし比百首の歌部類して奉るべきよし仰せられたりし次でに奉りし/雲ゐよりなれし山路を今更に霞隔てゝなげく春かな/御返りごとはなくて還昇仰せ下されしをぞ仰せ下されたりける、教長卿奉書也」とあるを根拠にしたようである。しかし位階昇進の際の還昇手続きの遅れを「勘当」と同一視するのは如何であろうか。故に、この「ゆかりありける人」は見当が付かない。
(52) 水原一「崇徳院説話の考察」(『平家物語の形成』所収)一七七頁。
(53) 伊藤氏前掲頭注。
(54) 窪田氏前掲書二二一頁。
(55) 同二〇七頁。なお角田文衛氏(「崇徳院兵衛佐」『古代文化』二六—九、五八頁)が、この女房を重仁親王の生母たる勅撰歌人崇徳院兵衛佐に比定されたのは、従うべき見解と思われる。
(56) 西田直二郎「崇徳天皇御廟所」(『京都史蹟の研究』所収)二八〇頁。
(57)『玉葉』(安元三年五月二日条)に、安元大火の避難先から閑院内裏への還幸の儀につき、「讃岐院御時有二此例一、頗雖レ非二吉例一、足レ為レ証」との前相国（藤原忠雅）の意見を聞いた後白河院が、「先於二讃岐院例一者、都不レ可レ被レ用、最不吉也」と、語気鋭く否定したことがみえる。

(58)『玉葉』（建久二年閏十二月十四日条）に、「以二泰経一尋二動静於女房一、今日、頗御痢病有レ隙之由所レ示也、崇徳院幷安徳天皇等、崩御之所、建二一堂一、可レ資二彼御菩提、幷亡命之士卒滅罪之勝因一事、可二申沙汰一之由、仰二泰経一了」、以下鎮魂に努めた記事がみえる。

(59)『吉記』（寿永元年六月二十一日条）に、「証遍已講来談二世事一、其中語云、天下擾乱全非二他事一、宇治左府怨霊之所為也、讃岐院知足院入道殿相加給歟、於二法皇一者、度々雖下令レ逢二其難一御上、々行業超二古昔一御之間、御寿命長遠歟、二条六条高倉三代帝王早以遷化、建春門院、六条摂政又臨期之間、同令レ帰二泉下一給、皆是彼霊之令レ然也」云々とみえる。

(60)『吉記』（寿永二年十一月十九日条）に、「今年闘諍堅固当二百卅三年一、而保元已後連々雖レ有二逆乱一、何時可レ及二今度一哉、於二根元一者、故不レ記レ之、偏是讃岐院怨霊之所為歟」、『玉葉』（寿永三年正月五日条）に、「此次、行隆語云、我子息不レ論二男女一、有二霊魂託事一、及二大乱一之時、必有二此事一、所レ謂崇徳院幷宇治左大臣等霊魂也、所レ言之事如レ指レ掌、皆以符合、可レ謂二奇異一、此事敢不二口外一云々」、同（寿永三年五月十三日条）に、「又式部権少輔範季来、語二崇徳院廟遷宮之間、蛇出来幷夢想等之事一、範季幷俗別当兼友等、同夜有二厳重夢想一云々」、『吉記』（寿永三年四月二十五日条）に、「人々談云、去廿一日崇徳院神殿下、蛇七岐出、其中一白、翌日聞二此旨一、範季朝臣欲二奏聞一之処、御所中間不二達得一退出、其夜夢想、彼院御二坐宝殿内一、其御体憔不二令レ見給一、令二曾比伏一給、宇治左府令レ着二夏衣冠一給、被レ談二世上事一、有二不便思食之気一」云々、件夢子細範季朝臣委注記云々、可レ尋之」とみえるなど、この乱世を崇徳院怨霊の活動に帰せしめた社会心理を窺うことができる。なお、こうした状況から「保元戦場地春日河原」に崇徳院・頼長のために「仁祠」が建てられるが、「件事、公家不二知食一、院中沙汰也」と『百錬抄』（元暦元年四月十五日条）にみえるように、その推進者は後白河院であった。

(61) 水原一氏（前掲論文一七七頁）は、「崇徳院の天下呪詛にもとづく怨念の説話の形成が写経を預り置いた仁和寺の二宮元性の周辺に求められるべき事は自然であろう」と述べられた。

(62) 第一章「西行の系累」第二節（三五頁）に引いた『吉記』寿永三年四月十五日条の粟田宮建立記事について、多賀宗隼氏（「参議藤原教長伝」『鎌倉時代の思想と文化』所収四一頁）は、教長が安元三年の大火を利用しておこなった建議がここに至って実現したものと解された。この教長といい法印元性といい、崇徳院ゆかりの人々が世に先んじて怨霊の発動を憂慮していたことは事実であろう。西行もその一人であったと思う。

(63) 水原一氏(「崇徳院説話本文考——保元物語と平家物語——」前掲書二七六頁)は、「蓮如説話は『発心集』『十訓抄』に同種のものの存在する所からも、もと〳〵独立説話として存在したもので、崇徳院の事蹟に対しては、あくまでも割り込む形である事に留意したい」と指摘された。

(64) たとえば『山家集』には「近衛院の御はかに人々具してまゐりたりけるに」との詞書がある「みがかれし玉のうてなを露ふかき野べにうつして見るぞかなしき」(八五二)を白峯での詠として用い、また「松山の」(一四四四)と「よしや君」(一四四六)の歌を亡魂と西行との贈答と構成するなど。

(65) 原水民樹氏(「崇徳院の怨霊と西行——保元物語の成立をめぐる一問題——」『国語と国文学』五二—二)は、「西行による怨霊慰撫」の記事は半井本のみならず『原保元物語』にすでに存在したと推定され、しかしながら、「西行を院陵参拝へと駆り立てたものは、彼の院への敬慕と、その悲運に対する哀惜の念であり、院の怨霊鎮静の願いではなかったのである。第一、西行が讃岐に下った仁安三年の時点において、世人は(傍点目崎)、院の怨霊の活動に未だ気付いていなかった」(三四頁)と主張された。氏によれば『保元物語』の西行訪陵説話は、院の怨霊が荒れ狂って後白河院政を危機に追いこんだ後、また西行の死を契機として伝説化の現象が進んだ後、すなわち「建久以降十三世紀前期の時代感覚を背景として成立したと推定」されるべきものとなる。私は『保元物語』の成立論についてはまったくの門外漢であるけれども、当面の問題についていえば、氏の「推論は一つの仮説の上になりたつもので」、「その仮説とは、西行の献詠に崇徳院怨霊の慰撫を期待するという姿勢が、『保元物語』において始めて生まれたとする考えである」。私は本文に述べたごとく、この「仮説」に従うことができないのである。つまり「世人」一般がまだ院の怨霊を畏怖していなかった時点で、西行はこれを深刻に憂える特殊な立場にいたと考えるのである。

(66) 坂口博規「西行の奥州再度の旅の背景」(『駒沢国文』一二)五九〜六一頁。

(67) 坂口氏前掲論文六九頁。

(68) 第二章「佐藤氏と紀伊国田仲庄」参照。特に右に引用した『又続宝簡集』所収僧某申状案(平安遺文三九八二号)にみえる所の、佐藤能清(西行の甥)が下知に従っている「頭亮殿」は南都焼討の平重衡その人であるから、能清と晩年まで親密に接触していた西行にとって、重衡の罪業は深刻な関心事であったと思われる。

(69) 尾山篤二郎「西行法師の生涯」(校注『西行法師全歌集』附載) 二七三頁。
(70) 五来重『高野聖』旧版、一六三頁。
(71) 坂口氏前掲論文六四頁。
(72) 竜粛「奥州藤原氏三代の経略」(『平安時代』所収) 一八〇頁。
(73) 竜氏前掲論文一七八頁・豊田武編『東北の歴史』二一八頁。なお、竜氏(一七六頁)の指摘された所であるが、これよりさき嘉応二年(一一七〇)秀衡が貴族層の批判を排して従五位下鎮守府将軍を宣下されたのは(『兵範記』五月二十五日・『玉葉』五月二十七日条)秀衡を平氏政権の協力者たらしめようとする清盛の方寸に出るものであったと考えられ、両者の結び付きの根深さが推定されるであろう。
(74) 竜氏前掲論文一七九・一八〇頁。
(75) 上横手雅敬『日本中世政治史研究』一七二頁。
(76) 石井進『日本中世国家史の研究』二三一頁。
(77) 竜氏前掲論文一六六頁。
(78) 拙稿「鎌倉幕府草創期の吏僚について」(『三浦古文化』一五) 参照。
(79) なお、囚人がその技能の故に厚免された例として、源太宗季なる者が「弓馬伝レ芸、剰作レ矢達者也、受三矢野橋内所二口伝一云々」(『吾妻鏡』文治元年六月五日条) として、また武藤小次郎資頼が正月行事における「平胡籙差様、丸緒付様」の故実を心得ていたとして、それぞれ厚免されたことなどがある。草創期の鎌倉に武門の故実に通暁する人材がいかに乏しかったかは、他にも多くの例証がある。

む す び

以上、西行の遁世生活を静＝草庵閑居と動＝遍歴修行の二面から概観した。これによって明らかになった事実をあげるならば、ほぼ次のごとくになるであろう。

第一に、そこにはつねに数奇と仏道との渾然たる融合があったことである。無論、現世の数奇にふけることと来世の往生への行に励むこととは本質的に矛盾するから、西行の内部には分裂する「心」の苦悩とこれを克服しようとする意志が働き、それが独特の豊饒な抒情の源泉となっていたけれども、生活の実態としては、山里においても修行においても両者の柔軟自在な融合・統一がみられるのである。

第二に、この融合のうちにも大勢として「数奇より仏道へ」の比重の推移がみられることである。遁世直後の京郊の草庵住まいから、初度陸奥行を経て高野山に入るまでは、数奇の生活に浸り切っていた。高野に草庵を結び、京郊・吉野その他を往来していた三十年間は、数奇と仏道との多彩な交錯であった。伊勢の草庵生活を経て迎えた晩年には仏道に徹しようと志し、その決意は河内弘川寺における見事な入寂に帰着する。西行自身はこうした三段階の推移を自覚的には語っていないけれども、少なくとも五十年一日のごとく漫然と過ごしたのではない。この内的発展こそ、思想史の対象としての西行の注目すべき存在たる所以といえよう。

第三に、草庵閑居と遊行遍歴のうち、遁世生活の基本は前者すなわち山里の草庵生活にあった、ということである。後者すなわち遠近の寺社への参詣や長途の修行は、前者のマナリズムを打破するためか、またはそれぞれ独自の動機・目的を以っておこなわれた臨時的なものである。もちろん以上はきわめて概念的な区別で、実態は静中に動あり、動中に静ありで自在かつ多彩を極めたが、少なくとも西行を以って一所不住の漂泊者あるいは絶対孤独の隠遁者のごとく想定することは正確ではないのである。

しかるに『撰集抄』『西行物語』などのいわゆる西行伝説はこの静・動の関係を逆転し、また数奇の要素を捨象し、西行を永遠の旅人ないしは孤絶の隠者として強烈に印象付けようとした。もとよりその変貌を生み出す契機が西行その人の行実にあったことは否定できないし、またその変貌が現代に至るまでの西行法師像を決定したこと自体大きな歴史的意義をもつのであるが、その点は第八章「西行の晩年と入滅」に述べることとする。

第六章　高野山における西行

はじめに

西行は出家後しばらくしてから晩年に至るまで、ほぼ三十年の久しきにわたって高野山と深い関係を結び、詞書に高野の文字のみえる歌も三十首前後におよんでいる。したがって、西行と高野山との関係を具体的に考察することは、その思想史的研究の主要な論点の一つとなるであろう。

西行の高野に関係した年代、高野入りの動機、および高野における生活の具体的様相について、従来の所説にはなお漠然たるところがあり、また大きな対立がある。このうち本章の意図は、高野山における生活の本質と具体相について独自の見通しをつけようとする点にあるが、前提として高野入りと退去の年代およびその動機について、一応触れておかねばなるまい。

まず年代についていうならば、『西行』の著者川田順氏は、「久安の中頃から治承四年の春まで、三十余年間、西行は高野山を中心にして生活したものと推定される」としてこれを「高野中心時代」と命名し、さらに仁安二年（一一六七）の四国行脚を分岐点として前後二期に区分された。また『西行の研究』の著者窪田章一郎氏は、生涯の区分基準を西行の旅に求める独自の立場をとられたが、結果的には初度陸奥行からはじまるその第三期と四国行からはじまるその第四期の合計は、川田氏のいわゆる高野中心時代とほぼ合致する。

川田氏が高野入りを「久安の中頃」としたのは、久安元年（一一四五）八月の待賢門院崩御後、その女房中納言局が出家して高野山麓の天野に住んだ所へ、西行が「御山よりいであひたりける」（『山家集』八一六）ことを根拠としたのである。いかにもこの詞書は高野山との関係の初見とすべきであろう。窪田章一郎氏は前述のごとき見地から初度の陸奥行を終った後高野に入ったと考えられたが、この旅の年時については諸説紛々としていて、窪田氏は待賢門院の崩御後旅に出る気分になったのであろうとする風巻景次郎氏の説に賛成しておられるけれども、この風巻氏説もさして根拠のある推定ではない。(1)それよりもむしろ、久安五年の高野山焼亡による復興事業に関連付けようとする、後述（第一節4）の五来重氏説が有力であろう。ここではともかく「久安の中頃」という川田氏の推測を以って、当らずといえども遠からざるものと見ておこう。

高野を去って伊勢に赴いた時期については、入山の時期よりもやや明確に推定される。それは、『異本山家集』の次の歌、

福原へ都遷りありと聞きし頃、伊勢にて月の歌よみ侍りしに

二二二四雲の上やふるき都になりにけりすむらむ月のかげはかはらで

によって、治承四年（一一八〇）六月の福原遷都を西行が伊勢で耳にしていることが推定されるからである。そして高野山文書『宝簡集』所収の年次不明三月十五日付円位書状（大日本古文書、高野山文書一）が治承四年のものと見なされるならば（本章付載「円位書状の執筆年時について」参照）、西行が高野を去ったのは、同年四-五月のころとなるであろう。(2)

かくて西行が高野山に深く関係したのは、久安から治承までほぼ三十余年と考えられる。次に入山の動機や生活の具体相について、川田氏は「野山入りは、勿論、真言秘密の修行のため」とし、「西行は覚鑁寂後に入山したのであるが、遺徳を慕ひ、密厳浄土を欣求するに至つたであらう」と見(3)、風巻氏は「出離を全くしようと志す意思が見えてきている」と解し(4)、窪田氏は「僧位僧官を得ることが目的ではなく、純粋な修行を志したのであるから、革新的な覚鑁およびその一派に学ぼうとするところのあったことも想像していいであろう」と述べられた(5)。かく宗教的契機を想定するのはもとより常識的であるけれども、そもそも西行の遁世動機をかえりみるに、それは単純な宗教心からではなく、むしろ歌道の数奇にふけるため俗世を離脱したものと私は考えた(第四章「数奇と遁世」)。故に遁世後の数年間ひたすらこの道を事としていたようであるが(後述第一節2参照)、京郊での生活を絶ち切って高野山をめざした所には、ある回心があったのであろう。ただしそれがいかなるものであったのか、また高野の生活ははたして「純粋な修行」とくに「真言秘密の修行」といえるものであったのか。ここには常識的な一般論でなく、立ち入って検討すべき問題点があると思われる。

尾山篤二郎氏は高野山蓮花乗院関係の事実に早く注意をはらい、晩年の西行は「僧としては一寺一山の住職ともならずひたすら雑修の行者で終始したやうだが、野山に於ては相当重要なる位置を占めてゐたやうである」と指摘された(6)。また風巻氏も円位書状などを手掛りとして、「彼は僧綱にはなれない人間である。一生寺に関係しても一方の諸雑事を分担する凡僧の一人である。荘園事務、御祈禱事務、造仏、造塔、並びに修理事務、諸僧の生活物資の買入運搬製造の事務、まだいくらでもあろう。もちろん、高野山専属の仏絵師、仏工、大工、楽人などの専門人でない。それらの連中を管理し、書記するような事務担当者だったろう」と(7)、奔放な叙述を展開された。両先学の説はいずれも鋭い推測ではあったが、さてそのような学僧でもなく僧位僧官をも持たない遁世者を規定すべき範疇を設定しえなかったために、なお抽象的・独断的な観方にとどまっていた。しかるにこうした段階を越えた画期的業績は、五来重氏の著書『高野聖』(8)である。氏が西行を以って「勧進」を業とした典型的な「高野聖」と明確に規定し、多くの徴証をあげられたことは、国文学界にも大きな波紋を投じたようであるが、この新説には書物の性質上詳細な考証がみられず、しかも石田吉貞氏のようなきびしい反論(9)もあらわれている。したがって高野聖説に賛成するにせよ反対するにせよ、いますこし緻密に高野山における生活の具体的様相を追求してみることが必要であると思う。

注

(1) 第五章「山里と修行」第三節3（二一六頁以下）参照。
(2) 田村悦子氏は「西行の筆蹟資料の検討——御物本円位仮名消息をめぐって——」(『美術研究』二一四）において、この書状の年時を承安四年に遡らせられたが、私はやはり大日本古文書の考定のごとく治承四年のものと考える。詳細は本章付載の考証に譲り、ここでは結論のみ掲げる。
(3)『西行』二七頁。
(4) 風巻氏前掲書一〇三頁。
(5) 窪田章一郎『西行の研究』一七六頁。
(6) 尾山氏前掲書三二〇頁。
(7) 風巻氏前掲書一一三頁。
(8) 五来重『高野聖』角川新書。同書は昭和五十年六月角川選書版で再版され、かなり増補を加えられたが、本章では原則的に旧版に拠った。ただし特に必要ある場合には増補版を参照し、その旨を断っておく。
(9) 石田吉貞『隠者の文学——苦悶する美——』(塙新書十七）所収「西行」。

一　勧進聖説の再検討

1　勧進聖説とその否定説

「聖道門教団を離脱した浄土門の僧徒」である「ひじり」の研究は、井上薫氏の「ひじり考――平安時代浄土教の発展――」(1)を皮切りに、戦後の日本仏教史研究における新鮮な視角として多くの好論文を生んだが、その全貌について今言及する余裕が無いので、叙述を高野聖と西行との関係に限定したい。かつて井上光貞氏は『日本浄土教成立史の研究』の第四章第一節に「院政期における高野山の浄土教」について詳論された。氏によれば、空海入定の地高野山は平安京から遠隔の地にあり、かつ真言宗内の内紛に敗れたために東寺の末寺化し、さらに正暦五年（九九四）壇上の伽藍が全焼の厄にあったため見る影もない荒廃にさらされていた。この荒廃からの再興は摂関時代後半から緒についたが、そのきっかけを作った祈親は「興福寺系の法華持経者」であり、その他再興の主体をなした者はいずれも「高野山本来の、また、純真言の法系上の僧侶ではなかったのであり、多くは興福寺系の聖、または聖的な人々であった」（傍点井上氏）。井上氏はこのように述べ、院政期における高野山の浄土教形成の主体をなす「聖」の存在に注意を促したが、その叙述の中で「かの歌僧西行なども、広い意味ではこの徒の一人であったと考えられる」(2)と指摘された。この指摘は、短文ながら西行の聖的性格を明確に規定したものとして、学説史上見逃すべからざる意義をもつと思う。ただここに「広い意味では」との留保が付された点に、注意しなければならない。

この後西行の聖的性格を本格的に主張されたのは、前述のごとく五来重氏である。氏は昭和四十年刊行のユニークな著書『高野聖』の第十三章「高野聖・西行」において、入道後の西行を「典型的な初期高野聖」と規定された。五来氏は同書においてまず原始宗教者としての聖が、「隠遁性・苦行性・遊行性・呪術性・世俗性・集団性・勧進性」の七つの属性をそなえていることを述べ、高野聖もその例外ではないとし、しかも「これらの諸属性はすべて勧進に結集されて社会化する」とする立場において以下の所論を展開している。そして高野聖出現の前史として、祖師空海の入唐以前の優婆塞聖生活、平安中期以前より山内諸堂の開閉や点灯・供奉などに奉仕した半僧半俗の承仕の存在などに触れた後、祈親上人定誉を「高野聖の原型」、ついで興福寺別所小田原から登山して東別所に多数の密教・念仏兼修の聖を集めた迎接房教懐から覚鑁を経て平安末期の隠遁者にいたるまでを「初期高野聖」、さらに鎌倉時代の明遍・重源などに代表される者を「中期高野聖」と、それぞれ規定した。そして平安末期においては、教懐系の別所聖と覚鑁の伝法院・密厳院系の理論家たちとを合せて、高野聖の数は学侶すなわち高野本来の密教々学の徒をはるかにしのぐ勢力になっていたとする。

五来氏は以上の展望に立って西行に論及し、「歌聖としてあまりに有名な西行を高野聖の範疇に入れることをいぶかる人はかなり多いこととおもうが、入道後の西行はその隠遁性・回国性・勧進性・世俗性など、まさしく典型的な初期高野聖ということができる」と断言された[3]。五来氏によれば西行の「身辺には世俗の臭気が立ちこめていた」し、またその回国遊行は「目的のない単なる風雅の旅ではなかった」のであって、彼は「その五十年にわたる出家生活の、前十年と後十年をのぞいた円熟の三十年間を高野の聖として隠遁と回国と勧進にすごし、その副産物として多くの作歌をのこした[4]」（傍点目崎）ことになるのである。

五来氏はこの見解を裏付けるために、多くの事実を挙示された。ほぼ氏の行文に従って列挙すれば、次のごとくである。

①出家直後の西行が「鞍馬の奥」にいたと『山家集』にみえるが、これは良忍の大原系の別所聖の多かった花背別所か芹生別所であろう。

②康治元年(一一四二)の待賢門院落飾の際、法華経二十八品を題とした結縁の歌を詠み、ついで内大臣頼長に対して自筆一品経の勧進をおこなった。

③東山・嵯峨辺を転々したのは、双林寺・長楽寺・清涼寺・往生院辺に群がる念仏聖・勧進聖にまじわっていたのである。

④高野入山は、久安五年(一一四九)の大塔・金堂・灌頂院の雷火焼失を復興するために、「有能な勧進聖」としてまねかれたものであろう。

⑤入山後も京都へ往復し、文才を以って貴族と交わり、高野山復興を勧めた。また待賢門院の女房たちと交わり、中納言局を天野別所へまねくことなどがあった。

⑥元興寺極楽坊万陀羅堂の修理を勧進し、同寺伝存の柿経《こけら》には西行自筆のものがあると伝えられるが、これらの伝えは信ずべきであろう。

⑦同法の阿闍梨勝命の千部法華経と同様な勧進をし、また摂津和田岬における清盛の千僧供養の万灯会にも結縁勧進した。

⑧金剛峯寺と大伝法院の和合談義所としてつくられた蓮花乗院の「勧進主任」となり、五辻斎院領南部庄を同院所領として寄進させた。

⑨「依頼されれば他寺の勧進におもむく」こともあり、世尊寺定信の今熊野観音寺再建の勧進はその例である。
⑩勧進の最大なものは東大寺勧進で、重源の依頼で平泉を訪れ、途中頼朝にも奉加を勧めた。

五来氏はほぼ右の一〇項の事実を挙示された。(5) 氏はさらに西行を「まったくの清僧」とみる旧説を駁し、西行には妻子があったこと、その出家は妻・愛人（後宮女性）との三角関係にあったことなどを指摘された。この指摘は『撰集抄』をその「俗聖としての西行の生活に関する部分は山家集その他と矛盾のない限りとるべきである」とする独自の判断に基づくのである。私は『撰集抄』の史料性はそのように簡単に判断しえないと考えるが、この点については別に論ずべきこととして（第八章「西行の晩年と入滅」第二節参照）、今は批判を保留しておくことにする。

五来氏の新説はまことに刮目すべきものであったが、氏が西行の身辺に「世俗の臭気」が立ちこめているとし、作歌は聖としての行動の「副産物」にすぎぬとまで強調されたことは、歌人西行を高く評価する中世文学研究者にとって到底承服しがたい所であったと思われる。石田吉貞氏の反論はその代表的な例であった。

昭和四十三年刊行の『隠者の文学』（塙新書十七）の第四章「西行」に付載された「人間西行——勧進聖説について——」という論文で、氏は「五来氏の説は実例をあげて実証的に説明しているので、その説はかなり有力視され、なかには、西行の正体はこれで決定したとする文学者もあるほどである。しかし私はこの説には大きな誤謬があると思う」と主張し、「なるほど西行は、自由奔放なところがあり、頼まれれば勧進に似たことも行なったであろう」し、東大寺勧進は現にそのことを示すが、「しかし普通の世俗的・職業的な勧進聖とは、どうしても考えられない」として、五来氏の挙示した例証を弁駁された。もっとも、石田氏の反論は五来氏の挙示一〇項のうち康治元年の頼長への一品経勧進（前述の②）と蓮花乗院勧進（前述の⑧）に限られ、他はいずれも「確実な事実」ではないとしてこれを無視された。そして右の二事実も、石田氏によれば「西行と徳大寺家ならびに皇室との、特殊な関係」によるもので、「普通の勧進聖の仕事」ではない。すなわち一品経勧進は「西行の主家徳大寺家から入内された待賢門院がその二月に出家されたので、その供養のために西行が企てたもの」、また蓮花乗院はその願主五辻斎院が徳大寺実能女の所生すなわち「西行の主家の令嬢の娘にあたる」ことから「主家関係の人々の菩提のため」に携わったものであり、「二つともこのように真の勧進聖説を実証するものではなく、言わば誤った事実である」とされるのである。(6)

この反論は五来氏説の勇み足的な点を鋭く突いたものと思う。しかし二点の論証は分量的にも十分でないし、氏の無視された他の例証が果して「確実な事実」でないのか否かも大いに問題である。前述のごとく、五来氏も挙示した各項について書物の性質上ほとんど具体的な考証をされていないのであるから、両説のいずれに従うべきか、あるいはさらに別個の観方がありうるかについては、あらためて諸事実を検討した上で結論を得なければならない。

2　京郊諸寺院との関係

五来氏の挙示された諸事実のうち①②③は、いずれも出家直後から高野に入るまでの在京期間のことである。いま便宜上③から検討すると、はたしてこの期間の西行が「東山や嵯峨を転々とした」のは、「いずれも双林寺・長楽寺・清涼寺・往生院のまわりにむれあつまる念仏聖や勧進聖たちのあいだにまじわっていたことはうたがいない」ものなのであろうか。私はこの点に疑い無きを得ない。もっともこのように断定したのは五来氏だけではない。早く川田氏は、「鞍馬の不便とさびしさとに閉口して、翌年(永治元年)の秋には既に東山に移り、長楽寺や双林寺の厄介になつてゐたらしい。(中略)ところで双林寺も長楽寺も共に延暦寺の別院であつたから、西行はやはり台密の勉強を続けてゐたものとせねばならぬ」(7)とされ、また五来氏と前後して大隅和雄氏も、「ところで西行の遁世がいかなるものであったかを見ると、出家遁世の後、彼は鞍馬、北山寺、長楽寺、双林寺、東山、嵯峨、法輪寺、小倉山のふもと、東安寺、法雲院などを転々とし、高野山にも住して高野の勧進聖に似た生活もした」(8)と述べられた。

鞍馬の場合（すなわち五来氏の挙示①）については後述するとして、三氏のいわゆる「東山・嵯峨を転々」したのは、ただちに以って修行の場を求めての行為と見るべきであろうか。私は前述のように出家の動機を宗教的発心よりもやむにやまれぬ数奇心に求めたのであるが、出家直後における東山・嵯峨辺の諸寺院との関係についても、少なくとも史料を虚心に読むかぎり、諸寺院は西行にとって修行の場ではなく歌交の場であったと判断せざるをえない。まず東山では、次のごとくである。

帰鴈を長楽寺にて

五八たまづさのはしがきかとも見ゆるかなとびおくれつつかへるかりがね

長楽寺にて、よるもみぢを思ふと云ふ事を人々よみけるに

五三六夜もすがらをしげなくふくあらしかなわざとしぐれのねむるこずゑを

野辺寒草と云ふ事を双林寺にてよみけるに

五五三さまざまに花さきけりと見しのべのおなじいろにもしもがれにけり

双林寺にて、松汀に近しといふことを人々のよみけるに

一八九四衣川みぎはによりてたつ波はきしの松が根あらふなりけり

雪のあした霊山と申す所にて眺望を人々よみけるに

五七五たちのぼる朝日の影のさすままに都の雪は消えみ消えずみ

以上は東山辺の寺院名の詞書にあらわれた全部であるから、西行と諸寺院との関係は「人々」との歌会の場にほかならないことがわかる。しかもその「人々」は決してその寺に住した人々ではない。そもそもこれらの寺院は、その景勝の故に早くから作文・詠歌の場として都人に愛されていた。たとえば長楽寺については、院政時代後期の詩の総集というべき『本朝無題詩』(9)をみると、その巻八「山寺上」は所収の六一首がすべて春夏秋冬に長楽寺で詠まれた作品より成り、作者としては大江匡房・藤原明衡・源経信・藤原忠通など当代の文人を網羅している。和歌においても、西行の景慕した能因の家集(書陵部蔵『能因法師集』)に、「長楽寺にて、人々故郷霞心よむなかに」と題した三首があるのをはじめ、多くの例をみる。双林寺もこの辺はいわゆる「真葛ヶ原」の歌枕として、多くの歌の題材となった所である。(10)また霊山寺の作も、詞書の示すごとく、その「眺望」を賞での歌会にほかならない。

こうした歌交を、出家直後に詠まれた、

世にあらじと思ひたちけるころ、東山にて人々寄霞述懐と云ふ事をよめる

七八六そらになる心は春のかすみにて世にあらじともおもひたつかな

と比較すれば、遁世以前の歌交の場が以後にもそのまま続いていたことが理解されるであろう。(11)

次に嵯峨近辺については、詞書に寺院名の出て来る歌をあげれば次のごとくである。

同じ心(注、池上月)を遍照寺にて人々よみけるに

三五三宿しもつ月のひかりのをかしさはいかにいへどもひろさはのいけ

三五四〔歌略〕

仁和寺の御室にて、山家閑居見雪と云ふ事をよませ給ひけるに

六二〇ふりうづむ雪をともにて春まてば日をおくるべきみ山べの里

仁和寺御室にて、道心逐年深と云ふ事をよませさせ給ひけるに

九九六あさくいでし心のみづやたたふらむすみゆくままにふかくなるかな

寄紅葉懐旧と云ふ事を宝(法)金剛院にてよみける

八六七いにしへをこふるなみだの色ににてたもとにちるはもみぢなりけり

十月なかの頃、宝金剛院のもみぢけるに、上西門院のおはします由ききて待賢門院の御時思ひいでられて、兵衛の局にさしおかせける

八六九もみぢみてきみがたもとやしぐるらむむかしのあきの色をしたひて

かへし

八七〇色ふかきこずゑをみてもしぐれつつふりにしことをかけぬ日ぞなき

大覚寺の滝殿の石ども、閑院にうつされてあともなくなりたりとききて、見にまかりたりけるに、赤染が、いまだにかかりとよみけむ思出られて、あはれに覚えければ

一一三四いまだにもかかりといひしたぎつせのそのをりまでは昔なりけむ

大覚寺の金岡がたてたるいしをみて

一五一五庭のいはにめたつる人もなからましかどあるさまに立てしおかずば

滝のわたりの木立あらぬことになりて、松ばかりなみたちたりけるをみて

一五一六ながれみしきしのこだちもあせはてて松のみこそは昔なるらめ

これらの歌の中、八六九番のごときは待賢門院崩御後の懐旧の作で、まったく制作時点を異にするし、他の作もかならずしも出家直後のものとみることができない。しかしこれを出家直後の作と仮定したとしても、遍照寺は宇多上皇の孫寛朝の風雅な広沢山荘を寺としたもので（『小右記』永延二年八月二十一日・同永祚元年十月二十五日条）、「夫天下之翫レ月者、今宵為レ最、洛外之択レ地者、斯処為レ先」（『本朝続文粋』巻八詩序「八月十五日夜於遍照寺翫月詩一首幷序、実範朝臣」）と記されたほどの観月の名所であるから、『本朝無題詩』（巻三）の「遍照寺翫レ月、藤原明衡」など、ここに開かれた観月行事のさい作られた詩文・和歌は枚挙にいとまがない。西行の作もその一例にすぎまい。また仁和寺御室は待賢門院所生の覚性法親王の御所であり（『御室相承記』仁和寺史料寺誌編一）、法金剛院も詞書の示すごとく待賢門院ゆかりの寺であるから、(12) これらの寺院で催された歌会に西行が出席したのはきわめて自然である。大覚寺も、西行はその林泉のさまを数奇心で見に出かけたものである。(13) つまり以上の諸寺院はすべて歌交の場、数奇の対象であって、宗教修行とはさしあたり関係がないのである。

もっとも、西行が何時の頃か東山および嵯峨に住んだことがあったことは、すでに第五章「山里と修行」第一節で述べたとおりである。しかし、

嵯峨にすみけるに、みちをへだてて坊の侍りけるより、梅の風にちりけるを

四八ぬしいかに風わたるとていとふらむよそにうれしき梅のにほひを

いほりのまえなりける梅をみてよみける

四九梅が香を山ふところにふきためていりこむ人にしめよ春風

嵯峨にすみけるころ、となりの坊に申すべきことありてまかりけるに、みちもなくむぐらのしげりければ

五一六　立ちよりてとなりとふべきかきにそひてひまなくはへる八重葎かな

こうした詞書をみても、西行はある「坊」の「となり」に住んではいたが、西行自身の住居は寺ではなく「いほり」であり、隣坊との間には葎がしげって直接の往来は疎であった。故に嵯峨の西行は草庵住いであり、寺院を転々とした例とはならないのである。

次に東山・嵯峨以外はどうか。叡山の別所として聖の群集した大原についてみれば、大原に住む寂超・寂然などへの存問(14)の作は多いが、そのほかには、

山家春雨と云ふ事を、大原にて人々よみけるに

五五　はるさめののきたれこむるつれづれにひとに知られぬひとのすみかか

大原に良暹がすみける所に人々まかりて、述懐歌よみて扉戸に書付けける

一二三三　おほはらやまだすみがまもならはずといひけむ人を今あらせばや

のごとく、やはり歌会の場としてである。(15)西行にとっては大原は天台の別所としてよりも、数奇の先達良暹の旧跡などの点がつよく関心されていたのである。

寺院のついでに神社に触れれば、賀茂もまた、

たづねざるに郭公をきくと云ふ事を賀茂社にて人々よみける

二〇二　ほととぎすうづきのいみにいこもるをおもひしりても来鳴くなるかな

その他六六三・六六八・六六九など、いずれも和歌をたしなむ同社の「神主ども」との歌交の場であった。[16]

これに対して寺院に「こもる」という行為もなかったわけではなく、たとえば、「秋のすゑに法輪にこもりてよめる」四首（五二九〜五三二）がある（いつの事かは不明）。西行は「いまだ世遁れざりけるそのかみ」親友の西住と具して、「経おぼゆとて庵室にこもりたりける」歌僧空仁を訪ねて法輪に参ったことがある。『聞書残集』（一九二八）に、その際の空仁の誦経ぶりや交わした連歌などが後年まで深い感銘をもって記憶されているから、遁世後空仁を慕って法輪にこもったのかも知れない。しかし、すでに第四章「数奇と遁世」第三節および第五章「山里と修行」第一節2で指摘したように、空仁はもともと歌林苑グループの数奇者であった。この『聞書残集』にみられる空仁の数奇の生態は、西行においても同様であったろう。「人に具して修学院にこもりたりけるに、小野殿見に人々まかりけるに具してまかりて見けり」（一九二六）云々のごときは、寺院にこもることがかならずしもひたむきの修行ではなかった実状を、端的に示すものである。

以上の検討によって、平安京郊外の諸寺院が遁世直後の西行にとって修行の場ではなく、歌交・数奇の場であったことは明らかとなった。もとより歌集の性質上後者が前面に出て来るのは当然であり、この時期の西行に宗教修行がなかったわけではないことは後述のとおりであるけれども、それにしても先学諸氏の所説は、詞書中の寺院名にのみ眼を奪われ、詞書全体の意味を考慮外に置いて即断された憾み無しとしないのである。

3　鞍馬越冬と一品経勧進

次に五来氏挙示の①について検討する。嵯峨・東山辺の諸事実に対して、次の場合はたしかにその厳しさにおいて若干性質が異るようである。

世をのがれて鞍馬のおくに侍りけるに、筧こほりて水までこざりけり。春になるまでかく侍るなりと申しけるをききてよめる

六二三わりなしやこほるかけひの水ゆゑにおもひ捨ててしはるのまたるる

五来氏は「これは当時良忍の大原系の別所聖の多かった花背別所か芹生の別所であろう。この別所はともに融通念仏と如法経（法華経）の勧進をする聖の本拠で、その経塚遺跡も多い」と解しておられる。これははなはだ歯切れのよい推断であるが「鞍馬のおく」という語はかならずしも鞍馬寺よりも奥という意味でなく、「鞍馬という奥深い所」の意味に解することもできる。『聞書集』に、

北山寺にすみ侍りける頃、れいならぬことの侍りけるに、ほととぎすの鳴きけるを聞きて

一八七八ほととぎす死出の山路へかへりゆきてわが越えゆかむ友にならなむ

の「北山寺」も同様の場所を意味する。はたして花背・芹生まで入りこんだかについては賛否を保留せざるをえないが、いずれにせよ西行の鞍馬住いは数奇の行為よりも仏道修行とみるべきもので、この二首は上述の東山・嵯峨辺の詠とは異質であろう。つまり新発意の西行はそうした修行をも生活の一面としたのであって、遁世の先達能因(17)のように仏道修行の痕跡すらうかがわれない者と、同日には論じられないが、能因の生きた摂関時代より百年を経て、仏教の影響が歌道・歌人をふくめて社会・文化の各層・各面にあまねく浸透したことが、おのずから西行および同時代に輩出した遁世歌人の半僧半俗ともいうべき生活形態を視定し、また作品に濃い宗教的色彩を付与したのである（第四章「数奇と遁世」参照）。したがって、遁世当初の西行が宗教的修行よりも数奇の道を本懐としたという私見は、も

とより数奇そのものに内在あるいは付随した宗教性までも否定しようとするのではない。

五来氏挙示の②の二つの事実も、こうした一面の宗教性を示すものである。まず五来氏が「康治元年（一一四二）には待賢門院落飾のために法華経二十八品を題とした結縁の歌をよみ（『聞書集』『長秋詠藻』下・釈教歌）」云々といわれたのは、『聞書集』の冒頭に収められた「法華経廿八品」と題する三四首を、俊成の『長秋詠藻』（下）に収められた「康治のころほひ、待賢門院の中納言の君法華経二十八品の歌、結縁のため人々に詠ますとて題を送りて侍りしかば詠みて贈りし歌」三二首と同時の作と推定した結果の指摘であろう。このように両者を同時の作とするのは通説であるが(18)、高木豊氏は両者の掲げている歌題に共通するものが少なく、約三分の二は別々であること（たとえば序品では、西行は「曼珠沙華　栴檀香風」の句を、俊成は「広度諸衆生　其数無有量」の句を詠むというように）から、「いまは、西行の法華経歌を康治の結縁和歌とするには、なお一抹の疑問を残しておきたいと思う」と述べられた(19)。

私は高木氏の厳密な批判を傾聴するが、かりに百歩を譲って西行の作を俊成の作と同時のものとみなしうるとしても、なおそれは待賢門院の女房なる「中納言の勧進にこたえたもの」であって、西行自身がこの法華経歌を人に勧進したものではない。したがって、ともに結縁した俊成を勧進聖とみることができないと同様に、この例をもって西行勧進聖説の例証とすることは妥当ではあるまい。

次に頼長への自筆一品経勧進は、『台記』康治元年三月十五日条に、

戊申、令㆓侍共射㆒弓、西行法師来云、依㆑行㆓一品経㆒、両院以下貴所、皆下給也、不㆑嫌㆓料紙美悪㆒、只可㆑用㆓自筆㆒、余不軽承諾（下略）

とあるもので(20)、五来氏はこの記事は「西行がすでに勧進聖の群に身を投じていたことをしめすたしかな証拠で、かれ

はさすがに宮中に顔がきいて、鳥羽崇徳両上皇以下貴族を勧進した。この自筆一品経というのは二十八人の結縁者に法華経二十八品を写してもらい、その供養料をあつめて如法経埋経供養と別所聖の生活資縁にあてるのである」と指摘された。(21) 文脈からして、氏はこの勧進も二十八品歌と同様に待賢門院落飾に関係ありと認めておられるようではあるが、しかし「さすがに宮中に顔がきいて」と強調した所、成功をもっぱら聖西行の勧進能力に帰しておられる。

石田吉貞氏はこれに対して「これを普通の勧進とみるのは大きな誤りである」として、「西行がすでに勧進聖の群に身を投じていたこと」(五来氏)を否定された。(22) 石田氏によれば、西行は徳大寺家の家人であったことから、同家より入内した待賢門院ひいては鳥羽・崇徳両院らに親近したのであって、「そのような関係から、待賢門院の御出家をかなしんで、一品経供養を企てたものであり、両院も貴所もすべて承諾されたのである。それでなくて、一ぺんの勧進聖が、宮中や貴所へ勧進に参れるわけはなく、料紙はどうでもよいがかならず自筆で書いてほしいなどと、わがままが言えるわけもなく、それを両院も貴所も承諾するわけはない」というのである。(23)

自筆を求めることを一概に「わがまま」とはいえないと思うが、しかしこの勧進を待賢門院の出家と関係付けた石田氏の所説は、待賢門の生家徳大寺家と頼長のふかい関係からして、否定すべからざるものであろう。これよりさき長承二年(一一三三)頼長は徳大寺実能に聟取られ、実能女幸子とともに二条烏丸第に実能らと同居し、四年正月火難に遭って実能の大炊御門高倉第に移り、東西の舎屋に実能と同居していた。この結婚は実能が積極的に摂関家の俊秀を一門に引き付けようとしたものらしい。(24) そしてさらに頼長は妻の姪に当る徳大寺公能女多子を幼時から養子とし、後にこれを入内・立后せしめる。このような親密な関係にあったため、橋本義彦氏も「西行は出家前藤原(徳大寺)実能家にも出入りし、生涯実能公能父子らと親交があったから、実能らと同居していた頼長を訪れたのもその縁によるものであろう」と理解された。[25]

第二章「佐藤氏と紀伊国田仲庄」に述べたように、西行の佐藤氏は摂関家領田仲庄の預所であったから、彼は他の仲介がなくとも本所の有力者頼長の許に推参することができたはずである。その点を顧慮するにしても、なお五来氏のように「さすがに宮中に顔がきいて」などとみるよりは、徳大寺家との縁によって待賢門院落飾に結縁の勧進をおこなったものと考えたい。

以上、高野入り以前の平安京における諸事実を検討したところでは、東山や嵯峨辺の諸寺院との関係は、仮りに作品をほぼこの時期のものと解しうるとしても（その点に問題があるが）、なお寺院は歌会の場として記されているのであって、西行の生活の中心は数奇の道にふけることにあったと考えなければならない。一方、鞍馬の冬籠りや一品経勧進のごとき諸事実はたしかに聖の範疇に属する行為であるけれども、西行が仏道にのみ打ちこんでいたと考える論拠としてはやや薄弱である。したがって五来氏の挙示された④のように、西行が「有能な聖」と認められて高野の復興勧進に招かれるほど活発に勧進活動をおこなっていたかどうかは明らかでない。むしろ出家直後の数年間、西行は官人的束縛をまぬがれて遁世の素志たる歌道にうちこむ幸いを満喫していたように思われる。

4　貴族社会との交渉

そもそも西行のごとき七十年もの長い生涯を送った、しかもきわめて内省的な人物の伝を追う場合、その精神生活にいちじるしい変貌・発展があったであろうという当然の配慮を欠いてはならない。従来の西行論には共通してこの配慮が欠けていたと私は思う。[26]故に出家後の平安京における生活と高野入り後の生活にも、単に場所を異にしたというだけではなく、精神の内部における数奇と仏道との比重に大きな変化が生じていたと考えるべきではなかろうか。あるいはむしろ西行の内面に大きな変化が生じたために、彼は京を離れて高野に赴くことを決意したともいえるのではあるまいか。

そうした西行自身の主体性を前提として、さて高野入りの直接の契機を求める時、五来氏の指摘された④すなわち久安五年の高野焼亡（『百錬抄』久安五年五月十二日条）と平忠盛の造営行事（『高野春秋』久安五年七月九日条）担当は、それなりに注目すべきものといえよう。[27] 氏は昭和五十年刊の『高野聖』新版において旧説を補い、「このとき西行を高野山にまねいたのは、この大火をまのあたりに見て日記に記した覚法法親王（白河上皇第四皇子、堀河天皇の御弟）と、大塔再興奉行だった平忠盛だったろう」と推定したが、すでに旧版においても『残集』の、

忠盛の八条の泉にて、高野の人々仏かきたてまつることの侍りけるにまかりて、月あかかりけるに池に蛙の鳴きけるをききて

一九三七小夜更けて月にかはづの声きけばみぎはもすずし池のうきくさ

をあげて、「大塔勧進のために京都に出た高野聖が、復興の総元締である平忠盛の邸に出入りすることがしばしばあった」こと、「西行もこれに加わっている」ことの証とされた。この詞書は、まだ高野に入る以前の西行がたまたま高野の人々の仏を画く所を興味ふかく覗見しただけとも解釈しうると思うが、それはともあれ、高野入りを誘った者の一人として平忠盛あるいは清盛を[28]想定することは可能であろう。後述するごとく蓮花乗院の造営に手腕をふるった西行であるから、大塔造営にも助力したと推定することには無理があるまい。ただし五来氏のごとく一歩進めて、忠盛・清盛が西行の「有能な勧進聖」としての実力を買って高野へ招いたと解するのは如何であろうか。むしろひたす

ら数奇の道にふけっていた西行の心底に仏道修行への強い願望のひそむことを知っての誘いであり、西行自身も京における生活を一新する好機としてこの誘いに応じた程度かも知れない。つまり私は上述のごとく①②③に対する観方を異にするため、④についてもかなり控え目に考えるのである。

次に五来氏挙示の⑤について考える。氏は「入山後もかれは京都とのあいだを往復して、文学の才をもって貴族のあいだにまじわり、高野山の復興助力をすすめたものと思われる(29)」といい、また「そのあいだも鳥羽中宮待賢門院の女房たちとの交友があり、女院の崩後、堀川局・中納言局が出家して嵯峨小倉山麓に住んでいたのをまねいたとみえて、中納言の局が高野山麓の天野別所に移り住んだ」として、中納言局を訪ねた帥の局を案内して和歌浦に遊んだ事実をあげられた。まず前者については、高野復興の勧進を直接に証する史料を五来氏はあげられず、また管見に入った史料もない。そこで家集などにあらわれる人名を一わたりながめて、間接的に考察してみよう。西行と交渉のあったことの知られる人物は、僧俗・貴賤・男女取りまぜて一〇〇名を越えるが、このうち五来氏のいわゆる「貴族」(院宮や受領層をも便宜これに含める)は、皇室・徳大寺家・平家・入道信西一族・神祇伯顕仲一族・御子左家・常盤三寂その他の人々より成る。交渉の本筋が和歌の贈答にあることは言をまたないが、仏道に関係するものも無視すべからざる比重をもっている。皇室関係では、一院(鳥羽法皇、保元元年崩)に対しては「かくれさせおはしまして、やがての御所へわたりまゐらせける夜、高野よりいであひ」(八五三)、安楽寿院陵に「をさめまゐらせてのち」「はじめたる事ありて、あくるまでさぶらひ」(八五五「読経供養のことなどでもあろう」と伊藤嘉夫氏は解釈(30))、近衛院(久寿二年崩)に対しては、その「御はかに人々具してまゐり」(八五二)、二条院(永万元年崩)に対しては「五十日のはてつかたに(中略)御はかに御仏供養しける人にぐしてまゐり」(八六四)、それぞれ哀傷歌を詠じている。浅からぬ恩顧を受けた崇徳院に対して、遠くその墓に詣でて怨念を鎮める歌（一四四六）を詠んだことは前述したが、如上の諸上皇に対しては崇徳院のごとき濃密な俗縁を西行はもっていない（第五章「山里と修行」第二節２参照）。したがってこれらの歌は窪田章一郎氏の説かれるように「求められて提出した儀礼の哀傷歌と考えられる」のであるが[31]、なぜこれを求められたかといえば、当時の西行は歌人としてはまったく無名であったから[32]、聖として供養にしたがい、その際に求められて詠んだものと思われる。

さらに西行は多くの貴族に対して仏道に入ることを勧めている。徳大寺公能が父母の重喪に服した時には、高野よりとぶらって「かさねきるふぢのころもをたよりにて心の色をそめよとぞ思ふ」（八五六）と勧め、入道信西の妻「院の二位のつぼね」（紀伊二位、仁安元年薨）の「あとのことども」に加わって子の成範・脩範らと贈答している（八八九〜九〇四）。窪田氏はこの際の西行の十首歌の中に、局が生前「のちのよをとへとちぎりしこと」（八九四）のあったことを指摘し、「僧として尊敬されていたことも知り得る」と解された[33]。御子左家の「顕広」（仁安二年俊成と改名）は西行が歌道においてもっとも頼りとした人物であるが、その家での歌会も「後世のものがたり申しけるついでに」（一八八七）おこなわれることがあった。また「中院右大臣」（源雅定、仁平四年出家）に「出家おもひたつよしの事」を語られてこれをはげまし（八〇〇〜八〇一）、「侍従大納言成通」（藤原成通、平治元年出家）にも「後の世の事おどろかし申し」（七九八）ている。

以上のごとく、仏供養に侍したり出家を勧めたりした形跡は数多くみられる。そしてこのような行為はいずれも高野にいた期間のことと推定されるから、その際に大塔などの造営について勧進におよんだとしても、きわめて自然であろう。五来氏の推定は豊富な間接的証拠をもつといわなければならない。

女性との交渉についてはどうであろうか。その中心をなす待賢門院女房との関係においては、西行の特徴である数奇と仏道との渾融が如実にみられ、五来氏のあげられたところの、帥の局を案内して粉河寺に参詣し歌枕の吹上・和歌浦を訪ねたのも（八一六・八一七）、その好個の例証である。女房たちとの交渉は西行の青春在俗時への懐旧につながるのであるが、(34) 彼女らはみな西行より年長であってその関係は恋愛的・肉欲的なものなどではない。すでに第五章「山里と修行」第二節2でふれたごとく、待賢門院の崩後、その女房は引きつづいて宮仕えする者と遁世する者とに分れたが、その宮仕えの場菩提院前斎宮すなわち後の上西門院は、西行の一つの歌交の場であった。(35) しかし、むしろ注目されるのは堀川局や中納言局のごとき遁世した者との交渉である。

待賢門院の女房堀河の局のもとよりいひ送られける

八一八この世にてかたらひおかむほととぎすしでのやまぢのしるべともなれ

返し

八一九ほととぎすなくなくこそはかたらはめしでの山路に君しかからば

（『山家集』）

堀川の局仁和寺にすみけるにまゐるべきよし申したりけれども、まぎるる事ありて程へにけり、月の比まへをすぎけるをききていひ送られける

九二六にしへ行くしるべとたのむ月かげのそらだのめこそかひなかりけれ

かへし

九二七さしいらでくもぢをよぎし月かげはまたぬ心ぞそらにみえける

（同上）

のごとく、堀川は西行を往生の「しるべ」と頼んでいたし、上西門院に宮仕えをつづけて亡くなった堀川の妹兵衛も、

（前略）兵衛の局、武者のをりふしうせられにけり。契りたまひしことありしものをとあはれにおぼえて

一九七二さきだたばしるべせよとぞ契りしにおくれて思ふあとのあはれさ　（『聞書集』）

の哀傷歌によれば、西行を往生の「しるべ」と頼んでいた。また待賢門院所生の崇徳院に従って讃岐に下った女房も、その送って来た歌の中に、

一二三五いとどしくうきにつけてもたのむかな契りし道のしるべたがふな　（『山家集』）

のごとく、「しるべ」と頼んだ形跡があり、

みやたてと申しけるはした者の、としたかくなりてさまかへなどして、ゆかりにつきて吉野にすみ侍りけり。おもひかけぬやうなれども、供養をのべむ料にとて、くだ物をつかはしたりけるに、花と申すものの侍りけるをみてつかはしける

一二五七をりびつにはなのくだ物つみてけり吉野のひとのみやたてにして

かへし　みやたて

一二五八こころざしふかくはこべるみやたてをさとりひらけむ春にたぐへよ

という贈答も、西行に供養料を送って悟りへの導きを請うた遁世の老女のあったことを示す[36]。有名な江口の遊女妙との贈答も、歌意よりして「よのなかをいとふ」（八二〇）ことを勧めに立ち寄ったものかと想像されるが、以上のような徴証をみるとき、⑤の「女院の崩後、堀川局・中納言局が出家して嵯峨小倉山麓に住んでいたのをまねいたとみえて、中納言の局が高野山麓の天野別所に移り住んだ」という五来氏の推定[37]も、やや断定にす

ぎるにせよ、ある程度の蓋然性は認められるであろう。

5　元興寺極楽坊の西行伝説

次に五来氏は、⑥「西行の旅が勧進にむすんでいたのは高野山入山前の一品経勧進とおなじく、奈良元興寺極楽坊の万陀羅堂と柿経木簡経勧進にもみられる(38)」とされた。この点を『高野聖』以上に詳細に論じたものは『元興寺極楽坊中世庶民信仰資料の研究』の総説である。飛鳥の地に創建され平城京に移建された名刹元興寺は、律令国家の衰退につれて退転したが、平安中期以後になると『日本往生極楽記』や『今昔物語集』(巻十五)にみえる板絵の智光曼陀羅が庶民信仰の対象となり、元の僧房の一部が曼陀羅堂に改造され、この極楽坊の念仏道場としての発展につれて勧進聖が群集した(39)。現在の曼陀羅堂は当初の建物が朽損したため中世初頭に阿弥陀堂形式に改修されたものであるが、これについて五来氏は『菅家本諸寺縁起集』の元興寺極楽坊の項に、

堂一宇　号万陀羅堂　在四方ニ極楽万陀羅、口伝云　此堂者智光法師造之　其後破損間西行法師勧十方　建立云云

とあり、また『大乗院寺社雑事記』寛正三年二月十一日条に、

極楽万タラ在レ之、号二智光法師之万タラ一也、舎利粒在レ之、同智光所持之舎利云々、万タラ堂在レ之、依破損之故、西行法師勧進加二修理一云々、後白河院七大寺御巡礼之時、当堂御行道阿弥陀経御読誦

とあるを引き、これは「まったく根拠のないこととはいえない」のみか、「かくて平安末から極楽坊には多くの勧進聖があつまって曼陀羅堂の修理がおこなわれたが、その勧進聖のなかに西行がくわわっていたというのは事実であろ

う」(40)と推断された。

また元興寺極楽坊の本堂からは、終戦後におこなわれた解体修理の際おびただしい量の「杮経」が発見され、五来氏を中心として精力的な調査がおこなわれた結果、中世庶民信仰の貴重な史料たることが確認された。その一部は早くから巷間にながれて「西行法師筆木簡経」として愛蔵または取引されていたようであるが、五来氏は元禄ごろ成立の極楽坊縁起に「西行法師自筆の杮経あり」とみえることを紹介し、これをも「まったく根拠のないこととはいえない」(41)と判断された。

かくて五来氏によれば、西行による曼陀羅堂修理勧進および自筆杮経に関する史料は、みな信用すべきものとなったが、この結論をみちびいた氏の論拠を整理すれば、ほぼ次のようになる。

Ⓐ西行は久安五年の大塔焼亡のころから勧進聖の集合しはじめた高野山に入り、蓮花乗院移建などをおこなったことからして、「勧進聖的性格」をもっていた。

Ⓑ杮経のように数量の大を要する奉納物は勧進にもっとも好都合な対象である。現存杮経は嘉禄元年の年紀あるものが最も古いが、その前後鎌倉時代を通じて継続的に書写されていることが、書体によって知られる。

Ⓒ現在本尊厨子裏にはめこまれた板絵曼陀羅は堂修理のおこなわれた鎌倉初期のものといわれており、西行の勧進ということはまさしく絵画史的年代決定と相応する。

Ⓓ『今昔物話』以下にみえる極楽坊百日大念仏は「名もない三昧聖や放浪の勧進聖などの結衆によっておこなわれていたらしく」、西行もこの中に加わっていたのであろう。(42)

右の論点のうちⒷⒸⒹは、鎌倉初期の極楽坊の経営が聖の勧進によっておこなわれていたというもので、中世仏教の庶民信仰的特質についての一般的指摘としては、異論をはさむ余地のない見解であろう。しかし曼陀羅堂の修理を西行という特定個人に結び付けた室町時代の二つの史料は、おそらく当時すでに流布していた西行伝説の所産であって、(43)これをも事実と認めることは通常の史学方法論から飛躍しすぎているのではあるまいか。柿経に西行自筆ありとする江戸時代の史料の価値にいたっては、論議の余地はあるまい。五来氏が無論良質の史料でないことを熟知しながらこれらを採用されたのは、氏の論拠Ⓐを前提としてのことであろうが、私としては論証の方向を逆にせざるを得ない。つまり西行の勧進聖的性格から極楽坊史料を判断するのではなく、極楽坊史料の批判によってかれの勧進聖的性格の度を判断すべきものと考えるのである。

現に五来氏のようにⒶを推定の根拠としないかぎり、塚本善隆氏は同じ『大乗院寺社雑事記』を引用した後、「西行がはたしてこの堂の修理の願主として勧財したか否やは、ここで吟味しない。彼のような聖的僧であり、すぐれた歌人であり、幅の広い知名人を極楽坊の営繕願主に結びつけることは、宣伝効果も多いことである」(44)と解釈され（傍点目崎）、また石田茂作氏も、「奈良・元興寺極楽坊の柿経は昔から有名である。歌聖西行法師の書と俗称し参詣の人はこれを戴いてお守りにしたと云う」（傍点目崎）と記述された。(45)両先学ともに、柿経と西行との関係を後世の付会と認められたことがうかがわれる。私もまたこの立場に従いたいと思う。

なお西行と南都の寺院との関係は、『聞書残集』の冒頭に、

奈良の法雲院の覚誉法眼のもとにて、立春をよみける

一九〇七三笠山春をおとにて知らせけりこほりをたたくうぐひすの滝

同じ房にて、雨中落花といふことを

一九〇八春雨に花のみぞれの散りけるを消えでつもれる雪とみたらば

とみえる。興福寺法雲院の本願覚誉は保延六年秋すなわち西行出家の直後に、鳥羽上皇の春日社五重塔供養のさい法印に叙せられ（『興福寺別当次第』続群書類従補任部）、久安二年十二月入滅した（『興福寺略年代記』続群書類従釈家部）。したがってこの歌は、西行が高野入り以前に南都に赴いた事実を示すけれども、詞書の語るごとくこれは法雲院における『金葉集』歌人覚誉らの歌会に参加したものであって、勧進などとは類を異にする。南都における勧進を推定すべき史料は管見に入らないのである。

以上を要するに、五来氏挙示の⑥は、方法論的に肯定できないと私は考える。

6　勝命・清盛・定信らとの交渉

次に五来氏挙示の⑦すなわち阿闍梨勝命の千部法華経供養および平清盛の福原における千僧供養の万灯会について検討する。阿闍梨勝命は魚名流藤原氏の受領の家筋に生まれ、俗名を親重といい、美濃・三河などの受領を歴任した後出家して勝命と称した（『尊卑分脉』『勅撰作者部類』）。『新古今和歌集』以下に六首採られた勅撰歌人である。萩谷朴氏の『平安朝歌合大成』によれば、八度の歌合に出詠しているが、嘉応二年（一一七〇）十月の散位敦頼（のちの道因法師）の住吉歌合には「散位従五位上藤原朝臣親重」とみえ、次いで承安二年（一一七二）十二月の沙弥道因勧進の広田社歌合にも「親重」とみえるのに対して、安元元年（一一七五）三月の大宰大弐重家歌合に「勝命法師」とみえるから、承安年間に出家したようである。『古今著聞集』（巻五）「賀茂神主重保尚歯会を行ふ事」の条に養和二年（一一八二）勝命七十一歳とみえるによれば、西行より六歳年長で、出家はその六十代のことであった。俊恵の歌林苑や賀茂社の歌会に関係ふかく、また数奇者を以って知られた藤原敦頼入道道因(46)（『無名秘抄』）とも親しかった点に、その遁世生活の様相を察することができる。

さて『山家集』に、

あざり勝命千人集めて法花経結縁せさせけるに、又の日つかはしける

九三二 つらなりしむかしにつゆもかはらじとおもひしられし法のにはかな

人にかはりてこれもつかはしける

九三三 いにしへにもれけむことのかなしさはきのふのにはに心ゆきにき

とあるが、法華経を千人に分担して書写せしめるこの供養は、五来氏のいわれるごとく、一品経などに比べてはるかに庶民的・修行的性格を強くもつものであろう。こうした場合に遁世者たちが相互に勧進し結縁し合うことは当然想定されるところであるから、五来氏の「西行もかつてはこのような勧進もしたであろう」という推定は首肯すべきものと思う。歌意によって推測すれば、西行は自身供養の席に加わったばかりでなく、欠席した他人をも結縁せしめ、資に歌をそえて勝命の許に送りとどけたようである。西行もこの勧進の一部を引き受けていたと見るべきであろう。

一方、平清盛の千僧供養は数回おこなわれたようである。『百錬抄』には嘉応元年三月二十一日条に「上皇自二入道大相国福原亭一還御、高野御帰路入二御役所一、有二千僧供養事一、為二御結縁一也」、承安二年三月十五日条に「太上法皇於二入道大相国福原亭一、供二養千僧持経者一、三ケ日被レ行レ之」、治承元年三月十八日条に「於二福原一千僧供養、上皇去十四日御幸令二結縁一給」などとみえる。『山家集』に、

六波羅太政入道、持経者千人あつめて津国わだと申す所にて供養侍りけり。やがてそのついでに万灯

会しけり。よふくるままに灯火のきえけるを、おのおのともしつぎけるを見て

九三四きえぬべきのりのひかりのともしびをかかぐるわたのとまりなりけり

とみえるものが何時のことであったかは明らかでないが、いずれにせよ西行の高野関係時期の末に近い。承安の度については『古今著聞集』（巻二「平清盛福原に於て持経者千僧にて法華経転読の事」）に、「件の経以下御布施まで、諸院・宮・上達部・殿上人・北面までも、蔵人右少弁親宗が奉行にてすすめけり。法皇御幸成て、其一口にいらせおはしましけり。法印三人がしもに御行道ありけり。諸国の土民結縁のために、或は針、或は餅四、五枚などを引けり。法皇もうけさせ給けり」とみえ、治承の度については、『玉葉』（安元三年三月二十二日条）に、「自二同十八日一、三ヶ日、供二養千口持経者一、供養法者、入道之所レ修、供養持経者、法皇之所二令レ行給一也、是奉二為建春門院一也、其持経者等、殿上侍臣已下、北面、武者所、主典代、庁官、皆悉被レ宛レ之云々」とみえ、いずれも貴践上下の区別なく結縁したこと、蔵人・院司らが勧進を担当していたことなどがうかがわれる。このような盛儀の故に西行もはるばると参会したのであろうが、ここでは結縁はともかく勧進には出る幕がなかったのではあるまいか。ただし五来氏のいわれる所は、その際おこなわれた万灯会の「一灯一坏の結縁勧進にも西行は関係したであろう。すなわち万灯会は清盛入道の本願であっても、万人の結縁を集積しなければ功徳は大きくないとされるからである」というのであるが、万灯会については『山家集』以外の史料が管見に入らないので、しばらく五来氏の推定に従っておく。以上のように見るならば、⑦は西行に勧進の行為がしばしばあったことの例証と考えられる。

次に⑧は便宜上次章に詳述することとして、⑨世尊寺定信の観音寺再建の勧進について検討しよう。この論拠は『山家集』の、

宮内大輔定信の入道、観音寺にだうつくるに結縁すべきよし申しつかはすとて　観音寺入道生光

九三〇てらつくるこのわがたににつちうめよ君ばかりこそ山もくづさめ

かへし

九三一やまくづすそのちからねはかたくとも心だくみをそへこそはせめ

という贈答である。詞書の宮内大輔定信と観音寺入道生光とは一見別人のごとき書きざまであるから、川田・尾山両氏などは完全に別人と誤解されたが、生光は定信の法名である。定信は藤原行成の子孫で、父祖の血を伝えて能書の誉高く、しかも『今鏡』（藤波の中第五）によれば、書風は行成よりもむしろ祖父伊房に似て独自の異色であったといわれ、その点は現存する遺墨によっても確かめられる(47)。

定信のゆたかな個性の中でも特に見るべきものはその道心の深さで、『今鏡』は「宮内の大輔定信も、聖の勧むる文、なにかとすぐさず書き弘め侍りけり」といい、また「一切経を一筆に書き給へる、ただ人とも覚え給はず。世になきことにこそはべめれ」とも伝えている。後者については『本朝世紀』（仁平元年十月七日条）に「又前宮内大輔藤原定信朝臣於二春日社宝前一供二養一切経一、是年来自筆所二書写一也、院宮諸家多贈レ物云々。（中略）遂二大願一之後、経二一両日一出家」とみえ、左大臣頼長の『宇槐記抄』（仁平元年十月七日条）にも、「定信現世遺二万代之名一、当来免二三途之苦一、訪二和漢両朝一、未レ聞二政勤者一」と、定信への敬重をみることができる。

前引の『本朝世紀』にしたがえば、定信入道生光が観音寺に堂を造営したのは仁平元年（一一五一）十月十日の出家以後入滅以前のこととなる。定信の没年は不明(48)で造営年時の下限は決められないが、おそらく西行の三十代後半のことと推定される。観音寺という寺についても確実なことはわからないが、尾山・川田両氏の今熊野観音寺であろう

とする説に五来氏も従っておられる。(49)

さてこの贈答について五来氏は、「勧進聖というものは原則として一寺に専属ではない。したがって依頼されれば他寺の勧進におもむくこともあったので、西行は世尊寺定信にたのまれて今熊野観音寺再建の勧進をしたこともあった」と解釈された。すなわち氏の所説によれば、西行の勧進ははなはだプロフェッショナルな性格をもつこととなるわけである。(50)しかし観音寺が高野山以外の「他寺」であることは確かとしても、この事実は「依頼されれば」どこへでも勧進に赴いた証とはならない。なぜならば、実は定信はかの待賢門院中納言局の兄弟なのであって、(51)この勧進も石田氏のいわゆる待賢門院ゆかりの勧進の一例と解すべきだからである。したがってこの勧進を以って西行の職業的勧進聖性を過大に評価することは妥当ではあるまい。

最後に、⑩の東大寺再建勧進は第五章「山里と修行」第三節5に詳述したとおりである。

以上、五来氏の挙示された諸事実のうち⑧を除く九例について検討した結果、高野入り以前の生活にかかわる①②③④については五来氏の叙述に行き過ぎが認められる。また⑥の元興寺極楽坊の史料はこれを採用することができない。しかし⑤⑦⑨⑩は西行の勧進活動の例証とするに足るもので、次章に述べる⑧と合せて、これらの勧進活動を石田氏のごとく一概に不確実視することはできない。もちろん②⑤⑧⑨などが皆徳大寺家や待賢門院に関係するのは、西行が遁世後も依然として在俗時の人間関係から離れなかったことを示すもので、石田氏が普通の職業的な勧進聖でないとされた指摘には、確かに傾聴すべき点があろう。要するに、西行が高野に入ってよりの三十年間に活発な勧進活動をおこなったことは否定すべくもないのであるが、しからばこのような西行の遁世生活の性格をいかに規定すべきかについては、次節に五来氏挙示の⑧について詳細に検討した後、あらためて総括的に私見を述べることにしたい。

注

(1) 『ヒストリア』一。

(2) 井上光貞『日本浄土教成立史の研究』三六〇頁。

(3) 五来重『高野聖』一五九頁。

(4) 同書一六〇頁。

(5) 以上同書一六〇～一七〇頁。なお以上の頁数は角川新書版である。

(6) 石田吉貞『隠者の文学――苦悶する美――』一三七～一四〇頁。

(7) 川田順『西行研究録』所収「八　西行の信仰」。

(8) 大隅和雄「遁世について」(『北海道大学文学部紀要』一三―二) 七七頁。

(9) 川口久雄『平安朝日本漢文学史の研究』下、九〇二頁。

(10) 竹村俊則『新撰京都名所図絵』㈠、五二頁。風光絶佳なる故に、これを愛してここに山荘を営んだ者も多かったと思われる。たとえば平康頼のごときはその一人で、配流より召換された後、東山双林寺の山荘に籠居して『宝物集』を執筆したとある(『平家物語』巻三「少将都帰」)。

(11) このほかに、清水寺にこもった人を訪ねての作二首（一二七四・一七五七）があるが、除外してさしつかえない。

(12) 角田文衛『椒庭秘抄――待賢門院璋子の生涯――』二三八頁。なお、法金剛院が清原夏野の双丘山荘を寺とした御願寺天安寺の跡に造営され、風光絶佳であったことも注意すべきである（同上二〇二頁)。

(13) 大覚寺が離宮嵯峨院を寺としたものなることは言を要しまい。拙稿「政治史上の嵯峨上皇」(『日本歴史』二四八) 参照。

(14) 『山家集』には、「新院歌あつめさせおはしますときゝて、常磐に、為忠が歌の侍りけるをかきあつめてまゐらせけるを大原よりみせにつかはすとて　寂超長門入道／(歌略)／かへし／(歌略)」(一〇一一・一〇一二) とか、「寂然高野にまゐりて、たちかへりて、大原よりつかはしける／(歌略)／かへし(歌略)」(一一四一・一一四二) のごとく頻出するが、こうした大原の地名の頻出を以って西行と大原別所との関係を密なるものと想像することはできない。

(15) 一一三三の歌は、『聞書残集』(一九二四・一九二五) では「大原にをはりのあま上と申す智者の許にまかりて、両三日物語申して帰りける」際に、「かかるついでに見にまからむと申して、人々具してまかりて各々思ひをのべ」たものとして記されている。この尾張の尼上というのは、高階為遠女で待賢門院の女房となった琵琶の名手で、大原来迎院の大檀越となっていた（山木幸一「朗詠詩句と西行和歌」『和歌文学研究』一八、三八頁）。『十訓抄』（第十）には、「此尾張、女房にて若かりける時より、道心有て止観よまん心ざし有て、歩行にてこめの童一人を具して、大原の良忍聖のもとへ行つゝ習ひよみけり」とあって、道心深き女性であるから、この女性と「両三日物語申し」たのは仏道のためであったと見るべきであろう。しかし、そこでも『残集』によれば、西行は寂然と連歌を交わしており、さらに「ついで」に良暹の跡を見に行っているのであって、仏道修行の側面のみを考えるべきではない。

(16)　とくにこの「神主ども」の中心にいたものと推定される賀茂重保は、第五章「山里と修行」第二節1にふれたごとく、西行の家集にはその名がみえないが、俊恵の歌林苑を経済的に支援し、またその後をうけて多くの遁世歌人を賀茂社に結集し、「寿永百首」や『月詣和歌集』を成立せしめた活動はめざましい（簗瀬一雄「歌林苑の研究――俊恵法師研究のうち――」『国語・国文』一四―七・多賀宗隼『鎌倉時代の思想と文化』所収「月詣和歌集について」・松野陽一「寿永百首について」『和歌文学研究』三一）。

(17)　拙稿「能因の伝における二、三の問題」（『平安文化史論』所収）

(18)　川田順氏は「待賢門院御落飾の時に結縁のため詠みたるものに相違なし」（『西行の伝と歌』三三頁）と断定し、諸氏みなこれに従う。

(19)　高木豊『平安時代法華仏教史研究』二七四頁。

(20)　「不軽」が法華経の常不軽菩薩品を意味することは、小松茂美氏（「軽く承諾せず」図書昭和四十四年四月号）の明らかにされた所である。

(21)　五来氏前掲書一六一頁。

(22)　石田氏前掲書一三八頁。

(23)　同一三九頁。

(24)　橋本義彦『藤原頼長』三〇頁。

(25)　同書六〇頁。なお角田文衛氏は、「明らかにこれは、西行が待賢門院のために結縁経を勧進したことを意味している。（中略）そこには女院に寄せた西行の熾烈な渇仰が見られるのであり、実能家のもと家人であったといった縁故によって西行が結縁経を発起したのではなかった」（『椴庭秘抄』二七八頁）として、より端的に待賢門院その人との関係を強調された。

(26) ただ川田順氏（『西行』一二一頁）は、「前半生の西行はどう考へても普通の人間と格別変つたしろものでは無かつたやうだ」とし、それが「後半生に成ると、流石に年も寄り、灰汁抜けもして甘いも酸いも嚙みわけた好個の人間となり」云々と指摘された。これは西行出家の動機や出家直後の生活を仏道に志したとする「俗説」を批判されたものであるが、顧りみるべき点がある。

(27) この点については、すでに川田順氏も「むやみと想像を逞しくするようだが、久安二年清盛大塔建立著手が西行高野入りの原因の一つとなつたのではなかろうか。西行清盛は若き時より相識の間柄であり、西行は堂塔の工事に興味も伎倆も持つてゐたらしくある」と述べており（『西行の伝と歌』九一頁。前著『西行』二七頁では、「野山入りは、勿論、真言秘密の修行のためと考へねばならぬ」とされたのであるが、氏はここに一歩考えを進めたのである）、「久安二年」という年代の誤りを久安五年と修正すれば、この川田説は五来説の先駆となるわけである。ただし川田氏は「原因の一つ」と控えめであるが、五来氏はもっと断定的である。

(28) 西行と清盛は同年で、ともに若き日に鳥羽院北面に勤仕したことがある。清盛は老年の父に代って登山して事に当り、保元元年四月これを完成せしめた（『高野春秋』久安五年七月九日条・同保元元年夏四月条）。

(29) 五来氏前掲書一六一頁。

(30) 日本古典全書『山家集』頭注一三一頁。

(31) 窪田氏前掲書二一四頁。

(32) 『詞花和歌集』によみ人しらずとして一首入ったのみ。『千載和歌集』に撰者俊成が一七首採ったのは、文治四年（一一八八）西行七十一歳のことである。

(33) 窪田氏前掲書二二〇頁。

(34) たとえば、前にも引いた「十月なかの頃、宝金剛院のもみぢけるに、上西門院おはします由ききて待賢門院の御時思ひいでられて、兵衛殿の局にさしおかせける／八六九もみぢみてきみがたもとやしぐるらむむかしのあきの色をしたひて」などは、その一証である。

(35) 「山水春を告ぐるといふ事を、菩提院前斎宮にて人々よみ侍りし／一七（歌略）」以下数首みえる。

(36)『新古今和歌集』(巻十八)雑下にみえる「西行法師山里よりまかり出でゝ、昔出家し侍りし其月日にあたりて侍るなど申したりける返事に、八条院高倉／うき世出でし月日の影の廻りきて変らぬ道を又照らすらむ」も、西行と親交あった入道信西一族に属する八条院高倉(澄憲の女)が西行を目して仏道をさし示してくれる者としたと解されるであろうか。
(37)五来氏前掲書一六二頁。
(38)同一六四頁。
(39)五来重編『元興寺極楽坊中世庶民信仰資料の研究』所収の五来重「総説」・同じく岩城隆利「元興寺略史」。
(40)五来氏「総説」二二頁。
(41)同上九頁。
(42)以上、同上九・一〇・一八・二一頁。
(43)西行伝説については、おそらく俊成(『長秋詠藻』)・慈円(『拾玉集』)などを感動せしめた西行の入滅のみごとさから急速に成長し、『撰集抄』や『西行物語』の出現となり、やがて西行の跡をしたって廻国する者を続出せしめたのであって、この伝説の浸透度を無視して史実視することに、私は賛同しがたい。この点では、「とくに『撰集抄』は西行撰ということを全面的に承認はできないにしても、俗聖としての西行の生活に関する部分は『山家集』その他と矛盾のない限りとるべきである」(『高野聖』一七二頁)とする五来氏と、基本的に異る立場に立つのである。第八章「西行の晩年と入滅」参照。
(44)塚本善隆「智光曼陀羅と極楽坊の庶民化」(五来氏編前掲書「各説」)九五頁。
(45)石田茂作「元興寺極楽坊発見の柿経」(同上)二三四頁。
(46)萩谷氏前掲書二二九〇頁。
(47)山本信吉「藤原定信」(『書の日本史』二)
(48)『尊卑分脉』に「久安二六廿三卒」とあるのは、出家時点と矛盾して従えない。国史大系頭注には「久寿」につくるべきかと推定する。従うべきであろうか。
(49)川田順『西行研究録』(後篇七)「観音寺入道生光」。
(50)五来氏はこの勧進の内容には触れていないが、川田順氏は『西行の伝と歌』で、「西行ならば熊野三山の土を運ぶぐらゐの力は持つてゐたらう。別当生光はさう狙ひをつけた。乍併、西行は体よく土砂運搬を辞退し、その代りに「心だくみ」を副へて進ぜんと答へた。按ふに新築の図面や現場の監督までも場合に依つては引受けようといふのらしい。西行に建築土木の知識乏しからぬことを立証出来るのである」（一〇七頁）と述べている。しかしこの川田説はあまりにも放恣であろう。「つちうめよ」とは「結縁すべきよし」を申し入れる修辞にすぎず、また「君ばかりこそ山もくづさめ」とは西行の能力に対する信頼と尊敬をこめた挨拶である。そしてこれに対する西行の返歌も、おのれの力量への謙遜と結縁への熱意とをあらわした挨拶である。具体的にはやはり、諸方に造営の資を勧進して廻ったとするのが常識的であろう。

（51）『本朝世紀』康治元年二月二十日条に、「是日・待賢門院璋子於二仁和寺法金剛院御所一、有二御出家事一法名真如法（中略）女房二人同時為レ尼、故顕仲卿女号堀川殿、故右京大夫藤定実朝臣女号中納言」とみえる。この定実は定信の父である。角田氏前掲書二〇八頁参照。

二　西行と蓮花乗院との関係

1　蓮花乗院の創建と移建

本節においては、前節で保留しておいた五来重氏の西行勧進聖説の論点⑧をめぐって、詳細に検討を加える。五来氏は、「西行は高野山金剛峯寺と伝法院の和合談義所としてつくられた蓮花乗院の勧進では、勧進主任とでもいうべき地位で、治承元年に五辻斎院頌子内親王（鳥羽天皇皇女）にすすめて成功している」と述べられた(1)（前節挙示の論点⑧）。これに対して石田吉貞氏は、この勧進は徳大寺家ならびに皇室との特殊な関係によるもので、「普通の勧進聖の仕事ではない」と反論された(2)。ここでも両説は真向から対立するのであるが、ともに書物の性質上十分な論証がおこなわれていない。しかし蓮花乗院とその所領南部庄については、種々の豊富な史料があり、西行の高野山における生活の具体相を究明する最上の手掛りとなるから、煩をいとわず詳細に事実を追求し、その上で五来・石田両説の当否についても私の判断を示したいと思う。

叙述の出発点として、まず懐英の『高野春秋編年輯録』（大日本仏教全書所収）の該当記事を引用しておく。

（安元元年）六月廿四日、五辻斎院是則鳥羽女閑院二一君、春日局腹也。下二賜　院宣一、創二造蓮花乗院一、而為二長日不断之談議所一。奉レ追二薦　鳥羽仙院之御菩提一。是以新割二施斎院御領紀州南部荘内百斛米地一、為二仏餉燈油人供之依怙一。奉行円位大本坊、俗名左藤兵衛則清、西行也。此時住山、故有二此課命一歟。山籠聖源、入寺覚憹、被レ補二不断法会頭一。〇考、近年本寺末院依二騒動一伝法大会闕如、故有二此興行一者也。

〇（治承元年）三月廿三日、円位大本房又号二西行一曳二移蓮花乗院於壇上一之。始在二東別所丈六堂近辺一、然寺院和談為二本末立合之談議所一。故令下西行窺二五辻斎院一、移中之壇上上。（本寺百人、末院八十人）初日、製二長日談議之置文一、今日為二春日局命辰一故也。

〇（同年）五月十日、曳二宝憧院谷蓮花乗院堂一移二壇上一。是就二本末和談会合法問勤修之盟誓一也。定二本寺僧百口末院八十口一。〇先曳レ院、茲引レ堂。

〇（同年）十一月九日、造二畢蓮花乗院一、始二行伝法大会一。是依二後白河法皇叡慮一也。三月廿三日始営、六月十日上棟。落慶導師撿挍師、色衆是三十口上人。院使讃岐守古史失二名乗一、〔圀按讃岐中将時実歟〕〇別記曰、即日始二行伝法会一、配文住心論第一、導師玄信、唄士散花讃、問者厳密房、答者密悟房、撿挍両学頭一味和合十人。又供僧分修二阿弥陀法一座一、衆分中誦二宝篋印陀羅尼一也。近世捴陀羅尼。

右の記事によれば、

①安元元年（一一七五）六月、五辻斎院の院宣によって蓮花乗院が創建され、斎院領紀伊国南部庄内一〇〇石の地が寄進された。その奉行は円位大本坊すなわち西行であった。

②治承元年（一一七七）三月、西行は東別所丈六堂近辺にあった蓮花乗院を高野の中心なる壇上に移建し、五月、宝憧院谷にあった蓮花乗院の堂を同じく壇上に移建した。壇上の蓮花乗院は十一月完成し、伝法大会がおこなわ

れた。

③蓮花乗院は本寺・末院の和合による長日不断の談義の場とされた。

ほぼ以上の事実が明らかになる。①について、『紀伊続風土記』（高野山部五）には、「蓮華乗院、（A）長恵遮梨遶堂次第云、此堂元者在㆓東別所㆒、賢宗大義房建㆓立八角堂㆒、賢宗死去後、円位大本房移㆓壇上㆒者也、（B）諸堂建立記云、抑当伽藍者、大本房上人円位為㆓五辻斎院御願㆒、於㆓東別所地㆒雖レ建㆓立之㆒、為㆓長日不断談義会場㆒、可レ移㆓壇上㆒由令㆓勧誘㆓之処、承諾伏膺、即壊㆓彼堂㆒移㆓本寺㆒、以㆓治承元年丁酉五月十日㆒作事始、同十二日柱立、六月十日上棟、同十一月九日未刻供養」とみえ、（A）によれば蓮花乗院を当初東別所に建立したのは大義房賢宗であり、西行の役割は次の移建だけのようである。しかし（B）史料によれば西行は両方に関与したようでもあり、『高野春秋』はこの方の所伝を採用したものであろう。この点は事情明らかではないけれども、後述のごとく五辻斎院は西行と格別のゆかりある皇女だから、西行が創建当初から事実上関与した可能性は否定しがたいであろう。

さらにこれを現存史料によって検討すると、まず①について高野山文書『宝簡集』（二十三）に左の二通の文書がある。

前斎院庁下　南部御庄政所

可㆔早寄㆓進於高野山蓮華乗院㆒当御庄内山内村田拾町事、

右、件御堂、為㆓　鳥羽院御菩提㆒、所㆘令㆓建立㆒御㆖也、仍以㆓件村所当地利㆒、為レ被レ宛㆓彼仏性燈油人供等㆒、令㆓寄進㆒者也、然者於㆓自今以後㆒者、縦為㆓庄役㆒、雖レ被レ宛㆓課　勅院事等㆒、至㆓于件村㆒者、更不レ可㆓支配㆒者、存㆓此旨㆒、永可レ為㆓彼御堂御領㆒之状、所レ仰如レ件、敢不レ可㆓違失㆒、故下

承安五年六月廿四日　　宮内録　中原（花押）

別当少納言兼侍従藤原朝臣（花押）　　河内権守紀朝臣（花押）

（平安遺文三六九四号）

かうやのれん花乗院に、みなへ《南部》の庄なかくまいらせつ、つたはりきたるふみとも、みなとりくしてまいらす、すゑのよまて、つゆのわつらひあるへからす、とは《鳥羽》の院又この庄つたへさせたまひたる、こ宮の御れうにも、かならす御くとくになるへし、こまかなる事は、あの御かたにかきて、くせさせ給へと申す、そのまゝにたかはすあるへきなり、

（同三六九五号）

右二通の文書とくに前斎院庁下文によれば、承安五年（安元元）六月二十四日は南部庄内の田一〇町が蓮花乗院に寄進された日付であり、したがって創建はこの日よりも以前に開始されていたものと考えられる。本章付載「円位書状の執筆年時について」で論証するように円位自筆書状の「蓮花乗院柱絵沙汰」を承安四年の事とみる田村悦子氏説には従えないので、この当初の規模を具体的に知る手段はない。ただそれが「東別所」あるいは「宝憧院谷」にあったという所伝が確実な根拠あるものとすれば、同所は小田原聖教懐によって開かれた念仏聖の本拠であるから、(3)おのずから当初の蓮花乗院が覚鑁によって勃興した真言念仏の系統に属する堂宇であったことを推察しうるであろう。和多昭夫氏は、「十二世紀以来学道論義を再興して、教団の隆盛と学侶の自覚の高揚をもたらしたのは覚鑁の大きな功

績であって、この結果、従来の教学の中心であった大寺（中院）から独立して法談論議の根本道場としての蓮華乗院が建立された」ものと解釈された。[4]

　蓮花乗院創建の願主五辻斎院は、鳥羽上皇の皇女頌子内親王で、母は「左大臣実能公養女」であった（『本朝皇胤紹運録』）。『山槐記』（元暦元年九月二十日条）に「五辻前斎院」の出家を記し、分注して「鳥羽院御女、母美福門院女房春日房（局カ）、件人号二徳大寺左府女一、此斎院自二ト定所一依レ病退出人也」といっている。『今鏡』（御子たち第八）にも、「また徳大寺の左の大臣実能の御娘とて、鳥羽の女院に侍ひ給ひけるも、女御子頌子生み給ひて、春日の姫宮と聞え給ふ。冷泉の姫宮と申すにや。その母を春日殿と申すなるべし」とみえる。すなわち徳大寺実能の女で美福門院に仕えた女房春日局が、鳥羽院の寵を得て生んだのが頌子である。[5] 彼女は承安元年（一一七一）六月二十八日賀茂斎院にト定されたが（『賀茂斎院記』）、間もなく生死を危ぶまれるほどの重病となって（『玉葉』承安元年八月十五日条）退下したために、実質的には奉仕にいたらなかったのである。

　頌子が五辻斎院と呼ばれたのは五辻殿に住んでいたためであろうが、『玉葉』（建久五年正月四日条）に公家の御方違の場として五辻殿がみえ、「件所本主春日局於二彼堂一卒去云々」とあるによれば、五辻殿はもともと母の春日局の第宅であった。それ故五辻斎院の背後には母春日局の存在があり、蓮花乗院創建も実質的には母の意向によるものであったことは、『宝簡集』（二十三）前斎院庁寄進状（鎌倉遺文七二一号）に、「件堂宇者、去安元之比、故禅定大夫人（春日局とみられる）所レ令二草創一也」と述べられているとおりであろう。

　次に、蓮花乗院領に寄進された南部庄については、さいわいに故相田二郎氏の精細な研究があり、[6] これを参照することができる。同庄は『倭名抄』にみえる紀伊国日高郡南部郷の後身で、所在は現在の和歌山県日高郡南部町に当る。

その伝領関係については、『続宝簡集』（九十六）建久五年四月日の前斎院庁置文（鎌倉遺文七二二号）に比丘尼妙恵・花園左府・伏見斎宮・鳥羽法皇・西御方の各忌日の御仏事用途料計二三石（残り七七石は長日両界供養法并談義衆供料）が定められ、同承元二年九月日の蓮花乗院仏事相折帳（同一七五九号）には右五名のほかに「御母儀」すなわち春日局と「（五辻斎院）御万歳之後御遠忌」が追加されていることが注目される。相田氏はこれらの人々がみな領家とは断じられぬとしながらも、妙恵——花園左大臣源有仁——伏見斎宮守子内親王（有仁の妹）——五辻斎院の伝領関係を想定された。ただし尼妙恵について相田氏は不明とされたが、角田文衛氏は有仁・守子内親王とともに三宮輔仁親王の子である仁子女王に比定され、この人が春日局の母であったらしいと述べられた(7)。これは従うべき推定と思われ、しからばむしろ妙恵は春日局ないし五辻斎院に直接南部庄を譲与した人物なのであろう。ともかくも元々は輔仁親王系に伝領された南部庄が五辻斎院領となり、その所当の一部が安元元年六月蓮花乗院に寄進されたものである。詳細な事情については後に触れることにする。

次に、『高野春秋』がこの堂塔建立と所領寄進を奉行した者として「円位大本坊」すなわち西行をあげたのは、おそらく後（三〇五頁）に引く『宝簡集』（二十三）安元三年六月二十二日春日殿御文（平安遺文三七九七号）に、「大本はうのひしりの、おほせられをきたらん定」云々とみえるのを根拠としたものであろう。『源平盛衰記』（巻八）「讃岐院事」に、「出家入道して西行法師と云けるが、大法房円意と改名して」云々とみえ、また『尊卑分脈』には「法名円位号二大宝坊一又号二西行一」とみえ、法・宝・本は音相通ずるので、大本坊を西行に同定することができる(8)。西行はかつて春日局の父徳大寺実能に仕え（『古今著聞集』巻十五宿執）、『山家集』に、

斎院おりさせ給ひて本院のまへをすぎけるに、人のうちへいりければゆかしくおぼえて、ぐして見侍

りけるに、かくやはありけむとあはれにおぼえて、おりておはしましける所へ、宣旨の局のもとへ申しつかはしける

一三一三君すまぬみうちはあれてありすがはいむすがたをもうつしつるかな

かへし

一三一四おもひきやいみこし人のつてにしてなれしみうちをきかむ物とは

という贈答がみえるのは、斎院退下直後の作と思われるから、西行は五辻斎院ないしは春日局に直接知遇を得ていたようである。それ故、西行が蓮花乗院創建や南部庄寄進に関与した直接の契機は、石田氏の指摘されたごとく西行と主家徳大寺家とのゆかりによるものと認むべきである。ただしそれが関与の必要条件であったとしても、はたして十分条件であったか否かは別個の問題であるから、以下詳細に検討しなければならない。

以上、『高野春秋』の記事のうち①について概要を説明した。

2　長日談義とその意義

次は『高野春秋』の記事のうち②③について検討する。

『高野春秋』によれば、蓮花乗院は治承元年東別所から一山の中心たる壇上に移建されたという。田村悦子氏が「この移建のことの拠り所が確実でなく」といわれたのは、(9)高野山文書などの中にこの時製作されたと『高野春秋』の伝える「長日談義之置文」をはじめ、直接移建に触れた史料が現存しないことによるのであろう。しかし現に根本大塔のとなりに建てられている「大会堂」が、蓮花乗院の後身であると伝えられている。また治承の置文こそ失われ

たとはいえ、蓮花乗院長日談義に関する鎌倉時代の史料は数多く、おのずから蓮花乗院が一山の重要な行事の場なることを示している。『続宝簡集』（十八）宝治元年六月日高野山住僧解状（大日本古文書、高野山文書二）には、「蓮華乗院者、前斎院、安元年中、奉レ為　鳥羽法皇一、建二此仁祠一、寄二附当庄（南部）一、即被レ宛二置仏聖人供一、因レ玆、学衆百二十人、長日結番、談二顕密二教之義理一、修二瑜伽三密之観行一、加之、殊迎二毎年夏天一、相二当安居一之時分、始レ自二仲夏中旬一、終至二季夏下旬一、五十箇日、百二十人、皆悉集会、問答決疑、（中略）大師仏法相続来際、一向在二此大会一矣」とみえる。すなわち蓮花乗院には「学衆百二十人」が「長日結番」して談義を活発におこなっていた。一二〇人の数は『高野春秋』にいう「本寺百人末院八十人」と合わないが、『宝簡集』（二十三）承久三年九月二十一日東寺長者御教書（鎌倉遺文二八三八号）にも「百廿口之学衆」とあり、以下後世におよんでいる。これは和多昭夫氏の所説によれば(10)、「建久五年には本末の確執が再燃して末院僧の出仕がなくなった為、本寺僧百口の上更に二十口を加え、百二十口の僧によって談義が行われる様になった」ためである。

なお和多氏によれば、この蓮花乗院の談義には平素の稽古談義である長日談義と、晴れの出仕談義である伝法大会とがあり、毎年五月十一日から五十日間にわたっておこなわれる伝法大会を本会といい、これに出仕する学侶が会衆である。『続宝簡集』（二十）貞永元年六月日蓮花乗院伝法会制条案には、右の夏安居五十箇日の伝法会における会衆の心得が詳細かつ厳密に定められている(11)。また『宝簡集』（三十七）文永八年七月日金剛峯寺年預置文案（大日本古文書、高野山文書二）には、その一条に、

一蓮花乗院学頭職事

右、仏法之紹隆専留二于当院一、左右方学頭同可レ挑二法燈一、然者、尤以二器量一雖レ可二撰補一、多年之労効不レ可二點（黙）

而止一、以二折中之義一、一人者可レ用二醫(稽)古之仁一、両輩共無言者、精義誰人哉。

とみえ、百年を経て談義が幾分形式化しつつも、なおその命脈を維持しようとする努力がなされていたことが察せられる。故に下って南北朝に至っても、『宝簡集』（二十三）正平七年四月一日北畠親房蓮花乗院勧学料所寄進状（同上）には、安芸国海田庄地頭職を勧学料所に便補するに当って、「如レ聞者、当院学業、殆為二一山伝法之恵命一」と認めているのである。(12)

高野一山にとって蓮花乗院の長日談義はかくのごとき重要な法会であった。とくに創始当初におけるその意義の大きさは、平安末期における高野山の歴史を参照すれば十分納得されるであろう。そもそも摂関時代の焼亡以来衰微の極に達した高野山が、祈親上人定誉の登山、ついでその資明算の検校によって再興の機運をみ、さらに覚鑁の活発な経営によって面目一新するに至ったことは、第二章「佐藤氏と紀伊国田仲庄」第二節1にも触れたとおりである。しかるに覚鑁の唱える真言念仏の教説と伝法院方の急速な台頭は本寺金剛峯寺方とはげしい摩擦を生じ、対立の極保延六年（一一四〇）覚鑁の根来への退散となった。しかし伝法院方はやがて山内で勢力を挽回し、覚鑁の寂後も金剛峯寺方との対立は激化するのみで、ついに仁安三年（一一六八）のいわゆる裳切騒動のごとき流血の不祥事を惹き起こすに至ったのである。(13)こうした険悪な情勢下において、「寺院和談」して「本末立会之談義所」を設け、「本寺僧百口・末院八十口」が「長日談義」ならびに「伝法大会」をおこなったことは（『高野春秋』前引）、文字通り画期的なことであった。したがって井上光貞氏も、

かくて覚鑁離山以後四十年、またもや両者の争いは再燃しはじめたのであるが、しかしここにいささか異様に感じられるのは、右の事件（目崎注、安元元年高野方が伝法院方の堂舎の過半を焼いたこと）の直後、故鳥羽上皇の皇女

の五辻斎院が蓮華乗院建立を企て、翌々年（治承元年）、その供養がなされたのを期に、両者の争いもしばらくその跡をたつにいたったことである。これは、この院がもともと両派立合の談義所として建立され、かかる調停が当を得ていたことと、また、反平氏の運動によって高野山のささえが動揺し、両派ともに共通の危機を自覚した結果であったものであろう。(14)

と述べて、その史的意義を強調されたほどである。

3　南部庄経営への関与

以上、蓮花乗院の創建とその長日談義の高野山史における意義について述べたが、西行がこうした重要な事業に関与するに至った理由は何であろうか。前述のごとく五辻斎院とその母春日局が徳大寺家ゆかりの人であったことが直接の契機であったとしても、もし西行その人が堂塔の造営や荘園の経営などに能力を持たなかったならば、到底完遂できる任務ではなかったからである。そこでさらに具体的に西行の関与の実態について検討しなければならない。

そもそも問題は、①蓮花乗院の造営および移建、②所領南部庄の寄進、③長日談義への関与の三点から成るのであった（二九四頁）。前二者については、西行が摂関家領田仲庄の預所を歴代勤めた佐藤氏の出身であったことを想起する必要がある。西行は父康清の嫡男であるから、若年にして遁世したとはいえ、兵衛尉に任官していた六年間に、おそらく田仲庄の荘務にも携わっていたと推定される。また祖父季清が「造法勝寺行事」などを勤めた事実（『除目大成抄』）に徴して、義清も寺塔の造営などに当る機会があったにちがいない。つまり作事や荘務は西行にとっておそらく昔取った杵塚であった。

造営については、円位自筆書状に「蓮花乗院柱絵沙汰能々可レ候」とみえる以外に所見がないが、南部庄については数点の有力な史料があるから、やや詳細に述べたい。まず『又続宝簡集』（九十六）の南部庄年貢請所注進案である。

南部御庄

注進　御年貢代々請所次第事

合

一　臥見宮（守子内親王）御時、湛快僧都三百斛申請、令ニ知行一候畢、

一　五辻斎院御時、堪増別当与ニ湛盛（政）別当一兄弟相論之間、五百石進上仕候者ニ可レ給之由、依ニ仰下候一、二百斛加ニ増五百斛一、請ニ見米三百斛、色代二百斛一進済畢、

一　湛増別当子息湛勝王法橋五百斛進済畢、

一　湛盛播磨別当五百石進済畢、

一　快実小松法印五百石進済畢、

一　刑部僧正御房時者、一向沙汰ニ成候ニキ、

右、件御年貢次第、五代之間、見米三百斛、色代二百斛、合五百斛内、見米百石ハ、高野山蓮華乗院運上、所レ残見米二百斛、色代二百石、斎院御方進済也、此代々所レ進之状如レ此、若虚言偽申上候者、奉レ始ニ上梵天帝釈四大天王三界空居四禅八定天王天衆一、下至ニ于率土之上若干大小諸神部類眷属一、神罰ヲ沙汰人百姓等八万四千毎ニ毛空（穴カ）一、近者三日遠者七日内、可ニ罷蒙一候、仍申ニ請起請文一之状如レ件、

貞応元年七月十日　紀　貞守在判

紀　末利 在判
高向是行 在判
藤原助綱 在判
紀　行元 在判
年来公文僧西範 在判

（鎌倉遺文二九七七号）

この文書によれば、南部庄の下司職は年来熊野別当家に相伝されていた。伏見宮領の時には湛快が所当三〇〇石で請負っていたが、五辻斎院領となってから、湛増・湛盛兄弟が相論したために、領家はこれに乗じて見米三〇〇石・色代二〇〇石合計五〇〇石に加徴して湛増に進済させ、以後、湛勝・湛盛・快実とこの職を継承することとなったのである。(15)

つまり前引の承安五年前斎院庁下文にいう「庄内山内村田拾町」寄進とは、現実には熊野別当家の請料五〇〇石中の見米三〇〇石から一〇〇石を割いて運上されたもので、残りは従前のごとく領家五辻斎院へ送られたのであった。相田氏は、「高野山は前斎院家の手を経てその請料なりを取得すべき筈なのに、しからずして下司から直接寺家へ納入せしめていた」という「特殊的の事実」に注目し、その理由について、「この事実は南部荘と本家に当る高野山と、領家の所在地京都の地理的関係から考察すればしかなりゆくのが至極当然のことであると認められるのである。普通の順序の如く、紀伊国にある南部荘から京都にある領家へ請料を運送し、その一部分を領家から又紀伊国にある高野山へ逆送することは不便なことであるといはなければならない。地理的関係からしてこの場合にはどうしても上述の如き特殊的事実が生じて来なければならなかつたものと思はれる(16)」と説明された。

つまり南部庄は荘園における請所の早い例であって、熊野別当家の荘務権は強かった。しかも湛増は源平合戦の際の活動ぶりから察せられるようにすこぶる野心満々の人物であるのに、(17)前引史料にうかがわれるように兄弟相論の結果二〇〇石もの増徴に甘んじていたのだから、いわばその増徴のおこぼれともいうべき蓮花乗院進済分を円滑に運上するか否かは懸念される状況であったろう。この状況を示すものとして、左の『宝簡集』（二十三）所収の「春日殿御文」という消息がある。いささか長文ではあるが、西行に関する数少ない史料の一つであるから、煩を厭わず全文を引用することにしたい。

⑦すへのよまて、たちろき候ましく候、又とかうさまたけわつらひなと候ましく候、大本はうのひしりの御はう、よく〳〵はからひおほせられをかせ給へし、

①みなへ《南部》の本さう《荘》新さう《荘》、かうや《高野》のれん《蓮》花せう《乗》院に、まいらせさせおハします、御ふみ御券とりくして、まいらせさせおハします、大師いかにあはれとおもひまいらせさせおハしますらんとおほえ候、②大本はうのひしりの、おほせられをきたらん定にたかハす、ゝへのよまてあるへきなりとおほしめして候なり、③あまりことなるやうなれと、よにはさることのみいてき候めれは、心つきて申をき候なり、ねうはうの御こゝろは、人のしのまゝにおハしますことの、こゝろよりほかに候へハ、すへにもおもひかけぬ心したる御うしろみ《後見》いてきて、あらぬやうにさたしなして、ねんくはかりこそまいるへけれ、みさうをまいらせはなた《放》せおハしますこと候へからすと申すことといてこは、それをはまたくもちゐられ候ましきことなり、人にとらせつる物をたに、とりかへすことやハ候、ましてほとけにまいらせさせおハしましなんところに、さるさたあるへうも候はねとも、あまりしたゝめんれう

に、かくかき候はんと申て、かき候なり、このうへは、つゆのゆるき候へからす、それにとり候て、よにおハしまさむほとは、たう《(倒)》しまいらせはなたせ給ふことは、え候ましきなり、このみさうなと候はても、あしく候ひぬへけれは、もしことみさうなとしたゝまりて候はゝ、たうしもまいらせはなたれ候なん、又おハしまさゝ覧つきの日ハ、いかにも〳〵てらのさたにて候へきなり、わかみは候ましきよのことなれは、候をりによく〳〵申て、かきをきさふらふなり、④又申をくへきこと候ひけり、くまのゝ権へたう《(別当)》たんそう《(湛増)》しもつかさ《(下司)》になり候ことは、ゐん《(院)》より申させおハしましたりしかは、しもつかさ《(下司)》にハなしたひて候なり、てらへまいりなんのちは、たれになさんとも、てらの御こゝろなり、たんそう《(湛増)》なるへきゆへありてなりたるにハ候はぬなり、をやのへたうなりたりしかハとて、それをゆへにて、ゐんにも申てさふらひしかハ、ゆへありなしによるへからす、ゐんより申させおハしましたりしことなれハ、なしたひて候なり、ほとへ候ひぬれは、あないしらぬ人にあひては、わかつたへしるへきたうりにて、院にも申て、なりて候ひしそなと申なして、思ひかけぬ券めかしきものもとめいたして、うたへすることも候なり、したいはこの定なれは、よく〳〵てらにも心えさせ給へとて、申をき候なり、あつかり《(預》そ《所)》しもつかさにつけても、むつかしきこと、いかにも候へからす、⑤とは《(鳥羽)》院の御れうによくしをかせおハしましぬれは、たい〳〵のみかとも、たいしにおほしめさむすることとなり、をのつからすへのよにみたらことといてきて、てらのかたにも、又こと〳〵にも、わつらハしきこともしあらんをりにハ、てらよりかみにうたへ申させ給へきなり、⑥おまへにてこらんせさせつゝ、かきて候なり、

安元三年六月廿二日

(奥裏)

「春日殿御文」　（平安遺文三七九七号）

本文書は、仮りに段落を付ければ、①〜⑦くらいになるが、文意はほぼ二つに区分される。

Ⓐ（③の部分）　わが亡き後に「すへにもおもひかけぬ心したる御うしろみ」が現われて、従来の一〇〇石分は運上を継続するが、南部庄そのものを高野山へ寄進することを拒むなどという事態になっても、それを御採用あってはならない。

Ⓑ（④の部分）　熊野権別当湛増の下司職は鳥羽院の補任によるもので、湛増に格別の由緒があるわけではない。従って寺領に寄進された場合、下司職の補任は寺家の心次第である。後日訴訟などにおよぶことがあろうとも、事実はこの通りで何も紛らわしいことはない。

以上のごとく、五辻斎院一期の後における南部庄そのものの蓮花乗院への寄進と、その際における下司職補任について、違乱なきよう配慮したものである。この点については、なお『宝簡集』（二十三）五辻斎院令旨に、

「斎院令旨宗仲奉」

南部御庄、御万歳之後可レ被レ付二蓮花乗院一事、全無二異議一、然者下司職、其時可レ為レ進二止御山一也、且聖霊御意趣候歟、而只遮被レ進二覧証文一之条、物忩為二沙汰一之由、依二令旨一執達如レ件、

十一月三日　　源　宗仲

逐申

香呂　仏器事、先日不レ令レ申、然者此御使不レ被レ付也、遂猶可レ有ニ御沙汰一候也、庄事沙汰者、可ニ相尋一

油器　水瓶下ニ遣之ヘ

候也、御年貢庄猶以之外候歟、

（鎌倉遺文七二三号）

とあるものが参照される。この文書は年次不明で、『鎌倉遺文』は建久五年四月日付の前斎院庁置文の次に収めている。しかし、仏具を斎院から蓮花乗院に下し遣わしていることからみても、年代はもっと遡って蓮花乗院創建か移建の時に当てる方がよかろうと思う。とすれば南部庄が五辻斎院「御万歳之後」に蓮花乗院に寄進され、下司職も寺家の進止たるべき事は、安元・治承当時すでに確定していたものと見てよい。一歩進めて考えれば、おそらくこの令旨は安元の創建当時のもので、前引の消息はこの令旨を前提としてさらに懇篤な配慮を示したものであろう。

このように考えてくると、消息の③の末に、「わか身は候ましきよのことなれは、候をりによく申て、かきをきさふらふなり」と老先短きよしを記している点からしても、この置文とみるべき消息の筆者は、奥裏書にみえる通り五辻斎院の母春日局に相違ない。そして注目すべきは、ここに局が領家の意向として「大本はうのひしりの、おほせられをきたらん定にたかハす、すへのよまてあるへきなりとおほしめして候なり」（②）と強調し、また追而書⑦で、将来においても「大本はうのひしりの御はう、よく〳〵はからひおほせられをかせ給へし」と重ねて要望していることである。こうした書きざまからすれば、西行はまさしく南部庄寄進を局に勧進した当事者であり、局なき後に起こるかも知れない五辻斎院の後見者や下司湛増の違乱を抑止すべき存在として、局から全幅の信頼を寄せられているのである。

そもそも西行は熊野別当家の人々とは相識の間柄であったと思う。西行はしばしば熊野に詣でたらしく、『山家集』には「八上の王子の花」をみての作（一〇九）、「那智にこもりて滝に入堂し侍りける」作（九二四）など数首、『聞書集』にも「熊野御山」にての題詠（一七六五）がみえるし、さらに『新古今和歌集』（巻十八雑歌下一八四四）には、

寂蓮、人々勧めて百首歌よませ侍りけるに、いなびはべりて、くま野にまうでけるみちにて、ゆめに、なに事もおとろへゆけど、このみちこそよのすゑにかはらぬ物はあれ、なほこの歌よむべきよし、別当湛快三位俊成に申すとみはべりて、おどろきながら、この歌をいそぎよみいだしてつかはしけるおくに、かきつけ侍りける　　西行法師

末の世も此の情のみかはらずとみし夢なくばよそにきかまし

とあるのをみれば、西行は湛増の父湛快と相識ではなかったかと思う。なぜならば、名のみ聞き伝えている人よりも一面識ある人の方が夢に出て来る確率ははるかに大きいであろうから。一方、湛増の名は『山家集』などにみえないが、彼は高野山往生院内に住房をもっていたらしい点からしても[18]、当然西行と接触があったであろう。その場合、かの荒法師の文覚にすら脱帽せしめた（『井蛙抄』）というほどの西行は、湛増と相対して五辻斎院家の付託に応えうるだけの器量をもっていたと推察できるのである。

ただし付載「円位書状の執筆年時について」に推定するように、西行は治承四年三月から同六月の間に京を去って伊勢に赴き、ふたたび高野山に入らなかった。蓮花乗院の「柱絵沙汰」や日前宮造営役の免除に奔走しながら三十年来関係した高野に訣別したことは、まことに唐突の観があり、何らかの隠れた事情があったに相違ない。暗雲とみにただよう時局下に蓮花乗院・南部庄の経営という俗事にあくせくすることに堪えがたくなった事情も想像されるので

[19]ある。

4　西行と明算

以上、南部庄経営への西行の関与について述べたが、次に長日談義と西行と関係について考察しよう。本節1でふれたように、蓮花乗院ははじめ高野の密教々学の中心であった中院に対抗する覚鑁の徒の教学の根本道場として建立され、次いで壇上に移されて本寺・末院和合による長日談義の場となった。西行は蓮花乗院でおこなわれる談義や伝法大会そのものには無論加わらなかったとしても、肝腎の舞台装置の創建から移建までを勧進した張本人であるから、対立する本寺・末院両勢力から和合の仲介者として全幅の信頼を寄せられていたにちがいない。その直接の理由は西行の人柄にあったとしても、彼の中立性を保証する何らか特別の契機がなかったであろうか。

この場合、西行は『山家集』の作品からしても「西行」という法名からしても念仏行者であったことは明らかだから、大伝法院方に親近感をもたれていたことは推察に難くないが、金剛峯寺方からどのような者と目されていたかが問題である。この点について想起されるのは、ほかならぬ中院の開基であり密教々学中興の祖として敬重されていた中院阿闍梨明算が、紀伊国田仲庄佐藤氏の出身つまり西行と同族だったことである。もしこれが金剛峯寺方に熟知されていたならば、それは西行への信頼を生むに十分な理由となったと思う。明算については第二章「佐藤氏と紀伊国田仲庄」第一節1に簡単にふれたが、あらためてその伝特に佐藤氏および田仲庄との関係について詳述したい。

明算の伝についてまず参照すべきものは『元亨釈書』である。同書巻四（慧解三）に、

釈明算。姓佐藤氏、紀州神崎人。年十一登二高野山一、翌歳薙染、随二成尊法師一学二秘密法一。初金剛峯寺、自二従営

構之始一、至レ此已二百余歳、院宇廃頽、密学疎荒。筭概二念持明之宗、依正倶替一、苦修励学、度二邁倫儔一。未レ終二十年一、両部職位、諸尊軌儀、無レ不二貫穿一。南嶺密乗再興者、世推二力於筭一。嘉承元年十一月十一日寂、年八十六。

とみえる。ここに明算が紀州神崎の佐藤氏の生まれで、十一歳にして高野山に登り、翌年得度した後、醍醐寺の成尊について小野流の密教々学を学び、山に帰って十年足らずの中に荒廃した高野を復興したことが述べられている。かく明算は小野流より出て別に一家をなし、門葉は一山に栄えたのであるが、[20]その活動は教学面にとどまるものでなく、寛治二年（一〇八八）白河上皇登山のさい置かれた三口阿闍梨の一人となり（『高野山奥院興廃記』大日本仏教全書所収）、また維範に代って高野山検校に選ばれ（『又続宝簡集』九十四、高野山検校帳）奥院拝殿や根本大塔の造営を成就するなど、寺院経営の手腕にも見るべきものがあった（『大日本史料』三ノ一寛治二年二月二十二日、同三ノ四承徳元年三月十七日、同三ノ八嘉承元年十一月十一日条）。井上光貞氏は明算の検校就任が院政々権との結合によって高野を復興しようとする動きによるものと解釈されたが、[21]周知のごとく高野山と院政々権との関係は次の鳥羽院政と覚鑁の活動にいたって一段と深まるのであって、[22]明算と覚鑁とは一は正統の密教々学他は新興の念仏思想とその立場を異にしつつも、院政期における高野山復興の双璧と目されるのである。

明算が卓越した存在であったことは以上のとおりであるが、ここで注目すべきは、『元亨釈書』に明算が「姓佐藤氏、紀州神崎人」であったと記されていることである。この点をさらに詳細に語るのは『高野春秋』であって、その治安元年（一〇二一）の条に、

三月日。佐藤児誕二生于州田中庄神崎一。薙染号二明算一、詳二于竜光院譜并竜蔵院縁起一。今以二神崎一号二竹房村一。遺跡現存矣。定誉師適往謁二産父佐藤氏一而盟帰山矣。是依丁遙望二見村上一片白気一、慕二之神崎村一、孩啼声感丙聞彷乙彿愛染之咒響甲也。算家譜云、治安元年春、一時上人欲レ遊二履山地一、出到二麻生津山頂路一。西当二神崎邑

上一、有二一片瑞雲一。直認行臨二神崎渡口一、淵底現二𑖀字一。渉二紀川一入二父家一、語二父母一以二事実一、而頻乞レ与二新産子一。不レ得レ已、父母許二諾之一。爾来長元四年、算児十一歳、上人迎二取之一、而撫二育于東室一。果成二入法興隆之僧竜一也。其再興之行跡、至二後々一、詳悉焉。且又備明如二中院御房伝一也。

とみえる。釈書と春秋とを彼此照合すれば、

①明算が紀州田仲庄の神崎すなわち現在の和歌山県那賀郡打田町大字竹房に、佐藤氏の児として生まれたこと、

②祈親上人定誉が麻生津峠より瑞気を見てこの児を発見したこと、

③十一歳にして定誉に迎え取られたこと、

以上の事柄が明算の出生について伝えられていたことが判明する。

なお春秋の著者懐英には、別に『明算大徳伝』の著がある。高野山大学図書館で披見した写本によれば、外題に「明算大徳伝」、内題「検校明算阿闍梨伝　懐英闍梨誌」とあり、「享和辛酉年八月下旬中院一流伝受砌書二写之一了　予州沙門滋雲本龍」の識語を有する。正徳四年臘月の発光院辨仙の跋文によれば、元禄元年夏六月、竜光院住職宥算の命によって門生懐英が事に当り、史料の欠を補うために「或便二口碑一、或蹈二産地一」むこと三十余年にして成ったという。その明算の出生および登山についての記述は無論『高野春秋』よりも詳密であるが、特に異る所はない。

さて紀州田仲庄が摂関家領で、西行の佐藤氏が摂関時代よりその預所を勤め、おそらく私領を開発して在地に勢力を張り、以って西行の弟仲清、甥の能清におよんだことは、第二章に述べたところである。故に明算の出自が紀州田仲庄神崎の佐藤氏であったとすれば、これはまさしく西行の同族であろう。ただし『尊卑分脈』その他西行の系譜には、明算の名を記すものがないようである。そこで、『元亨釈書』および懐英の伝える所が確実な史実であるか否かを判断するには、懐英の引勘した史料すなわち竜光院譜・竜蔵院縁起・算家譜・中院御房伝と懐英のおこなった実地踏査の跡とを合せて検証しなければならない。

まず史料については、竜光院譜・中院御房伝・算家譜とも同題の書物は管見に入らない[23]。明算の住した中院すなわち現在の高野山竜光院には、『中院御房住職歴代記稿』という冊子本が所蔵されている。「寛政五年六月住持伝雄書ニ竜光院丈室ニ」という序があり、「第一世根本高祖弘法大師」より「第十六世明筭」を経て第五十一世伝慶までを同筆の楷書で記し、次に「第五十二世伝雄小伝」を「寛政十一年臘月一日補陀洛(ママ)院性海六十八書ニ自坊丈室ニ」し、以後歴代書き継がれて第五十八世心猛伝におよぶ。心猛の入滅は明治三十九年である。この序文と筆跡よりして、本書は寛政の伝雄の撰になることが明らかであるから、もちろん懐英の利用した竜光院譜や中院御房伝そのものではない。しかし伝雄の用いた史料の中に、右の二書あるいはこれに近い内容の書物があった可能性は否定できないであろう。そして『中院御房住職歴代記』も第十六世明算については「州之那賀郡神崎邑今改云竹房佐藤氏人」と記している[24]。

懐英の引いた諸書のうちで「竜蔵院縁起」のみは、管見のおよぶところ二部伝存している。一本は竜光院に所蔵され、私は昭和四十九年秋同院住職森寛厳氏の御好意によって拝見した。外題「神崎山竜蔵院縁起」と記された墨付一六枚の小冊子で、内題に「竜蔵院明算和尚伝語」と記し、巻末に「天保五午年五月令ニ他筆写レ之、中院増応」の識語がある。他の一本は和歌山県那賀郡粉河町の木村雅一氏所蔵の「高野山竜光院明算和尚伝語」と題された巻子本である（巻頭図版）。この本の所在は打田町の山田毅氏によって報ぜられ、私は昭和五十年三月末山田氏の案内により木村家を訪ねて拝見した。書風よりして室町時代後期の写本と思われるが、「月日　竹房□」とあるのみで奥書はなく、末尾に異筆で「延享三寅正月竜蔵院一代阿闍梨春同修補之者也」とある。木村家の老母の談話によれば、数代以前に竹房の神崎氏より嫁入りした女性が持参したもので、昭和初年に修補を加えたよしである。延享の補修の際か昭和のそれの際かわからないが天地を縮めたために、末尾の「竹房」の下の一字（?）が不明となっているが、本文には欠ける所がない。二本には間々転写の間に生じたと思われる異同がみられるが同系統に相違なく、懐英の利用した本も中院増応書写の本も、祖本は共にこの木村家本ではないかと推定される。

縁起の内容は、はなはだしく伝説的である。かいつまんでいえば、明算和尚は紀州那賀郡神前の人である。祖父佐藤氏夫妻は信仰あつく四国遍路三三回まで成就して往生した。女子一人が孤となったが、ある夜日輪の懐中に飛び入る夢をみて懐妊し、男子を生んだ。たまたま高野山の持経上人（定誉）が粉河寺の観音に百日詣でて麻生津峠で休んでいたところ、神前村に「あびらうんけんの五字」の形をした煙の立ち上るをみて神前に来、母に請うて子を山に登らせることにした。この子は三－四歳より不思議なことが多かったが、七歳の時持経上人に伴われて山に登り、出家して明算と号した。二十三歳で中院御房を上人より付嘱された。

以上が明算の伝に関する部分であるが、次に竜光院および竜蔵院に説きおよび、大塔の傍の池から童子が出て来て明算に侍し、やがて法を授けられ長大の竜となって池に入ったので、以来中院を竜光院と号するに至ったこと、明算が誕生の地神前に伽藍を建立して住居としたこと、明算作の本尊や愛染明王がいまにこの竜蔵院にあること、神前を現在竹房というのは、昔弘法大師が竹の枝を立ててわが法を興す人がこの里に生まれると予言したので、明算がこれを聞いて神前を竹房と名付けたこと、以上のごとき事が記されている。

これらの内容のうちには、懐英が採用しなかった伝説もあるけれども、釈書や春秋を修正増補するほどの手掛りは得られない。そもそも縁起原形の成立は早くても『元亨釈書』当時をさかのぼらないと思われるから、考証の有力な材料とはもちろんなり得ない。ただし、釈書・春秋・縁起が一致して伝えるところの、明算が佐藤氏であり田仲庄神崎いまの竹房に生まれたという点は、竹房と竜蔵院の現況を踏査した知見からしても信ずるに足るようである。『明算大徳伝』によれば、明算は承保二年（一〇七五）「為レ薦ニ恃怙之瞑福一」に生縁の地神崎村に一寺を建立したが、「為ニ此地境一也、東有ニ高林一、日本河今云紀川漲ニ林頭一、其岸壁二丈有余、河水自レ是左右相挾流案中世已来堰ニ埋北流一成ニ公田一、其古流跡今猶究易ニ見知一、一河分ニ両端一村落絶ニ四隣一、嶼地平々東西悠々、本自為ニ清浄無垢之勝区一、林尾有ニ爺家一、就以為ニ寺地一、別立ニ一堂一安ニ置自作之愛染一、号ニ愛染寺竜蔵院一」したという。ここに懐英の達文を以って述べられた景観は、現在も踏査によってほぼ確認することができる。

和歌山県那賀郡打田町すなわち古えの田仲庄は、紀ノ川にむかって緩やかに傾斜する平坦な土地であるが[25]、その東南端に位置する大字竹房の地は、やや高まって紀の川北岸に突出し、一帯は「神崎山」と呼ばれている。紀ノ川の水面からはおよそ一五メートルか二〇メートル、堤防にまもられて今は蜜柑畠となっている川原からも優に一〇メートル以上も高い河岸段丘で、洪水の危険はまったくなく、古く寺地と定められたのも当然と思われる。竜蔵院の寺域は広かったが大部分住宅や畠となり、今は断崖に臨んで三間四面の堂一宇が存するのみである[26]。そして竜光院の隠居寺として檀家を持たなかったために[27]、今は兼務の住職がまれに来る無住に近い状態であるが、竹房に七－八戸存する「神崎氏」らによって維持されている。すでに『明算大徳伝』にも、

予曾詣ニ彼寺一、持ニ旧地一今亡。当住利縁。有ニ口碑一而已。唯本尊愛染木像与ニ大師明神荒神三幅一相残焉。頃年再ニ興堂宇一安レ之。算師末裔連綿今猶存、改ニ佐藤一為ニ神崎氏一。利縁亦其種類也。

とあって退転の状況を知りうるが、いまの竜蔵院には本尊愛染明王の小像が厨子の中に安置されているのみで、三幅の絵像は所在不明となっている[28]。

竹房の旧称神崎を苗字とする神崎氏は、現在の七－八戸が別に親類付き合いをしていない所からみても、古くはか

なり繁栄した大族の名残りと推定される。しかし一族中の長老である七十三歳の神崎操氏も、神崎氏の本姓が佐藤であったという懐英の所説を裏付ける伝えを承知していなかった。思うに懐英の当時はなお歴代の住職を佐藤氏が継承していたのに、いつの頃かその事が廃れ、したがって祖先に関する伝承も失われてしまったのではあるまいか。ただ竜蔵院の裏手の断崖の半腹に神崎氏一族の墓地と井戸があり、その辺が明算誕生の屋敷跡と伝えられている点は、まさしく懐英の記述と符合するのである。

なお高野山における明算付法の弟子の随一で北室院に住し、師の後を継いで検校となった良禅も、師明算と同じく「紀伊国那賀郡神崎人」で「俗姓坂上氏」と伝えられている（『高野山往生伝』）(29)。しかるに、いま竹房には坂上道があり、数戸の坂上姓が現存している。この事実は、明算が故郷神崎から在地の豪族坂上氏の子を高野山へ登せて弟子としたことを証するものであろう。

現地における以上の知見からすれば、明算が紀伊国田仲庄神崎に生まれ、そのゆかりの地に竜蔵院を創建したという『元亨釈書』以下の所伝は、まず信用すべき事実と考えられる。私は西行が高野山に三十年間の深い関係を結ぶに至った契機の一つとして、西行が幼少の時から在地田仲庄の竜蔵院を通じて同族の先人明算阿闍梨に敬慕を寄せていたことが考えられるのではないかと思うが、それはともかくとしても、高野山内において西行自身の信仰に近い真言念仏の徒と明算によって中興された密教々学の徒が対立抗争をきわめている状況に対して西行が深い憂慮を抱き、両者を和合せしめる手段として蓮花乗院の勧進を企てたのは、まことに注目すべきことではなかろうか。そして明算との同族関係は、こうした和解の仲介者としての西行に対して両者とくに金剛峯寺方の信頼を生む、有力な原因となったと考えられる。

私は以上の考察によって、五来氏挙示の論点⑧すなわち蓮花乗院の創建・移建および南部庄寄進の勧進は、前節で確認した数種の勧進活動のうち出色のものと考える。もとよりこの勧進に当って西行が旧主徳大寺家のゆかりを活用していることは石田吉貞氏の指摘されたとおりであるが、勧進の素志の深さと規模の大きさからして西行の勧進能力はまことに卓抜なものがあり、在俗当時のゆかりによってちょっと傍らから便宜をはかった程度ではないのである。

注

(1) 五来重『高野聖』一六七頁。
(2) 石田吉貞『隠者の文学』一三九頁。
(3) 五来氏前掲書一〇〇頁。
(4) 和多昭夫「中世高野山教団の組織と伝道」(『日本宗教史研究』一所収) 六三頁。
(5) 『百錬抄』に承元二年(一二〇八)九月十八日薨「御年六十四」とみえ、逆算して久安元年(一一四五)の誕生。
(6) 相田二郎「高野山領紀伊国南部荘の研究」(『歴史地理』四六—二・三・四)。
(7) 角田文衛氏前掲書二六一頁。
(8) 田村悦子「西行の筆蹟資料の検討」(『美術研究』二一四) 四七頁に詳述がある。
(9) 同上四六頁。
(10) 和多昭夫「中世高野山の僧侶集会制度」(『密教文化』四五・四六合併号) 三五頁。
(11) 全文は左のとおりである。制規のすこぶる徴に入り細にわたった様をみるべきである。

□蓮花乗院

五十箇日伝法会間条々事

□□(一不)レ出ニ故障一、或行ニ湯屋一、或有下令ニ遊行一輩上者、速可レ出ニ会衆一事、

□(一)為ニ寺家大事一、京上或遠向、并ニ親師匠之重病葬家、及自身之重病、於レ有ニ如レ此事一者、雖ニ五十箇日一、可レ免(令)ニ除不参一、但若彼葬家談義以前出来者、四十九日之後者、可レ令ニ参勤一事、

（一）
□葬家籠僧、他所ナラハ四十九日免除、寺家ナラハ卅五日以後可ニ参堂一、
一依ニ讒言無実等事一、不慮擬レ蒙ニ重科一之時、或依ニ上召一上洛、或雖レ不レ召、為レ披ニ子細一、住京渉ニ旬月一、於ニ如レ此事一者、雖ニ五十箇日一、同可ニ免除一、
一依ニ住坊私領等之相論一、設雖レ可レ令ニ上洛一、座役勤仕之後、可レ免ニ彼暇一、有ニ火急之状一者、為レ散ニ不審一、可レ令レ披ニ露諸衆之中一事、
一可レ停ニ止会中之大灸治一、若難治之急病出来、可レ出ニ誓状一事、
一相ニ当大会一之節、有下出ニ欝訴一之輩上者、無ニ左右一可レ出ニ会衆一事、
一祖父祖母養父養母之重病并葬家事、若有ニ重恩一者可レ免ニ除之一、但寄ニ事於左右一、有下退ニ参勤一之輩上歟、早為ニ不審一、可レ備ニ起請文一事、
一有ニ難レ去大要一者、可レ免ニ除十箇日之暇一、但同可レ捧ニ誓状一事、
一不参及ニ三度一者、早可レ出ニ会衆一事、
以前条々、依ニ諸衆之評定一、所ニ定置一如レ件、抑為ニ両界之諸尊并常住之仏陀証明一、諸衆同心定置訖、是偏為下興ニ高祖之遺法一而継中慈尊之出世上也、仍雖レ経ニ未来際一、（不脱カ）永可レ乱ニ此状一、若有ニ違背之輩一者、速可レ出ニ会衆一、以勿ニ違失一矣、

貞永元年壬辰六月　日

行事　山籠　在判
執行代阿闍梨　在判
学頭　阿闍梨　在判
学頭　阿闍梨（勝信）　在判
撿校法橋上人位　在判

（大日本古文書、高野山文書二）

（12）　建武元年に後醍醐天皇の勅願によって愛染堂が建立され、供僧七二口、学侶一二〇人を以って不断愛染護摩供ならびに長日談義が勤修されることになり、これを蓮花乗院の本会に対して新会といった（和多昭夫「中世高野山の僧侶集会制度」三五頁）。その運営は会衆集会評定によっておこなわれ、学道の問題とともに料所南部庄などの検注等の案件についてもここで決せられたが（同上）、室町時代の実態はすでに「(1)荘官の監督任免(2)年貢の徴収督促(3)庄内の治安維持・農民の統制等、個別

的な、しかも常則的な荘園事務が大部分を占め」、「講会其他の宗教行事に関する事項も協議されたが」それは形式的であった(豊田武『改訂日本宗教制度史の研究』八三頁)。そこに時勢の推移をうかがうことができるが、ともかく中世を通じて蓮花乗院の山内における地位は高かった。

(13) 井上光貞氏前掲書第四章第一節。

(14) 同上三五九頁。

(15) 相田氏前掲論文一四二頁。

(16) 同二六七頁。

(17) 『玉葉』治承四年九月三日条以下および『吾妻鏡』文治元年二月二十一日条以下。

(18) 五来氏前掲書二〇七頁。

(19) 『宝簡集』(二十三)には、前引の春日局消息の次に左の一通の消息が収められている。

⑤(端裏)「カスカトノニハコノ三位トノハア子ニテ候ケリ、
　コレハカスカトノ、御ヲトウトニ三位殿ト申テ宮ニ候ハセ候女房ノ文也」

①ひさしくおほせられねハ、おほつかなく候ほとに、うれしくこそ候へ、いつかのほらせおはしますへく候、けさんにそ、かやうのことも申候へきに、まつ申候なり、②ミなへのことは、れん花せうゐんにまいらせさせおはしましにし(マヽ)にかは、なにしにかたかへおほしめさん、御よせふみはまいらせさせおはしましにき、御券はさた有しも、みさうにて候へは、もんその宮に候はぬもあしく候ひぬへけれは、みくらにおかれて候なり、かうやのものさはかしくのみきこえ候へは、しつまり候なんには、申させ給はんにこそはより候はんすらめ、③こゝせんのしおかせおはしましたらんにてたに、よもたかひ候はし、ましてみつからの御ふみなと候へはさうゐ候はしとこそはおほへ候へ、④なにことものほらせ給ひて候はんに、こまかには申候へし、

この文書、端裏に春日局の姉妹で五辻斎院女房であった「三位トノ」の消息であると記されている(⑤)。③に「こゝせん」(故御前)というのは春日局を指すと思われるから、春日局の没した治承四年六月(『吉記』治承五年六月六日条)以後に出されたものと考えられる。そして①④によれば、受信者は高野山に住し、時に京に上って五辻斎院家に参上することもあった僧侶かと思われ、一時期前の春日局と西行との関係が、この三位局と受信者との応酬から彷彿とうかがわれるようである。ここ

で三位局は「かうやのものさはかしくのみきこえ候」と記しているが、これは蓮花乗院長日談義などによって抗争が一時下火になった後も、高野が依然きびしい対立の場であったことを示す。西行の高野退散もこの情勢に関係があるのかも知れない。なお南部庄は、約束のごとく承元二年九月十八日の五辻斎院薨去（『百錬抄』）後高野山領となったが、下司職は依然熊野別当家の手中にあったと、相田氏（一四二頁）は理解された。

(20)『高野山千百年史』七五頁。

(21)井上光貞氏前掲書三三九頁。

(22)赤松俊秀「覚鑁とその時代」（『続鎌倉仏教の研究』所収）。

(23)高野山の各院家の蔵書の大部分は高野山大学図書館に寄託されているが、同館の目録からは検索できなかった。

(24)ただ『南山中院諸祖伝譜』（高野山大学図書館蔵）に、「中院流始祖明筭紀州政所大谷人(或産那賀郡竹房也)、未詳氏族」云々とみえる。この書物は文政三年の阿州徳府万福寺現住法印景観の奥書があり、それによれば原本は維宝阿闍梨の撰するところを弟子が宝暦七年二月書写したもののようである。近世中期に至ってこのような異説があらわれた理由には想到しえない。

(25)地名を検するに、竹房の北方国分寺の東方それぞれ約二キロの辺に、東西に走る農免道路の北側に沿って「――坪」と称するものが一〇カ所ほど続き、その西に接して「下司明」がある（現在下司明の南半分は打田中学校の敷地）。またその南と、西方の中井阪に「八王寺」の地名があり、これは関白師通の母が田仲庄を比叡山の八王寺社に寄進したという『平家物語』および『執政所抄』の記事に関係あるものと考えられる（四七頁参照）。ちなみに中井阪の八王寺社はすでに退転したが、社殿跡は土質が周囲と異る赤土のため明らかに区別されるという。荘園研究者の調査が望まれる地域のように思われる。

(26)堂の正面右手に、明算の石像を安置した石祠があり、背面に「安政六己未七月建立／竹房／竪兵右衛門／同弟良恭／□」と記されている。風化してたやすく判読できない部分がある。竪家は現在竹房の総代を勤めているよし。

(27)『明算大徳伝』には、「筭師晩年毎冬極寒深雪之時、下レ自ニ中院一棲ニ息此寺一」とある。

(28)堂内には近隣の廃寺から集められた仏像が雑然と置かれている。その美術史的価値は私には判断できないが、近年の和歌山県による調査では、格別報告された文化財はなかったよしである。

(29)井上光貞氏の日本思想大系『往生伝・法華験記』の解題によれば、『高野山往生伝』は「元暦元年以後まもなく書きはじめて、文治三年以後まもなくして稿畢ったものであろう」とされ、明算と竹房との関係を記す『元亨釈書』よりも一段と古い。

故にその記事はほぼ信ずべきであろう。

むすび

二節にわたる考証によって、西行には勧進活動がしばしばあったことをほぼ確認することができた。本章の出発点とした五来重・石田吉貞両氏の論争に関していえば、五来氏の挙示された論点の多くを肯定したことになるが、しからば西行が「典型的な初期高野聖」で作歌はその「副産物」にすぎないとする五来氏の観方を承認しうるかといえば、決してそうはいえない。大づかみに私見をいえば、西行はやはり勧進聖という範疇とは別個の存在であり、そこにこそ歌人西行の達成をしからしめた所以もあるということである。

そもそも西行が「聖」ないしは「上人」と称せられる種類の遁世者であったことは疑う余地がない。それには何よりも、同時代人の西行に与えた呼称が直接の証拠となるであろう。左大臣頼長が日記に「西行法師」と記していることは前に引いたが（『台記』康治元年三月十五日条）、後京極摂政良経の『秋篠月清集』にも「西行法師」（続国歌大観二三二一）とある。すなわち顕貴の身分の人々の西行に対する呼称は「法師」であったが、その他はほぼ「聖」「上人」に定まっていた。歌交ふかい俊成の『御裳濯河歌合』判詞に「上人円位」、同じく『長秋詠藻』に「西行・西住などいふ上人共」（続国歌大観二一一七）「西行法師」（同四〇〇）「円位聖人」（同六九二）「円位ひじり」（同七四六）など、歌道の後進慈円の『拾玉集』に「円位聖人」（同二九六四）「円位上人」（同五一二三・五一三一）、歌道の門人蓮阿（内宮祠官荒木田満良）の『西行上人談抄』の本文冒頭には「西行上人」、以下随所に「上人」とあるなどは、その例にほかならない。井上光貞氏の所説のごとく、(1)「聖・上人などの宗教的身分呼称」は摂関末期を経て院政期に入る頃、「社会的通念として広く普遍化してきた」ものである。学僧でもなく僧位僧官とも無関係の遁世者西行がこの範疇に属したことはいうまでもなく、「西行上人」という呼称は当時の社会通念の当然の現われであった。西行はたしかに聖ないしは上人である。

ただし五来重氏は、聖の性格として隠遁性・苦行性・回国性・呪術性・集団性・世俗性を指摘し、(2)しかも「これらの諸属性はすべて勧進に結集されて社会化する」という立場をとっておられる。これはすこぶる独創的な見解で著書『高野聖』の魅力の根源でもあるが、しかし当面の西行に関するかぎり、聖イクォール勧進聖とすることが果して妥当かどうか、一歩退いて考える必要がある。そしてこの点については、中ノ堂一信氏の論文「中世的『勧進』の形成過程」(3)における厳密な概念規定が、きわめて有益な示唆を与えるものである。氏は重源の東大寺大勧進職補任を以って真の意味での「中世的勧進」の「出発点」とみ、(4)そしてその前提として勧進の諸段階を規定された。元来法華経その他の諸経典にみえる勧進の語義は「善行をすすめ仏道に入らしめること」を指したが、わが国においては勧進は通常「物質的喜捨を得る経済活動として、さらには寺院の修造費用調達の行為」として理解された。しかし慶滋保胤の『日本往生極楽記』などにみえる用例ではまだ勧進はすなわち「布教」の意味で、経済活動へと意味内容が変化していない。語義の変化は「当時の聖たちのありかたと不可分の関係を有していたと考えられる」が、市聖空也や皮聖行円のごときはまだ「いわゆる勧進活動にたずさわる『勧進聖』ではなかった」のである。しかるに「こうした聖たちの中から勧進活動に従事する勧進聖なるものが出現してくる」時点は、中ノ堂氏によれば「一一世紀後半」で、初見は承保二年（一〇七五）珍皇寺所司大衆解案（平安遺文一一一〇号）であるという。その後「続々と出現」した勧進聖の生活形態と活動について氏の述べるところは、五来氏が勧進聖の属性として説かれたところと多くの共通点をもつものなので、煩を厭うて紹介を略したい。

ただ私は氏の行文の中でとくに、「おそらく当時の勧進聖は、日常的には人々の喜捨を乞いつつ生活し、特定の修造に参加することによりその余剰利益を得て活動していたのではないだろうか」という点、「勧進聖の諸活動を経済的に支えた社会層は地方に土着した受領層や地方貴族たちであり、決して一般民衆そのものではなかった」という点、修造において「もっぱら資金面を担当する場合と造営工事そのものにも関係する場合」があり、また「大規模な勧進活動に際しては、(中略)勧進聖集団を形成」する場合もみられたが、「未だ、勧進聖が全面的に修造事業を請負うまでに成長していない」という点、さらに平安末期の高野山における大塔などの修造に「勧進活動が正式にとり入れられたことの歴史的意義は大きい」とし、これを「重源の勧進活動を認める社会的背景は成立していた」ものとして理解する点などを、注目したいのである。何となれば、こうした中ノ堂氏の見解は、五来氏が聖を一律に勧進聖として把え、しかも平安時代から鎌倉時代にかけての勧進の変化・発展をあまり肌目こまかに歴史的段階付けられなかった処理方法を修正すると考えられるからである。

さて中ノ堂氏の論文を参考にしつつ、西行の聖的性格に立ちかえってみればどうであろうか。西行がしばしば勧進をおこない、しかも歴史的意義の大きいとされる高野山における寺塔修造や重源の著名な東大寺勧進にも参加していたことはいうまでもない。しかし西行の勧進活動の主たる対象は庶民はおろか地方豪族や受領層でもなく、より上層の院宮権門であった。また彼は自身の衣食の資を勧進によって得られる喜捨に求めなければならない身分および境遇ではなく、修行の方便としてまた上層貴族との俗縁によってこれに従事したものである。(5) 故に東大寺勧進への参加も

「重源との個人的約束によって実行せられた活動」で、(6)「大勧進職保有者たる重源のもとで編成・組織された勧進集団」(中ノ堂氏は両者を区別し、後者にこそ中世的勧進そのものの成立をみるのである)に所属したわけではない。すなわち完全な一匹狼である。しかも高野山との関係も、三十年にわたって完全に高野山を生活の本拠と定めていたわけではないようで、かつて川田順氏も「高野に止住して折々京都に出たものか、洛中洛外に隠棲して屡々高野に行ったものか、今日いずれとも立証することは不可能事に属する」(7)とされたが、要するに京と高野の草庵を随時往復していたのであった。この間にしばしば吉野に入って草庵を結び、あるいは遠近諸方に「修行」の旅をしたことを高野止住の反証とすることは余りにも杓子丈規であろうが、少なくともいま高野山の大会堂の隣りにある「三昧堂」が西行住房跡と伝えられるごときは、『紀伊続風土記』や五来氏が信用されたにもかかわらず容易に事実とみるわけにはゆかない。(8)つまり西行は高野山の某々谷に群集していた多くの勧進聖と始終同居し、完全にその性格を共通にしていたとは、到底考えられないのである。

以上のごとく見るならば、西行における勧進はその遁世生活の中で随時自由に選択された行為なのであって、衣食のため必然的・恒常的に没頭せざるをえなかった生活形態ではないのである。(9)行為も度重なれば生活となるわけであるが、しかし西行の遁世には本来仏道への志向以上に数奇への志向があり、この両面を柔軟にとらえることは忘却すべからざる要点であろうと思う。この点からして、西行を高野の勧進聖の「典型」とし、作歌は勧進のための回国の「副産物」にすぎないとする五来氏の所説ははなはだ一面に偏したもので、氏の着眼の独創性には敬服するものの、容易に肯定することはできないのである。なおまた五来氏は勧進聖の世俗性を極力強調され、西行のそうした面をもくわしく述べられたが、『高野聖』の叙述には西行当時における十分に宗教性をもった勧進聖と、後に時衆の影響などによって起こる勧進聖の量的膨張にともなって進んだ著しい俗化・堕落を、不用意な読者に混同せしめる危険性をもつと思う。[10] もちろん氏は「はしがき」[11]に、「高野聖もその発祥においては道心ある隠遁者が多かった」ことを十分に説かれたのであるが、なお「あとがき」における「この無知厚顔な高野聖の群」[12]などといわれる言葉の方がいささかどぎつい。しかも、そのような叙述の中でたとえば待賢門院中納言局や帥局と和歌浦に遊んだことにふれ、「西行の身辺には世俗の臭気が立ちこめていた」[13]などと記されると、西行の俗化を過度に印象付けられるであろう。この同行は数奇者同志の清遊として当然のことと理解すべきである。石田吉貞氏がそうした五来氏の叙述のどぎつさに感情的に反撥されたか否かは私の知るところではないが、氏が西行を以って「普通の世俗的・職業的な勧進聖」とは到底考えられないとされた点を、[14] 氏の論証の不十分なるにもかかわらず真理を含むものと認めざるをえない。[15]

しからば西行は結局いかなる存在なのかと問われるならば、私は第四章「数奇と遁世」でその長い系譜を明らかにした「数奇の遁世者」であることを、ここに改めて強調しなければならない。かかる範疇に属する遁世の生涯において、西行はおのずから時代の風潮たる勧進をしばしばおこない、「普通の」勧進聖たちとも接触したものにほかならない。もとより宗教的要素が遁世五十年の間に次第に比重を大きくしたことも、第五章「山里と修行」の結論で指摘したとおりであるが、聖の群集する高野山に草庵を結ぶこと三十年、西行は遁世者の自由を貫いて一個独自の草庵生活を維持したと考えられるのである。

注

(1) 井上光貞『日本浄土教成立史の研究』二二〇頁。なお井上氏はその後『日本古代の国家と仏教』において聖と上人には区別があるとし、前者は「苦行などによって得られた験力の故に」また後者は「主としてその徳行の故に」かく呼ばれたとされ、

「ふつうの念仏者はおおむね上人とよんで、聖とはいわない」とも指摘された（二一五・二四〇頁）。もちろんこれは「おおむね」のことであるが、西行の場合は念仏者である一方に大峰行者などの側面をもつので、両者のどちらとも呼ばれる性格をもっていたといえよう。しかし基本的にはやはり「上人」である。

（2）昭和五十年刊の増補版（五九頁以下）においては、これに「唱導性」を加えられた。

（3）『中世の権力と民衆』所収。

（4）この点については、なお中ノ堂氏の「東大寺大勧進職の成立――『俊乗房重源』像の再検討――」（『日本史研究』一五二）参照。

（5）尾山篤二郎氏（『西行法師評伝』八三頁）は、定信の観音寺堂への結縁にふれ、「西行は日々の飲食に迫はれて托鉢して廻つた男ではなく、口を利けば何んとかなつたものと見える」と述べているが、首肯すべき観方であろう。

（6）注（4）論文四三頁。

（7）川田順『西行の伝と歌』八七頁。氏は「『高野中心時代』に異論ある人といへども、『高野往来時代』とすることには反対出来まいと愚考する」と記しているが、私も「往来時代」といった所が妥当であろうと思う。その徴証はいろいろあろうが、たとえば『新古今和歌集』（巻十六、雑歌上）に、法橋行遍が定家に「歌の道には志深き事はいつばかりよりのことにか」と尋ねたところ、「わかく侍りし時、西行に久しくあひともなひて聞きならひ侍る」と答えたとあるのも、その一例であろう。定家の若年時というのを、仮りに常識的に、賀茂社歌合に加わった治承二年十七歳ごろから『明月記』の記事のはじまる治承四年十九歳ごろまでとするならば、それは西行の高野時代の末期、蓮花乗院勧進当時のこととなる。この間に西行がかなりの比率で京にとどまっていたのでなければ、定家が「久しくあひともなひて」歌道を習うことはできなかったはずである。そして右の詞書は後年の回想とはいえ、定家自身が事に当った勅撰集の詞書に記されているのであるから、信憑性に富むとみることができる。

（8）三昧堂を西行の住房と伝えるに至った根拠は、おそらく『異本山家集』（二〇八八・二〇八九）の左の歌であろう。

徳大寺左大臣の堂にたち入りて見侍りけるに、あらぬことになりて哀れなり。三条太政大臣歌よみもてなし給ひしこと、ただ今の御事と覚えてしのばしき心地し侍り。堂のあとあらためられたりける、さることのありと見えて哀れなりければ

なき人のかたみにたてし寺に入りて跡ありけりと見て帰りぬる
　三昧堂の方へわけまゐりけるに秋の草深かりけり。鈴虫の音、かすかに聞えける、あはれにて
思ひおきしあさぢが露をわけ入ればただわづかなるすず虫のこゑ

この二首は朝日本頭注にいうように「同時の歌」で、保元元年焼亡した徳大寺（『百錬抄』保元元年五月二十二日条）の荒廃の跡を訪ねての感慨である。その後半だけを切り離して高野の三昧堂とするわけにはゆかない。そしてこの詞書以外に、高野の三昧堂に西行が住したらしい確かな史料は見当らないのである。烏丸資慶の「高野路記」（続群書類従紀行部）に、「三昧堂は美福門院の御願にて、西行上人いまだ良清といひしとき、奉行して建られたる下知の状など宝蔵にのこれり。庄園にともよ《ママ》せられしとなり。常に供僧ありて日行おこたる事なし」とあるのは、文に混乱があり、おそらく蓮花乗院と三昧堂を混同した記述と思われるが、その点をしばらく措くとしても、三昧堂を西行の住房と記しているわけではない。

(9)　桜井芳朗氏（『隠者の風貌』六八頁）は、「地方豪族である彼の家は富み、西行に対して相応の仕送りをしたであろうから、彼は勧進をしなくても自分の隠遁生活はささえられたと考えられる」と指摘された。首肯すべき見解である。

(10)　井上光貞氏（前掲書三七四頁）は「聖の俗化」について、高野の念仏集団は「高野の古代的支配が院政政権の衰退と荘園支配の弛緩によつて崩壊してくれば、当然、その生活の基礎もゆらいで」、その結果「いわゆる行商人や宿屋業者としての『高野聖』は、こうしておこつてくる」のであって、「次の時代の聖は著しく俗化してしまう」（傍点目崎）と指摘された。こうした叙述が歴史的理解として着実であろう。

(11)　五来重『高野聖』二八頁。

(12)　同二七二頁。

(13)　同一六二頁。

(14)　石田吉貞『隠者の文学』一三七頁。

(15)　石田吉貞氏は「西行の内部的荒廃――勧進聖説批判――」（『学苑』四五二）において自説を再論されたが、その際、本章の初稿において私があたかも五来氏説を「肯定」したかのごとく紹介されているのは誤解である。本章の叙述は初稿に多少補訂を加えてはいるが、「むすび」に記した、西行が「数奇の遁世者」であって勧進聖とは別個の存在であるとした結論には、いささかも変りはない。この点については、『史学雑誌』八七―四所載「佐藤正英『隠遁の思想』書評」にすでに指摘した。

付載　円位書状の執筆年時について

一

三十歳前後から約三十年間、つまり七十三年の生涯の半分近い歳月にわたって高野山と深い関係をもちつづけた西行の、最終的な高野退去の時点をいつと推定すべきかについては、高野山文書『宝簡集』(二十三)に収められた円位書状が鍵となる。しかるにその執筆年時には諸説があるので、ここに究明しておきたいと思う。まず本文を掲げる。

日前宮事、自入道殿頭中将許、如此遣仰了、返〳〵神妙候、頭中将御返事、書うつして令進候、入道殿安芸一宮より御下向之後、可進之由、沙汰人申候へハ、本をは留候了、彼役他庄ニハふき被切へきよし、以外沙汰候歟、是大師明神令相構御事候歟、入道殿御料ニ百万反尊勝タラ尼一山ニ可令誦御、何事又〳〵申候へし、蓮花乗院柱絵沙汰、能ミ可候、住京聊存事候て、于今御山へ遅ミ仕候也、能ミ可御祈請候、長日談義、能ミ可被入御心候也、謹言、

三月十五日　　円位

明治二十二年刊の『史徴墨宝第二編考証』には、「此書ハ、治承元年紀州日前神宮造営役ヲ高野領ニ課セラレシニ、

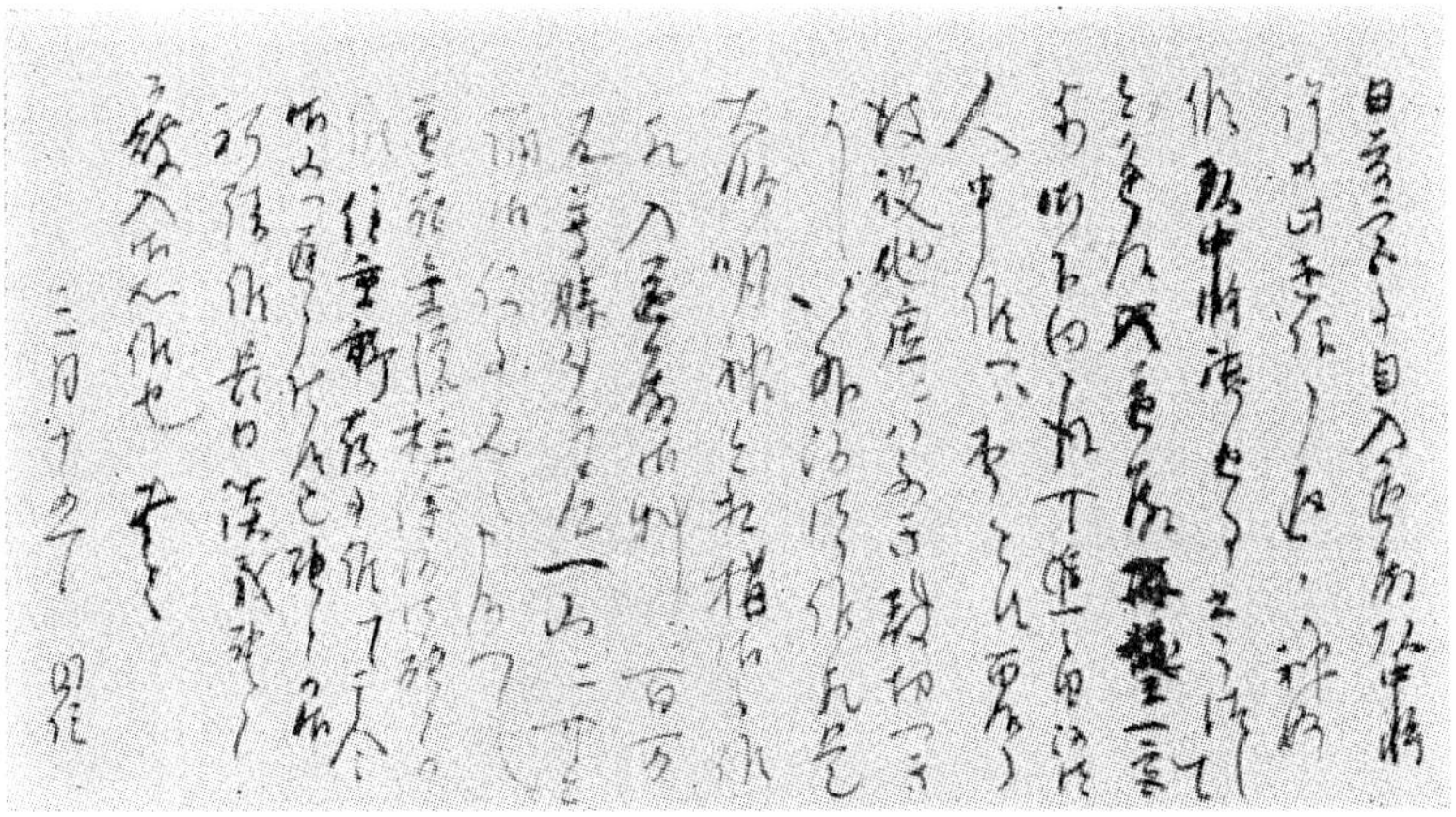

円　位　書　状

西行上京シテ免除ヲ歎訴シ、頭中将樋口定能ノ返書ヲ得て、高野検校房光へ送リシナリ」と解説している。これは『紀伊続風土記』『公卿補任』によって日前国懸宮の造営を「安元元年ヨリ治承元年マテ、三箇年ニテ落成セシナリ」と考えた結果である。しかし、この推定はさして根拠あるものではなかったので、明治三十七年刊行の『大日本古文書』家わけ第一「高野山文書」一は、改めて「三月十五日」に「(治承四年)」と傍書した。[1] その理由は記されていないが、おそらく「入道殿」すなわち平清盛が三月中に「安芸一宮」すなわち厳島に参詣した事実を手掛りとしたのであろう。土御門通親の『高倉院厳嶋御幸記』(群書類従紀行部)によれば、治承四年三月十七日京を発した高倉院を清盛は福原に迎え、扈従して海路厳島に詣で、四月五日福原に帰還している。

この治承四年という比定はほぼ定説化し、昭和に入って黒板勝美は『更訂国史の研究』各説上に、「世に西行の書と伝へられてゐるものは多いが、その真筆とすべきもの、或はたゞこの一通のみといつて可い」として写真版を挿入したが、その日付にもやはり「治承四年」と傍書された。

もし西行自筆書状の現存唯一のものとされるこの書状の年時が治承四年三月だとすれば、これは西行の伝記について有力な史料となるであろう。なぜなら、書状によればこの時西行は京に滞在し、「聊存事候て、于今御山へ遅ゝ仕候也」と早晩高野山に帰ることを予期した口吻をもらしているのであるが、そのわずか三ヵ月後の福原遷都の頃にはすでに京または高野から伊勢に移っていた。それは『異本山家集』に、

福原へ都遷りありと聞きし頃、伊勢にて月の歌よみ侍りしに

二一二四雲の上やふるき都になりにけりすむらむ月のかげはかはらで

とみえることによって知られるのである。伊勢移住ははなはだ突然に、あわただしくおこなわれたとみなければならない。これがいかなる内的・外的事情によるかは次章「伊勢における西行」で述べるけれども、以仁王・源頼政の挙兵による畿内の激動に直面して伊勢に移り、内乱の全期間七年にわたって神域に草庵を結んだことは、まことに興味深い事実といわなければならない。

しかるに近年美術史家田村悦子氏は西行の真蹟について綿密な検討をおこない、この書状の年代を承安四年にさかのぼらせる新説を提示された。(2)もしこの説が正しければ、書状は高野退去には直接関係しないことになるのである。この論文はすこぶる説得力に富み、私は大いに学恩を蒙ったが、しかし検討の結果通説の治承四年比定も無下に捨て去るべきでないことを信ずるに至った。そこで粗々その経過を記して、田村氏および諸先学の示教を得たいと思う。

注

（1）『大日本史料』（四ノ三）は、西行入寂の建久元年二月十六日条に書状の写真版を挿入したが、年時の説明はない。

（2）田村悦子「西行の筆蹟資料の検討――御物本円位仮名消息をめぐって――」（『美術研究』二一四）。

二

田村氏説の批判に入る前に、参考のため文書の内容を一応説明する。日前国懸宮造営役が高野山領あるいは特に蓮花乗院領に宛課されたので、西行が旧知の平清盛に免除斡旋方を依頼したものと思われ、清盛から頭中将に対して申入れる所があり、頭中将がおそらく色よい返事をよこした。そこで返事の写しを高野山のしかるべき人に送り（文書の宛先は欠けている）、清盛の恩に報いるために百万反尊勝陀羅尼を一山で誦するよう指示したのである。そして次手に、蓮花乗院の柱絵および長日談義についても指示を与えている(1)。

さて田村氏の承安四年説の論拠はほぼ三点である。第一、『公卿補任』『職事補任』によると、治承四年三月には頭中将の見任が欠けていること。第二、蓮花乗院は承安五年（安元元年）に建立されたものであるが、柱絵は建立当初に描かれるもので、あとから追加されるとは考えられないこと。第三、清盛が三月に厳島詣をしたのは、治承四年のほかに承安四年にもあったこと。以上の三点のうち、田村氏が旧説に疑いをさしはさまれた最大の理由は、第一の頭中将欠員の事実であったようである。

いかにも、治承四年三月には頭中将は欠員であった。これより先頭中将であった源通親は治承四年正月二十八日参議に任ぜられて頭を去っているし、同日蔵人頭に補せられた平重衡は前年十二月十四日左近衛権中将を辞任しているからである(2)（『公卿補任』）。しかしこの点は次のようにも解釈できよう。円位書状に記すところの、「入道殿」が「頭中将」の許に「日前宮事」に関して書状を送り「頭中将」がこれに対して「御返事」を出したのは、いうまでもなく

「三月十五日」以前である。これを仮りに一カ月半ほど以前とみれば、この「頭中将」は源通親として何ら支障がないのではないか。その後二月には高倉天皇の譲位があり、ひきつづき三月には物議を醸した新院の厳島御幸がおこなわれた。この繁忙の間に往復文書が「沙汰人」（おそらく清盛の家司某）の許にストップして清盛の最終的処断を仰ぎえなかったとしても、それは当然のことで、それ故「沙汰人」は「入道殿安芸一宮より御下向の後」本書を高野山へ進めるとの意向を表明したのであろう。しかし、高野一山が首尾如何と待ち焦れていることを承知する西行は、三月十五日に文書を「書うつして」取りあえず高野へ送ったものと考えられる。

このように解釈すれば、「頭中将」を正月末までの在任者源通親として十分に辻褄が合うのである。もちろん厳密にいえば、三月現在では通親は前頭中将あるいは宰相中将でなければならない。田村氏は、前任者が「或は前からのくせで『頭中将』と呼ばれていることはないかと諸書にあたってみたがそのような例は見当らなかった」と周到にも論ぜられるのであるが、氏の当られた『山槐記』『吉記』のごとき公家日記の書法と同程度の厳密さを、在野の人なる西行に求めるのは如何と思われるし、また清盛との書状往復時点における現職名に引かれて「頭中将」と添状に記したとみれば、心理的にはむしろきわめて自然ではあるまいか。

田村氏説の第二点すなわち蓮花乗院については、すでに詳論したように、蓮花乗院は安元元年に創建された後、治承元年に東別所から高野の壇上に曳き移されているのであって（『高野春秋』）、「柱絵沙汰」はこの移建後における同院の荘厳についていっているのであろう。田村氏が「この移建のことの拠り所が確実でない」とされたのは、『高野春秋』の記述を裏付ける文書たとえばその時作成されたという「長日談義之置文」などが現存しない所からであろうが、平安末期における覚鑁の活動を契機として起こった本寺金剛峯寺方と末院大伝法院方の激烈な闘争を和合せしめるために重要な機能を果した蓮花乗院長日談義については、鎌倉時代に多くの徴証があり、『高野春秋』の記事を否定すべき理由のないことは、すでに述べたとおりである。したがって、その堂塔は相当な規模なるべく、治承四年頃になってもどの堂塔かに柱絵などが描かれる事態も十分に考えられるのである。

以上のごとく、田村氏の論拠の第一・第二点は、いずれも治承四年とする通説にとって決定的支障とはならない。第三点の清盛の厳島詣が承安四年三月にもおこなわれたことは、『玉葉』などによって確かであるが、第一・第二点と合せ見ぬかぎり、これだけでは治承四年説を否定する論拠とはならない。かくて田村氏説批判の結果は、かならずしも年時を承安四年にさかのぼらせずともよいことになったが[3]、進んで治承四年をより有力と推定すべき材料はないものであろうか。文中の「日前宮事」云々がそれに該当すると、私は考えるのである。

注

（1）本書状中「彼役他庄ニハふき被切べきよし」について、『史徴墨宝』『大日本古文書』『国史の研究』『平安遺文』『書の日本史』などは「彼設」と読んでいるが、田村氏は「彼役」とする。『史徴墨宝』は「(設他《シダノ》庄) ハ、高野領伊都郡ノ志富田《シブタノ》荘ナルベシ、(ハふき) ハ搏風木《ハフキ》ナリ」といっているが、高野山領渋田庄を設他庄と表記した例は管見に入らない。搏風木ならば具体的で明快であるが、田村氏は、「本書状の内容に、日前宮の造営の課役については、高野山領は入道殿より他に切られ、思いの外の事、それはひとえに大師明神のおかげといっている」と解釈された。この部分、疑いを存して専門家の示教を待つ。

（2）この後、平維盛が右近衛権中将に転じ蔵人頭に補せられた結果頭中将が現われるのは、治承五年六月十日（『公卿補任』）である。

（3）しかも円位書状が末尾で「長日談義」にふれている点に注目すると、これはやはり治承の移建後の書状とするのがふさわしいと思う。なぜならば、『高野春秋』は安元元年にすでに蓮花乗院が長日談義所であったように記しているけれども、当初同院のあったという東別所や宝幢院谷は念仏聖の屯する所であって、敵対する本寺・末院双方を一所に会して談義をおこなわしめるに適当な場所ではなかったはずである。壇上移建はそのためでもあったかと推定されるから、「長日談義、能ト可レ被レ入ニ御心一候也」との言葉は、移建後談義が本格的に開始されてからの事態により叶うように思われる。

三

紀伊国造家の奉斎した由緒ふかい日前国懸宮は、平安中期以後さらに神威を増し、伊勢神宮と同様な遷宮の制度が確立し、[1]同社の造営役は紀伊国の公領・荘園にあまねく宛課された。[2]試みに管見に入った史料によって追跡してみれば、高野山大伝法院・密厳院領諸荘園は、鳥羽法皇の帰依を頼む覚鑁の手腕によって、長承二年九月課役停止を貫徹した（『平安遺文』二二八八号、紀伊国司庁宣）。しかし康治二年十二月の覚鑁入滅前後になると両社の圧力はまた強まり、康治元年九月、同二年四月、同年閏六月、同年七月、天養二年三月など、しばしば神人が大伝法院領山東庄へ発向し、住人に対して狼藉をおこない（平安遺文二五五四号、大伝法院陳状案）、この紛糾は久安・仁平から応保二年までたどることができる（平安遺文三二三四号、大伝法院僧徒等重解案）。その後しばらくは史料を欠くが、治承二年六月に至って大伝法院衆徒はまた長承の官符案などを副えた長文の解を進めて、課役停止を申請うている（平安遺文三八三七号、大伝法院衆徒解案）。

大伝法院領についてもっとも多くの史料が伝わるのは『根来要書』の存したためであろうが、他の荘園についても大同小異の状況が続いていたとみられる。[3]しかし造営役の催促がもっとも激化したのは、諸庄いずれの場合も治承二年前後のようである。何となれば、『続左丞抄』（第二）所収の「日前国懸両宮遷宮年限例」（注1参照）によれば、来たる養和元年が保延五年以来四十三年目の遷宮年限に相当し、[4]その造営工事が今や大詰に来ていたからである（この事は『玉葉』治承三年六月二十六日条に「日前国懸社宝殿造営日次定」、ついで『吉記』養和元年十一月十三日条に「遷宮日時勘申」の記事がみえることなどによって確かめられる）。

『続左丞抄』（第二）に治承二年閏六月の造営役請文案が一括収録されているのは、課役催促のクライマクスを示す直接の証拠とすることができるであろう。もとより文書の伝存は偶然に左右されるものではあるが、『続左丞抄』は、平安中期以降左大史（官務）を世襲し、文殿の文書・記録類をその家に移して保管し来ったという官務家小槻氏の後裔壬生家に所蔵された文書の中から、『左丞抄』すなわちいわゆる『類聚符宣抄』の「続編とも称すべきもの」（新訂増補国史大系凡例）として編纂された書物である。[5] ここに治承二年の請文多数が収められたのは、単なる偶然ではなかろうと思われる。[6] さて、この請文案には木本・相楽・南部・紀伊国分寺・生馬堅田・阿弖川・静川・岡崎などの紀伊国荘園群がみえるが、その中で特に興味を引かれるのは左の文書である。

謹請　造日前国懸宮殿舎相楽南部所課事

合

相楽御庄

国懸宮神殿西端間内参尺付壇礎石

南部御庄

日前宮神殿東妻庇付壇礎石

右、任二今月八日下　宣旨状一、慥無二懈怠一可レ令二勤仕一之由、可レ令三急下二知庄司一之状、謹所二請申一如レ件

治承二年閏六月廿一日　散位紀朝臣在判

（続左丞抄、または平安遺文三八四八号）

この文書に興味を引かれる所以は、この南部庄が元来五辻斎院領であって、安元元年蓮花乗院が建立されるとその所当の内見米百石分が寄進され、しかもこの寄進に西行が関与しているからである（本章第二節1）。なお相楽庄は『荘園志料』に「諸書南部荘を合せて相楽南部荘と呼ぶを見れば、その荘域は南部荘と接したるべけれど、今之を詳にするを得ず」とあるが、南部庄と合せて一庄としてもよい荘園である。治承二年閏六月にこの相楽南部庄に宛課された造営役に対して請文を出した「散位紀朝臣」は、他の文書に徴して(7)おそらく五辻斎院の院司であろうと思われる。そこで、領家がかく請文を奉った以上、応分の負担は南部庄の所当の一部を寄進されている蓮花乗院にもおよんだはずである。もとより西行が清盛に課役免除の斡旋を依頼したのは、相楽南部庄だけのためではないと思われるが、直接関与している同庄が含まれていたことは看過しえない。

さて壬生家伝来の古文書には、左の一通が含まれている。

造日前国懸社課役庄園請文副目録且如レ此、早可レ被レ下二国司一歟、仍執達如レ件

十月廿七日　　皇大后宮権大進光能奉

大夫史殿

（続左丞抄、または平安遺文三八四六号）

この文書は年時不明であるが、『平安遺文』が治承二年のものとしたのは、同年の請文と一括されていたことを根拠としたのであろう。いまこれを治承二年の文書とするならば、(8)同年閏六月の一連の請文が蔵人頭藤原光能の許に取り纏められて弁官局に送付されたのは、その十月二十七日のこととなる。さらに太政官から国衙を経て諸庄に催促さ

れたのは二年末から三年にかけてであろうが、右の光能奉書に対する大夫史の請文案とおぼしき文書（続左丞抄、または平安遺文三八四七号）に、「造日前国懸両社所課庄々請文、任二目録一謹請預候了、此中未レ承伏之所々候歟、件条何様可レ下二知国一候哉」云々とあるをみても、荘園側が以後対捍しなかったとは到底考えられない。(9)そして西行の活動もこうした動きの一環と考えられるのである。

このように考えてくると、翌治承四年正月末を下限とする、「日前宮事」について「入道殿」への「頭中将」の「御返事」を得たという円位書状の内容は、壬生家伝来の一連の文書と時間的にまことに自然に接続するのではあるまいか。田村氏は「日前宮に関する残存資料を併せ考えても、結局、本書状の年次を定めることはできない」と判断されたが、(10)私はほぼ以上のごとく解釈して、日前宮関係文書は円位書状を治承四年に係けた通説の有力な証拠となると結論するのである。

かくして、この書状が治承四年三月十五日に認められたものとすれば、はじめに述べたようにこの直後に西行が高野・京を去って伊勢に移り、おそらくふたたび高野山に帰ることをしなかったのは、いかなる外的あるいは内的な原因によるものか深い興味をそそられる。そもそも西行は長い生涯にいちじるしい精神的変貌を遂げたのであるが、あわただしくおこなわれた伊勢行は、これより展開される西行の老年期への注目すべき指標となるであろう。これを具体的に説明するのは次章「伊勢における西行」に譲るが、以上のくだくだしい考証はそうした問題意識のもとに試みられたものであることを付言しておきたい。

注

（1）『続左丞抄』（第二）に、「日前国懸両宮遷宮年限例」として、天安元年より貞応元年にいたる一〇度の年時が記され、所収文書の折紙見返に「任寛治例、以四十三年可為遷宮年限之由建保四壬六二□御教書」と注されていたようである。寛治五年十二月七日遷宮日時定のあったことは『中右記』にみえるが、次いで四九年目の保延五年、さらに四三年目の養和元年に遷宮がおこなわれたという。

(2) 天養二年三月二十八日大伝法院陳状案(平安遺文二五五四号)に、「長承二年之比、不レ論二神社仏寺権門勢家之庄園一、平均可レ勤二仕日前国懸造宮役一之由、依レ下二 宣旨一、自二国衙一被レ催二其役一」云々とある。

(3) 一例として左の『宝簡集』(二十六)所収の後白河院々宣がある。

紀伊国荒川庄二十丁同加納二十八丁余可レ被レ充二課造日前国懸役一事、令レ申二 八条院一給之処、寄二進高野山領一之後、一切不二知食一之旨、所二令レ申給一也、早可下令レ申二先例勤否并証文等一給上者、依二
院御気色一、執啓如レ件

九月十一日　左中弁長方

謹上　法務僧正御房

(平安遺文三五五八号)

『大日本古文書』家わけ第一高野山文書一の三五二号は注して、「コノ文書追筆ニ治承二トアレドモ、長方ハ嘉応二年正月十八日左中弁トナリ、安元元年十二月八日右大弁ニ転ズ、恐クハ誤アラン」とし、『平安遺文』は嘉応二年に配列している。従うべきであろう。

(4) これより先長寛二年正月二十八日、日前国懸社は焼亡したから(『百錬抄』)、それ以後おそらく仮社殿であったのであろう。なお、『紀伊続風土記』(巻之十三)には、前述のごとく「治承元年造営」と記しているが、『公卿補任』を根拠とするその理由は薄弱で、従えない。

(5) 橋本義彦「類聚符宣抄」解説(坂本太郎・黒板昌夫編『国史大系書目解題』上巻所収)参照。

(6) この種の請文は、壬生家文書以外にも尊経閣所蔵文書に、紀伊守平為盛請文案が伝存するが(平安遺文三八五七号)、その年時は不明である。

(7) たとえば『宝簡集』(二十三)所収五辻斎院寄進状(平安遺文三六九四号)にも「河内権守紀朝臣」が連署している。

(8) 『又続宝簡集』(四十一)所収の左の文書、

（端裏書）
「宣旨案　光能奉」
高野領日前宮課役者、被レ免様承候也、其外条々、具可ニ申沙汰一候也、只今参レ内候之間、不レ能ニ委細一候、恐々謹言、
二月廿九日
皇太后宮権大夫光能

に、『大日本古文書』高野山文書五は、（治承二年カ）と注している。しかし、光能は安元二年十二月五日蔵人頭、治承元年九月六日皇太后宮権大夫、治承三年十月十日参議に補任されているから（『公卿補任』）、右の奉書は治承二年または三年のいずれとも確定することはできない。こうした傍例に徴すると十月二十七日付文書の年時も確実にはわからないわけであるが、請文との関連から治承二年の蓋然性が大きいと思う。

（9）『又続宝簡集』（八十七）所収（平安遺文三八七三号）治承三年三月二十七日高野山下文案によれば、すでに課役を免除されていた神野真国庄にも造宮使が乱入し、寺家は急遽承仕一両人を同庄へ差遣している。このような事実は、反対に、一旦請文を出した諸庄の側もなお大いに免除申請の手段をつくしたことを推定せしめる。

（10）田村氏前掲論文四六頁。

第七章　伊勢における西行

はじめに

西行は治承四年（一一八〇）夏京を去って伊勢に赴き、文治二年（一一八六）東大寺再建勧進のため陸奥に出立するまで、源平合戦の全期間足掛け七年をこの地で送った。すなわち西行の六十代の大部分は神宮の神垣のもとでの生活であり、その歌交の主たる相手は内宮祠官荒木田氏であった。この事は必然的に西行と伊勢信仰との緊密な関係を生ぜしめたのであるが、従来この方面の研究はまことに手薄であって、かの有名な、

　　大神宮御祭日よめるとあり

何事のおはしますをば知らねどもかたじけなさの涙こぼるる(1)

という一首が、果して西行の作か否かを疑われつつも(2)人口に膾炙していたにすぎない。『玉葉和歌集』（巻二十、神祇歌）にみえる、

　あまてらす月の光は神垣や引くしめ縄のうちとともなし

此の歌は、西行法師太神宮にまうでゝ、遙にあらがきの外にて、心のうちに法施奉りて、本地はへだてあるべきにあらぬに、垂迹のまへにちかく参らざる事を思ひつゞけ侍りて、すこしまどろみけるに、つげさせ給ひけ

るとなむ

とある伝承歌は、西行の太神宮崇敬、その本地垂迹思想包懐という観念が遅くも鎌倉末期までには成立していたことを示すのであるが、こうした伝承は果して実在の西行と無縁のものなのであろうか。

西行を文学史の対象としてではなく、中世思想史上の多くの基本的な主題にふかく関係する巨人的な存在として、包括的に検討しようとする時、西行と伊勢の神宮との関係は一つの重要な論点となるのであるが、本章でも従来利用されてきた家集などを再吟味し、若干の未利用の史料を対照させて考察すれば、多少の新見を提示することができるかと思う。換言すれば、従来確乎たる裏付けもないまま俗説的に扱われてきた「何事のおはしますをば」の一首には、かなり広くかつ深い背景の存することが実証されうるであろう。西行は武人・歌人・念仏聖・山中修行者など多くの側面を兼ね備えた複雑な人格であるが、ここに本地垂迹の神祇信仰の把持者という一面を付け加えることができるのである。

注

（1） この一首は『西行全集』所収「西行法師家集」による。

（2） この歌はいわゆる『異本山家集』の系統に属する諸本のうち、藤岡作太郎旧蔵の刊本にはなく、延宝二年板本にのみ存する。そこで佐々木信綱等編『西行全集』は板本によって「何事の」以下三首を補い、「この歌、松屋筆記巻八五の二六に疑へり」と脚注を付した。国書刊行会本『松屋筆記』には、「宗固随筆に伊勢国二見浦は伊勢大神宮のコリ場也、西行法師の歌、『何事のおはしますかはしらねともありかたさにそ涙こほるゝ』此心をとりて芭蕉翁発句『うたかふなうしほの花も浦の春』、此句意しれす、西行の古歌取りといへり、二見潟の文台に此発句を書也云々、按右の西行の歌は謡曲に下句かたしけなさに涙こほるるとして□□か歌とせり、可レ考」とある。『宗固随筆』に引く芭蕉の句は『いつを昔』に、「二見の図を拝み侍りて／うたがふな潮の花も浦の春」とみえるもので、二見文台の裏に書き付けられたことによって有名な句である（真蹟には「元禄二仲春」とあるよし、校本『芭蕉全集』第一巻一七八頁頭注にみえる)。しかし、「何事の」の歌を踏まえた芭蕉の句としては、この句よりもむしろ貞享五年参宮の際の「何の木の花とは知らず匂ひかな」の吟がよりふさわしく、『笈日記』には「西行のなみだをしたひ、増賀の信をかなしむ」の詞書がある。また『甲子吟行』の「山路来て何やらゆかしすみれ草」も貞享二年の初案では「何とはなしに何やらゆかし菫草」であり、これは日本武尊への手向けの句であるけれども「何事の」の歌を明らかに下敷にしている。これらの発句はいずれも、芭蕉が延宝二年板本を読んだことによって生まれたものであろう。故に『宗固随筆』の説は別に参考にならないが、『松屋筆記』がこの歌の謡曲にみえる旨を記した点は注意を要する。それは謡曲『巴』に、「伝へ聞く行教和尚は、宇佐八幡に詣で給ひ、一首の歌に曰はく、なにごとのおはしますとは知らねども、忝なさに涙こぼるると、かやうに詠じ給ひしかば、神もあはれとや思しめされけん」云々とあるものであろう(尾形仂『松尾芭蕉』一九七頁)。すなわち謡曲では貞観二年石清水八幡宮を男山に勧請した伝燈大法師位行教の詠となっているのであって、『松屋筆記』の疑問はもっともとしなければならない。ただし「何事の」の歌を行教詠として伝える古伝は他に管見に入らないが、これを西行詠として伝えるものも『醒酔笑』など近世の諸書」(尾形氏前掲書参照)に下るようである。伊藤嘉夫氏(『山家集』二一〇九頭注)は「古い参詣記などにも見え」るとされたが、通海や坂十仏の参詣記にはみえない。従って西行の作とすることには疑問があるが、それにもかかわらず『西行全集』をはじめ川田順『西行の伝と歌』・尾山篤二郎『校注西行法師全歌集』・三好英二『新註国文学叢書西行歌集』・伊藤嘉夫『山家集』などみな西行の作品に数えている。ただし伊藤嘉夫氏は、「その詞書の文も自撰歌集の形式をとつてゐるこの集としてはそぐはないし、三首も連作ではなく、互の関連もない。思ふにこれは、印行にあたつて書肆等が、さかしらに加へたものとおぼしく」云々と、「古来の疑問」に従われた(『歌人西行』所収「西行歌集の展望」一五五頁)。一方、近時『山家集』諸本について精力的に博捜された高城功夫氏は、その「『山家集』諸本の研究」(一)(『東洋大学大学院紀要』七)に、この歌が記された延宝二年板本は、「実に粗悪な本文を有する本」であることを認めながらも(一五八頁)、なお「一応西行の歌と見做すこともできる」(一六〇頁)と許容された。かように考え方は区々であるが、上記の記述よりすれば、この歌を無条件に西行の作とすることは適当ではなく、西行の神宮崇敬が果してこうした作を生むに相当するものであったか否か、周到な考証をおこなった後はじめて決定さるべきであろうと、私は思う。

一　伊勢在住の時期・動機・草庵

1　治承以前の伊勢行

まず西行が伊勢に住んだ時期、その動機および住所などの事実関係について、旧説をかえりみながら再検討を加えたい。西行は治承以前にも何度か伊勢に足を踏み入れているようであるが、この実態については疑問が多い。

六家集本『山家集』によれば、

　世をのがれて伊勢のかたへまかりけるに、鈴鹿山にて

七九六すずか山うき世をよそにふりすてていかになりゆくわが身なるらむ

の歌が遁世直後に鈴鹿を越えて伊勢に入った事実を示している。この行がいかなる目的をもった旅であるかは、推定できない。初度陸奥行の出発とみなすことも大胆すぎると思う。また、

　新宮より伊勢のかたへまかりけるに、みきしまにふねのさたしける浦人の、黒き髪はひとすぢもなかりけるをよびよせて

一四八八としへたるうらのあま人こととはむ波をかづきていくよ過ぎにき

一四八九くろかみはすぐるとみえし白波をかづきはてたる身にはしれあま

の歌が、熊野を経て伊勢に入った事実を示す。コースよりみて両者は明らかに別個の旅で、その時期も異るのであろう。

梅田義彦氏(1)はさらに六家集本『山家集』の、

伊勢に斎王おはしまさでとしへにけり、斎宮こだちばかりさはと見えて、ついがきもなきやうなりたりけるを見て

一三一五いつかまたいつきのみやのいつかれてしめのみうちにちりをはらはむ

の歌をあげ、これはまた「前二者とは別時のものらしい」とされた。氏によれば、「西行の在世中斎王の代らせ給ふこと十人、出家後は九人であつて、斎王の在さなかつた空隙の最も大きなのは高倉天皇の皇女功子内親王から、同じく高倉天皇の皇女潔子内親王までの間で、之については後白河皇女惇子内親王と前の功子内親王との間が長い。恐らくこの何れかの時の事を斥してゐるのであらう」とある。しかしこの叙述はいささか事を曖昧にする。実は斎宮惇子内親王が承安二年（一一七二）五月五日伊勢に薨じてより（『百錬抄』）、文治三年（一一八七）潔子内親王が群行するまで（同上）、伊勢には十六年間続いて斎宮がいなかったもので、この間に斎宮に卜定された功子内親王は治承三年（一一七九）「従二野宮一下座」（『本朝皇胤紹運録』(2)）して伊勢には赴任しなかったのである。したがって西行が右の歌を詠んだのは、承安二年から何年か年を経て斎宮の築垣も崩れそめた頃から、文治二年西行が伊勢を去るまでの間ということになる。これは遁世直後の伊勢行の際とはもちろん「別時」であるが、新宮より入った時と同時か別時かは不明である。

さらにこの新宮よりの伊勢行と斎王の長期不在を悲しんだ伊勢行が治承四年以後長期の伊勢在住と重複するのか、またはこれより以前であったのかも、容易に推断を下しえない。窪田章一郎氏は六家集本『山家集』の所収歌は「伊勢に移る前で打ち切られている」とされ、その編纂は「おそらく高野山に生活の本拠を置いた時期の終わりであった」

と推定しておられるから、(3)それならば治承四年行よりも前のこととなるわけである。しかし久保田淳氏はこれを批判して、窪田氏が右のごとく述べながら、六家集本所収の「斎王おはしまさで」の作を伊勢定住時代のものとする「矛盾を冒しておられる」ことを指摘し、(4)「山家集が伊勢移住後の問題作を収めていないことは事実である。しかし、だからといって、伊勢移住後の作は全く含まないと断定することは、速断にすぎると思う。或いはそれは西行自身の関知する所でないにせよ、後日移住後の作物が追補されることもあり得たと思うのである」(5)とされた。

私は『山家集』の成立論に喙を容れる力をもっていないが、久保田氏説のごとく若干の追補はあったかも知れないと見ておく方が無難であると思う。とすれば、「斎王おはしまさで」の作は治承四年以後の詠とするのが穏当であろう。何となれば、前斎宮薨去の承安二年より治承四年までは足掛け九年であるから、もしその数年前にこの歌が詠まれたとすれば、「年へにけり」とはわずかに六-七年を出ないわけになる。しかるに『斎宮記』（群書類従補任部）などを参照すれば、平安時代を通じて前斎宮の退下または薨去から新斎宮の群行までには二-三年を費すのが常で、その間に何らかの理由で卜定されながら群行に至らない斎宮が挾まれば、五-六年の空白を生ずることも稀ではなかった。現に仁平元年（一一五一）卜定され、同三年群行した喜子内親王（『台記』）はおそらく久寿二年（一一五五）近衛天皇崩御によって退下したと思われるが、その後保元元年（一一五六）卜定された亮子内親王（のちの殷富門院）は同三年（一一五八）代替り（後白河→二条）によって退下したために群行なく（『女院小伝』）、永暦元年（一一六〇）好子内親王の群行まで足掛け六年の斎王不在となった。また好子内親王がおそらく永万元年（一一六五）代替り（二条→六条）によって退下した後、一旦卜定された休子内親王が仁安三年の代替り（六条→高倉）によって野宮より退下したため（『玉葉』『兵範記』）、惇子内親王が嘉応二年（一一七〇）群行するまで、これも同じく足掛け六年の斎王不在となった。つまり

「年へにけり」が六－七年程度の斎王不在を意味するものとすれば、それはあながち治承以後に限らず、右両度のどちらかの時期に詠まれてもよかったことになるであろう。しかるに斎宮が「築垣もなきやう」にまで朽廃したことを西行が慨嘆しているのは、六－七年どころでなく従来例を見ないほどの長い空白が続き、しかも新斎王の卜定や野宮入りの兆さえもない、内乱期間の特殊な事情を反映しているのではあるまいか。もししかりとすれば、この歌はその下限たる文治二年にできるだけ近い所まで、年代を下げてみたい気がするのである。

議論がくだくだしくなったが、以上のごとく「斎王おはしまさで」の作が問題の解決に役立たないとすれば、西行が遁世直後と治承四年在住の中間になおいくたび伊勢路を訪ねたのかについては、ほとんど明証を欠くことになる。ただし、六家集本『山家集』に伊勢で詠まれた作がかなり多く収められていることは事実である。たとえば、

伊勢にまかりたりけるに、三津と申す所にて、海辺の春の霞と云ふ事を神主どもよみけるに

一九一すぐる春しほのみつよりふなでしてなみのはなをやさきにたつらむ

伊勢にまかりたりけるに大神宮にまゐりてよみける

一三一二さかきばに心をかけむゆふしでておもへば神もほとけなりけり

伊勢の答志と申す島には、小石のしろのかぎり侍る浜にて黒はひとつもまじらず、むかひて菅島と申すは黒のかぎり侍るなり

一四七三すがしまやたうしのこいしわけかへてくろしろまぜよ浦の浜かぜ

や、

以下九首の、「ふたみのうら」や「伊良胡」を含む海の歌などである。これらがすべて後年の追補とはいえないと思わ

れるし、反対に遁世直後の伊勢行で一時に詠まれたとする必然性もないであろう。故に私は遁世直後の行と治承以後の在住との中間に、西行は幾度か伊勢を訪ね、「神主ども」と親密な歌交を訂していたと結論したい。それ故にこそ窪田氏の説かれるように、治承四年の西行は「未知の国へ、生死の不安をももって旅立ったのとはちがって、伊勢への移住は、むしろ安らかな心をもって行くことができたのである」(6)。なお、おそらく荒木田氏と思われる「神主ども」との関係、および一三一二番の歌にみえる「神もほとけ」という垂迹思想については、後に詳しくふれるであろう。

2　伊勢在住の動機

次に西行が多年にわたる京・高野往来の生活を絶ち切って、生涯で唯一度の六－七年にわたる長期の外国住いに入ったのは、いかなる理由によるものかを考えよう。これは西行の精神構造をさぐる重要な手掛りにもなると思われる。先行業績の主なるものには、川田順・窪田章一郎・久保田淳氏らの所説がある。まず川田氏(7)は「誘因」として、

①和光同塵・本地垂迹の時代的信仰によって大神宮の忝さにひきつけられたこと、
②伊賀・伊勢にかけて同族佐藤氏や平家の支族が多くいたこと、
③神宮祠官荒木田氏良らや僧侶に、歌の弟子が少なくなかったこと、
④菩提山神宮寺の良仁上人が知人であったこと、

をあげ、さらに高野山を捨てた「消極的理由」として、

⑤覚鑁寂後の一山の空気が「漸く住み憂くなって来たらしい」こと、
⑥高野の琳賢・浄心・覚性法親王・元性法印らの知己が相次いで世を去ったこと、

をもあげた。これに対して窪田氏は、(8)

①「源平争乱期にはいった社会的事情」、すなわち「延暦寺・園城寺・興福寺のみではなく、高野山、熊野までも治承四年後半期には戦争の波にまきこまれるようになった」こと、

②「高野山を中心に積んできた久しい修行生活に、一区切りをつけてもいいと考えたのではないかと思われる」こと、

③伊勢が「海を愛する性情をもつ」西行にとって「若い頃からなつかしい土地であった」こと、

④歓迎した神宮の禰宜たちが、「相応に豊かな経済力をもっていた」こと、

をあげられた。久保田氏は、(9)「高野が戦乱に巻込まれるのは西行の伊勢移住以後のことであるから、源平動乱に伴う社会情勢の変化を高野離山の理由とすることは、当らないと考える」として窪田氏の①を否定し、

①「西行は自発的に高野を離れたというよりは、やはり離れざるを得ない状況にあったので」、それは「臆測すれば、対人関係などにおいて」であろう、

②伊勢移住後の作品からして、「大日如来＝大神宮という本地垂迹の信仰」も「十分想像される」誘因であろう、

とされた。

川田氏説のうち②すなわち佐藤氏同族の分布は確証に乏しく、また伊勢平氏の存在には西行と格別の関連を見出しえない。④の良仁との交友関係は、『異本山家集』に、

伊勢にて菩提山上人対月述懐し侍りしに

二二二七めぐりあはで雲のよそにはなりぬとも月になれゆくむつび忘るな

とあるによって知られるけれども、歌意より推すかぎりそれは風流の交わりであって、川田氏の「此の高徳に依止して最後の修行をしようと悲願したのかも知れぬ」というのは、単なる臆測にすぎない。(10) 同様にして⑥の知人の死も、彼らが果して西行の心に衝撃を与えるほどの間柄であったか否か、ほとんど推定の材料を欠く。(11)

川田氏の説の一部を以上のごとく否定すると、諸説に共通しまたは対立するものは、

Ⓐ神宮祠官荒木田氏の存在（川田・窪田）

Ⓑ高野山に対する失望（川田・窪田・久保田）

Ⓒ本地垂迹思想による神宮崇敬（川田・久保田）

Ⓓ源平合戦期の社会事情（窪田）

の四点である。

私は以上の四点は、それぞれ首肯すべきものを含むと考えるが、またおのずからニュアンスや軽重の差があるように思う。そこでいちいち吟味を加えたいのであるが、まず西行自身の述べる所から出発しよう。それは「文治三つの年の秋長月の中の十日に撰びたてまつりぬる」（序）ところの『千載和歌集』（巻二十）に採られている左の歌である。

高野の山を住みうかれて後、伊勢国二見浦の山寺に侍りけるに、太神宮の御山をば神路山と申す、大日如来の御垂迹を思ひてよみ侍りける　　円位法師

深く入りて神路の奥を尋ぬれば又うへもなき峯のまつ風

この詞書によれば、西行は「高野の山を住みうかれて」伊勢に赴いたのである。すなわち三氏が共通に指摘されたⒷは、西行自身の述懐する所であった。

ただし、この歌は『御裳濯河歌合』の三六番の歌でもあるが、もちろんそこには詞書なく、久保田淳氏(12)は「いわゆる異本山家集追加のこの部分は千載集からの再録と思われ、結局この詞書は俊成あたりの手に成るものであると考えられるのである」と述べておられる。勅撰集の詞書に撰者の手が入ることは『古今和歌集』以来一般に認められることであろうが、しかし、「大神宮の御山をば神路山と申す」というあたりはかならずや伊勢の現地を踏んだ人の書きざまであり、また後述するように「大日如来の御垂迹」という観念も当時まだ普遍的ではない。従って、詞書は少なくとも西行自身の歌稿を資料とするものであったと推定される。されば久保田氏も右引用文の後に、「しかしながら、同時代人が作者のなお生存している時期に、おそらくはその了解の下に、或いはそこから資料を仰ぎながら、記したのであろうこの詞書の記載が重視されるべきことは、当然である」と記されたのである。

かくて西行が高野に安んじえない事情のあったことは確認された。具体的には、前章「高野山における西行」第二節に縷説したように、蓮花乗院造営とその所領南部庄の経営に関するわずらわしさが考えられる。こうした勧進活動は西行のむしろ得意とする所であったとしても、南部庄の下司で早晩源平合戦に加わって端倪すべからざる動きを示す熊野別当湛増のごとき人物との間に生じたであろう「人間関係」などは、わずらわしさの尤なるものであったのではなかろうか。

ただし、治承四年三月十五日付円位書状によれば、この時なお西行は「住京聊存事候て、于今御山へ遅々仕候也」と述べ、高野山を離れる存念などはまったく洩らしていない。心底に高野厭離の念がひそんでいたとしても、三月半ばになおそれを表面に出さなかった西行が六月の福原遷都以前に伊勢に赴いているのは、その間にかなり決定的な新しい事情が生じたことを想定せしめる。そもそも、高野山が厭でたまらなければ西行は京に止まっていることもできたはずであって（前章の結びに触れたように、西行は三十年間高野にのみ籠っていたのではなく、京と高野の間を川田氏流にいえば「往来」していたのであった）、高野退去と伊勢移住という二つの事実は直接結び付くものではない。従って、西行が伊勢に赴いたのは、高野にも京にも両方とも「住みうかれ」た結果でなければならない。

ここにおいて、私は治承四年四－五月に勃発した内乱の影響を考えざるを得ない。そしてこれは窪田氏のあげられたⒹと似ているが、実は少し違う。窪田氏が「源平争乱期に入った社会的事情」といわれたのは、「延暦寺・園城寺・興福寺のみではなく、高野山、熊野までも治承四年後半期には戦争の波にまきこまれるようになったこと(13)」の意味であって、氏は主として高野山を念頭に置かれたようである。そこで久保田氏はこれを否定して、「高野が戦乱に巻込まれるのは西行の伊勢移住以後のことであるから、源平動乱に伴う社会情勢の変化を高野離山の理由とすることは、当らないと考える(14)」と述べられたのである。私は寡聞にして両氏のいわれる「治承四年後半期」ないしは「西行の伊勢移住以後」に高野山がいかなる「戦乱に巻込まれ」たかを承知しない。本寺金剛峯寺方と末院大伝法院方の対立抗争が流血の惨事まで惹起したのは源平合戦よりはるか以前のことで、内乱の期間にはむしろ一時平穏を取り戻したことは井上光貞氏(15)のかつて指摘されたとおりであろう。そしてそれは西行がこの本寺・末院和合のために憂えて力をつくした事が預かって力があったことも、前章に縷述したところである。いずれにせよ、高野山の「社会的事情」を源平合戦と結び付けるのは妥当でなく、源平合戦の「社会的事情」は京においてこそ深刻をきわめたのである。

『方丈記』に述べられた安元三年の大火や治承四年四月の辻風もさることながら、「凡洛中人家、運二資財於東西一、誠以物忩、乱世之至也」と『玉葉』に記された治承三年十一月の平氏クーデター以後、不穏の情勢は何びとにもひしひしと感ぜられていた。かつて保元の乱を身近かに体験し（『山家集』一三一六）、今「日前宮事」をめぐって「入道殿」

（平清盛）と交渉もしている西行がこうした時勢の動きに敏感でなかったとは考えられない。ことに想起されるのは、第五章「山里と修行」に述べたように、西行は崇徳院の怨霊が大乱を招く怖れありという憂慮を早くから抱きうる立場にあったのだから、もし一たび戦乱が勃発すれば、かの法然が「われ聖教を見ざる日なし、木曾の冠者花洛に乱入のとき、たゞ一日聖教を見ざりき」（『法然上人行状絵図』巻五）と告白したような非常事態や、また鴨長明が「二年があひだ、世中飢渇して、あさましき事侍りき」（『方丈記』）と記したような生活苦に直面せざるをえないことは、当然予想し得たであろう。といっても、大多数の都人には、「或は地を棄てて境を出で、或は家を忘れて山に住む」（同上）ような行動は取れないわけで、「紅旗征戎、非二吾事一」（『明月記』治承四年九月条）とうそぶいた定家なども京を離れることはできなかった。しかし幸いにも西行はもっとも身軽な遁世者であって、坐してかかるあさましい闘争に捲きこまれる必要はないのである。『聞書集』の、

　　世のなかに武者おこりて、西東北南いくさならぬところなし、うちつづき人の死ぬる数きくおびただし、まことも覚えぬ程なり、こは何事のあらそひぞや、あはれなることのさまかなと覚えて

一六六八死出の山越ゆるたえまはあらじかしなくなる人のかずつづきつつ

　　武者のかぎり群れて死出の山こゆらむ、山だちと申すおそれあらじかしと、この世ならば頼もしくもや、宇治のいくさかとよ、うまいかだとかやにてわたりたりけりと聞こえしこと思ひいでられて

一六六九しづむなる死出の山がはみなぎりて馬筏もやかなはざるらむ

を読めば、「こは何事のあらそひぞや」という所に政治的人間の愚行に対する西行の強い叱責が響き、また「山だちと申すおそれあらじかしと、この世ならば頼もしくもや」という所にははげしい嘲罵が聞き取られる。このような醒

めた人間が、戦乱の巷にうろうろすることを賢明にも回避したのは、当然ではあるまいか。

西行の伊勢在住は治承四年四―五月から文治二年の半ばにわたる。いうまでもなくこれは、以仁王の挙兵から木曾義仲と平家の滅亡を経て義経の逐電に至る、内乱の全期間とピッタリ符合している。鎌倉と平泉との対立はなお残っていても、その戦場は京畿とは無関係となるはずだから、西行が文治二年を以って伊勢の生活を打ち切ったのは、きわめて自然である。かくて私は、西行の伊勢在住は戦乱からの避難・疎開であったと理解するのである。ただし、伊勢への出発が以仁王の挙兵、頼政の討死の前か後かまでは確定できないが、それはさしたる問題ではあるまい。

次に、三氏のあげられた論点Ⓐ荒木田氏の存在とⒸ本地垂迹思想に基づく神宮崇敬は、いかに考えるべきであろうか。本節1に述べた所によっても、治承四年行以前から西行は荒木田氏の祠官と歌交を訂し、神宮にも参詣していたことが明らかである。特に荒木田氏の存在は、これなくして西行の生活は物心両面とも成立しなかったと推定されるほど重要なものであった。しかし、西行ほどの強い自己主張に生きた人物が、荒木田氏の招きだけでついフラフラと動き出したとは考えにくいので、同氏の存在は移住の動機という点では第二義的と見るべきであろう。また神宮崇敬も、後述するように七年にわたる在住の間に本格化したものと考えられるから、果して川田氏のごとく「移住の誘因」として「言ふ迄もなく第一(16)」と断定できるかは疑問である。

以上のごとく、私はⒶⒸを伊勢行の動機としてよりも、むしろ在住によって深まった物心両面への影響と考えたい(この点については節を改めて詳述する)。そもそも西行はあれほど長期にわたって伊勢に止まることを当初から予測していたであろうか、これは疑問である。そうではなくて、一つには深刻かつ長期化した内乱、一つには神域の平穏と荒木田氏の歓待によって、思わぬ長逗留になったものではなかろうか。そしてその長逗留が、おのずから神宮崇敬や祠官との歌交を深め、ひいては思想上にも大きな影響をおよぼしたものと思われるのである。

3　草庵の所在地

次に伊勢において西行はどこに草庵を結んでいたか、この点を検討しよう。

芭蕉が『野ざらし紀行』に、

西行谷のふもとに流あり、をんなどもの芋あらふをみるに、

いもあらふ女西行ならば歌よまん

と記した宇治の西行谷はもっとも世に知られている。往時はここに西行開基と伝える神照寺という尼寺があったが、それは明治維新後廃絶してすでに久しく、ことに昭和五十年秋開催の国民体育大会のスタジアムがこの地に建設されたために、その整地作業のあおりを食って景観が一変し、かつて建てられていた「芋洗ふ」の句碑も失われた。今は朝熊山へ上る有料道路に横切られながら落下する谷川のほとりに、三重県教育委員会の建てた「遺跡西行谷」の石柱が、わずかに芭蕉の当時を偲ばせるだけである。

神宮文庫に、『西行谷神照寺寄進宝物覚』という写本が所蔵されている。それは正徳二年極月十五日におこなわれた宝物改のさい作成された覚で、天正十六年連歌之会に寄進された「執筆文台」をはじめ、寄進年月不明の「西行上人詩歌額弐枚」、寛永七年寄進の「西行谷景作之和歌一軸并西行上人絵像」、慶安元年寄進の「西行上人墨絵御影」、同「西行上人手向之千句壱冊」、さらに延宝六年寄進の「西行上人画像一軸」、同「西行谷絵図一軸狩野養朴筆和歌御筆近衛左大臣基凞公」、貞享四年寄進の「西行始終記一軸」、元禄十一年寄進の「西行谷記一軸」などを列挙しているが、

延宝より元禄にかけて江戸などより寄進された什物がもっとも多い。すなわち芭蕉が訪れた貞享元年（一六八四）前後は、神照寺の寺運がまさに興隆の極に達しつつあった時点のようである。西行をこよなく敬慕していた芭蕉が、真向から草庵跡と信じて神照寺に杖をひいたのは無理からぬことであった。

しかし、神照寺の西行谷が果して西行の草庵に発祥するか否かはすこぶる疑わしい。寺宝として天正の文台が孤立的に存したものの、他はすべて近世初頭以後のものであったことはこの疑いを裏付けるが、御巫清生の『西行法師伊勢事蹟考』（神宮文庫蔵）に引く『西行谷神照寺世代書付』というものも参照される。それには「開山西行上人（中略）二代〇〇（ママ）尼西行上人ノ妻女也（中略）此間不レ知、三代良〇（ママ）尼天正六（空白）六日寂、四代慧珎比丘尼慶安二年己丑十二月十六日寂」以下「十五智仙禅尼安政二年乙卯十月二十五日寂」を経て現住「十六智観」におよぶとある。この系譜も、忌日を明記した四代慧珎以下が信用すべきもので、三代はともかく、二代以前が妄誕なることは言を待たないであろう。

簗瀬一雄氏(17)は度会元長の「神祇百首」の引歌に、

内宮のかたはらなる山陰に庵むすびて侍りける頃

二二一四ここもまた都のたつみしかぞ住む山こそかはれ名は宇治の里

とあるを引き、これを西行谷に比定された。この歌は明らかに喜撰法師の「わが庵は都のたつみしかぞ住む世をうぢ山と人は云ふなり」を本歌としたものであるが、同じく簗瀬氏の研究(18)によれば、『三国地誌』には「蓮胤伊勢記曰」として、

是も又都のたつみうぢの山やまこそかはれしかは住けり

という異伝がみえるという。蓮胤すなわち鴨長明は、文治二年秋西行が伊勢を去った直後伊勢に赴いたが、その際の

作品とおぼしき『伊勢記』の逸文は『夫木和歌抄』や神宮文庫蔵『鴨長明伊勢記抜書』『三国地誌』などにみえる。簗瀬氏は逸文三七条を収集して全集に配列し、また別に精細な書誌的考察もおこなわれた。[19]その結果『夫木抄』と『抜書』は、相互に重複するがかならずしも同一ではない原資料から引用したもの、また『三国地誌』は右二書からさらに引用したものにすぎないであろうとされ、しかも前二者の史料も「必ずしも原のまゝではなく、かなり改竄が加へられてゐるかもしれない」と述べられた。[20]簗瀬氏は以上のような前提のもとに、『三国地誌』が「蓮胤伊勢記曰」と記した「是も又」の歌は長明の作とすべきではなく、「神祇百首」の引歌[21]にいうごとく西行の詠とすべきであるとの見解をとられたのである。

「神祇百首」というのは、続群書類従神祇部に『詠太神宮二所神祇百首和歌』として収められているものである。著者渡会元長は元中九年（一三九二）生まれ、文明十五年（一四八三）に九十五才で『元長修祓記』を著した長寿の人物で、右『神祇百首和歌』は一本の奥書に「元長暦数七十七書作」とあるから、応仁二年（一四六八）の成立である。[22]いま簗瀬氏の言及された個所を内閣文庫本（林家旧蔵本）によって引用すると、

詠　太神宮二所神祇百首和歌　　　度会元長

春二十首

立春

神ノ代ノ春ヤタツミノ宇治ノ山都ノ空モ今朝カスムラン

天照皇太神ハ地神五代ノ尊ニ坐ス、然者五代ノ春ヤ立ラント也、御鎮坐ノ山都ノ巽ニ是アタレリ

西行此宇治ニテ読ル歌

爰モ又都ノ巽シカソ住山コソカワレ名ハ宇治ノ里

山城ノ宇治ニテ喜撰法師ノ読ル歌

我菴ハ都ノ巽シカソ住世ヲウシ山ト人ヤ云ラン

とある。元長はたしかに「爰モ又」の歌を西行の作として引いている。

『神祇百首和歌』には、自作の百首の注として記・紀・万葉・源氏やその他多くの神道書・歌集などを引用していて、中にもっとも多いのは万葉歌であるが、これに次いで多いのは西行歌五首である。そのうち「爰モ又」以外の四首はいずれも『御裳濯河歌合』か『宮河歌合』にみえるもので、西行の作品に紛れもない。したがってこの四首の引歌は、室町中期に至っても神宮祠官の間に西行への関心あるいは尊敬が続いていたことの明証の一となるものであろう。故に、「爰モ又」の一首だけは他に所見なしというものの、あるいは『御裳濯和歌集』の散逸部分などに収められていて度会元長の眼に触れたものとも考えられ、根拠なき引歌とは思われない。ただし、この歌は西行の作としてははなはだ拙劣であるのみならず、その「内宮のかたはらなる山陰に、庵むすびて侍ける頃」という詞書に至っては、実は『神祇百首和歌』の諸本にはみえず(前引のごとく「西行此宇治ニテ読ル歌」とだけある)、藤岡作太郎蔵『異本山家集』に付載された「追而加書西行上人和歌」にのみみえるのである。(23)もしこの詞書がなければ、「爰モ又」の歌意は単に「宇治」の地名を山城の「宇治」に比べて興じただけのものとなり、草庵の証拠とはなりえないであろう。まして宇治の草庵がいわゆる西行谷であったとの証拠はまったくないのである。

しからば、後世の西行谷遺跡はいつまで遡りうるのであろうか。御巫清生は西行谷のものに見える初めとして『宗長手記』をあげている。すなわち大永二年(一五二二)伊勢を訪れた連歌師宗長は、同月廿日あまり、内宮の建国寺にまかりて、西行谷とてかの上人の旧跡へ各誘引有て、五十鈴御裳濯のすゑをわたり、山田のあせのほそみち萩薄の霜かれを分さし入より、まことに心ほそけなり、山水をかけひにて、その世なからの松のはしら、竹あめる垣のうち、坊に尼十余人はかり、帋の衾麻のつゝり樒のかほり、むかしをもみるやうにおほえて、ふと心にうかふことを、

聞しよりみるはあはれに世を厭ふ昔おほゆる住居かなしも

松かきの柱にかきつけ帰り侍りし、誘引の人人発句所望に、

秋ふかし神路のおくの谷の声　宗長

月はゆふへのみねのまつかせ　建国寺

いつれも上人の旧歌の面影なるへし

と記している（群書類従日記部）。俳諧連歌の鼻祖荒木田守武を出したほどに神宮祠官の間には連歌が盛んであり(24)（宗長の遊歴もその一環であろう）、その連歌師の間では西行谷の尼寺が西行の旧跡と信じられていたのであった。御巫清生（前引書）はなお文禄四年（一五九五）荒木田守平の編に成る『二根集』にみえる元亀二年（一五七一）三条西玄澄の西行谷見物、連歌師宗牧の西行谷にての発句などを引用した後、

異本山家集ニ伊勢にて菩提山上人対月述懐し侍りしに云々ノ歌アリ、縦令追テ書加ヘノ方ニ内宮のかたはらなる山陰に庵むすひて云々トアルハ輒ク信スヘカラストスルモ、菩提山ノ近傍ニ上人の旧蹟アリシハ、或ハ一ノ事実ナラム、然レモ其遺址ニ見ノ如ク山寺ト称スヘキ程ノ者ニモアラサリシヲ以テ、南北朝頃ニハ絶果テタリシヲ、後ニ好事者ノ之ヲ取立テ、竟ニ大永ノ宗長及ヒ元亀三条西卿ノ遊覧、尋テ連歌家ニ於テハ之ヲ覚翫セシモノニヤ

アルヘキ、故ニ宇治西行谷モ一ノ遺跡トシテ之ヲ伝スヘシ、五鈴遺響ノ如ク初メ二見ニ幽棲シ後宇治ニ移リヌト云ハ穏当ナラス

と論じている。すなわち御巫清生は、内宮にも菩提山神宮寺にも近い宇治の地に西行が草庵を結んだ可能性は認めながらも、それが直接神照寺につながるとは考えず、西行谷は室町時代の連歌師の好事家的覚翫から出たものとするのである。この考証はまことに当を得たものといえよう。要するに西行谷は室町時代に発達した西行伝説の所産として注目すべきものであって、西行が実際にここに草庵を結んだか否かは論証の術がないとしなければならない。

なお『山家集』に、

伊勢にもりやまと申す所にはべりけるに、いほりにうめのかうばしくにほひけるを

五〇しばのいほにとくとくうめのにほひきてやさしきかたもあるすまひかな

とみえ、この「もりやま」は一本には「西福山」とある。この山に西行が「いほり」を結んだのは、六家集本『山家集』の成立年代からして恐らく治承四年行よりも以前のことと思われる。しかし、これを現在の地名に比定することはできないようであり、また西行谷との異同を論ずるのもしょせん水掛論であろう。ただそれは少なくとも次に言及する二見の安養山とは別であろうから、数次にわたる伊勢行において、西行が複数の草庵を営んだことは確実としなければならない。

次に西行は二見浦に草庵を結んだ。このことは、前引のごとく『千載和歌集』(巻二十)所収歌の詞書に、「高野の山を住みうかれて、伊勢の国二見のやま寺に侍りけるに」云々とみえ、また西行に師事した荒木田満良すなわち蓮阿の『西行上人談抄』(25)の冒頭に、

西行上人二見浦に草庵結びて、浜荻を折敷きたる様にて哀なるすまひ、見るもいと心すむさま、大精進菩薩の草を座とし給へりけるもかくやとおぼしき、硯は石の、わざとにはあらず、もとより水入るゝ所くぼみたるを被レ置たり、和歌の文台は、花がたみ、扇やうの物を用ゐき、

とあるによって明らかで、特に後者は草庵の風情を具体的に生き生きと伝えて、貴重この上もない史料である。さらに前に触れた『夫木和歌抄』所引の『伊勢記』の逸文には、

西行法師住み侍りける安養山といふ所に、人歌よみ連歌などし侍りし時、海辺落葉と云ふことをよめる

あきをゆく神嶋山はいろきえてあらしのするゑにあまのもしほ火

とあって、草庵の所在地は神島を眼のあたりにする二見の安養山なる所であったことが知られる。鴨長明は西行の退去直後に訪れたのであるから、この和歌・連歌に参会した人々の多くは西行と歌交を訂していた人々で、あたかも西行をめぐる数奇を彷彿せしめる雰囲気であったと想像される。この「安養山」の地名は、足利尊氏に仕えた医僧坂十仏の『大神宮参詣記』(26)にも、

磯山かげの道を伝行程に、哀に心すごき古寺あり、安養山と申所也、是は西行上人の住侍ける旧跡とかやぞ承る、

とみえている。

御巫清生は安養山を西行遺跡と確信し、精細な考証を試みた。すなわち、

按スルニ、安養山ハ今二見村大字溝口ノ地内ニテ、尚安養山西行谷等ノ小字名ヲ伝ヘシニ、地租改正ノ際小字ヲ合併シ、今ハ豆石山ト称シ、旧縁故アル安養山西行谷等ノ名ハ皆消失セリ、然レモ明治十一年溝口村山林丈量図ニハ明ニ安養山西行谷等ノ小字ヲ記シ、徴古ノ証跡ヲ遺記セリ

といい、次いで、

而シテ此処ニハ蓮胤伊勢記・士仏参詣記等ニ西行法師ノ遺跡ト称スル地ニシテ、初メ仁平・久寿ノ頃幽棲セラレ、後又治承ノ頃ニ留錫セラレタル地ナルニ、五鈴遺響ノ保延中此山ニ隠栖シ、後宇治西行谷ニ移住云々ハ何ヲ拠トシテ云フニヤ覚束ナシ

と述べている。

私はこのうち前者は異論の余地もない鉄案であると思う。ただ後者については、『五鈴遺響』のごとく出家直後はここに住み、後に宇治の西行谷に移ったとするのが根拠に欠けると同様に、仁平・久寿の頃と治承の頃と再度にわたって安養山に住んだという点は、かならずしも明白ではあるまいと思う。

昭和五十年夏、私は伊勢の郷土史家石井昭郎氏に案内を請うて現地を調査した。国鉄参宮線の線路の北側に樹木の繁茂する丘があり、その半腹に明治末期御巫清生によって建立された石碑があるよしであったが、蝮が多くて今は危険であるとの事で登攀を後日に期し、中川竫梵氏より写真を得た。ちなみに伊藤正雄氏（27）の記述は次のごとくである。

山田、又は内宮より二見行電車に乗り、汐《し》合《あい》下車、神宮御園の傍を南行して、国鉄の線路を越すと、線路に沿うて連亙せる小丘が安養山（土俗豆石山）で、その山裾（北麓）の鉄道線路から稍々引込んだ雑木林の中に、「二見町安養山西行谷の碑文」と題する和文の石碑が建つて居る。明治四十一年神宮故事編纂委員長御巫清生の撰文にかかる。それより右手の細道を辿つて丘を越すこと三四町にして、南麓の谷間に下れば、「御堂が奥」と称して、杉林の中に寺院の廃址と認められる古瓦や土器の破片の散在せる所があり、又其附近の田の中には土塁の一部と覚しきものが遺つて居る。此処は往昔安養寺と言ふ寺のあつた所かと推定され、西行が住んで居たのもここであ

らうかと思はれる。北には山を負ひ、南は水田を隔てて五十鈴川や朝熊山を望み、閑雅の境である。

近時中川氏(28)は碑の建てられた場所が非常に日当りの悪いこと、坂十仏の『伊勢大神宮参詣記』の記事とも一致しないことからこの場所（豆石山の北面の谷）を疑問とし、むしろ「豆石の南面の方の谷」にあったのではないかとの見解を提示された。その理由は、この辺が「あんにょじ」（安養寺のなまりか）と呼ばれていること、伊藤氏のふれられた古瓦が中川氏らの試掘によっても南面から出土したこと、最近発見の享保の絵図も南面に「西行谷」とあることの三点である。中川氏の所説はまことに妥当と思うが、ただ海の眺望との関係はどうなるであろうか。豆石山を朝熊山上から俯瞰すると、五十鈴川が新旧の両河道に分岐して海に向かう中にはさまれた丘陵の半腹に、位置を占めていることがわかる。前述のごとく窪田章一郎氏(29)は西行に「海を愛する性情」のあったことを指摘しておられるから、安養山の草庵はかならずやそうした性情にふさわしい場所、すなわち東方にうかぶ答志島・菅島から伊良胡にかけての眺望に便利な位置であったろう。位置の想定については、この点にも多少の考慮が必要のように思われる。

注

（1）梅田義彦「西行の伊勢詣と熊野詣」（『伊勢神宮の史的研究』所収）四四頁。
（2）『山槐記』治承三年正月十日条に「今日斎宮坐野宮、母堂故公重朝臣女、内女房、号帥局、逝去云々、斎宮定退出給歟、神慮誠可レ恐也、或人云、密通之間流産云々」とみえる。
（3）窪田章一郎『西行の研究』三四頁。
（4）久保田淳『新古今歌人の研究』一九頁。
（5）同上八四頁。
（6）窪田氏前掲書三二一頁。
（7）川田順『西行』四九〜五一頁。

（8） 窪田氏前掲書三二一頁。

（9） 久保田氏前掲書七九・八〇頁。

（10） 菩提山神宮寺は、後述の宇治西行谷の東北数百メートルの山続きで、五十鈴川の旧河道に臨んだ地にあり、維新後廃寺となり、今は杉林となっているが、遺構のみえるものはない。この神宮寺が『続日本紀』天平神護二年七月丙子条の「遣レ使造二丈六仏像於伊勢大神宮寺」とある古代の神宮寺に比定さるべきか否かの問題については今は触れない。良仁は、西行が親交を得ていた侍従大納言成通の家集『成通卿集』（国家大観二七三二六）に、「菩提山上人に給ふ／消ぬべき命に懸て頼むぞよ露もあだには思はざらなむ」という作品がみえる人と同一人であろうが、西行・良仁・成通三者の相互関係は不明である。川田順氏は『西行の伝と歌』（二五六頁）でも、「良仁は西行よりも四歳長者、余程高徳の人らしいから、西行高野を見限つて伊勢に移つたのは、或はこの人をたよりにしたのではなかつたかと思ふ」といわれた。その可能性をまったく否定するものではないが、宇治西行谷の草庵が後述のごとく伝説上の所産に近いとすれば、これに近接する菩提山を西行の修行の場とみる可能性も余り多くはないわけである。

（11） 元性すなわち「宮の法印」が川田氏（『西行』五一頁）の「早世し給ひしものと拝察せらるる」との推定を裏切って元暦元年（一一八四）まで存命であったことは、久保田淳氏（前掲書七九頁）が指摘された。その他の人物については、いちいち説明しない。

（12） 久保田氏前掲書七九頁。

（13） 窪田氏前掲書三二〇頁。

（14） 久保田氏前掲書七九頁。

（15） 井上光貞『日本浄土教成立史の研究』三五九頁。

（16） 川田順『西行』四九頁。

（17） 簗瀬一雄「西行法師伊勢滞留考」（『国学院雑誌』五〇―五）二六頁。

（18） 簗瀬一雄『鴨長明の新研究』三「伊勢記研究」二〇五頁。

（19） 簗瀬一雄編『鴨長明全集』㈣「伊勢記」。

（20） 簗瀬氏前掲書二一六頁。

(21) 伊藤嘉夫「異本山家集所収『追而加書西行上人和歌』に就いて」(『歌人西行』所収二四五頁)は、追而加書を「極めて杜撰に抄出」したものと指摘された。
(22)『群書解題』(西田長男氏執筆)による。なお、解題は続類従本の誤り多いことを指摘された。
(23) 伊藤正雄『伊勢の文学』(二四一頁)も、「真偽ははなはだ疑はしい」とされた。
(24) 伊藤氏前掲書四七頁・栗山理一『俳諧史』六六頁。
(25) 佐佐木信綱等編『西行全集』所収本による。
(26) 加藤玄智『坂翁大神宮参詣記』。なお本書は坂士仏の著と伝えられていたが、実はその父十仏の著であろうと、加藤氏の解説に述べられている。
(27) 伊藤氏前掲書二四三頁。
(28) 中川竫梵「伊勢と西行」(植村・若松編『三重の文学』所収)八〇頁。
(29) 窪田氏前掲書三二一頁。なお第五章「山里と修行」一三三頁参照。

二　内宮祠官荒木田氏との関係

1　荒木田氏の歌道

前節に触れたごとく、伊勢在住の西行と物心両面ともに深い関係を結んだのは、内宮祠官荒木田氏の人々である。荒木田氏は天武朝の神主石敷の子佐禰麻呂・田長をそれぞれ祖として一門・二門にわかれたと伝えるが、いま荒木田氏の系譜を祖神にまで遡って詳細に検討する余裕はないし、また諸系図は根幹には大差ないので、便宜上元禄四年皇太神宮禰宜荒木田盛僚が豊宮崎文庫に奉納した神宮文庫蔵荒木田系図(1)を私意を以って補って、二門の平安末期・鎌倉初期における略系を示しておく。

略系にみえる人々の大部分には歌歴がある。「天福ノハシメノトシ、ハツ秋ノナカハノコロ」寂延法師の撰にかかる『御裳濯和歌集』(二十巻)は、当代の伊勢に関係ある作品と歌人を網羅した私撰集で、惜しいかな神宮文庫本(二本)、天理図書館本ともに春夏秋の部七巻しか現存しないが、その中で荒木田氏の歌人とみられる者をあげれば次のごとく多数である。

満忠・成長・永元・延成・長光・仲能・実元・俊長・氏実・成行・氏良・延季・隆範・守方・元延・有成・成実女・成定女・長光乙女・蓮位法師(成実)・行専法師(定季)・蓮阿法師(満良)・蓮上法師(成良)・寂延法師(2)

すなわち男一六人・女三人・法師五人計二四人を数える。この中には蓮上(『千載集』十九釈教)・氏良(『新古今集』三夏)・成長(『新勅撰集』十七雑)・寂延(同九神祇等四首)など勅撰歌人も多く、『続後撰集』以後になると満良以下続出する。また『御裳濯和歌集』の現存本にもれた者にも、成長女(『続後撰集』十六雑)・成定(『拾玉集』五)・成延(同)・長延(『新古今集』十八雑)などの歌人をあげることができる。

荒木田二門略系図

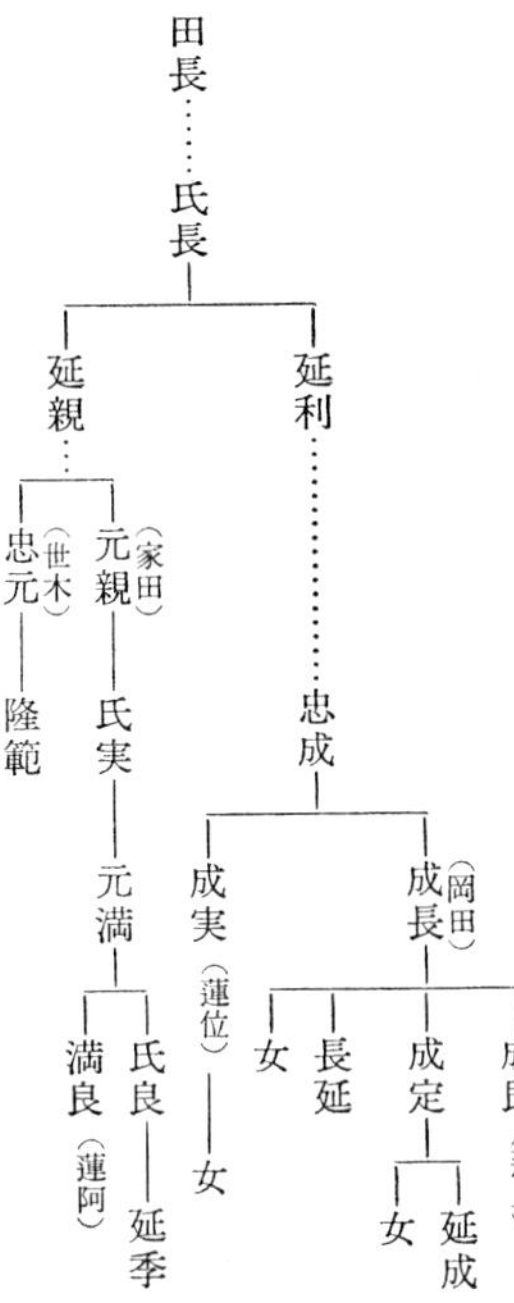

これに対して外宮祠官度会氏の方は、春章以下男五人・女一人の計六人が『御裳濯和歌集』にみえるが、荒木田氏に比べてその数は少なく、伊藤正雄氏(3)も、「外宮側には活動的な神道家が多く、内宮側には風流文雅の士が多く出ると言ふ傾向は、ずつと後

世まで続いた様である」と指摘しておられる。その理由として伊藤氏は、当時の外宮が内宮に対抗してその勢力を高めるために策謀をめぐらしていた時期で、歌道のごとき閑文字よりも自己に直接利害の多い神道方面に関心を向けたこと、外宮が社会的接触の多い山田の地にあったのに対して、内宮が俗塵を離れた山紫水明の宇治にあったことなどをあげておられるが、西行との接触も荒木田氏の文運興隆に与って力があったと考えられる。されば寂延も序文に、伊勢の歌道の発祥が古き世に遡ることを述べながらも、

チカクハ西行トイフモノアリキ、ヒコロ山ノ辺ノ露ニナレテ心柿本ノ風ニカヨヘリ、草ノムロヲ二見浦ニシメテ詞ノ花ヲ内トノ宮ニタムケタテマツル、コレヲワカチテフタマキトセリ、カヤウノ哥ヲホクツモレルヲ、ナカキヨニツタヘンカタメ、シハ〳〵コレヲアツム（後略）

云々と特筆したのであった（巻頭図版）。

右の『御裳濯和歌集』に採られた作者には、系譜と対比できない者が多く、また西行よりも時代の下る者を多く含むと見られる。しかし、たとえば氏実は西行と接触した氏良・満良兄弟の祖父で保延元年（一一三五）六月八日六禰宜に補任された者であり（『荒木田系図』）、隆範はこの氏実の従兄弟であるから（同上）、彼らの歌作は正に「ヨヽノミテクラツカヒノ人〳〵、コノ道ノ名ヲカキト、メタルコト」（『御裳濯和歌集』序）に当るのである。神宮の祭主を世襲した大中臣氏が頼基・能宣・輔親ら歴代歌人を輩出した点からみても、その影響が早くから在地の祠官層に浸透したことは怪しむに足らない(4)。

伊藤正雄氏が「神宮祠官中、歌名の聞ゆる最初のもの」としてあげられたのは荒木田成長である。成長は建久四年（一一九三）卒し時に五十四歳（『荒木田系図』）または五十八歳（『類聚大補任』）であったから、逆算して保延二年（一一

三六）または同六年の生まれである。故に西行来住の治承四年には四十五歳または四十一歳で、しかもその前年に一禰宜に補任されていた（同上）。しかもこの荒木田氏の中心人物は歌道に対して並々ならぬ執心を抱いていたらしく、『新勅撰和歌集』（巻十八雑歌三）に採られた一首の詞書によれば、俊成が『千載和歌集』を撰ぶ際に詠草を送って「かきつむる神路の山のことのはの空しく朽ちむ跡ぞかなしき」と訴えている。このような執心からみてその歌歴はかなり古い時期に遡ると推察されるから、六家集本『山家集』にみえる、

伊勢にまかりたりけるに、三津と申す所にて、海辺の春の暮と云ふ事を神主どもよみけるに

一九一すぐる春しほのみつよりふなでしてなみのはなをやさきにたつらむ

の詞書に記された「神主ども」の中には成長も加わっていたのであろう。残念ながら成長と西行の歌交に直接の証拠はないけれども、西行の側から考えれば長期にわたる在住の間内宮の長官との接触を回避する理由はないはずであるし、成長の側から考えれば勅撰入集に執心するほどの者が撰者俊成の友人たる西行と故意に疎縁に過ごすはずもあるまい。つまり状況証拠は十分にあるというべきである（成長の社会的活動・財力などは後段に言及する）。

荒木田氏の人々の中で西行との歌交の明証ある者は、家田家の氏良・満良（蓮阿）と岡田家の成実（蓮位）・成良（蓮上）および系譜不明の寂延である。まず氏良については、『聞書集』に、

伊勢にて神主氏良がもとより、二月十五日の夜くもりたりければ申しおくりける

一七四八こよひしも月のかくるるうき雲やむかしの空のけぶりなるらむ

かへし

一七四九かすみにし鶴の林のなごりまでかつらのかげもくもるとを知れ

との贈答がみえる。氏良は建久四年一禰宜成長が卒しその子成良（蓮上）が出家した時、「身堪二器量一、傍輩不レ競」として上臈一七人を越えて禰宜に補任された人材である（『類聚大補任』）。後に建保五年一禰宜となり、貞応元年（一二二二）七十歳を以って卒した人で（同上）、西行来住の治承四年には二十八歳であった。氏良の作の勅撰に入ったのは『新古今和歌集』（巻三夏）の一首だけであるが、寂延はこのほかに『千載和歌集』（巻四秋上）の「木の葉だに色づく程はあるものを秋風ふけばちる涙かな」および同集（巻五秋下）の「秋の月ちゞに心を砕きゝて今宵一夜にたへずもあるかな」という「読み人しらず」歌二首も氏良の作とみている。『夫木和歌抄』にも一首みえる。なお『拾玉集』（第五）に、慈円が百首歌を神宮に奉納したのに対して、内宮禰宜氏良・成定・権禰宜満良・元延・成延・延季の六人が三首ずつの「祝言」の和歌を呈したものがみえる。これは西行入寂後のことであるが、慈円と荒木田氏とのこうした歌交の成立にも、あるいは西行の仲介を想定するべきかも知れない(5)。

氏良の弟満良は西行の歌話を録した『西行上人談抄』の著者で、「西行上人和哥弟子」（『西行上人談抄』）としてもっとも世に知られた人である。高城功夫氏(6)は『太神宮神事供奉記』に寛元元年（一二四三）「三禰宜舎兄光良入道逝去也」とある記事に注目し、この光良入道を満良（蓮阿）に比定された。従うべき見解と考えられるが、しからば当時「八十八歳ぐらいの高齢(7)」と推定される。彼は傍輩に越されてついに正禰宜に補任されることなく権禰宜に止まり、晩年に至って出家した。その『西行上人談抄』に、「大かた歌は数寄の源也、心のすきてよむべきなり、しかも太神宮の神主は、心清くすきて和歌をこのむべきなり、御神よろこばせ給ふべし」とか「よき歌はまことにたやすく出で来がたし、祈もすべきなり」と西行の教訓を録し、これを聞いて、

蓮阿其時俗何となく心すみて、月読宮に六年月詣して、若し賜ふべき官位福禄あらば、それをとゞめて和歌の冥加

を賜はらむと祈申たるに、千載集に歌一首まじりたれども、名字を書かれず、又新古今にもれたり、遺恨なるべ

けれども、静かに思ふに更々恨なくて、和歌を大事にして六十余廻の春秋を送りき

と述べているのは、西行の感化を青年期に受けたその清澄な人柄と処世を語って余す所がない。(8)

右の家田家の氏良・満良（蓮阿）兄弟に対して、岡田家で西行との歌交の明らかなのは成実（蓮位）・成良（蓮上）である。この両名と系譜不明の寂延（『御裳濯和歌集』の撰者）については、「二見浦百首」によって知られるのである。「二見浦百首」は『拾遺愚草』（上）に「文治二年円位上人勧二進之一」とみえ、『拾玉集』（巻一）にも「御裳濯百首二見」として「依二円位聖人勧進一、文治四年秋詠レ之、為二大神宮法楽一也云々、只結縁也」とみえる百首で、おそらく西行が伊勢を去る直前、七年間の滞在の記念のため、諸家に勧進して神宮への法楽としたものであろう。神宮文庫所蔵の『文治二年西行法師勧進二見浦百首拾遺』（一巻）はその逸文を集めた写本であるが、作者として定家・家隆・寂蓮・隆信・祐盛・公衡のほかに、伊勢在地の蓮位・蓮阿・寂延・蓮上の四法師および度会春章の名がみえる。(9) 度会春章は元久二年（一二〇五）五十八歳で卒するから（『類聚大補任』）、西行来住の治承四年には二十六歳の青年で、同年輩の荒木田氏良・満良とともに西行に師事したものであろうか。これに対して四法師はいずれも荒木田氏で、しかも寂延だけは系譜不明であるが、蓮位は岡田家の成長の弟成実、蓮上は成長の子成良である（略系図参照）。この両者はともに祠官職に精励して正禰宜に昇進することよりも、早く遁世して数奇の道に遊ぶことを志したようで、とくに蓮上は祠官の先頭を切って勅撰歌人たる栄誉をになった（『千載集』十九釈教歌）。

以上、西行との歌交を推定しうる者として、岡田家の成長・成実（蓮位）・成良（蓮上）および家田家の氏良・満良（蓮阿）をあげてきたが、このメンバーは取りも直さず当代の荒木田氏の主要人物を網羅したことになる。しかも相継

いで長官（一禰宜）の地位にあった成長・氏良と、遁世者となった成実・成良・満良という対照的なタイプがみられる。つまり荒木田氏は神事に奉仕する者もこれを離脱した者も含めて、一族をあげて西行を歓迎したことになるのである。

付言すれば、この他に岡田家には成長の子成定・長延・成長女と成定の子延成・成定女らが出、家田家には氏良の子に延季が出た。『新古今和歌集』（十八雑歌下）に、「つくづくと思へばやすき世中を心となげくわが身なりけり」の一首を採られた長延は、その詠風からみて常に「心」を主題とした西行の直接の感化を受けた人かも知れないが、この一首だけでは確認することができない。成定は氏良の跡を襲って貞応元年（一二二二）五十一歳で一禰宜となったから（『類聚大補任』）、西行在住当時はまだ年少で、歌交を結ぶには至らなかったろうが、前述のごとく慈円とは交を訂した。成定の子延成や氏良の子延季に至っては一世代後の人であるが、両者はともに『続後撰和歌集』以下代々の勅撰集に神祇歌を多く入集し、中世における神宮祠官の文学を確立した。ここに荒木田氏におよぼした西行の感化の結実をみることは、決して不当ではあるまい。

2　荒木田氏の御厨給主職とその富強

前項に述べたように、西行と荒木田氏との歌交は広くかつ深いものであった。こうした親密な関係を成立せしめた直接の契機は、いうまでもなく西行の人柄とその作品の魅力が都の文化に憧れる荒木田氏の心を強く打ったことに求めなければなるまいが、その背景ないしは基盤として、両者の階層的性格に共通なものがあったことを指摘したいと思う。

古代律令国家において皇室の祖神として至高の尊崇を受け、神戸・神田などの確乎たる経済的基礎をも与えられていた神宮は、古代末期に至って体制の衰退にともなって奉斎と造営に困難を加えた。この情勢に対応して、神宮の奉斎形態は大きく変質し、また開かれた伊勢信仰の成立をみることとなった。この転換過程については、戦前の神宮研究を承けて戦後も諸家の業績があらわれているが(10)、戦後の研究がとくに注目しているのは、造大神宮役夫工米の制度化や神宮領荘園としての御厨・御園の広般な設定などの新体制を推進した権禰宜層の活動である。

令制においては、中央より派遣される斎王・斎宮寮官人および宮司・祭主の下に、雑任として職事の禰宜および番上の大内人・物忌・物忌父・小内人などの組織があり、その定員は内宮の場合禰宜一人・大内人四人・物忌九人・物忌父九人・小内人九人計三二人と規定されていた(『延喜式』神祇四伊勢太神宮)。しかしこの数は摂関時代以後急激かつ大幅に増加し、『朝野群載』(第六)の「伊勢太神宮勅使禄法」によれば、内宮の場合正員禰宜六人(四位一人・五位五人)・権任三四人(四位二人・五位三二人)・六位一二人(官符権禰宜三人・玉串大内人二人・宮掌大内人七人)・館母一人・子等一〇人・物忌父一二人・山向内人一人・御塩湯内人一人・鎰取内人一人・御麻内人一人が備わっている(11)。この増大した祠官の大部分は平常の職掌をもたず、遷宮や公卿勅使などの大規模な儀式に参勤するだけの「いわば例外的な官職(12)」で、その活動の場は祭祀以外にあった。つまり彼らは、「増大した御厨御園の職掌人や、神郡の地方行政にあたる刀禰ら(13)」となったのである。

これらの神人層の中核をなす荒木田・度会両氏は、在地土豪の系譜を引くものである。両氏のうち度会氏は大化前代の「度会県の県主的土豪」の末裔と考えられるが、これに対して荒木田氏は、その氏の名(新墾田《あらきだ》)よりみてもまた延喜七年撰進と伝えられる『伊勢天照皇太神宮禰宜譜図帳』(神宮文庫所蔵)にみえるその祖最世が成務朝に「三千代御田」を「治開」して大神に献じた功によって賜姓されたとの伝承によっても、「神領開発などによって神宮と関係をもつようになった新興豪族」と考えられる。(14) 天武朝以来の神宮の神威昂揚によって荒木田氏本宗の勢力は度会氏を凌ぐに至ったが、やがて神宮の権威に募らんがために多くの在地土豪がその系譜に組み込まれ、水増しされた権禰宜に補任されることによって、その所領を確保しようとする形勢があらわれた。荒木田二門に属する権禰宜荒木田延能、通称「稲木大夫」が、応徳二年（一〇八五）東寺領川合庄への未進をめぐって従者を駆使して乱行したのなどは、その典型的な現象とみるべく（平安遺文一二三九号以下）、村井康彦氏(15)はこれについて「一二世紀に入り神宮御厨と権禰宜下級神官とが対応して増加している事実は、在地有力者たる田堵層を権禰宜神官身分とすることにより、かれらの所領を御厨として把握していったことを物語っている。稲木大夫をはじめとして、同時期川合荘内にみうける多くの権禰宜田堵も（一一三七・一一一二号）、同様のケースで神宮と関係をむすんだ在地有力者であったと思われる」と説明しておられる。

このようにして在地に勢力を扶植した権禰宜層は、さらに積極的に眼を伊勢より外に放ち、東海道筋を経て坂東に至る在地領主層に勧めて所領を神宮に寄進せしめ、みずからはその「口入神主」として「給主職」を獲得し、在地領主に荘官職を保障するに至った。(16) そしてこれに対応して従来かたく守られていた神宮に対する私幣の禁制を緩和し、みずから「御師」となって神宮信仰をひろく地方に伝播せしめた。(17) 権禰宜層はこうして神宮および神宮領の中世的転換の立役者となったのである。

荒木田氏の厖大な系譜の底辺は、右のごとく在地に深く浸透していた土豪層である。ただし西行と歌交を結んだのは荒木田氏の主流中の主流であって、彼らの社会的位相については近時発表された棚橋光男氏の見解が有益な示唆を与えてくれる。氏は神宮の中世的支配機構としての禰宜庁の中に、﨟次によって禰宜の定員に補任される部分と、それから構成的に排除された部分との顕著な階層差の存することを分析された。そして土地所有に関してみれば、前者が御厨・御園の給主職を主要な相続の対象とするのに対して、後者は戸田・治田・畠などを専ら相続の対象とするというのである。つまり、通説のごとく古代において神宮経済を支えていた神戸・神田に代わって中世における神宮の経済基盤たる御厨が形成されたと解すべきではなく、古代的な神戸・神田体制が「永承年間前後に解体」することと並行して、神郡内には戸田・神田・常供田などの中世的公田体制への再編成が進んだもので、神宮における中世的領主制は、こうした給田・所当官物給与体制の成立と神宮領荘園すなわち御厨・御園の成立とを合せて考えるべきであると、棚橋氏は強調される。(18) 社会経済史に暗い私は、以上の要約が氏の論旨を誤まることを怖れるし、いわんや氏の通説批判が完全に妥当か否かを判断することもできないのであるが、少なくとも禰宜庁の構成の中に上下二つの階層が存在することを指摘された氏の所説は、西行と接触した荒木田氏主流の社会的位相を想定する場合にははなはだ好都合であると思う。何となれば御厨・御園の「給主職」とは、「一般の荘園所職でいえば領家・預所職にあたる」(19)ものであるから、摂関家領荘園の預所職を世襲した佐藤氏出身の西行と給主職をもつ荒木田氏主流とは、正に同一の社会階層に属することとなるのである。

試みに荒木田成長について、その給主職保有の具体的様相をながめよう。『神宮雑書』所収の建久三年八月日伊勢大神宮神領注文（鎌倉遺文六一四号）に、内宮一禰宜荒木田成長を「給主」とする内宮御厨として、左の七カ所が記載されている。

伊勢国　片淵御厨　〔「見嘉承三年（一一〇八）七月廿九日神宮注文并永久宣旨」〕

尾張国　奥村御厨（「去治暦年中（一〇六五〜一〇六九）建立、往古神領也」）
遠江国　蒲御厨（「子細見于嘉承注文、永久　宣旨也」）
上野国　薗田御厨（「去久寿三年（一一五六）建立」）
（注）これだけは「二宮」御厨である。
青柳御厨（「去長寛年中（一一六三〜一一六五）建立」）
玉村御厨（同上）
下総国　夏見御厨（「去保延四年（一一三八）建立」）

右七カ所の所領は、その建立が治暦より長寛に至る間にあるから、もとより成長自身の口入によって寄進されたものではなく、彼の父祖の活動によって獲得されたのであろうが、この並ぶ者なき給主職の集中的領有は当時の岡田家の富強をうかがわしめるに十分である。なおこの注文には見えないけれども、『吾妻鏡』元暦元年（一一八四）五月三日条には、神宮への崇敬の念厚い頼朝が「内宮御分」として武蔵国飯倉御厨を「被ㇾ仰二付当宮一禰宜荒木田成長神主一」れたことがみえる。この時同時に安房国東条御厨を付せられた会賀次郎大夫生倫は挙兵当初から頼朝に密着していた人物であるから（『吾妻鏡』養和元年十月二十日条以下）、成長も同様に、内乱に際会して新興勢力鎌倉との交渉には腐心していたものと思われる。[20]

成長は以上のごとき富強を利して二見浦に氏寺天覚寺を創建した。『東大寺衆徒参詣伊勢大神宮記』（大日本仏教全書寺誌部）に、「件浦有二一伽藍一、其名曰二天覚寺一、是成長建立也。云云。地形為ㇾ体、湛二滄海一而擬二前池一、籠二蓬山一而為二外擲一、蒼波之寄ㇾ渚也、毎波洗二罪障之塵一、琪樹之蔭二天地一、毎枝萌二菩提之種一、何只眺望遊覧之興、驚ㇾ目断ㇾ腸、又悦二

滅罪生善之道一、余身満レ心」とその景観を讃えている。この記文は文治二年（一一八六）四月、俊乗房重源が東大寺再建祈願のため僧俗七百余名で神宮に群参したさい随行した、大法房得業慶俊の筆になるものである。この衆徒群参の一部始終とその歴史的意義および西行との関係については次項に詳述するけれども、そのさい内宮一禰宜成長は天覚寺に一行を請じて歓待に努めた。慶俊はその状況を、「即此伽藍之側、今度新造二数宇僧坊一、其内三間四面屋一宇導師宿料、又五間屋三宇経衆十六人料一宇、各宿廿人、又有二三間之湿室一、所従之仮屋、皆敷設、窮レ善荘厳耀レ目、況毎屋湛二珍菓旨酒一、毎宿満二境飯肴膳一、縦雖二須達営作之昔僧坊一、豈如二成長結構今之舎屋一哉、無上宝聚不レ求自得、蓋以此謂歟」と口を極めて嘆美している。さらに注目すべきは、大雨のため一日の行事延期があった隙を利用して、成長が一行を二見浦の遊覧に誘って歌会を催したことで、慶俊は当日の作品のうち六首を採録している。そして晩頭宿坊に帰って後、「逸興之余、宴遊猶甚、乱舞狂歌、糸竹管弦、種種雑芸、終夜不レ休」の有様であったが、これ皆成長の富強の余恵であったわけである。

　御厨給主成長の富強の状は以上のごとくであったが、岡田家の成長に対して家田家の長官氏良の所領としては、前掲の建久三年注文に相模国大庭御厨がみえている。口入神主の名はわからないが、注文には「去永久四年（一一一六）建二立国郡之券一、永治元年（一一四一）被レ下二奉免宣旨一也」とあるから、永治元年に卒した曾祖父元親（『二所太神宮禰宜転補次第記』群書類従補任部所収「内宮一禰宜次第」）の活動によるものでもあったか。周知のごとく大庭御厨は本来相模国の住人鎌倉権五郎景政相伝の私領で、開発のため神宮に寄進されたものであるが（平安遺文一四四五号保延七年六月日相模国司解案）、天養二年（一一四五）その一部をなす高座郡鵠沼郷をめぐって鎌倉の源義朝が乱行を働いたことはことに有名である。[21] これらの点については詳しく触れる余裕はないが、家田家もまた荘園制的収取によって岡田家と同様の富強を誇っていたものと推察される。一方、西行の佐藤氏の富裕は『台記』（康治元年三月十五日条）の記事によって周知の事実となっているが、両者の富強はほぼ同質のものであったことが明らかである。

以上の考察の結果から推察すれば、成長・氏良らの眼に映った西行は、彼らと共通な下級官人層、荘園領主層出身の点で親近感が抱かれ、しかも都において院宮権門に顔が広く、歌道においては名声隠れもない点で、まことに敬重措く能わざる人物であったに相違ない。荒木田氏主流が西行の来住を歓迎し、西行もその歓待に安堵して内乱の終熄を待ったことは、当然の成行きと考えられるのである。そしてこの親密な関係は、単に西行のために幸いしただけでなく、王朝文化の粋というべき歌道の地方豪族層への浸透・伝播という点でも一つの文化史的意義をもつもので、院政時代の顕著な傾向とされる文化の「地方普及」[22]の一例として把握すべきであろう。

3　僧徒の神宮崇敬とその本地垂迹思想

七カ年にわたる伊勢在住は、西行個人にもまた神宮祠官の文学にも大きな影響をおよぼしたのであるが、その文学史的意義もさることながら中世思想史の観点から見ても、それは僧徒の神宮崇敬とその根底をなす本地垂迹思想の発展において、画期的な意義をもつものと考えられる。

かつて「僧徒の大神宮崇拝史」を考察した梅田義彦氏[23]は、従来初見とされていた東大寺建立に当って行基が聖武天皇の勅を奉じて伊勢に下ったという『元亨釈書』『通海参詣記』などの記事は、「後の或時代の附会に出でたものであろう」として否定し、また『いほぬし』の著者増基について触れ、彼は熊野詣の後伊勢へ向ったのであろうが、「必ずや大神宮参詣の記事のあったのが、何時しか佚脱した」ものと推定された[24]。行基については異論がないが、増基についてはその後諸本を厳密に校訂された増淵勝一氏[25]や増基の伝記を研究された玉井幸助氏[26]らも、梅田氏のような「大胆に過ぎる臆断」をしておられないから、梅田氏の説に賛同することはできない。故に梅田氏に従うかぎり、僧徒の神宮参詣は、氏が行基・増基に次いで第三にあげられた文治二年の俊乗房重源を以って初見とすべきことになるのである。

重源の参詣ははなはだ有名な史実であるから、梅田氏以外にも注目された先学は多いが[27]、いま前項でも利用した大法房得業慶俊の『東大寺衆徒参詣伊勢大神宮記』(大日本仏教全書寺誌部)などによって、大要を述べよう。

重源は平氏の軍勢の南都発向によって烏有に帰した東大寺を再建する勧進上人に任命され(『東大寺続要録』造仏篇)、鋭意経営の功成って文治元年八月大仏の鋳造を完工したが(同上供養篇)、さらに大仏殿造営の議が起こったので、この大事業の成就を祈り申すため神宮に参詣した。それは文治二年「仲春二月中旬之比」であったが、瑞垣の辺に通夜する間に大神が示現し、「吾近年身疲力衰、難㆑成㆓大事㆒、若欲㆑遂㆓此願㆒、汝早可㆑令㆑肥㆓我身㆒」との仰せを蒙った。そこで重源は東大寺に還向し、衆徒相議って「神明威光増益」のため大般若経二部を写し、僧綱以下六十口の僧徒がこれを神宮に持参し、内外両宮で供養転読し兼ねて番論義をおこなうこととした。かくて四月、準備万端整った一行七百余人は伊賀国黒田庄を経て伊勢に向い、はじめに二十五日外宮に到着し、二日間度会氏の氏寺常明寺において経供養・番論義・御経転読をおこない、多数の貴賤男女が結縁した。この間僧徒少々は夜陰に紛れて瑞垣の辺に参拝した。これは「白昼有㆑憚之由、禰宜諫申之故」であったが、「暗暗之間、不㆑及㆓子細㆒、謹以退帰」したのは、余儀ない次第であった。

衆徒は続いて二十七日内宮に参向した。ここで待ち受けた一禰宜荒木田成長は、みずから僧徒を導いて神前に参拝

せしめた。慶俊の記には、

当宮一禰宜成長、従ニ未刻一参宮待ニ諸僧一、申刻僧都已下人々参着、一鳥居辺僧徒群参、依レ有ニ其憚一、成長先誘ニ引両三一令レ参ニ詣宝前一、礼拝退帰之後、残人々漸又参向、凡其神殿製作、不レ似ニ余社一、地形勝絶如レ入ニ異域一、竭恐渇（考）竭仰徹レ骨、恐懼余レ身、我等依ニ何宿福一、今詣ニ此砌一乎、随喜溺レ涙、各以退出。

とある。すなわち成長は僧徒を二－三人ずつにわけて目立たぬようにとの配慮はしたものの、白昼堂々と宝前に導くことを辞さなかったのであって、僧徒はここで初めて神殿の形態と神域の勝絶を眼のあたりに拝することができたのである。この成長の行為は、夜陰に紛れてのみ参拝を許した外宮の方針に比べて、はなはだ大胆にして好意的である。

この後、成長が二十八日二見浦天覚寺において一行を歓待した有様は前項に述べたし、二十九・晦両日おこなわれた経供養・番論義・御経転読は外宮のそれとほぼ同様であったから繰り返さない。しかし、両宮の印象を比較すると、内宮の歓待が格段に強い感銘を一行に与えたようで、慶俊は参詣記の末尾に次のごとく特筆している。

抑自ニ四月廿七日一至ニ于五月一日一、前後都合五ヶ日之間、成長調ニ海陸之珍膳一、毎日饗ニ応七百余人一、其外日日送ニ数具垸飯一、儲ニ不断温室一、是雖ニ神宮之官長一、已為ニ仏法之大檀一、善哉善哉可レ貴可レ貴、遂称美喧ニ天下一、風聞及ニ院中ニ之間、早聊自達レ叡不レ浅、云云　仍祭主能隆之許被レ下ニ御感　院宣一了、内信外感、陰徳陽報、実以掲焉者歟、件院宣、云云

神宮御祈大般若事被ニ遂行ニ之由、尤所ニ聞食悦一也、而禰宜成長、雖下存ニ私宿願一之由上、丁寧之深及ニ叡聞一、殊可レ被ニ感仰一者、依ニ　院宣一執達如レ件

五月廿一日　　右大弁　在判

祭主殿

ここでは成長を以って「仏法之大檀」と称美しており、さらに続いて重源の弟子生蓮が帰還後に「米袋入天多船爾積天天覚寺之前之池差寄太里」という夢を見、米は八十八と書く故「是定天官長（成長を指す）延寿之吉歟」と思う間に覚めたという示現までを記している。外宮の一禰宜度会光忠も相当の応対をしたにもかかわらず、成長のみ右のごとく称揚されているのは、その歓待が当時の常識を越えていたことによるのであろう。

成長がそうした歓待をした理由として、院宣に「雖㆘存㆓私宿願㆒之由㆖」とあるのは、おそらく『玉葉』文治元年九月十日条に成長が「禁色之恩許、上階之宣下」の両条を所望したとある事実を指すのであろう。その可否を頭弁光雅より尋ねられた兼実はこれに難色を示し、「但先年之功不ㇾ可ㇾ不ㇾ賞、可ㇾ申㆓請他事㆒之由、可ㇾ被㆓仰下㆒歟」と答えている。先年の功とは何を指すか不明であるが、ともかく成長の宿願は叶えられずに翌年におよんでいたようである。しかし「宿願」をこのように解するとしても、なお歓待の理由として僧徒あるいは引率者重源に対する成長の並々ならぬ好意があったことは否定できないであろう。

周知のごとく、古代の神宮はきびしく神仏習合を拒絶した。神事における仏法禁忌は後世もながく厳守されているが、しかし萩原竜夫氏の指摘されたように、この事は「一方で祠官の私生活面での仏教化を阻むとは考えられなかったらしい」[28]のである。すでに大中臣氏の中にも僧籍に入る者は多く、代々菩提寺が建てられたが、荒木田・度会両氏もこれにならった。成長の仏教信仰もこうした一般的傾向の上に立つものであったが、その経済力の大きさと信仰心の深さは祠官の中でも群を抜いていたように思われる。

かくして重源の両度の参詣は梅田氏の指摘のごとく画期的なものであり、これと阿吽の呼吸を合せた成長の存在も注目すべきものであったが、私はここに重源・成長の両者と親密な関係にあったと思われる西行の存在を想起しないわけにはいかない。そして従来、僧徒の神宮崇敬を論ずるさい西行がまったく看過されていたことを不可解に思うのである。たとえば梅田義彦氏の場合、氏は論文「西行の伊勢詣と熊野詣」において、前述のごとく西行が伊勢へ「数回に亙って行ったらしいこと」を確認されているにもかかわらず、論文「僧徒の大神宮崇拝史」においては行基・増基と重源との中間に西行を位置付けることはされなかった。また萩原竜夫氏は、「熊野信仰からの影響を多分に受けつつ「伊勢信仰の成長」する過程を述べ、そのさいに重源一行の大般若供養に触れられたが、「こういうわけで、鎌倉初期には武将（というより頼朝の個性がそうさせたのかも知れないが）と同時に、僧侶が神宮に接近するようになったのである。西行法師も鴨長明も、これらの大般若供養とほぼ同じころ神宮の周辺を訪れかつ滞在している。もっともこのふたりが神宮に参ったという確証はなく、西行の有名な『何事のおはしますかは』の歌も『西行法師家集』には無く、今後の検討にまたねばならないが、それでも彼らが僧徒の神宮接近傾向のさきがけをしたという点は認めてよかろう」(29)と、その叙述はきわめて控え目である。つまり梅田氏は西行をまったく無視され、萩原氏は西行が重源と「ほぼ同じころ」神宮の「周辺」に「接近」したことだけは認めるものの、参詣の「確証」は無いとされたのである。

しかしながら、西行が文治二年以前に神宮に参詣したことは、前節1にもすでに引用した六家集本『山家集』の、

伊勢にまかりたりけるに大神宮にまゐりてよみける

一三一二さかきばに心をかけむゆふしでておもへば神もほとけなりけり

および、『御裳濯和歌集』所収の、

内宮に詣でて侍りけるに桜の宮の花を見てよみ侍りける

二一六　神風に心やすくぞまかせつるさくらの宮のはなのさかりを

内宮にまうでて月を見てよみ侍りける

二二三　神路山月さやかなる誓ひありて天の下をばてらすなりけり

によって明白といわねばならないのであって、[30]「何事のおはしますをば」の一首のみによって「確証はなく」と躊躇される必要はあるまい。すでに伊藤嘉夫氏も[31]「当時僧侶の身で、内宮まで詣で得た者のあるといふ、一つの歴史的資料にもなる意味深いものである」と指摘された。進んでその参詣が具体的にいかなる方法でおこなわれたかを推定するには、重源一行の僧徒に対して、内宮一禰宜成長が白昼みずから誘導して「令㆑参㆓詣宝前㆒、礼拝退帰」したという慶俊の記事（前引）があれば十分であろう。成長が年来歌交を結んだ西行に対して、初参の重源一行ほどにも神域に近付く事を許さなかったと考えるのは不自然であろう。そして本章の冒頭にふれた「何事の」の一首がよし西行作か否かには問題を含むとしても、歌意が慶俊の「渇仰徹㆑骨、恐懼余㆑身」といい「随喜溺㆑涙」という感想（前引）と符節を合する趣きであることを参照すれば、宝前に額づいた西行の感激がかの伝承歌のとおりであったことも、容易に推察されるであろう。西行が『御裳濯河歌合』『宮川歌合』を内外両宮に奉納し、また摂社にも歌合奉納を企てたことは次章で詳しく触れたいが、そうした法楽和歌史上における画期的な行為が、神宮への参拝もなくして試みられるはずはないのである。

私は以上のごとく、西行の神宮参詣を重源以前における確実な史実として提示したいのであるが、さらに進んで西行は重源一行の群参そのものの実現にも関与したのではないかと、臆測を敢てしたいと思う。なぜならば重源と西行はこれよりさき高野山において相識の仲であったと考えられるからである。重源の経歴には不明な点が多いが、文治元年八月二十三日付願文にみずから「初住二醍醐寺一、後棲二高野山一」(『東大寺続要録』供養篇)と述べたごとく、高野聖であったことは疑いない。その止住時期は明らかではないが、安元二年(一一七六)二月六日には高野山延寿院に梵鐘を勧進したことが、和歌山県海草郡美里町泉福寺に現存する遺品によって知られる(平安遺文金石文編四五八号)。延寿院の所在は不明であるが、五来重氏(32)は「蓮華谷の寺であろう」と推定しておられる。しかし高野における重源の事蹟としてもっとも著名なのは、蓮華谷の奥にみずから開いた新別所で、建久八年六月十五日東大寺大和尚(重源)譲状(大日本史料四ノ九所収)に、「堂舎別所／高野新別所専修往生院／本堂一宇／三重塔一基／食堂一宇／湯屋一宇」が記載されている。(33)

この重源の高野止住の時期は明らかに西行のそれと並行するから、この間に両者が相識の仲になった可能性は大きい。とくに『南无阿弥陀仏作善集』所載のあのおびただしい造寺造仏を営んだ重源が、西行の大規模な蓮花乗院勧進事業を見て強い感銘を受けなかったはずはないのであって、重源が平泉藤原氏への勧進を西行に依嘱した理由もそこにあったに違いない。(34)そしてこの依嘱は文治二年春の重源参宮の折を措いては考えられないから、重源が伊勢で西行を訪ねたことには疑問の余地がない。とすれば、かねて仏法に帰依している内宮一禰宜成長に重源を引き合せ、来るべき群参への歓迎を斡旋したのが西行ではなかろうかという推測も成立するのではあるまいか。もし西行と重源との関係を以上のごとく想定するならば、僧徒の神宮崇敬と参拝の歴史において、西行はいよいよ明確に重源に先駆する存在となるわけである。

次に、西行の神宮崇敬の根底にある本地垂迹思想について触れておく。前引の、

一三二二さかきばに心をかけむゆふしでておもへば神もほとけなりけり

は正に本地垂迹思想そのものの表現というべきであるが、それはいうまでもなく西行以前に長期間にわたって成熟してきた観念の継承にすぎない。しかし、前引二一〇八番歌の詞書「大神宮の御山をば神路山と申す、大日如来の御垂迹をおもひてよみ侍りける」にみられる、神宮の本地を大日如来とする観念は、以下に述べるように中世神道思想史上注目すべき意味をもつと考えられる。

久保田収氏によれば、この観念は古く『太神宮諸雑事記』に、

天平十四年辛巳十一月三日、右大臣橘朝臣諸兄卿参ニ入於伊勢太神宮一、其故波、天皇御願寺可レ被ニ建立一之由、依ニ宣旨一所レ被ニ祈申一也、而勅使帰参之後、以ニ同十一月十一日夜中一令ニ示現一給布、天皇之御前仁玉女坐、即放ニ金色光一天宣、本朝和神国也、可下奉レ欽ニ仰神明一給上也、而日輪者大日如来也、本地者盧舎那仏也、衆生者悟レ之、当レ帰ニ依仏法一也、御夢覚之後御道心弥発給天、件御願寺事於始企給倍利。

とみえるものを初見とするから(35)、この書の成立したと思われる平安前期には、大日如来本地説の「萌芽」はすでにみられた(36)。しかし平安末期までこの説は発展せず、むしろ救世・聖・如意輪・十一面など総じて観音を本地とする説が優勢であった(37)。大日如来本地説が確立するのは中世に入ってからで、『古事談』に「日本国之大日如来ハ伊勢大神宮ト安芸之厳嶋也」というのをはじめ、通海の『大神宮参詣記』や叡尊の『三輪大明神縁起』などの真言系両部神道も、空海仮託の『麗気記』や光宗の『渓嵐拾葉集』などの天台系両部神道も、ともにこれを説くに至った(38)。

久保田収氏はこうした大日如来本地説の発展には、東大寺の存在が重要であったとし、かの『太神宮諸雑事記』にみえる萌芽が、重源の参宮によって「成熟」し「支配的」になったものであると説かれた(39)。この点は大勢として首肯

される所であるが、この事実を踏まえる時前引の「大日如来の御垂迹をおもひてよみ侍りける」という西行の歌の詞書（それが文治三年撰進の『千載和歌集』にみえるものであっても、西行自身の歌稿を資料とするのであろうことは、第一節2で述べておいた）は、すこぶる注目すべき記文といわねばならない。すなわちそれは、中世における大日如来本地説の多くの史料の先頭に立つものとなるのである。

西行がこうした観念をいつ、いかにして得たかは不明であるが、久保田収氏[40]が指摘しておられる所の長承二年十一月日覚鑁申文（『根来要書』平安遺文二二九一号）に丹生明神を「大日如来化二現天照大神妹一也」とするような習合観念が、西行の関係ふかかった高野山に存在したことは、一つの指標となるであろう。つまり西行は伊勢在住以前に、そうした思想に触れていたのかも知れない。また『拾玉集』（第五）に収める神宮祠官の詠草のうち荒木田氏良の作の詞書に、「吉津島風土記曰、昔行基菩薩請二南天竺婆羅門僧正天竺僧仏擔（ママ）一、殖二三角柏一為二太神宮御園一、天平九年十二月十七日致二御祭之勤一也」とみえるのも注意される。行基参宮説は前述のごとく史実とは見られないが、ともかく東大寺創建に関係した行基・婆羅門僧正菩提らと神宮御園とを結び付けた伝承を氏良が記録していることは、氏良における本地垂迹思想の存在を証するもので、先に触れた成長の仏教信仰と合せて、西行をめぐる荒木田氏の人々の中には本地垂迹思想が濃密であったことが知られる。西行が大日如来本地説を得たのも、あるいは彼ら荒木田氏の人々からであったのかも知れないが、この点はなお断案を得ない。

注

（1）内閣文庫の和学講談所旧蔵本はその写本である。神宮文庫蔵系図では永享四年一禰宜に補任された荒木田氏経自筆「荒木田両門系譜」一葉が古いが、簡略で、たとえば満良のごとく正員禰宜にならなかった者を記載しないので、使用しなかった。

（2）薗田守良の『神宮典略』（十四）「神宮正権禰宜和歌」を参照して、行専法師を定季にまた蓮上法師を成良に比定した。伊藤正雄氏の『伊勢の文学』も「従来の諸書概ね蓮上の俗名を成定としたのは誤り。成定は蓮上のすぐの弟であるが、後に長官となった人で、出家はしなかった」（三九頁）として、『神宮典略』の説に従っている。

（3）伊藤正雄『伊勢の文学』四三頁。

（4）同右三七頁。

（5）近藤喜博氏は「中世、伊勢内宮と緇流の参宮——円照上人の場合を中心として——」（『国学院大学日本文化研究所紀要』四）に、東大寺戒壇院の円照上人の『無二発心成仏論』に序文を書いた荒木田延季の父氏良が、通海の『太神宮参詣記』に夢告によって仏法に帰依したと記されている事実を指摘しておられる。氏良はまた『神道五部書』のうちもっとも古く成立したとされる「宝基本記」を建保二年九月十二日書写したことが、前田家本の本奥書によって知られ、伊勢神道の歴史においても注意すべき人物である。この点については、久保田収「前期伊勢神道思想の展開」（『神道史の研究』四七五頁）参照。

（6）高城功夫「『西行上人談抄』について」（『文学論藻』五〇）。

（7）同右五五頁。

（8）『聞書集』を学界に紹介した佐佐木信綱は、集中に伊勢に関する記事の多い点からして、これは蓮阿が西行の歌を聞書した稿本で、後に『新古今集』編纂の資料とされたものではないかと推定している（岩波文庫本『山家集』後記）。

（9）久保田淳氏（『新古今歌人の研究』五五九頁）によれば結縁した歌人一三人が知られるよし、また同氏の『藤原家隆集とその研究』研究篇「藤原家隆作歌年次考」（四六八頁）には、「二見浦百首」の現存状態の一覧表がある。

（10）たとえば、大西源一『大神宮史要』・西垣晴次「律令体制の解体と伊勢神宮」（『史潮』五六）・河合正治「伊勢神宮と武家社会」（『広島大学文学部紀要』七、のちに『中世武家社会の研究』所収）・田中卓『神宮の創始と発展』・直木孝次郎・藤谷俊雄『伊勢神宮』・萩原竜夫『中世祭祀組織の研究』・倉田康夫『古代国家と神宮領の展開』・棚橋光男「中世伊勢神宮領の形成とその特質」（『日本史研究』一五五・一五六）などが管見に入った主な業績である。

（11）棚橋光男氏前掲論文（下）三六頁。

（12）萩原竜夫氏前掲書四七九頁。

（13）川合正治氏前掲書四三七頁。

(14) 岡田精司「伊勢神宮の起源――外宮と度会氏を中心に――」(『古代王権の祭祀と神話』)三二六・三三三頁。
(15) 村井康彦「東寺領伊勢国川合大国荘の研究――平安時代における荘園経営の諸相――」(『古代国家解体過程の研究』)四三八頁。
(16) 川合正治氏前掲書四三八頁。
(17) 西垣晴次氏前掲論文五一頁。
(18) 棚橋光男氏前掲論文(上)二二・二三頁。
(19) 同右(下)三七頁。
(20) 『吉記』寿永二年六月二十二日条に、内宮一禰宜成長が「菩虎」という神宮宝殿の劔を院に奉ったよしがみえる。祭主と成長に同一の夢想があったと称しているから、義仲上洛の風雲急なる形勢を観て、公家に精神的援助を送り、代りに「当国守護事」を申入れようとした機敏な政略で、成長の一面をうかがわしめる。
(21) 西岡虎之助「坂東八ヵ国における武士領荘園の発達」(『荘園史の研究』下巻)。
(22) 坂本太郎『新訂日本史概説』(上)一八六頁。
(23) 梅田義彦「僧徒の大神宮崇拝史」(『神道思想の研究』第五論文)。
(24) 同右九四・一〇一頁。
(25) 増淵勝一『いほぬし本文及索引』。
(26) 玉井幸助『日記文学の研究』。
(27) たとえば、久保田収「重源の伊勢神宮参詣」(『神道史の研究』)・近藤喜博・萩原竜夫氏前掲論文など。なお「南都仏教」特輯号『重源上人の研究』の諸論文は、ほとんど言及していない。
(28) 萩原竜夫氏前掲書五三八頁。
(29) 同前五一〇頁。
(30) 『御裳濯和歌集』の二首は、西行自撰の『御裳濯河歌合』の二番左・一番右歌を構成するのであるが、それには無論詞書がない。『御裳濯河歌合』の歌の中で他の集にみえない歌はおそらく歌合を作る際の新作であろうという萩谷朴氏(『平安朝歌合大成』二五五七頁)の所説は尊重しなければならないし、『御裳濯和歌集』は時代が下るので、寂延がこの詞書を何に拠ったか、多少疑問が挿まれる。しかし逆に、この二首と合されている「岩戸あけしあまつみことのそのかみに桜を誰か植ゑ初めけむ」(一番左)・「さやかなる鷲の高嶺の雲井より影やはらぐる月読のもり」(二番右)がそれぞれ摂社桜の宮・月読の社を詠じており、『夫木和歌抄』にみえる「この春は花を惜しまでよそならむ心を風の宮にまかせて」が内宮の神域にある風の宮を詠じていることを合せ考えるに、これらをいずれも参詣もせぬ人の作と考えることは到底できまい。

(31) 伊藤嘉夫「私撰集における西行の歌」(『歌人西行』二一六頁)。
(32) 五来重『高野聖』一八〇頁。なお堀池春峰「俊乗房重源上人と東大寺再興」(『重源上人の研究』所収)参照。
(33) 『南无阿弥陀仏作善集』には、さらにその内容が詳細に記されている。
(34) 坂口博規「西行の奥州再度の旅の背景」(『駒沢国文』二)六八頁。
(35) 『東大寺要録』(巻一)に引く「大神宮禰宜延平日記」もほぼ同文である。
(36) 久保田収「伊勢神宮の本地」(『神道史の研究』)三〇一頁。なお村山修一『本地垂迹』三九頁参照。
(37) 久保田収「伊勢神宮の本地」三〇一〜三〇三頁。
(38) 同右三〇三〜三〇五頁。
(39) 同右三一〇頁に、「日神としての天照大神と大日如来の連想は自然である上に、東大寺創建の際の神宮との関係、あるいは総国分寺としての東大寺の地位と神社界における伊勢神宮との地位との対比などによつて、次第に大日如来本地説がみられはじめ、中世初頭の東大寺の再建を契機として支配的となつたものであらう。そしてその思想の主役となつてゐたのは、神仏一体を主張する僧侶の側であつた」というのが、氏の結論である。
(40) 久保田収「高野山における神仏習合の問題」(『神道史の研究』所収)二一五頁。

むすび

以上、西行の神宮崇敬とその根底に存する大日如来垂迹思想を検討したが、それが中世神道思想史に一つの位置を与えられるべきことを指摘したい。こうした神宮崇敬の念が治承四年の伊勢来住以前に芽生えていたことは作品に徴して認められるけれども、それが長期間の在住を導いた主要な動機とはかならずしもいえない。むしろ内乱を機とする長期にわたる晩年の伊勢在住こそ神宮への信仰を決定的にしたものであるが、その機縁が荒木田氏との年来の歌交と戦乱によって図らずも与えられたのは、まことに運命的といわねばならない。もちろん西行がそうした運命に遭遇したことは、その神宮崇敬の先駆的意義をいささかも減ずるものではなく、若年の遁世以後における独自の仏道修行がなければ、たとえ早くから神域に接近していたとしても、かくも敬虔に神威を仰ぐことはなかったであろう。

西行の信仰に鎌倉仏教の祖師たちのような透徹した教義的立場のなかったことは、その生きた時点からしても当然であろう。むしろ、中世宗教思想のさまざまな要素が萌芽的に混在していたことを注目すべきであって、ここに叙述した神祇信仰もその一部をなすものであった。(1)

注

（1）桜井芳朗氏（「中世における漂泊と遊芸」岩波講座『日本歴史』五、三二二頁）は、「漂泊の歌のなかで西行は、『諸国一見の僧』のごとく回向したり、一遍のごとく神祇に結縁したりすることはなかった」と述べられたが、これはいささか根拠を欠く言及であると思う。

第八章　西行の晩年と入滅

はじめに

源平合戦の七年間伊勢の二見浦に草庵を結んで悠々と六十代の春秋を送った西行は、古稀を目前にして我が生涯をいかに完結せしめるべきかを、切実に思いめぐらすに至ったようである。後年西行の入滅を聞き伝えた俊成・慈円らが想起して感動を新たにした

八八ねがはくは花のしたにて春死なむそのきさらぎのもちづきのころ

という歌は流布本『山家集』にみえるから、おそらく伊勢在住以前の作であって、数奇と仏道を渾然一体化した華麗な最期は、西行の早くから念じる所であったことが知られる。しかし、現世の数奇にふけることと来世に往生を期することとは、心情および行動の実態においてはかならずしも一致するものではなく、むしろ矛盾・相剋をつねに痛感せしめられるものであった。西行がこの苦悩を詠歌に真卒に表出しつつ、しかも次第に数奇より仏道へと比重を推移せしめたことは、第五章「山里と修行」で結論したごとくであるが、晩年に至っては生涯の数奇をみずから清算し仏道に徹しようと志したものと思われる。

その決意の具体的な現われは、おびただしく詠まれた年来の自作の粋を抜き、作品を自己から切り離して、崇敬す

る神と信頼する人に委ねることであり、これを契機として、もはや数奇に心を悩ます境涯から脱却しようとしたことである。西行はこのような総決算を着々と実行した後、俗界に訣別してひとり山中に隠遁の場を求め、帰するがごとく入滅を遂げたのである。再度陸奥行を終ってから入滅するまでの四年間における以上のごとき思想と行動は、数奇と仏道の交錯したそれまでの四十余年の遁世生活に比べて、格段の転換むしろ飛躍といわねばならない。生涯の最後にこのような飛躍がおこなわれた点こそ、思想史の対象としての西行の注目すべき所以であろう。

一　数奇よりの脱却

1　両宮歌合と諸社十二巻歌合

西行は晩年、年来詠みためた自作を選抜し、若干の新作を加えて三十六番の歌合二部を編成し、これを歌壇の巨匠藤原俊成父子に送って判詞を付した上、「御裳濯河歌合」「宮河歌合」と名付けて内外両宮に奉納しようとした。萩谷朴氏(2)は両歌合を「正続二篇」として「同時に結構」されたものとし、その成立については、「宮河歌合」跋文を根拠に「文治三年某月奥州の旅から帰って以後、文治三年十月以前」に選歌・構成がおこなわれたものと考えられた。従うべきであろう。

元来西行は、当時の歌合が古き時代のおおらかな社交的・遊楽的な性格を失って、きわめて専門的・純文学的ひいては閉鎖的・排他的雰囲気におちいっている事から、これを遁世者の自由な生き方になじまないものと見做したらしく、歌合の世界とは完全に無縁であった(3)。それにもかかわらず、ここに至ってほとんど先蹤のない(4)、少なくとも現存のものとしては最も古い自歌合を企画したのは、何故であろうか。思うにそれは普通の歌合とはまったく別の発想によるものである。すなわち他人と技を競うことによって向後の技術向上に資するのではなく、わが生涯の数奇の結晶を故意に突き放して顧りみようとするもの、換言すれば和歌離れの手段であったと考えられる。

西行がこうした心境に達した理由は何であろうか。萩谷氏は、(5)「当時の歌壇にあっては歌合の歴史のアウトサイドを歩んでいた西行が、この期に及んでこのような新考案の歌合を企画したについては、それ相応の必然的な理由が考えられなければならない」として、「その第一は、文治三年、七〇歳古稀の齢に達した西行が、いよいよ余命少なきを悟って、自己の歌道生活の総決算としての秀歌撰を試みようとしたとする考え」を示された。西行がすでに「死期の予感ということさえあったかも知れない」段階にあったとすれば、まさしく首肯できる理由であるが、私はさらに『千載和歌集』に一八首採られ、勅撰有力歌人としての評価を得た満足がもう一つの契機となったのではないかと考える。(6)これよりさき西行が「左京大夫俊成、歌あつめらるると聞きて」自作を送りとどけたことは、『山家集』(一三二八・一三二九)によって知られる。もっともこれは『長秋詠藻』にさらに詳しく、

西行法師かうやにこもりゐて侍しか、撰集のやうなるものすなりとき〻て、うたかきあつめたるものをくりて、つ〻みかみにかきたりし　　西行法師

花ならぬことの葉なれとをのつから　色もやあるときみひろはなむ

返し

よをすて〻いりにし道のことのはそ　あはれもふかきいろはみえける

とあるによれば、内乱以前の、高野にいた時期のことであるから、『千載集』選歌よりも以前のことと見るのが妥当

であろう。(7)しかしそれならば、西行が歌壇の巨匠の評価を得ることに、より早くから強い関心を有していた証拠となる。ましてや勅撰入集については、遁世して数奇に生涯を賭けた身として（ちなみに俊成の返歌は、俊成がこの事をよく認識していたことを示す）執念を燃やしたのは当然で、『千載集』選歌の進捗していた頃たびたび「五条三位入道のもとへ、伊勢より浜木綿遣し」（『聞書集』一七四六・一七四七）たり、「伊勢より小貝ひろひて、箱に入れて包みこめて皇太后宮大夫の局へ遣す」（『異本山家集』二一二五）ような事をして接触を絶やさなかったのは、その執念のあらわれであろう。『千載集』の成立過程はかなり複雑で、文治三年九月二十日奏覧（『千載集』序）か翌四年四月二十二日撰進（『伏見宮御記録』大日本史料四ノ二、文治三年九月二十日条）か問題であるが、いずれにせよ右のように俊成との接触を心懸けていた西行は、奏覧近い頃には自作が相当数入集するとの感触は十分に得ていたものと推察される。かつて『詞花和歌集』に「よみ人しらず」として一首採られて光栄とした若き日を回顧すれば、感慨はいとど深く、わが事成れりといった満足もあったであろう。

西行が両宮歌合に俊成・定家の判を求めたのは、数奇への訣別に当って歌壇への置土産とする趣旨があったと考えられる。歌壇の外に孤高を保ちつづけた西行ではあるが、別にこれを白眼視していたわけではなく、「仁和寺・賀茂辺にあつまり候歌よみども」などが「わづかにいかにぞやおぼゆるをば、かたぶきかたぶきし候」（『贈定家卿文』群書類従消息部）体の事は歯牙にもかけなかったとはいえ、歌壇最高の権威に対して素直に敬意を表し新進の鬼才に対しても好意を寄せる、柔軟な態度をもっていた。近代における孤高の歌人会津八一と歌壇の巨匠斎藤茂吉との交誼などが想起されるのである。俊成もこうした西行の敬重に応え、『御裳濯河歌合』の長文の序において、判詞を請われるわずらわしさを厭うて「近き年より此かた、ながく此事を断ち畢りにたれども、上人円位壮年の昔より、互ひに已れを知れるによりて、二世の契りを結び畢りにき。各老に臨みて後、彼離居は山川を隔てたりといへども、昔の芳契は旦暮に忘るる事なし」と、年来の交誼を強調したのである。

　俊成の格別な好意によってその判は速かに完成したが、「齢いまだ三十路に及ばず、位猶五つの品に沈みて」（『宮河歌合』跋）いる若年の定家にとっては大きな試練であったので、「勝ち負け記し付く」るには「玉櫛笥二年あまり」の時日を費した。数奇を脱却して入滅前の修行三昧に入っていた西行にとって、この遅滞は思わざる忘執ともなりかねない事であったと思われ、彼は俊成に対して「御裳濯《マヽ》の歌合のこと、侍従殿《定家》によく申しをかれ候べし。かく程経候ぬ。人々待ち入りて候。大神宮定て待ちおはしますらん」（『御物円位仮名消息』、釈文は田村悦子「西行の筆蹟資料の検討――御物本円位仮名消息をめぐって――」『美術研究』二一四を参考した）と懇願し、定家に対して「歌合かへしまいらせ候。勝負とく付おはしましてまいらせおはしませ。是をまたせ給て未調めされ候はず。御裳濯宮河に急披露し候べしと、人もまちいりて候よし、度々申つかはし候。神の御めぐみうたがひおぼしめすべからず候。かならず急てしるしおはしまさんずる事にて候」（『贈定家卿文』）と、催促再三におよんだ。こうした所に、歌壇との訣別に際しての名残りの数奇心の弃りをうかがうことができる。

　さて、私は「はじめに」で、西行は自歌合を「崇敬する神と信頼する人に委ねること」を意図したと述べた。「人」とはすなわち如上の俊成・定家であるが、より以上に重視されたのはこれを神前に奉納することであった。引用した史料の随所にその趣旨はあらわれているが、改めて示せば、俊成は『御裳濯河歌合』序（前引）に西行との交友を述べた後、「其上に、これは世の歌合の儀にはあらざるよし、しひて示さるる趣を伝へ奉るによりて、例の物覚えぬ僻事どもを記し申すべき也」と記し、『長秋詠藻』（古典文庫本）にも「円位ひしりといふは、むかしより申かはすものなりしを、わかよみつめたる歌ともを三十六番につかひて、伊勢大神宮にたてまつらんとするなりとて、これなをかちまけしるしてとしゐて申しかは、おろ〳〵かきつけてつかはしける（後略）」と記している。

西行がこの自歌合を内外宮に奉納しようとしたのは、直接には遁世直後以来の神宮祠官との交誼と、晩年の在住によって決定的となった神宮崇敬によるものであるが、その根底には、平安末期に成熟しつつあった和歌法楽の観念がある。この点については、第七章「伊勢における西行」および第四章「数奇と遁世」において述べたので、ここには再説しない。ただし神宮への自作奉納という企画は、内外両宮だけに限られず、さらに両宮の摂社にもおよんだようで、いまは散逸してしまった「諸社十二巻歌合」がすなわちそれである。これについては『拾玉集』（第五冊）に、西行の入滅を聞いた慈円が寂蓮に送った三首の左注につづいて、

（前略）又諸社十二巻の歌合太神宮にまいらせんといとなみしをうけとりてさたし侍き、外宮のは一筆にかきてすてに見せ申てき、内宮のは時の手書共にかかせむとて料紙なとさたする事をおもひてかく三首はよめるなり（慈円三首略・寂蓮返歌略）

とあり、また同集（同上）には、

円位上人の十二巻歌合の滝原下巻書て遣すとて　　大納言実家

こゝろさしふかきにたへす水くきの　あささも見えぬあはれかけなん

かへし

こゝろさしふかくそめける水くきは　みもすそ河の浪にまかせつ

という贈答もみえる。

この「諸社十二巻の歌合」を、伊藤嘉夫氏[8]は御裳濯・宮河両歌合を含み十二巻と解され、西行入滅後慈円の沙汰によって次々に清書が完成して神宮に奉納されたものと推定されたが、久曽神昇氏[9]はその存在を否定され、萩谷朴氏[10]も「西行の自歌合とは関係なく、慈鎮ら自身の結構した歌合」と考えられた。しかし松野陽一氏[11]は『拾玉集』の詳細な考察の上で、「かくして『諸社十二巻歌合』は『御裳濯歌合・宮河歌合』に次いで、一連のものとして伊勢の諸社に奉納さるべく慈円に依頼された、西行の生涯最後の事蹟だったと考えておきたい。当初から全体が結構されていたのではなく、宮河歌合の判詞が定家の手で最終的にまとめられるのと前後して、追加された企画だったのではないだろうか。そのために、彼が生を終える以前には、やっと外宮の分のみしか完成せず、その後には存在そのものも否定される『幻の歌合』となってしまったのではないかと思う」と結論された。

私はこの松野氏の説はほぼ従うべきものと思う。理由を敷衍すれば、まず西行は戦乱の間伊勢に草庵を結び、神宮の神威による平和を享受したが、その間に、

内宮にまうでて侍りけるに、桜の宮を見てよみ侍りける

二一一六神風に心やすくぞまかせつるさくらの宮の花のさかりを

風の宮にて

二一七この春は花を惜しまでよそならむ心を風の宮にまかせて

月読の社にまゐりて月をみてよめる

二一二三さやかなる鷲の高嶺の雲ゐより影やはらぐる月よみの杜

などの詠が示すように、数多い摂社にも折々詣でている。滝の宮（滝原）についても、

二二八波とみる花のしづ枝の岩まくら滝の宮にやおとよどむらむ

のごとく詠んでいるのであって、これら懐かしい摂社に自歌数首ずつを合せて奉納したのは、西行の心事としてふさわしいことと推察される。次にこれを分担した「時の手書共」のうち、慈円との贈答によってただ一人姓名の知られる「大納言実家」は、『今鏡』（藤波の下第六）に和琴・今様などの才を記されたものの能書の世評があったとは伝えられないが、彼は徳大寺公能の二男（実定の同母弟）であるから（『尊卑分脈』）、西行と徳大寺家の浅からぬ縁からしても、清書を依嘱されるにふさわしい人物である。実家は建久四年に薨じているから（『公卿補任』）、その清書はおそくも西行入滅後間もなく完成したものであろう。私は右の二つの理由を付加して、『拾玉集』の記事を慈円が神宮の摂社に奉納すべき西行自歌合を沙汰したものとする松野氏の説に賛同するのである。

　ところで、慈円がこのような労を引き受けるほどの親交を晩年の西行と結んだ背景は、どのようなものであろうか。まず慈円の生まれた九条家と、西行の年来の知己俊成との親密な関係が想起される。『玉葉』治承二年六月二十三日条に、「五条三位入道俊成法名釈阿来、於二和歌之道一為二長者一、仍以二前馬権頭隆信朝臣一、先令二音信一、今夜始所レ来也、数剋交レ語、深更帰去了」とみえてより以後、俊成は前年世を去った清輔に代って九条家の歌道を指導し、兼実は俊成を「当時此道之棟梁也」（『玉葉』寿永二年三月十九日条）と敬重していた。そして、早くから歌道に熱心で『千載集』に九首入集する慈円も俊成と親密であったことは、注（4）に引用した『玉葉』（元暦元年十二月二十八日条）の記事などによって知られる。故に俊成を仲介者として、西行と慈円が接触した可能性は大きいと考えられる。

　次に、慈円と西行の仏道・和歌における同質性が想起される。多賀宗隼氏は慈円の仏教思想について、「慈円の学が密教中心たるは明かであるが、次になほ顕教に対しても劣らず深い関心あり、深い造詣を有したことは今後における彼の自草の文書や和歌に徴して明かであり、またその弟子も顕教・密教両系に分れている。さらに彼が念仏に深い理解をもち、又篤信者でもあったことも和歌その他に明徴がある」(12)と述べ、また和歌については、その「多作」「速詠」および「題材の多彩」をあげた上で、「同じ、一つの生命に貫かれた、あらゆる自然と人間・人事とのあらゆる断面を直ちにとらへ来って詠みたいように詠む。そこに、一句に鏤骨の苦心をこめ一首に生命を刻みつける様な、所謂歌人の態度との大きな差があった」(13)と述べられた。もとより慈円の無動寺における千日入堂の修行や多数の教学関係著作などは西行と同日の談ではなく、また和歌における両者の個性差にも歴然たるものがあるけれども、巨視的にみれば、両者における仏道・和歌の融通無碍な関係はきわめて同質的といえるであろう。(14)以上の二点を合せ考える時、両者がひとたび相識る機会に恵まれれば、ただちに肝胆相照すに至ったことは容易に想像されるのである。

源平合戦前後における両者の動静――慈円における無動寺・葛川における修行と西行における伊勢在住――からして、両者が相見えたのは、おそらく文治二年西行が陸奥から帰洛した後であろうが、これより先、伊勢を去る以前に企てられたと思われる「二見浦百首」勧進に慈円が結縁していること(15)からして、相見える以前から相互に認め合う所があったと思われる。諸社十二巻歌合完成に対する慈円の積極的助力は、年齢・身分の懸隔や交友の新しさにもかかわらず、きわめて自然であったと私は思う。

以上のごとく、御裳濯河・宮河歌合および諸社十二巻歌合という一連の自歌合は、西行が年来の数奇を総決算しようとしたものであり、そのために自作を崇敬する神々と尊敬する人々に委ねる方法を案出したのであった。西行はこのようにしていさぎよく過去と訣別するのであるが、その事はさらに『明恵上人伝記』に書き留められた西行の和歌観と『拾玉集』に伝えられる西行の和歌起請によっても裏付けられる。項を改めて論ずることとする。

2　和歌観の究極と和歌起請

西行の到達した和歌観の究極を示すものとして、左の語録は有名である。

西行上人常来物語云、（A）我哥読事遥世常異也、（B）花・郭公・月・雪、都万物興向モ、凡所有相皆是虚妄ナル事眼サヒキリ耳満、又読出所哥句ハ皆是真言非ヤ、花読共ケニ花思事無、月詠スレ共実月共不存、如是メ任縁随興読置所也、紅虹《コウコウ》タナ引ハ虚空イロトレルニ似タリ、白日赫虚空明ニ似タリ、然共虚空本明ナル物非、又イロトレル物ニモ非、（C）我又此虚空如ナル心上於種と風情イロトルト雖更蹤跡無、（D）此哥即是如来真形躰也、去一首詠出テハ一躰尊像造思成、一句思ツヽケテハ秘密真言唱同、（E）我此哥依法得事有、若爰不例妄人此詞学大可入邪路云と、サテ読ケル、

　山深サコソ心通《ハカヨフ》トモスマテ哀ハ知モノカハ

喜海其座末有聞及任注之、

右の引用は『高山寺資料叢書』第一（『明恵上人資料』第一）所収の「栂尾明恵上人伝」（原本興福寺蔵）に拠ったものであるが、文中の「又読出所哥句ハ皆是真言非ヤ」の末尾「ヤ」は、正しくは「也《なり》」ではないかと愚考する。(16) そう訓まないと意味が通らない。この点を修正しての私解は次のごとくである。

西行法師が次のごとく語った。

（A）自分が和歌を詠むのは、「世ノ常」の歌人と遥かに異る立場である。

（B）（「世ノ常」の歌人は）「万物」の虚妄の相を見聞するのみで、詠む歌句はすべて「真言」でない。（以下、こ

の点を詳細に述べている）

（C）自分も（かつては）この「虚空如ナル心」で数奇にふけっていたが、今やそれは「蹤跡」（あとかた）もなくなった。

（D）（そもそも）和歌は如来の真の形体であり、歌を詠むことは仏像を造り秘密の真言を唱えるにひとしい。

（E）自分はこの歌によって仏法の悟りを得た。（あなた方も）この例に従わねば、邪路に入るであろう。

（括孤中の語は私意を以って補ったもの）

以上のごとく、まず自己の詠歌が「世ノ常」と異ることを述べ（A）、その「世ノ常」の実態を批判し（B）、自己の過去を反省し（C）、次に和歌の本義を説き（D）、詠歌によって悟りを得た体験を告白する（E）という論理である。そして（D）（E）に「此哥」というのは、和歌一般を意味するよりも、文末の「山深ク」の一首を指すものとすべきである。談話筆記的文体であるから、このようなやや放恣な文脈も容認し得るのではなかろうか。

右の記事が真に西行の「物語」ったままであるとすれば、晩年の西行が数奇と仏道との関係についての、ほとんど回心ともいうべき体験を語ったものとして、きわめて重要である。しかし、久保田淳氏[17]はこの伝承が明恵伝記のうち、いわゆる「伝記」系諸本のみにみえ、より根本的史料と考えられる「行状」系諸本に見出されないという理由から「慎重な態度が要請される」とされた。私は明恵の伝記史料全体について独自に検討していないので通説を尊重せざるを得ないが、『高山寺資料叢書』（第一）の「解説[18]」に従えば、行状系諸本にも増補訂正があると同時に、伝記系諸本も比較検討によって「その原型にある程度近づきうる」ようであり、それ故「著者を喜海その人とするのは憚られるが、喜海が関つてゐるとするのは差仕へあるまい」との事である。しかも、田中久夫氏[19]に従えば、行状になく伝記のみにある和歌に関する話は、明恵の『和歌集』と『楞伽山伝』という逸書によったもののようである。故にこの西行の「物語」も、かならずしも根拠なきものと片付けられないであろう。

この「物語」の背景を歴史的に検討すればどうなるであろうか。西行は陸奥より帰って弘川寺に入るまでおおむね洛外嵯峨の草庵にいたらしいが、それは文治三・四・五年のことである。いっぽう明恵は文治四年（一一八八）叔父上覚（文覚の弟子）を師として十六歳で出家したのであり、また喜海は田中久夫氏[20]の推定によれば明恵より五歳下である。故に西行と明恵・喜海との接触は、彼らの十六－七歳および十一－二歳の頃となるのである[21]。それ故、七十歳を越えた老西行が直接に明恵を訪ねて「物語」をしたとは考えにくいが、師の上覚（または文覚）を高尾に訪ねた際の談話とすれば、ありえない事ではない。

西行が文覚を神護寺に訪ねたことは『井蛙抄』（巻六）の有名な説話にみえるけれども、これはもちろん徴証とはならない。しかし『聞書集』にみえる一連の「たはぶれ歌」のうち、

一八一四高尾寺あはれなりけるつとめかなやすらひ花とつづみうつなり

の一首が有力な証拠となる。もちろんこの「たはぶれ歌」の連作は老西行が幼時を回想したものであるから、高尾を訪ねたのも昔の事のごとく見えるけれども、そうではあるまい。近時「やすらい祭」について詳細に検討された河音能平氏[22]は、「やすらい祭が高尾神護寺法華会と関連せしめられた時期」について「文覚の再度の要請にこたえて後白河法皇が神護寺に庄園を寄進し、神護寺復興が本格的に緒についた寿永元年（一一八二）末から寿永二年（一一八三）という時点を考えるのがもっともふさわしい」と考証された。しからば、西行は治承・寿永のころは伊勢に住んでいたのだから、高尾の「やすらい祭」を見る機会は、文治三年（一一八七）の帰京以前にはなかったはずである。故に

『聞書集』の右一首は、文治四‐五年ころ西行が神護寺に参詣した事実を立証するものといえよう。

明恵の肉親でかつ師でもある上覚房行慈は紀州湯浅党の出身であるが、歌道に造詣ふかく、建久九年後鳥羽上皇の叡覧に供した著書『和歌色葉』は、鎌倉時代初頭の「歌学の集大成」[23]と評価される重要な業績である。そして同書には、上覚が「名誉歌仙」として列挙した「入道三十六人」の中に「右兵衛尉入道西行」の名も見られる。故に西行がこの上覚を高尾に訪ねて、明恵・喜海らの侍する前で如上の「物語」をしたことは、まことにありそうな情景である。

山田昭全氏[24]は「西行の話相手はおそらく上覚だった」と推定した上で、如上の西行のことばは両宮歌合にあらわれた伊勢信仰・本地垂迹信仰と「ほとんど矛盾を見出さない」のみならず、「さらに明確な和歌即陀羅尼観を打ち出していること」を強調された。もとより「物語」の中に明恵・喜海の思想による潤色があることは否定できまいが、その点を割引しつつもなお、私は山田氏と共に「物語」を西行の到達した和歌観の究極と認めたいと思う。特にその和歌即陀羅尼観の例証として掲げられた「山深く」の一首は、『新古今和歌集』（巻十七雑歌中）以外にはみえないから、かならずや晩年の作であろうが、西行の思想的飛躍の指標としてきわめて重要である。心を山に通わすだけではなく山中深く住むのでなければ、「あはれ」を真に知ることはできないという歌意は、窪田章一郎氏[25]の指摘のごとく「精一杯の信念の吐露」として迫力があるが、それは他者に難行を強いる道歌ではなく、近く弘川寺に籠ろうとする自身の決意を示したものと、私は解釈したい。この決意を、「我又此虚空如ナル心ノ上ニ於種〻ノ風情ヲイロトルト雖更ニ蹤跡無」という、過去への痛烈な反省・訣別の辞と重ね合すならば、年来数奇と仏道の間を往来しつつ苦悩して来た西行が、今や重大な超越・飛躍を成就し得たことが、明らかに看取されるのである。

ところで、数奇を脱却して仏道特に往生のわざに徹しようとする志向の端的な現われとして、西行が起請して詠歌を絶ったという、注目すべき事実がある。左の『拾玉集』にみえる二つの贈答はこれを示すのである。

（A）円位上人無動寺へのほりて、大乗院のはなちてにうみをみやりて

にほてるやなきたるあさに見わたせば　こき行跡の浪たにもなし

かへりなんとてあしたの事にてほともありしに、今は歌と申ことは思たえたれと、結句をはこれにてこそつかうまつるへかりけれとてよみたりしかは、たたにすきかたくて和し侍し

ほの〱とあふみのうみをこく舟の　跡なきかたに行こゝろかな　（『校本拾玉集』第四冊）

（B）円位上人宮川歌合、定家侍従判しておくに歌よみたりけるを、上人和歌起請の後なれと、これは伊勢御かみの御事思企てし事のひとつなこりにあらむを非可黙止とてかへししたりけれは、その文をつたへつかはしたりし返事に定家申たりし

八雲たつ神代ひさしくへたゝれと　猶わかみちはたえせさりけり

たちかへり返に申やる

しられにきいすすかはらに玉しきて　たえせぬみちをみかくへしとは　（同上第五冊）

その判の奥書にひさしく拾遺にて年へぬるうらみなとをほのめかしたりしに、其後三十日にたにもたらすやありけむに程なく少将になりたれは、ひとへに御神のめくみと思けり、上人も判を見てこのめくみにかならすおもふ事かなふへしなとかたりしに、こともあらはになりにけり、上人願念叶神慮かとおほゆる事おほかる中に、これもあらたにこそ

（A）は「文治五年七月」の寂蓮との贈答と「文治五年八月十五夜」の良経との贈答の間に配列されているから、ほぼ文治五年秋の作とみられる。(26) 詞書によれば、西行は叡山無動寺谷に慈円を訪ね、大乗院の放出で琵琶湖の眺望をほしいままにしつつ、すでに詠歌を断念した旨を慈円に告げたのである。そして「結句をばこれにてこそつかうまつるへかりけれ」という語は、「思えば生涯の結びの作歌は、この場所でするのが適当であったよ」といった意味と思われ、(27) 眼前の風景への感動の余り、起請にもかかわらず「にほてるや」の一首を詠んだのであろう。人口に膾炙した沙弥満誓の「世の中を何に譬へむ朝びらき漕ぎ去にし船の跡なきがごと」（『万葉集』巻三）を本歌として(28)無常観を吐露したのであるが、私はこの「こき行跡の浪たにもなし」の句が、かの『明恵上人伝記』の「物語」中の「我又此虚空如ナル心ノ上ニ於種ゝノ風情ヲイロトルト雖更蹤跡無」の語と符節を合するがごとき点を、特に興味ふかく思うのである。

少壮の身ながらすでに仏道修行を積んだ慈円は、老西行の透徹した心境と詠作に接して、「ただにすきかたく」と刮目したのであるが、それも当然であろう。この和歌起請は、西行の生涯にあっては五十年前の遁世にも比すべき重要な一転換で、彼はこの時点で数奇の遁世者から浄土願生者へ飛躍したのである。

私は右のごとく「和歌起請」を理解したが、これには異論もある。松野陽一氏(29)は前引（B）史料を解説して次のごとく述べられた。

この「和歌起請」の内容は「非可黙止」というところから判断して、「和歌を詠むことをやめる」という意味だと考えられるが、何らかの仕事を成就させるために、神にちかいをたてて歌を作ることを断っていたということになろう。それが何の為であったか、ということは推測する以外にないが、ここでそのちかいを破る理由としてあげている「これは伊勢御神の御事思ひ企てしことの一つの名残りにあらむを」という点に求めてよいのではないかと思う。

「伊勢御神の御事思ひ企てしこと」は勿論自歌合を伊勢太神宮に奉納しようと企てたこと（この中に、あるいは「諸社十二巻歌合」をも含めてよいかもしれない）であり、「一つの名残り」とは、既に完成している御裳濯河歌合に対しての表現であろう。ということになると、あるいは、生命の残り火のもはや少いことを予感した彼が、何としても生あるうちに奉納を実現したいために、彼にとって非常に重要な意味を有っていた歌作行為そのものを代償としたのではないだろうか。この場合には、だから、目的そのものに添うことだったから、ちかいを破ってもやむを得なかったのである。

すなわち松野氏は和歌起請の目的を両宮歌合（ないしは諸社十二巻歌合を含む）完成のためと限定されたのであるが、果してそうであろうか。この（B）詞書に「円位上人宮川歌合、定家侍従判しておくに歌よみたりける」とあるのは、『宮河歌合』の末尾の定家跋文に、

（前略）宮河の清き流れに契を結ばば、位山のとどこほる道までも、その御しるべや侍るとて、今聞き後見む人の嘲りをも知らず、昔を仰ぎ故きを偲ぶ心一つにまかせて、書き付け侍りぬるになむ

君はまづ憂き世の夢をさめぬとも思ひ合はせむ後の春秋

とあるものを指すのであろう。これに対して西行は「このめくみにかならすおもふ事かなふへし」（B左注）と慈円に語ったというのだから、今は伝わっていない西行の返歌はかならずやこの談話と同趣旨の、定家の官位昇進への西行の「願念」を「神慮」に訴える作であったと想像される。しからば（B）の「伊勢御かみの御事思企てし事のひとつなこり」とは、俊成・定家の判を得て自歌合は完成したものの、定家の官位昇進が唯一の懸案として残ったという意

味であり、「非可黙止」とは、たとえ「和歌起請」を破ってもその約束だけは果すべく「神慮」に訴えねばならないという意味だと解釈される。

もし松野氏説のごとく起請の目的を両宮歌合完成のためと考えるならば、この時点でその目的はすでに完成したのだから、起請も当然解けて「黙止」の必要もないはずであり、しからずして、定家の官位昇進が実現しない限り目的がまだ達成されないのだというならば、「非可黙止」どころか、逆に、起請を破って神慮に背かぬよう厳に「黙止」すべきものではないか。いずれにせよ、「目的そのものに添うことだったから、ちかいを破ってもやむを得なかったのである」との松野氏の見解には従い得ないのであって、(B)の詞書は、起請が目下なお継続しているという前提の下に、例外的に返歌を詠まないわけにはいかなかったものと解釈すべきである。もしこの解釈が認められるならば、「和歌起請」の目的ないし理由は、両宮歌合完成などに限定すべきではなく、より根本的に西行の生き方全般に関わるものと見るべきであろう。久保田淳氏は、(30)

或いは、自歌合奉納のためというのは確かに和歌起請の説明にはされたかも知れないが、それと同時に、もはや歌うべきものは歌い尽したという、一種の自足した心境に達していたことが、普通であったら歌人としての自己否定を意味しかねない、このような決意を表明させたのではないであろうか。

と述べられたが、傾聴すべき見解である。久保田氏は、西行にこうした自足を与えたのは「風になびく」のような「第一の自嘆歌」を詠みえたからであろうと推察された。私は前節で『千載集』入集による満足を推定したが、久保田氏の推察は、私見の指摘した外的契機と表裏一体をなす内面的契機を指摘されたわけである。

ただし西行が数奇の断念を「起請」という決然たる劇的な形でおこなったのは、単に数奇心の自足だけではなく、迫り来る終末への予感が切実となったからではなかろうか。そこに七十歳という、当時においては文字どおり稀な長寿に到達して、人生の起承転結を完全に実現しえた者の強味があり、また年来の仏道への沈潜がここに至って十分にその効果を発揮したともいえるであろう。

もっともその「起請」とは、これを破ればただちに神仏の冥罰を蒙るといった本格的なものというよりは、自己自身に課した戒めのようなものかも知れないのであって(31)、久保田氏がこの起請に「ストイックなものが余り感じられない」というのも、その印象を指したのであろう。つまり「和歌起請」とは、一首の秀歌を詠むために狂おしいまでに心神を責めるような数奇者的境涯を脱却することであった。したがって起請後といえども、たまたま興至って、三十一文字が気楽に口を突いて出ることまで拒む必要もないわけで、そうした自在な心境に西行は達したのであった。大乗院の放出での挿話は、まさにそうした老熟の風貌を想像させてくれるのである。

このように考えると、嵯峨における例の「たはぶれ歌」などは、その成立が起請以前か以後かは不明であるにせよ、少なくともこのような精神的飛躍の所産とするにふさわしい詠風である。「たはぶれ歌」とは「軽い気持で詠み流した歌(32)」とか「まともに、まじめに詠むというのではなく、何の配慮もなく、気楽に、うちとけて詠む歌(33)」の意味に解されているが、それは彫心鏤骨の作と並行して息抜き的に詠まれたわけではなく、もはやそうした無技巧の「すさび」のみが起請の埒外で生まれていたのであろう。後世の鑑賞眼よりすれば、天衣無縫の「軽み」に到達したものとも賞讃されようけれども、それは当時の評価ではない。現に『聞書集』が『新古今集』の撰集資料とされた時、幾人かの眼が通ったにもかかわらず、一首も懸点が付かなかった(34)のはその証であるが、おそらく地下の西行はこの結果を淡々と肯定したにちがいない(35)。今や西行の関心事は、いかにして往生を迎えるか以外にはなかったのである。

注

（1）萩谷朴氏（『平安朝歌合大成』八ノ第四六五・四六六）によれば、「本歌合独自のものは『御裳濯河歌合』二二首・『宮河歌合』一五首で、その「歌合独自歌の多くは、歌合結構に際して特に追加新作せられたものであると考える方が、妥当性が大きい」よしである。すなわち歌合の構成プラン上必要なものは新作したが、主眼は年来の秀作を自選するところにあったと考えるべきである。

（2）萩谷氏前掲書二五五三頁。

（3）同上二五五二頁。ただし屢次の歌合に参加した歌人たちと歌会では常に同席しているのだから、同時代の歌壇と没交渉だったわけではない。歌合という異常にエキサイトする場がおのれの数奇にふさわしからぬことからの拒絶であろう。

（4）これより先、『玉葉』元暦元年十二月二十八日条に「法印《慈円》去比仰二小僧一、密々所レ詠哥等、遣二俊成入道之許一、令レ付二勝負一、返事云、和歌判起請了、然而於レ仰者、不レ可レ准レ他、仍可レ付二勝負一、明日可二返上一云々」とある。すなわちここに自歌合の試みがあったことが知られるが、現存していない。もっとも谷山茂氏（日本古典文学大系『歌合集』解説）は、「去比仰小僧」云々の所が「いささかわかりにくい」とし、これを「小僧と仰せて」と訓み、「小僧と称して（すなわち小僧の筆名で）」の意味に解された。そして、もし「小僧に仰せて」と訓まねばならぬとすれば、「それは慈円が小僧に命じ、小僧と共に詠んだ歌等、すなわち慈円主催の、ただ普通の歌合を意味することになろう」が、前者のごとく訓み得るなら自歌合を試みたことになる、と説かれた。思うに、「小僧と仰せて」と訓むのは、古記録の文体としては無理で、もちろん「小僧に仰せて」であろうが、そう訓んでも文意は変らない。つまり「仰小僧」は「遣俊成入道之許」に係るのであり、文意は慈円が「密々所詠哥等」を、小僧に命じて俊成の許に送って勝負を判定させたという事である。しからばこれは慈円の自歌合であるかといえば、実はそうではあるまい。なぜならば、『玉葉』は翌二十九日条に、「早且、俊成入道昨日和歌等付二勝負一返送、其次詠二一首一、副レ之、其詞云、／くれはつる松のとぼその雪のうちを春こそ知らねきみだにもとへ／返歌云、／雪のうちはいづこもおなじさびしさぞわが宿とても春を知るかは」と記している。俊成が兼実の許に「返送」し、兼実と歌を交わしているのだから、前日送られた「密々所詠哥等」とは記者兼実自身の作品であったと、文脈上解さねばならない。この辺は古記録独特の文体であるが、誤解すべきでない。故にこの『玉葉』記事は、九条家あたりで自歌合が習練の手段として「密々」におこなわれていた事実を示すものであって、この点、作品を公開した西行の場合とは異質のものというべきであろう。

(5)　荻谷氏前掲書二五六一頁。

(6)　伊藤嘉夫氏の「勅撰集と西行」(『歌人西行』所収一七二頁)によれば、『千載和歌集』の西行歌数は、俊頼・俊成・基俊・崇徳院・俊恵・和泉式部・道因・清輔に次ぐもので、「西行のあつかひはやはり破格といふべきもの」とされる。

(7)　窪田章一郎『西行の研究』三六一頁。

(8)　伊藤嘉夫「慈円と西行」(『歌人西行』所収)六七頁。

(9)　久曾神昇「西行文献叢刊解題」(『西行全集』)四八三頁。

(10)　荻谷氏前掲書二五五四頁。

(11)　松野陽一「西行の『諸社十二巻歌合』をめぐって」(『平安朝文学研究』二―八)六二頁。

(12)　多賀宗隼『校本拾玉集』「慈円略伝」七七三頁。

(13)　同上七八四頁。

(14)　『沙石集』(巻第五末)に、「西行法師遁世ノ後、天台ノ真言ノ大事ヲ伝テ侍リケルヲ、吉水ノ慈鎮和尚伝ベキヨシ仰ラレケレバ、『先和歌ヲ御稽古候へ。歌御心エナクハ、真言ノ大事ハ、御心エ候ハジ』ト申ケル故ニ、和歌ヲ稽古シ給テ後、伝シメ給ケルト云ヘリ」とあるのはもちろん事実とは認めがたいが、「一心ヲウル始ノアサキ方便、和歌ニシクハナシ」との立場における、老西行と慈円との同質性から出た説話と見ることができる。

(15)　第七章「伊勢における西行」第二節三六九頁参照。ただし久保田淳氏(『新古今歌人の研究』五七二頁)は、「或いは何かの事情で慈円はやや遅れてこの試みを知り、追和するような形で参加したのかも知れない」とされる。それならば両者の対面はやはり西行帰京後となるか。

(16)　これは『高山寺資料叢書』の誤読・誤写という意味ではなく、写本がすでに誤っていたという意味である。もっとも同叢書所収の他の伝記系諸本をみると、「皆是真言ニ非スヤ」(高山寺蔵『栂尾明恵上人物語』)・「皆是真言ニアラスヤ」(高山寺蔵『栂尾明恵上人伝』上)とあるけれども、両者はそれぞれ「書風より見て本文は室町時代の書写」「本文の書写年代は慶長十四年」のよしだから、興福寺蔵本の「鎌倉時代末期と認められる」に比較して時代が下る。故に転写の間に「非也」が「非ヤ」に変り、さらに「非スヤ」「アラスヤ」のごとく移ったと考えられる。

(17)　久保田淳『新古今歌人の研究』九六頁。

(18)『高山寺資料叢書』(第一)、六九四・七一六頁。
(19)田中久夫『明恵』(人物叢書)二〇四頁。
(20)同上二九・二五〇頁。
(21)田中久夫氏は喜海が明恵に従ったのは建久ころからとされたが(同上二八頁)、数年さかのぼる可能性も無しとはしないであろう。
(22)河音能平「やすらい祭の成立(下)——保元新制の歴史的位置を明確にするために——」(『日本史研究』一三八)六三頁。
(23)『日本歌学大系』(第三巻)解題一一頁。
(24)山田昭全「西行晩年の風貌と内的世界」(『国文学』昭和四十九年十二月号)一四二・一四四頁。
(25)窪田氏前掲書三六四頁。
(26)松野氏前掲論文六四頁。
(27)松野氏(前掲論文六五頁)は、歌意から推して「起請後あまり程へていないことを感じとる」と述べておられる。ほぼそのとおりであろうが、私は「結句をばこれにてこそつかうまつるべかりけれ」の語は、軽々に看過しえないと思う。すなわち「結句」を「結末の作品」と解したいのであるが、語義について博雅の示教を請いたい。
(28)松野氏(前掲論文六七頁)は、本文からみて『拾遺和歌集』一三二七に拠ったものとされた。従うべきである。
(29)松野氏前掲論文六四頁。
(30)久保田氏前掲書九三頁。
(31)「起請」をこのようなルーズな意味に解することは、注(4)に引いた『玉葉』に、俊成が「和歌判」を「起請」し、しかも破っていることが一つの例証となる。
(32)安田章生『西行』初版二三一頁。
(33)窪田氏前掲書三五七頁。
(34)窪田氏前掲書三五九頁。
(35)山木幸一氏は「両宮歌合の成立と構想」(野田教授退官記念『日本文学新見』一八四頁)において「和歌起請」の語を、「これは西行が作歌を絶つ起請であるとする説があるが、私見では西行の委嘱を受けた慈円が『誓って引き受けた』意に解する」といわれたが、この解釈は無理であろう。氏が引き合いに出した『玉葉』元暦元年十二月二十八日条（注4参照）の俊成の「和歌判起請」についての山木氏の解釈にも従いえない。

二　入滅と西行伝説

1　弘川寺における入滅

西行が建久元年（一一九〇）二月十六日河内国の弘川寺で入滅したことは、左の諸史料によって知られる。

円位ひしりかうたともをいせ内宮の歌合とて判うけ侍しのち、又おなしき外宮の歌合とておもふ心あり新少将にかならす判してと申けれは、しるしつけて侍りける程に、その年去年文治五年河内のひろかはといふ山寺にてわつらふ事ありときゝていそきつかはしたりしかは、かきりなくよろこひつかはしてのち、すこしよろしく成てとしのはてのころ京にのほりたりと申しほとに、二月十六日になむかくれ侍りける、彼上人先年にさくらの歌おほくよみけるなかに

ねかはくは花のしたにて春しなん　そのきさらきのもち月のころ

かくよみたりしをゝかしく見たまへし程に、つゐにきさらき十六日望日をはりとけゝる事、いとあはれにありかたくおほえてものにかきつけ侍

ねかひおきし花のしたにてをはりけり　はちすのうへもたかはさるらん

（『長秋詠藻』古典文庫本）

文治六年二月十六日未時円位上人入滅、臨終なとまことにめてたく、存生にふるまひおもはれたりしに更にたかはす、世のすゑに有かたきよしなん申合ひけり、其後よみをきたりし歌とも思つゝけて、寂蓮入道の許へ申侍し、

君しるやそのきさらきといひをきて　ことはにお《を歟》へる人の後の世

風になひくふしのけふりにたくひにし　人の行ゑは空にしられて

ちはやふる神にたむくるもしほ原《（ママ）》　かきあつめつゝみるそかなしき

これはねかはくは花の下にてわれ死なんそのきさらきのもち月のころとよみをきて其にたかはぬことを世にもあはれかりけり、又風になひくふしのけふりの空にきえて行ゑもしらぬわか思かなも、この二三年の程によみたり、これそわか第一の自嘆歌と申し事を思ふなるへし（後略）

（『校本拾玉集』第五冊）

建久元年二月十六日西行上人身まかりにける、おはりみたれさりけるよしきゝて、三位中将《（徳大寺公衡）》のもとへ

もち月の北はたかはぬ空なれと　きえけむ雲の行ゑかなしな

上人先年詠云、ねかはくは花のしたにて春しなん　そのきさらきのもち月のころ今年十六日望日也

返し

紫の色ときくにそなくさむる　きえけん雲はかなしけれとも

（『拾遺愚草』下）

俊成・慈円・定家は、いずれも西行がかねての願いの通りに、釈迦涅槃の後を追うように、最愛の花・月の下で入滅を遂げた姿に対して、深い感動を禁じえなかった。これら諸家集の成立には先後があるけれども、彼らがまったく

独立にそれぞれの感銘を記したものであることは、書きぶりからして推定に難くないのである。

西行が弘川寺を終焉の地としたのは、いかなる理由によるものであろうか。弘川寺については、尾山篤二郎氏の『西行法師評伝』がもっとも詳しい。同書には文政八年の寺社改の書上が収められているが、(1)それによると竜池山弘川寺は河州石川郡弘川村にある醍醐寺三宝院の末寺で、「開山役行者・往古天武天皇勅願寺」と称している。東西一二〇間南北八〇間のかなり広大な寺域に本尊薬師堂・弘法大師御影堂・鎮守八所権現以下多くの堂塔があった。(2)その「奥ノ院御年貢地善上寺《(ママ)》」は「後鳥羽御開基、開山空寂上人」と伝えられるが、「右之伽藍坊舎礎計、委細書附、延宝三卯年指上申絵図之通リ、往古ハ坊舎数多御座候得共、元弘建武ノ兵乱ニ廃壊仕申候」というごとく、完全に退転していた。現在の弘川寺は三千余坪の境内に昭和三十三年再建の本堂以下がよく整備され、奥院善成寺までを含む絵図、後鳥羽天皇宸筆と伝える「善成寺」勅額および胎内に「善成寺本願上人」の銘文を持つ文安元年（一四四四）造立の空寂上人坐像（昭和三十七年重要美術品指定）などを蔵している。

試みに国土地理院の地図を按ずると、葛城山脈が逆「し」の字形に彎曲する中に抱かれるごとく、弘川・観心・金剛の三寺がほぼ等間隔を以って山麓に位置を占めている。観心寺・金剛寺はともに南朝の行宮となり、また多数の古文書（『大日本古文書』所収）を伝えているが、弘川寺のみ中世以前の文書がないのは、寛正年間弘川に拠った畠山政長が義就勢に攻められた兵火（『長禄寛正記』）によって、烏有に帰したものと思われる（『弘川寺誌要』、高志慈観師談）。思うに金剛寺・観心寺と同様に葛城山岳信仰の行場として草創されたもので、住職高志慈観師の談話によれば、昭和八年に寺域から白鳳の古瓦が出土したよしである。いうまでもなく葛城山は修験道の祖役小角の住したと伝えられる霊山であるが（『続日本紀』文武三年五月丁丑）、平安末期熊野信仰の昂揚につれて、熊野路の脇にそびえ立つ葛城山はふたたび山臥の重要な修行場となってきたものであり、『渓嵐拾葉集』に「大峯者真言峯、葛木者法華峯也」と対照されたように、「台密関係を主とする熊野寄りの山臥」にとって、「葛城修行は大峯修行に匹敵するもの」(3)と考えられるに至った。かつて再度の大峰修行の体験をもつ西行といえども、この老齢で荒行を志したわけではなかろうが、山岳信仰霊場のもつ森厳な雰囲気に心引かれる所があったものと思われる。しかも、『発心集』(第七)「心戒上人、跡を留めざる事」に「河内の弘川に住む聖」なる者が記されているように、当時の弘川寺は念仏聖の屯ろする所でもあったらしい。思うに、弘川は高野道に添う地であるから、西行は高野山なり田仲庄なりへの往来にしばしば近くを通ったと思われ、無縁の土地ではなかったであろう。かつてしばしば入って花を賞でた吉野が数奇を脱却しようとする現在の心境に叶わず、三十年間草庵を結んだ高野には世俗的関わりが多すぎたとすれば、入滅をひかえた西行が弘川の地を選んで新たな草庵を結んだのは肯けるのである。

川田順氏(4)は「此の山寺には、他日の後鳥羽天皇護持僧なる空寂上人がゐた。西行は此の高僧を最期の善智識に依止せんと念じたのかも知れぬ」といい、尾山篤二郎氏(5)は「西行が臨終の頃、当山の座主は空寂上人だが、この空寂と西行はどういふ関係があつた物か知らぬが、兎に角西行が醍醐理性院の法流であつて見れば相応の関係があつたに違ひなく、それだからこそ其処にゐたのである」といい、共に空寂との関係を注目された。空寂については『大日本史料』(四ノ二)文治四年二月一日条「御不予、御占アリ、尋デ又、御祈アリ」の史料として、

〔密宗年表〕三月十七日、後鳥羽帝不予、召河内国石川郡弘川寺空寂上人祈之、即日平癒、寺者行基所創、大同中、住持有名光意、見于釈書是也、寺記

とあるものが管見に入った唯一の史料であるが、『大日本史料』が後鳥羽天皇不予の事実を『玉葉』によって詳細に追いながら、この史料を「附録」とした扱いにも見られるように、空寂の祈禱はこれだけでは確実な史実とは決定で

きない。(6) また尾山氏のいう醍醐理性院の法流云々にも疑問があるから、(7) 果して空寂との関係が弘川入りに作用したか否かは不明としなければならない。

次に弘川寺へ籠った時期は何時のことであろうか。『古今著聞集』（巻十五宿執第二十三）に、西行が徳大寺公衡に対して、もし蔵人頭を「人にこえられたまひなば、さだめて世をのがれ給はんずらむ」と期待していたのに、藤原成経と源光頼とに越えられたにもかかわらず遁世しなかったので、「無下の人にておはしけりとて、其後はむかはずなりにけり」という説話がみえる。成経・光頼の頭補任は文治五年七月十日のことであるから（『公卿補任』）、弘川入りはその後ということになるけれども、説話を根拠として時期を推定するわけにもいくまい。現にこの説話では、西行が主家徳大寺家の実定・実家・公衡にいたく失望した旨が強調されているのであるが、前引のごとく定家は西行の入滅を聞いて「三位中将」公衡と切実な贈答を交わしているのであって、この説話における西行と公衡の関係にはかなりの誇張ないし虚構がみられるようである。

前引の『長秋詠藻』によれば、西行は弘川に赴いた後「わつらふこと」があり、一旦回復して「年のはてのころ京にのほ」ったようである。もっとも『国歌大観』本には「すこしよろしとて年のはての頃京にのほりてと申しし程に」とあって、上洛は願望だけで実現しなかったように見え、疑問を存しておく。『贈定家卿文』には、『宮河歌合』の定家判詞を病床で「人に三度読ませておろおろ聞き」また「手づから頭を持上げ候ひて、休む休む二日に見果て候ひぬ」るような重い容態ながら、なお「もし命生きて候はば、必ずわざと急ぎ参り候ふべし」と、あって、ここでも上洛を期していた様がうかがわれる。この『贈定家卿文』の認められたのは、文中に定家の官位昇進の「御所望」に言及している点から推して、定家が左近衛少将に任ぜられた十一月十三日以前である。これが弘川入りの下限を示すとすれば、西行は遅くも文治五年秋に弘川に赴き、その秋から冬にかけて重病に臥したこと、一旦回復して上洛したが、再び弘川に赴き、間もなく二月十六日入滅した、といった経過が推定されるのである。

右の経緯は単に弘川入りの時点についてだけでなく、その意味についても重要な点を明らかにしている。すなわち、西行は弘川寺を当初から入滅の地として選定したわけではなく、再び都に帰らぬ決心を固めていたわけでもなく、いわんや釈尊涅槃の日の入滅を計画していたわけでもなかったようである。そもそも二月十五日の往生を願ってこれを果した例は『拾遺往生伝』に二例ほどみえ（巻中、前常陸守源経隆、越中権介射水親元）、人みなの讃嘆するところであった。また往生を予告して衆人環視の中でこれを実行した者は、すこし時期は下るが都の耳目を聳動せしめた熊谷直実（『吾妻鏡』承元二年十月二十一日条・『法然上人行状絵図』）のような例もある。しかし、西行の入滅はそうした特異な事例と混同すべきものではない。それはきわめて尋常な形で到来したものに過ぎない。しかしながらこれを伝え聞いた友人知己の受け取り方は決して尋常ではなく、むしろ『長秋詠藻』以下が示すように、異常なまでの興奮に誘われたのであった。その理由は、第一に「二月十六日」という日時であり、第二に「先年」これを予期したかのごとき歌を詠んでいることであった。彼らはこれを偶然のこととは考えなかったのであるが、その背景にはおそらく入滅前数年間の西行の透徹した宗教的人格への強い感銘があったと思われる。それならばやはりこの奇蹟的な入滅は、来るべくして来たともいうべきであろう。そして次項に述べる西行の伝説化は、何よりもまずこの奇蹟的な最期に対する友人知己の強烈な感銘を端緒として開始されたものと、私は考えるのである。

2　西行伝説の形成

西行は入滅後わずかの期間に急速に伝説の人と化すのであるが、その契機は二つあったと考えられる。第一は前項に述べた奇蹟的な最期に対する友人知己の感動で、それはおのずから都の貴賤男女にひろく波及していったであろう。その流布にあずかって力あったものは、おそらく当時盛行していた聖による唱導であろう。坂口博規氏(8)は、西行入寂の地が『西行物語』において弘川寺から東山双林寺に変改された点に注目して、この「虚伝の形成者・伝承者を、この双林寺周辺の別所に集う念仏聖・俗聖達遁世者と考えてみたい」といわれたが、示唆に富む見解であると思う。第二の契機は入滅の十余年後に『新古今和歌集』が成り、西行を「生得の歌人」「不可説の上手」(『後鳥羽院御口伝』)と特別に敬重した撰者後鳥羽院によって、その筆頭歌人の栄誉を与えられたことである。もとより西行の詠歌と生き方を認めた者は俊成をはじめ生前にも多くいたけれども、狭い歌壇の埒外なる宮廷・貴族社会の大多数にとっては、この地下出身の一介の遁世者が、俊成・定家・家隆らの巨匠のみならず門地最高の慈円・良経や後鳥羽院さえも凌いで第一位にランクされたことは、瞠目すべきことだったと思われる。この二種の感動を契機として成長しはじめた西行伝説は、しだいにその内容を増幅しかつ変容し、いわばもう一つの西行像を形成した。中世以降現代に至るまでの数百年間に諸地域・諸階層にあまねく浸透したこの西行伝説の思想史的意義は重要で、西行の思想史的研究は生前の西行の行実を究明しただけでは完結したとはいえないであろう。しかし、序説にも指摘したように、西行伝説のスケールはほとんど弘法伝説にも匹敵するから、その研究は量的にも方法的にもまったく別個の作業を必要とする。故にここでは伝説の形成にもっとも重要な役割を果したと見られる『西行物語』および『撰集抄』について、両書によって提示されたイメージと実在の西行像との対比に留意しつつ略述するに止めたいと思う。しかも両書について諸本の調査を十分に果していないので、今はその概略をうかがうことを以って満足せざるを得ない。

まず『西行物語』については、その成立論に対立がある。川瀬一馬氏[9]は早く静嘉堂文庫所蔵の伝阿仏尼筆『西行物語』[10]（巻頭図版）を紹介し、これを「鎌倉中期以前の鈔写にかゝるもの」で、「西行物語の原形とも考ふべきもの」とされた。そしてその他の諸本を左の五類に分けられた。

○第一類（＝通行本）　正保・元禄・寛文の板本など、「原形本の後部に西行の諸国修行中に於ける逸話を増加した形」。

○第二類　「西行発心記」と称する伝本（成簣堂文庫・神宮文庫・川瀬家蔵）、第一類本と少異。

○第三類　伝土佐経隆筆絵巻（徳川家・蜂須賀家蔵）、「原形本が成立して間もなくかゝる絵詞の形態に発展」。なおこの種の絵詞伝本としてもっとも多いのは、海田采女筆明応九年の識語あるもので、板本「西行四季物語」「西行和歌修行」もこの系統。

○第四類　「西行一生涯草紙と題する類の伝本」「其の本文編次の上から見て、少くとも第一類本の段階を経て本書にまで発展したもの」。この類の伝本はさらに二種あり、㈠伝小堀遠州筆絵詞（川瀬家蔵）文明十二年奥書本（図書寮）㈡彰考館・図書寮・川瀬家蔵・史籍集覧所収・続類従所収本。

○第五類　永正六年書写本（神宮文庫）、章段編次は第四類に近いが、第三類の性質をも持ち、他の系統に比し仏教的思想加わる。

川瀬氏は右の分類に基づき、①いわゆる「原形本」の成立は書写年代からして「鎌倉初期」、②撰者は「当時の縉紳歌人」、③後に「諸国修行の記事が次第に豊富となり」、また「別に絵詞としての発達」をみたなどと論述された。これに対して近時伊藤嘉夫氏(11)は、「大まかに分類」して左の三系統とされた。

（A）徳川・蜂須賀本に詞章の似る、文明十二年奥書ある類従本、「西行一生涯草紙」と呼ばれる史籍集覧本などの系統。

（B）伝阿仏尼筆本系統の正保・宝永板本、神宮文庫本「西行法師発心記」などの系統。（A）から「五分の一ほどの脱落」あり、「部分的文章や歌の増補」がある。

（C）海田采女絵の系統のもの。（A）から抜き異本山家集詞書などによって増補。

そして伊藤氏は、①「まづ（A）が出来、一部脱落して（B）が伝わり、やがて（C）が成立した」、②「（A）は初め物語として成立し、それが絵を得て絵巻となった」と結論された。

右伊藤氏のいわゆる（A）系統は、川瀬氏の第三・四類本に、また（B）系統は原形本および第一・二類本にそれぞれ当る。そして、この両系統を比較すると、川瀬氏は原形本を増補して第一類本が成立し、さらに第四類本となり、また原形本から第三類の絵巻にも発展したと考え、伊藤氏は（A）系統がさきに出来、一部脱落して（B）系統となったと考えるのであるから、両氏の観方は正反対となる。もっとも物語がさきに出来、それが絵巻となったとする点では両者共通であるが、この点も久曾神昇氏(12)のごとく「疑問ではあるが、当時作成せられた多くの高僧偉人の絵巻等のことを考へると、絵巻が当時の口碑伝説によつて先づ作られたのであらうと思ふ」とする見解もあり(13)、なお定説を見ない。

『西行物語』諸伝本のうち最古と目すべきものは、静嘉堂文庫蔵本である。その中に記された天中（竜）の渡りでの受難説話が、建保二－三年頃成立の『十六夜日記』に「天りうのわたりといふ、舟にのるに、西行がむかしもおもひいでられていと心ぼそし」とあることから、川瀬氏は「阿仏尼がかゝる述懐を漏したのは、既に西行物語が成立してゐたか、或は、少くともかゝる伝説が当時著名であつて、西行物語が発生する母胎としての西行伝説が相当の程度にまで発展してゐたものと見る事が出来る」とし、「西行物語原形本の成立は、其の伝本の書写年代等が之を証示する如く鎌倉の初期であらう」と考えられた。私は静嘉堂本をはじめ『西行物語』諸本がいずれも往生の場所・年時を東山双林寺・建久九年とした虚構が無理なく通用するためには、建久九年（一一九八）よりわずか十余年後の建保頃では少しく早すぎる感じを持つけれども、静嘉堂本が最古の伝本なる点は疑問があるまい。次に徳川本・大原本絵巻は、白畑よし氏(14)によれば「はじめは四、五巻あつたものの残欠」で、「製作期が鎌倉中期頃」で「十三世紀の半ばを降らない」と推定されている。『とはずがたり』の著者二条が幼少の時見たという「西行が修行の記といふ絵」（『とはずがたり』巻一）もあるいはこの絵巻の完本ではないかと白畑氏は想像しておられるが、それならば二条の九歳なる文永三年（一二六六）以前に絵巻は流布していたこととなる。

右二本に次ぐものは、宮次男氏(15)が板本系統と同一祖本に出たものとして報告された久保惣太郎氏蔵の絵巻で、これは室町時代に製作された模本ではあるが、絵画史的にみれば「原本の製作はやまと絵の古典的な様式が十分に残っていた鎌倉時代につくられたもの」とされる。次いでは、「文明十二年二月中半記之」の奥書ある書陵部蔵本である。なお中世の伝本には、右のほか川瀬氏の第五類本とされた永正六年書写神宮文庫本があるが、調査未了である。

私は現段階では、前述の川瀬・伊藤両氏の対立する所説について是非を論ずるのは控えざるを得ない。ただ右の諸本を一応比較した所では、

㋑静嘉堂本が増補されて久保家本・正保板本などとなったこと

㋺徳川本・大原本（旧蜂須賀本）絵巻と文明十二年奥書本・西行一生涯草紙本が同系統であること

の二点は確実であると思う。しかも右の㋑㋺両系統は、その構成および文体・文脈、特に後者のいちじるしい相違から判断して、一応別個に記定されたものと見るのが穏当であろう。川瀬氏は原形本・第一類本から絵巻への発展を想定され、伊藤氏は（A）が脱落したものを（B）とされるけれども、㋑㋺両系統がそのように緊密な関係にありといいがたいことは、本文を少しく校合すれば一目瞭然である。ただしその素材源には、四歳の女児を縁から蹴落す話が静嘉堂本（㋑）と徳川本・大原本（㋺）に共通することを以ってしても密接な関係があったようであるが、何といっても文体・文脈が違いすぎるのであって、㋑㋺両系統の原形本は、別個の著作者が共通の素材を多く用いながらも、それぞれ独自に記定したものと推定されるのである。

行文の違いは右のごとしとして、全体の構成については、徳川本・大原本は残欠にすぎないし、静嘉堂本も川瀬氏は「首尾は完全してゐる（巻中他にも亦何等欠脱を暗示すべき点は存しない）」[16]とされたけれども、東国行の往路途中の「さかみの国おほはといふところとかみか原をすくる」記事から唐突に「西行ミやこ東山のほとり、そうりん寺のかた原にいほりをむすひ、せつしゆの御むかひを待てあかしくらしけり」と往生の記事へ接続するのははなはだ不自然で、この間に大きな省略があるのではないかと疑われる。したがって㋑㋺両系統の原形は、その全構成を比較する術がないけれども、現存部分のみを比較しても、大原本にくわしく語られている吉野・熊野・葛城・大峰修行の記事は静嘉堂本にもその同系統の久保家本・板本にもみられないし、反対に静嘉堂本にくわしく語られている伊勢神宮参詣は残欠の徳川本・大原本はさておき文明十二年本でもむしろ簡略であって、西行の宗教思想に対する㋑㋺の視角には若干の差が存するようである。このように見ると、全体の構成においても㋑㋺両系統はそれぞれの原形においてすでに相違していたと考えられる。この相違は、㋑㋺両系統の増補された諸本を比較すれば一段と明らかになるであろう。

ところで、伊藤嘉夫氏は文明十二年奥書本（㋺系統）中に『新古今和歌集』入集の西行歌九四首のうち実に九一首が収められている事実を指摘し、「はじめは入集歌九四首の全部を収めていたかとも思われる」と推定し、この本の作者は「まず新古今集入集西行の全歌を集め、これによって西行物語を構成しようと考えたであろう」が、入集歌のうち七四首は本来「題しらず」の歌であったから、これを組み入れるために作者は種々の虚構を設定したと説かれた。(17)すなわち、大治二年鳥羽殿御幸の際に時めく歌人に障子歌を召した中に「憲清」が加わって詠んだとか、仁和寺御室より「月の百首」を召されたとか、平泉や崇徳院の許で「恋百首」を詠んだといった形にして、多くの「題しらず」歌を処理したものと、氏は推定された。この見解は卓抜であって、これに従って考えを進めると、㋺系統本の著作または増補契機には、『新古今集』筆頭歌人たる西行への感銘があったことが推定されるのである。

これに対して㋑系統本の場合は、無常観を鼓吹する点においてより強烈である。たとえば、西行が同僚憲康と連れ立って鳥羽殿を退出する個所で、静嘉堂本には、

みちにて、のりやすかたりける、われらかせんそのひてさとしやうくん《（秀郷将軍）》東域をしつめてこのかた、ひさしく朝家の御まふりとして世をしつむ、いまわれらにいたるまて当帝の朝恩によくして、ひろくほまれをほとこす、このほといかにやらん、なにこともたゝ夢まほろしのこゝろして、けふあれはとてあすをまつへき身にもあらす、あはれいかならんたよりもかな、いはを《（ママ）》いてさまをか□かた山さとのすまひもあらまほしくこそおほゆれなんと、まことしくかたれは、のりきよも今さらかゝる事をかたるハ、いかならんするやらんと、むねうちさハき、たか

ひにたもとをしほりける

とあるが、㋺系統本にはこうした述懐はなく、憲康は単にその夜急死するだけである。また「小夜の中山」を越える個所では、「としたけて」の歌につづいて静嘉堂本には、

おかへ《岡部》のしゆく《宿》といふところに付て、あれたる御たうにやすミゐけるに、我不愛身命　但惜無上道と書たりしかさあり、みれは同行西住かかさ也、かさはあれともぬしはみえさりけれハ、あたりの人にたふ、答てこの春しゆ行者のくたりてありしか、この御たうにていたハり残してうせはんへりしを、いぬのくいみたして侍りき、かはねハちかきあたりニはんへらんといへは、たつぬるに見へす

かさはありその身はいかになりぬらんあわれはかなきあめのしたかな

とあるが、㋺系統本にはこのような説話はみえない。(18) しかも久保家本・正保板本（㋑）ではこの文はさらに増補され、

只独嵐の風身にしみてうき事いとゝ大井河、しかひの波をわけ涙も露もおきまかふ、墨染の袖しほりもあへす行程に、（中略）何となくうしろとの方をみやりたりけるに、ふるき檜笠のかけられたるをあやしと見に、すきにし春の比都にてたかひにさきたゝハ還来穢国最初引接の契をむすひし同行の、東の方へ修行に出し時、あなかちに別を悲ミしかハ、此を形見にとて、（中略）おくれさき立ならひはやもとのしつくと成りにけるやらんと哀に覚へて涙をおさへて、（後略）

（右の中略個所は静嘉堂本とほぼ同文。ただし「西住」という名はみえない）

のごとく、いやが上にも無常をかきたてている。この増補本を文明十二年奥書本（㋺）と比較すれば、このような無常観鼓吹の個所はすこぶる多い。こうした特徴からすると、㋑系統本の著作ないしは増補の契機には、西行の発心・

往生への宗教的感銘が、㋺系統本よりも純粋かつ強烈に存したものと推定されるのである。もっとも㋺系統本といえども、発心・往生を軽視したわけではないが、川瀬氏が「この物語の伝流が、縉紳と緇流との両方面に行はれたものである事は現存諸伝本の性質が之を明示してをり、又、其れに拠つてこの物語に両方面の人々の手が加へられてゐる事が察せられる(19)」といわれたのは、示唆に富む見解であろう。

いずれにせよ『西行物語』によって提示されたもう一つの西行法師像は、実在の西行が最晩年に到達した仏道的境地への感銘を起点として、若き日の遁世をも、数奇の要素を捨象して無常観そのものの発動と直線的に解釈することによって、形成されたものである。しかも『西行物語』は「発心」より「往生」に至る中間の五十年を絶間なき「修行」を以って埋めつくそうとした。この点についても、川瀬氏は「其の後、紀行文学の盛行に伴つて、西行物語に元来包含せられてゐた諸国修行の記事が次第に豊富とな」ったといわれ、伊藤氏はむしろ古態である文明十二年奥書本から「一部」すなわち吉野・熊野・大峰修行などの部分が脱落して板本等となったとされるのであるが、これらの点を精到に検討することは後考に譲らねばならない。しかし、たとえば文明十二年奥書本・久保家蔵本のごとく鎌倉末から室町初頭にかけて流布したと思われる諸伝本を見れば、発心と往生の中間を吉野・熊野・大峯・住吉の「山林流浪の行」(ただし久保家蔵本なし)――帰洛――「東国のかたの修行」――帰洛――「四国に修行」――帰洛など、あたかも一所不住の「修行」の小休止として帰洛したかのごとく綴っているのであって、ここに読者の印象付けられるのは草庵閑居の静ではなく、流浪漂泊の動である。私は第五章「山里と修行」において、西行の遁世生活の基本が前者にあったことを確認したのであるが、もう一つの西行像はこの静動の比重を逆転せしめているのである。そして、その「修行」も歌枕を訪ねるような数奇のわざではなくなり、天竜の渡りでの受難・郁芳門院侍の隠遁者との遭遇・妻子の出家などの説話に彩られることによって、いちじるしく宗教色の濃いものに脚色された。後深草院二条が「修行の心ざしも、西行が修行の記うら山しく覚えて社思ひたちし」（『とはずがたり』巻四）旅への出発が正応四年（一二八九）なることを以ってすれば、鎌倉末期に入るころ、『西行物語』は何よりも「修行の記」として享受されていたことが推定される。発心・修行・往生を三力点として形成されたこの絶妙な伝説像は、これより後長く広く民衆の中に生きつづけたのである。(20)

次に、『西行物語』と共に伝説の西行像を確立した『撰集抄』に触れておこう。西尾光一氏(21)は、「『撰集抄』一二一話のうち、助動詞『けり』を主用し、伝承された話を書きとめるという形で書き記されたもの、つまり説話的な表現形態をとっている話は九〇話を占めているが、第一人称で、助動詞『き』を主用して叙述されている紀行的・随筆的発想の説話が三一話ある」とし、「なお、説話的な表現形態をとっている九〇話の中でも、説話末の批評・感想・説法などの部分に著者がしばしば顔を出しており、著者すなわち批評者はとりもなおさず西行であるという形の仮託性を示しているものがある。つまり、西行の行動ではなくて、西行的な思考という形での仮託の成立である」とも説かれた。このように、『撰集抄』は平安時代末期に続出した仏教説話集の流れに属するのであるが、その特徴は高名な遁世者西行に仮託するという新機軸を出した点にある。

西尾氏のいわゆる仮託三一話プラス若干の中で、西行が諸国を遍歴する途中で種々の絶対孤独の隠遁者・山中修行者に出会うというパターンが多いことを、私は特に注目したい。これを表示すると、次のごとくである。

	巻—話	時	修行場所	出会った人物（括孤は故人）	説話
①	一—五	以往	あづまぢ・陸奥	宇津の山の庵に座禅する僧	年来の女に死なれて遁世した
②	二—二	過にしころ	筑前の国	（御笠の郡小野の山中にすんだ僧）	その庵の跡をたずねて、僧が青蓮院法眼真誉であったことを知る
③	二—六	過ぎぬる比	陸奥	（平泉の郡栵という里の山中に庵を結んだ猛将のむすめの尼）	その二十余年前往生した庵をたずねる
④	三—一	以往	越路の方	能登の国いなやつの郡の荒磯の岩屋に坐す年四十ばかりの僧	実は松島の寺に住する見仏上人であった
⑤	三—二	過にし比	津の国住吉のやしろ	天台山の静円供奉	夜たずねたが「ふつに見えたまはず」
⑥	三—五	以往	丹波の国	大江山生野の山中に庵をむすぶ年六十ばかりに傾いた僧	元は三井寺の学徒で、山門との争いで寺を焼かれたので遁れた
⑦	三—九	過にし比	紀伊の国	葛城山の麓に庵をむすぶ五十ばかりの男	もとどりを切りたいと望まれて髪をそってやる
⑧	四—三	過にし比	紀伊国	由良の岬の舟の中に泣いていた釣人	殺生をかなしむ男を剃髪させ、都にともなう（後世者西道となる）
⑨	四—六	過にしころ	越のかた	船さか川の舟に乗り合せた二十未満の僧	東大寺から三年前失せた大臣得業慶縁であった
⑩	四—七	以往	淡路の国	藤野の浦に庵をむすぶ大僧正明雲	述懐を交わして泣く泣く別れる
⑪	五—六		小倉山のふもと	待賢門院中納言の局	たどり行って話を聞き、三年後見舞ったところ息たえていた
⑫	五—一一	治承二年長月の比	西の国	江口柱本の尼	庵に一夜とまって連歌などする
⑬	五—一三		西の国	津の国昆陽野でささらをする六十にたけた僧	ことばをかけると逃げ去る
⑭	五—一四	おなじ比（治承二年）	奈良の京巡礼	東大寺に住む俊恵	歌物語をする

⑮	六—四	過ぬる八月のはじめつ方	難波のわたり	山陰の中納言の末なる、釣する翁	もとどりをきって行住と名のり、西行・西住と同行、都に上って西山のふもとに庵をむすぶ
⑯	六—五		高野より都へ	西住上人	その終りをみとり、骨をひろう
⑰	六—八	永暦のすゑ	信濃の国	さののわたりの花野に庵をむすぶ五十くらいの僧 その西の山中にすむ六十あまりの僧	座禅に結縁のため麻の衣を置いて出る たずねたら、ねむるように息絶えていた
⑱	六—一一	さいつころ	武蔵野	花を手折って家居する僧	郁芳門院の侍だったが、女院の崩後手ずからもとどりを切ったと語る
⑲	六—一二	さいつ比かしらおろし侍りし比	三滝	上人観空	近衛の院に召仕われ、崩後遁世した
⑳	七—一〇	長承の末の年	吉野山	山奥に住む年五十にたけた僧	誘われてその住家を見る
㉑	七—一四	おなじ比（治承の比）	越の方	山中の山伏の僧と男	山伏とともに、敵に追われる男を救う
㉒	九—七	此比	高野	空観房〈坊城宰相成頼〉	いみじき道心者ときこえたのでたずねる
㉓	九—八	過ぬる長月の二十日あまりのころ	江口	四十あまりの遊女	よもすがらものがたりして再会をちぎる、後に消息でさまかえたことを知る
㉔	九—一〇	そのむかし	長谷寺	念珠する尼	高野のおく天野の別所にすむ妻と知り、たずね行くを契って別れる
㉕	九—一一	そのかみ	陸奥の国のかた	信夫の郡くづの松原に住んだ権少僧都覚英の跡	二十あまりで発心し、諸国流浪してここで終った

右の表を通覧すると、修行者西行が出会った人物には、まったく無名の隠遁者・修行者もあれば、かつて世に知られた人物の末路もあり、また行きずりの遭遇もあれば、旧知の人物を訪れた場合もあり、説話の内容は多彩である。

しかしいずれにせよ、彼らは例外もなく実在の西行を含む数奇の遁世者の系譜（第四章「数奇と遁世」参照）に入るべき存在ではなく、絶対孤独の苦行に徹した宗教者の範疇に入るのである。『撰集抄』の著作意図があくまでも宗教意識の昂揚にあったことは、この点よりして明らかであるが、したがって彼らを読者に紹介する役割の西行法師も、もはや数奇心による漂泊者ではなく殊勝な道心による廻国修行者として描かれねばならなかった。それであってこそ、諸説話に付加された「此事、げに思ひ出すに、涙のいたく落ちまさりて、書き述べん筆のたてど（マヽ）も見えわかずこそ」（巻三第一話）といった、「西行」に仮託した感傷的な隠遁讃美が絶妙の効果を発揮したのである。

さて『撰集抄』の如上の著作意図からすれば、その語り伝えようとした対象は仮託された西行ではなく、「西行」に訪ねられる有名無名の隠遁者・修行者たちであった。この点について、今野達氏(22)が、

撰集抄は、普通考えられている様に、西行について詳しく物語ったものではない。抄中に純粋な歌話や歌人としての西行に関する話が極めて少いことによっても、それは立証される。又西行物語の如き伝記的性格を持つものでもない。作者は、歌人としてと同様、隠逸清浄の漂泊僧として渇仰された西行を、聖階級の一種の代表的偶像的人物として、西行の流浪遍歴に托しつつ、諸国の山河に遊歴練行する幾多の有名無名の聖達の浄行を記す事をも大きな目的としたらしい。

と述べられたのは、首肯すべき見解である。つまり『撰集抄』における西行の役割はあたかも能におけるワキの旅僧のごときもので、後に謡曲において西行がしばしばワキとして登場するのも(23)、きわめて自然の成り行きであった。『撰集抄』のこうした発想は、劇的な発心・修行・往生という西行法師のイメージがすでに社会共通のものとなっていることを前提とするであろう。『撰集抄』の成立年代はほぼ『西行物語』の記定と相前後するとしても(24)、少なく

とも『撰集抄』の著者は、『西行物語』的説話がさかんに唱導され絵解きされつつある状況をよく利用したものと考えられる。そしてこのような巧妙な仮託が、西行伝説の流布、漂泊者西行への憧憬を一段と促進したのは当然である。『西行物語』と『撰集抄』のこの強力な相乗作用こそ、中世後期以降における西行伝説の普及・定着(「序説」参照)をもたらした最大の力であろう。

注

(1) 尾山篤二郎「西行終焉の地」(『西行法師評伝』所収)二〇七頁。
(2) 中に梁行二間・桁行二間萱造の西行堂と一間半四方藁造の西行庵がある。これは似雲による享保十七年(一七三二)の西行古墳発見と延享元年(一七四四)の西行堂建立に関わるものであろう。似雲については、一箭喜美子『今西行似雲法師』(昭和三十七年、三密堂書店)にくわしい。
(3) 和歌森太郎『修験道史研究』(東洋文庫版)一七八頁。
(4) 川田順『西行』六四頁。
(5) 尾山篤二郎『西行法師評伝』二〇七頁。
(6) 『玉葉』四月八日条に「又有僧事法橋二人、公家御験者実慶僧正、有二其験一、御悩平愈、仍被レ行二其賞一也」とあるが、空寂の名はみえない。
(7) 第一章「西行の系累」第二節参照。
(8) 坂口博規「『西行物語』考」(『駒沢国文』一三)三九頁。
(9) 川瀬一馬「西行物語の研究」(『日本書誌学の研究』所収)九六七頁。
(10) この一帖は昭和五十二年度に重要文化財に指定された。山本信吉「文化財レポート」107(『日本歴史』三六四参照)。
(11) 伊藤嘉夫「『西行物語』のたねとしくみ」(『跡見学園国語科紀要』一二)二頁。
(12) 久曾神昇「西行文献叢刊解題」(『西行全集』)五〇九頁。
(13) 坂口博規「『西行物語』の成立時期をめぐって——絵巻と物語の関係を中心に——」(『駒沢大学文学部研究紀要』三四)も絵巻を先とする。

(14) 白畑よし「西行物語絵巻と当麻曼陀羅縁起について」(『日本絵巻物全集』一二所収) 四・一〇・一一頁。
(15) 宮次男「研究資料西行物語絵巻」(『美術研究』二八一) 二二頁。
(16) 川瀬氏前掲論文九七〇頁。
(17) 伊藤氏前掲論文四頁。なお、氏がこれらの虚構について、たとえば大治二年(一一二七)に西行がまだ十歳であった一事を以ってしても虚妄は明らかであるが「これを鬼の首でも取ったように、以て西行物語信ずるに足らずなどという」のは当らず、「作者は、実はそのようなことよりも、巻一から行儀よく巻六までの題しらずの歌を組み込んだことに安堵したことであろう」(五頁)と述べられたのは首肯される。
(18) 「我不愛身命　但惜無上道」の法文だけは、別の個所(郁芳門院侍との遭遇)に用いられている。
(19) 川瀬氏前掲論文九八一頁。
(20) 西行は『新古今和歌集』で得た最高の評価をその後の歌壇で保ったとはいえない。試みに伊藤嘉夫氏の調査(「勅撰集と西行」『歌人西行』所収)によれば、『新勅撰和歌集』以下において、西行歌の数は、新勅撰一四首(一三位)・続後撰三首(一九位)・続古今一〇首(三三位)・続拾遺九首(二八位)・新後撰一一首(二一位)・玉葉五七首(六位)・続千載四首(一〇三位)・続後拾遺三首(六八位)・風雅一三首(三一位)・新千載四首(一〇四位)・新拾遺九首(二七位)・新後拾遺三首(八八位)・新続古今三首(一六四位)であり、二十一代集を通算して定家・貫之・俊成・為家・良経に次いで第六位であるという。故に伊藤氏は「権門宗家の間にあつて、斯く遇されたことは、各時代を通じての好尚にも適し、親しまれ崇まれてゐた」と結論された。和歌史的にはまさしくそのとおりであろうが、しかし京極為兼の詩眼によって「西行の残つた秀歌の総ざらひの観」ある『玉葉和歌集』以外には、『新古今集』のごとき破格の優遇を受けたわけではなく、西行・後鳥羽院のごとき抒情的歌風は、定家の美学の絶対的権威に支配された中世歌壇においては傍流にすぎなかった。故に伝説的発展の目覚ましさは、その作品への感動を主たる原因としたわけではないのである。
(21) 西尾光一校注『撰集抄』解説三四〇頁。
(22) 今野達「撰集抄の成立について——その年次と性格——」(『国語国文』二五—一二)一四頁。
(23) 『西行全集』所収の関係謡曲のうち、雨月・現在江口・西行西住・西行桜・実方・初瀬西行・松山天狗などは、いずれもワキが西行である。

(24)　西尾光一『撰集抄』岩波文庫版解説三三八頁。

むすび

本章に述べたことは、西行が生涯の終りに至って数奇を脱却して仏道に没入する心境に飛躍したこと、その奇蹟的な入滅が西行伝説化の第一の契機となり、『新古今和歌集』筆頭歌人の名声がこれを促進したこと、および『西行物語』『撰集抄』による発心・修行・往生の三点の強調が、実在の西行の数奇の遁世者像と異る宗教者的イメージを提示したこと、このもう一つの西行像がその後ながく民衆の心に浸透したこと、ほぼ以上のような点である。本章の叙述を終って痛感されることは、西行の長い生涯がいたずらなマナリズムではなく内面的緊張の持続であり、そのため、青年期の発心・遁世から中年期の草庵と漂泊の生活を経て、晩年における宗教的飛躍へと、はなはだ顕著な思想的発展を示していることである。かくも自覚的に自己の生を完結点に到達せしめた点は、たとえば芭蕉や漱石のごとき天才がわずかに五十代に足を掛けた所で没し、その思想的発展を挫折せしめたのに比較しても、注目すべき達成・円熟というべきであろう。

結論

序説に述べた問題意識のもとに、中世思想史上に西行の人間像を再構成しようと試みた。その結果得られた知見は、要約すれば左の三点となる。

第一は、西行の系累・所領・官歴などについて若干の新事実を明らかにし、旧説の誤謬と思われる点を修正した。この一連の作業を通じて判明したことは、これらの主として世俗的な諸事実が、数奇の遁世者の自己表現たる西行歌の世界からほぼ完全に切り捨てられていたことである。しかし、官人としての閲歴、そこに生じた対人関係、および体得された故実などは、遁世後の西行の実生活とくに貴族社会との交渉において、強力な潤滑油となったものである。西行が体制を完全に離脱したわけでなく、体制の周辺に身を接していたことは、激動する政治世界の中心に次々に立った権力者すなわち鳥羽法皇・崇徳上皇・藤原頼長・入道信西・平清盛・源頼朝のすべてと交渉を有した一事を以ってしても明白であるが、こうした遁世の本質を考察するためには、右の陰の部分のもつ比重を軽視することはできない。もとよりそうした接触・交渉を保ちつつも、西行はみずから選んだ遁世者としての主体性を堅持しつづけていたのであって、その頑強な意志と巧妙な処世は達人の域にあったといえよう。

第二は、西行の遁世の目的およびその本質が「数奇」にあったことを、西行以前における長い「数奇の遁世者」の系譜および西行個人の草庵閑居と廻国修行の実態を通じて明らかにした。右のうち系譜については、これを構成する人物の個人々々に対して従来多くの研究がなされているにもかかわらず、その全体を巨視的に見て、これを通常の宗教的遁世と似て非なる一の歴史的範疇とする認識は、かならずしも明確ではなかったと思う。しかし「数奇の遁世」こそ中世以降における文学・芸能の徒の生態を根本的に規定したものであるから、これを確立した典型ともいうべき西行の存在意義は、文学史的視野に限定して理解されるべきではなかろう。また西行の遁世生活の基本が山里の草庵における閑居にあり、寺社参詣・廻国修行あるいは勧進などの活動がその上に展開したという実態が確認された以上、それは五来重氏のいわゆる勧進聖とも、また西行没後に伝説化された一所不住の漂泊者とも、相当大きな距離をもつものといわねばならない。西行を敬慕した連歌・俳諧の徒の思想・行動やひろく民衆に浸透した西行伝説を究明する場合にも、この実像・虚像の差という前提を閑却することはできないであろう。

第三に、西行の遁世五十年間における内的・外的の推移・発展に注目し、これを数奇より仏道への比重増大として把握した。数奇に引かれて少壮有為の官人を捨てた発心より、山中・海浜の諸所に結んだ草庵の生活、遠近の寺社への参詣・修行、高野山内外における勧進活動、浄土信仰・山岳信仰・神祇信仰などの雑修を経て、数奇よりの脱却と奇蹟的な入滅に至った息長い歩みは、いたずらな停滞や恨むべき挫折を免れた発展性と完成度において、わが国の思想史上稀有の存在であるといわねばならない。また宗教と文学との相剋・融合の関係を中世思想史の中心的主題の一と見るならば、西行の生涯はこの点についてももっとも興味ふかい実験であった。この場合、内典・外典について論述した教学的業績が西行になかったといっても、それは思想家としての致命的欠陥とはいえないと思う。

さて、以上三点の知見を以って構成された西行像は、中世思想史上いかなる意義をもつのであろうか。大隅和雄氏(1)は西行の「信仰の質を検討すること」によって「西行がいかなる意味で古代と中世の分界に立つものであるか」を考

察して、

よしあしを思ひわくこそ苦しけれ唯あらるればあられける身は

という歌は、（中略）宿縁によってあらせられている身には、よしあしの判断と行為の選択もできないという、凡夫観なのであって、弥陀と自己との対比がそこにはみられるのであり、親鸞に至って完成する自然法爾の思想に近いのではないかと思われる。

と述べられた。また伊藤博之氏(2)は、漁民の生活を詠った讃岐行の作品（一四六三〜一四六八）を検討して、

西行における詩心の核には、そうした罪悪の精神を懺悔において転ずる宗教意識が強く働いていたと考えられる。それがまた「詩」の場所でもあったのである。そこから親鸞の思想との距離は、年表的時間のへだたりを超えて意外なほど近かったのではなかろうか。

と述べられた。両氏とも、西行の立場が「雑修の要素を数多く残していること」や「浄土が詩的領域そのものとして映っていた」ことなどの条件を保留しつつも、親鸞を頂点とする鎌倉仏教への先駆的意義を指摘されたのである。まことに首肯すべき見解であって、こうした宗教思想については今後とも十分に検討すべきであろう。ただ私は本書における論述の総括としては、むしろ西行がその独自かつ長期の遁世生活を通じてわが国における自由人の典型を確立した点を、もっとも重視したいと思う。かつて多賀宗隼氏(3)は、「美の追究に発した西行の努力は、かくして、当然の、必然の経路として出家生活による自律生活の確立、精神的自由の確立獲得へと集中せられて来てゐる」と述べられたが、まさしく史上空前にして絶後に近い内乱期の唯中で、かくも徹底して自己の生き方を貫徹した精神の強靭さは、西行以前はもとより、現代に至るまでの各時代を通じて比類なきものといえるのではあるまいか。しかもそれは、魅

力的な家集や伝説を通じて、中世以降における多くの文化荷担者たちの思考と実生活に深い感化を与えたのであって、この点こそ西行の歴史的意義として改めて強調されるべきであろう。

注

（1）大隅和雄「西行——宗教と文学——」（『日本文学』六—一）二頁。

（2）伊藤博之「『山家集』の世界」（秋山虔編『中世文学の研究』所収）二二六頁。

（3）多賀宗隼「西行管見——西行より慈円へ——」（『鎌倉時代の思想と文化』所収）七二頁。ただし多賀氏は、西行が「かゝる精神的自由への不断の精進」の結果、「他に対しても殆ど仮借する所がなかつた」とし、讃岐行の作品をその例として、「殺生によつて立てられてゐる民衆の生活を非難し憎むことの如何に深く強かつたか」と解されたが、これはむしろ前引伊藤博之氏のごとく、「これらの漁撈の歌を詠んだ西行の立脚地が、狩猟を罪悪視した仏教イデオロギーを遠くはみ出た地平にあったことは、仏教理念で現実を見かえし、截断する発想でなかった一事をもってしても明らかだと考える」（二二四頁）べきであろう。したがって多賀氏の、「西行が先づ僧侶的であり更にやがて貴族的色彩強く民衆的同情に於て欠くる所があつたに対し、慈円が摂籙の出であり、而も僧侶として最高の職位を占めながら、その考へ方や一般的態度に於て民衆的であり世俗的であつたといふ著しい対照が、当時の僧侶の精神生活の両極を代表するものとして吾々の眼を惹くのである」（八八頁）という比較は、やや対立観に偏した傾向があるように思われる。もとより慈円の経世的自覚や教学的研鑽は、自己に執し数奇に遊んだ西行の生き方とかなり隔たるものがあるけれども、両者における精神的交流や思想的影響の側面をより凝視すべきであろう。**ともあれ、慈円や鴨長明との関係についての究明は、向後の課題としなければならない。**

あとがき

十年前の旧著『平安文化史論』で、王朝の貴族文化——私はそれをわが国の古典文化の主流・正統と考えている——の成立と性格を考察したので、次にその中世における継受・変容・発展などの問題が、おのずから関心の的となった。この主題にアプローチする直接の研究対象として西行を選んだのは、その作品を少年の日から愛唱していたことに加えて、たまたまその小伝を書く必要に迫られたという、偶然の契機にすぎない。しかし、古代・中世の激烈な転換期に処して七十余年の長寿をたもち、宗教・文学・政治・芸能・故実などすべての文化領域に関与した点で、西行ほど適切な素材はなかったように思う。

序説にふれたように、近代における西行研究はほとんど国文学者ないしは歌人によるものであったから、歴史学的構想と研究法によれば、いくらかは旧説を補訂する余地もあろうかと予想した。かえりみるに、発掘し修正した史実も二―三に止まらなかったが、何よりも西行の人間像とその歴史的位置について、多少旧来と異なる観方を示唆しえたのは、望外の幸いとしなければならない。それは古来の伝説的「西行法師」像と明治以後の文学的「歌人西行」像を止揚して、実在の西行を中世的人間の典型として提示したということになるであろう。この構想・方法と具体的叙述の当否について、忌憚なき批判を仰ぎたいと願うのである。

西行はもとより単なる文筆の人ではなく、しかもその活動は多彩をきわめたから、本書も「思想史」とは銘打ったものの、静態的に著作を解説したり著者の論理・心理を分析したりする、通常の思想史的研究法は取りえなかった。いきおい、西行の動きに関連する限りの政治史・宗教史・社会経済史・法制史・文学史・芸能史・古文書学等の諸領域に、かれこれ嘴を容れることとなった。そうした方法は西行という異色・多力の対象がこれを強制したのであるが、著者はいずれの領域についても一知半解の基礎知識すら持たないので、さだめし初歩的な失考が多いことであろう。懇切な叱正を賜わらんことを切望する。

ひそかに意図しつつ十分に果しえなかったのは、西行および西行伝説に関係のある各地の踏査と、『西行物語』その他関連諸文献の伝本の調査・校合である。一書をまとめるに当って心残りであるが、体力・能力その他身辺の諸事情をあれこれ考慮すると、むしろ補訂を他日に期することが現実的であろうと、怠惰な理窟を付けた。もし本書にわずかに片鱗をあらわした西行という巨人的存在に関心をもつ新進の研究者があらわれて、このささやかな試論を補正し発展していただければ、これにまさる悦びはないのである。

本書を構成する諸論文の書誌は、次のとおりである。

「佐藤氏と紀伊国田中荘――西行伝記研究　その一――」　聖心女子大学論叢第四三集　昭和四十九年六月……（第二章）

「高野山における西行――西行伝記研究　その二・三――」　同上第四五・四六集　昭和五十年六月・十二月……（第六章）

「円位（西行）書状の執筆年時について」　日本歴史第三三五号　昭和五十一年四月……（第六章付載）

「伊勢における西行——西行伝記研究　その四——」　聖心女子大学論叢第四七集　昭和五十一年六月……（第七章）
「西行の官歴」　古代文化第二十八巻第八号　昭和五十一年八月……（第三章）
「数奇と遁世」　風俗第十四巻第四号　昭和五十一年八月……（第四章）
「山里と修行——西行伝記研究　その五・六——」　聖心女子大学論叢第四九・五〇集　昭和五十二年六月・十二月……（第五章）
「西行の系累」　日本歴史第三五九号　昭和五十三年四月……（第一章）
「佐藤正英著『隠遁の思想』書評」　史学雑誌第八七編第四号　昭和五十三年四月……（序説にその後半を使用）
右の諸論文に加えて、第八章「西行の晩年と入滅」および「序説」「結論」を新たに起稿した。各章は当初から一書の構成を予定して執筆したものであるから、誤謬・重複・脱漏を補正する以外は原形を改めないことを基本方針とした。

この研究に着手したのはかれこれ十年以前に遡るが、沈潜しえたのは六年前、縁あって聖心女子大学に静穏な研究と講義の場を与えられて以来である。この間、多賀宗隼博士が折にふれ有益な示教を与えられたのをはじめ、多くの方々から雑誌の上や私信によって助言・激励をいただいた。また丸山顕徳氏が田仲庄・弘川寺・天野などへ幾度も東道の労を取られたのをはじめ、各地の調査に多くの辱知・未知の方々の御好意にあずかった。また宮内庁書陵部・文化庁・内閣文庫・東大史料編纂所・神宮文庫・陽明文庫・国立国会図書館・静嘉堂文庫・高野山大学図書館・高野山竜光院・弘川寺・木村雅一氏（順序不同）等は、その貴重な蔵書の閲覧・撮影・掲載を快く許可された。また索引の作成には聖心の大学院日本史専攻学生勝部香代子・石井典子・茂利美保の三君をわずらわした。最後に、主題・方法とも現在の学界では風変りの謗りを免れない、そして科学研究費・出版助成金のたぐいに全く結縁することのなかったこの研究が、筐底に蔵する暇もなく世に問うの機会に恵まれたのは、ひとえに書肆吉川弘文館と前編集部長黒板伸夫氏の識見と英断によるものである。

以上列挙した数々の御芳志に対して、心から感謝の意を表明する。

昭和五十三年夏の終りに

目崎徳衛

〔第四刷付記〕本書の刊行から十七年の歳月を経たので、その間多くの著書・論文によって批判や新見を恵まれた。復刊に当っては、学恩に応えて必要最小限の補訂や反論を試みるべきであるが、諸般の事情によって見送らざるを得なかった。ただし本書以後に執筆した西行関係の論文は、小著『数奇と無常』（昭和六十三年刊行）に収録されている。その第一部では伝記的諸事実を指摘し、第二部では思想的背景を叙述したので、本書と併読して頂ければ幸いである。

（平成七年七月）

索　　引

あ

い

き

く

け

こ

さ

し

す

せ

そ

た

ね

の

は

ひ

ふ

へ

ほ

ま

み

む

め

も

や

ゆ

よ

ら

西行歌索引（連歌，伝承歌を含む）

き

く

け

こ

さ

し

す

ゆ

よ

わ

を

著者略歴
一九二一年新潟県に生る
一九四五年東京大学文学部国史学科卒業
長岡工業高等専門学校助教授、文部省教科書
調査官、聖心女子大学教授等を経て
現在、聖心女子大学名誉教授、文学博士
〔主要著書〕
紀貫之　漂泊―日本思想史の底流―　王朝の
みやび　西行　数奇と無常　南城三餘集私抄
貴族社会と古典文化

西行の思想史的研究

昭和五十三年十二月一日　第一刷発行
平成　七　年　九　月　十　日　第四刷発行

著者　目《め》崎《ざき》徳《とく》衛《え》

発行者　吉川圭三

発行所　株式会社　吉川弘文館
郵便番号一一三
東京都文京区本郷七丁目二番八号
電話〇三―三八一三―九一五一〈代〉
振替口座〇〇一〇〇―五―二四四

印刷＝精興社・製本＝誠製本

西行の思想史的研究（オンデマンド版）

Digital Publishing

2017年10月1日　発行

著　者　目崎徳衛《めざきとくえ》

発行者　吉川道郎

発行所　株式会社 吉川弘文館

〒113-0033 東京都文京区本郷7丁目2番8号

TEL 03(3813)9151(代表)

URL http://www.yoshikawa-k.co.jp/

印刷·製本　株式会社 デジタルパブリッシングサービス

URL http://www.d-pub.co.jp/

目崎徳衛（1921～2000）

ISBN978-4-642-72087-8